지방의회 관계법령집

안전행정부

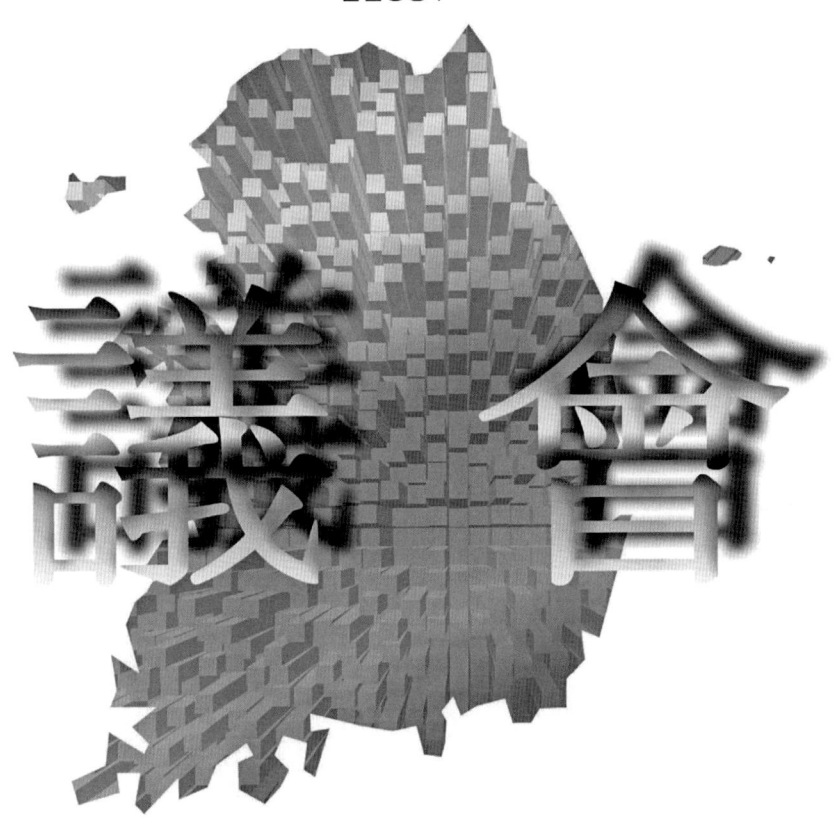

편 집 자
안전행정부 선거의회과장　안승대
　　　　　지방의회팀장　조진상
　　　　　지방의회계장　배정식
　　　　　지방의회담당　이선주

2015년 3월 30일 1판 1쇄 인쇄
2015년 3월 30일 1판 1쇄 발행

지 은 이　안전행정부
발 행 인　이헌숙
표　　지　김학용
발 행 처　생각쉼표 & 주)휴먼컬처아리랑
　　　　　서울특별시 영등포구 여의도동 45-13 코오롱포레스텔 309
전　　화　070) 8866 - 2220 FAX • 02) 784-4111
등록번호　제 2009 - 000008호
등록일자　2009년 12월 29일

www.휴먼컬처아리랑.kr
ISBN 979-11-5565-376-0

지방의회 관계법령집

안전행정부

목 차

● **법 령** ··· 1
　1. 대한민국 헌법 ··· 3
　2. 지방자치법 및 같은 법 시행령 ··· 19
　3. 국 회 법 ·· 129
　4. 국정감사 및 조사에 관한 법률 ·· 171
　5. 지방교육자치에 관한 법률 ·· 177
　6. 지방자치단체의 행정기구와 정원기준 등에 관한 규정 ············· 195
　7. 법제업무 운영규정 ··· 211
　8. 행정절차법(발췌) ··· 225
　9. 공직선거법(발췌) ··· 231
　10. 지방분권 및 지방행정체제 개편에 관한 특별법 ····················· 241
　11. 제주특별자치도 설치 및 국제자유도시 조성을 위한 특별법(발췌) ······ 253
　12. 세종특별자치시 설치 등에 관한 특별법 ································ 259
　13. 지방공무원법 ·· 265
　14. 지방공기업법(발췌) ·· 295
　15. 지방재정법 ··· 307
　16. 공유재산 및 물품 관리법 및 같은 법 시행령(발췌) ················ 327
　17. 개인정보보호법(발췌) ··· 333

● **조례·규칙 표준안** ·· 337
　1. 지방의회 회의규칙 표준안 ·· 339
　2. 지방의회 위원회 조례 표준안 ··· 363
　3. 행정사무감사 및 조사에 관한 조례 표준안 ···························· 369

● **예산편성 및 집행기준** ·· 377
　1. 지방자치단체 예산편성 운영기준(발췌) ·································· 379
　2. 지방자치단체 세출예산 집행기준(발췌) ·································· 385

법령

지방의회 관계법령집

대한민국 헌법

대한민국 헌법

[시행 1988.2.25] [헌법 제10호, 1987.10.29, 전부개정]

유구한 역사와 전통에 빛나는 우리 대한민국은 3·1운동으로 건립된 대한민국임시정부의 법통과 불의에 항거한 4·19민주이념을 계승하고, 조국의 민주개혁과 평화적 통일의 사명에 입각하여 정의·인도와 동포애로써 민족의 단결을 공고히 하고, 모든 사회적 폐습과 불의를 타파하며, 자율과 조화를 바탕으로 자유민주적 기본질서를 더욱 확고히 하여 정치·경제·사회·문화의 모든 영역에 있어서 각인의 기회를 균등히 하고, 능력을 최고도로 발휘하게 하며, 자유와 권리에 따르는 책임과 의무를 완수하게 하여, 안으로는 국민생활의 균등한 향상을 기하고 밖으로는 항구적인 세계평화와 인류공영에 이바지함으로써 우리들과 우리들의 자손의 안전과 자유와 행복을 영원히 확보할 것을 다짐하면서 1948년 7월 12일에 제정되고 8차에 걸쳐 개정된 헌법을 이제 국회의 의결을 거쳐 국민투표에 의하여 개정한다.

제1장 총 강

제1조 ① 대한민국은 민주공화국이다.
② 대한민국의 주권은 국민에게 있고, 모든 권력은 국민으로부터 나온다.
제2조 ① 대한민국의 국민이 되는 요건은 법률로 정한다.
② 국가는 법률이 정하는 바에 의하여 재외국민을 보호할 의무를 진다.
제3조 대한민국의 영토는 한반도와 그 부속도서로 한다.
제4조 대한민국은 통일을 지향하며, 자유민주적 기본질서에 입각한 평화적 통일 정책을 수립하고 이를 추진한다.
제5조 ① 대한민국은 국제평화의 유지에 노력하고 침략적 전쟁을 부인한다.
② 국군은 국가의 안전보장과 국토방위의 신성한 의무를 수행함을 사명으로 하며, 그 정치적 중립성은 준수된다.
제6조 ① 헌법에 의하여 체결·공포된 조약과 일반적으로 승인된 국제법규는 국내법과 같은 효력을 가진다.
② 외국인은 국제법과 조약이 정하는 바에 의하여 그 지위가 보장된다.
제7조 ① 공무원은 국민전체에 대한 봉사자이며, 국민에 대하여 책임을 진다.
② 공무원의 신분과 정치적 중립성은 법률이 정하는 바에 의하여 보장된다.
제8조 ① 정당의 설립은 자유이며, 복수정당제는 보장된다.
② 정당은 그 목적·조직과 활동이 민주적이어야 하며, 국민의 정치적 의사형성에 참여하는데 필요한 조직을 가져야 한다.
③ 정당은 법률이 정하는 바에 의하여 국가의 보호를 받으며, 국가는 법률이 정하는 바에 의하여 정당운영에 필요한 자금을 보조할 수 있다.
④ 정당의 목적이나 활동이 민주적 기본질서에 위배될 때에는 정부는 헌법재판소에 그 해산을 제소할 수 있고, 정당은 헌법재판소의 심판에 의하여 해산된다.
제9조 국가는 전통문화의 계승·발전과 민족문화의 창달에 노력하여야 한다.

제2장 국민의 권리와 의무

제10조 모든 국민은 인간으로서의 존엄과 가치를 가지며, 행복을 추구할 권리를 가진다. 국가는 개인이 가지는 불가침의 기본적 인권을 확인하고 이를 보장할 의무를 진다.

○ **법 령**

제11조 ① 모든 국민은 법 앞에 평등하다. 누구든지 성별·종교 또는 사회적 신분에 의하여 정치적·경제적·사회적·문화적 생활의 모든 영역에 있어서 차별을 받지 아니한다.
② 사회적 특수계급의 제도는 인정되지 아니하며, 어떠한 형태로도 이를 창설할 수 없다.
③ 훈장등의 영전은 이를 받은 자에게만 효력이 있고, 어떠한 특권도 이에 따르지 아니한다.

제12조 ① 모든 국민은 신체의 자유를 가진다. 누구든지 법률에 의하지 아니하고는 체포·구속·압수·수색 또는 심문을 받지 아니하며, 법률과 적법한 절차에 의하지 아니하고는 처벌·보안처분 또는 강제노역을 받지 아니한다.
② 모든 국민은 고문을 받지 아니하며, 형사상 자기에게 불리한 진술을 강요당하지 아니한다.
③ 체포·구속·압수 또는 수색을 할 때에는 적법한 절차에 따라 검사의 신청에 의하여 법관이 발부한 영장을 제시하여야 한다. 다만, 현행범인인 경우와 장기 3년 이상의 형에 해당하는 죄를 범하고 도피 또는 증거인멸의 염려가 있을 때에는 사후에 영장을 청구할 수 있다.
④ 누구든지 체포 또는 구속을 당한 때에는 즉시 변호인의 조력을 받을 권리를 가진다. 다만, 형사피고인이 스스로 변호인을 구할 수 없을 때에는 법률이 정하는 바에 의하여 국가가 변호인을 붙인다.
⑤ 누구든지 체포 또는 구속의 이유와 변호인의 조력을 받을 권리가 있음을 고지받지 아니하고는 체포 또는 구속을 당하지 아니한다. 체포 또는 구속을 당한 자의 가족등 법률이 정하는 자에게는 그 이유와 일시·장소가 지체없이 통지되어야 한다.
⑥ 누구든지 체포 또는 구속을 당한 때에는 적부의 심사를 법원에 청구할 권리를 가진다.
⑦ 피고인의 자백이 고문·폭행·협박·구속의 부당한 장기화 또는 기망 기타의 방법에 의하여 자의로 진술된 것이 아니라고 인정될 때 또는 정식재판에 있어서 피고인의 자백이 그에게 불리한 유일한 증거일 때에는 이를 유죄의 증거로 삼거나 이를 이유로 처벌할 수 없다.

제13조 ① 모든 국민은 행위시의 법률에 의하여 범죄를 구성하지 아니하는 행위로 소추되지 아니하며, 동일한 범죄에 대하여 거듭 처벌받지 아니한다.
② 모든 국민은 소급입법에 의하여 참정권의 제한을 받거나 재산권을 박탈당하지 아니한다.
③ 모든 국민은 자기의 행위가 아닌 친족의 행위로 인하여 불이익한 처우를 받지 아니한다.

제14조 모든 국민은 거주·이전의 자유를 가진다.

제15조 모든 국민은 직업선택의 자유를 가진다.

제16조 모든 국민은 주거의 자유를 침해받지 아니한다. 주거에 대한 압수나 수색을 할 때에는 검사의 신청에 의하여 법관이 발부한 영장을 제시하여야 한다.

제17조 모든 국민은 사생활의 비밀과 자유를 침해받지 아니한다.

제18조 모든 국민은 통신의 비밀을 침해받지 아니한다.

제19조 모든 국민은 양심의 자유를 가진다.

제20조 ① 모든 국민은 종교의 자유를 가진다.
② 국교는 인정되지 아니하며, 종교와 정치는 분리된다.

제21조 ① 모든 국민은 언론·출판의 자유와 집회·결사의 자유를 가진다.
② 언론·출판에 대한 허가나 검열과 집회·결사에 대한 허가는 인정되지 아니한다.
③ 통신·방송의 시설기준과 신문의 기능을 보장하기 위하여 필요한 사항은 법률로 정한다.
④ 언론·출판은 타인의 명예나 권리 또는 공중도덕이나 사회윤리를 침해하여서는 아니된다. 언론·출판이 타인의 명예나 권리를 침해한 때에는 피해자는 이에 대한 피해의 배상을 청구할 수 있다.

제22조 ① 모든 국민은 학문과 예술의 자유를 가진다.

② 저작자·발명가·과학기술자와 예술가의 권리는 법률로써 보호한다.
제23조 ① 모든 국민의 재산권은 보장된다. 그 내용과 한계는 법률로 정한다.
② 재산권의 행사는 공공복리에 적합하도록 하여야 한다.
③ 공공필요에 의한 재산권의 수용·사용 또는 제한 및 그에 대한 보상은 법률로써 하되, 정당한 보상을 지급하여야 한다.
제24조 모든 국민은 법률이 정하는 바에 의하여 선거권을 가진다.
제25조 모든 국민은 법률이 정하는 바에 의하여 공무담임권을 가진다.
제26조 ① 모든 국민은 법률이 정하는 바에 의하여 국가기관에 문서로 청원할 권리를 가진다.
② 국가는 청원에 대하여 심사할 의무를 진다.
제27조 ① 모든 국민은 헌법과 법률이 정한 법관에 의하여 법률에 의한 재판을 받을 권리를 가진다.
② 군인 또는 군무원이 아닌 국민은 대한민국의 영역안에서는 중대한 군사상 기밀·초병·초소·유독음식물공급·포로·군용물에 관한 죄중 법률이 정한 경우와 비상계엄이 선포된 경우를 제외하고는 군사법원의 재판을 받지 아니한다.
③ 모든 국민은 신속한 재판을 받을 권리를 가진다. 형사피고인은 상당한 이유가 없는 한 지체없이 공개재판을 받을 권리를 가진다.
④ 형사피고인은 유죄의 판결이 확정될 때까지는 무죄로 추정된다.
⑤ 형사피해자는 법률이 정하는 바에 의하여 당해 사건의 재판절차에서 진술할 수 있다.
제28조 형사피의자 또는 형사피고인으로서 구금되었던 자가 법률이 정하는 불기소처분을 받거나 무죄판결을 받은 때에는 법률이 정하는 바에 의하여 국가에 정당한 보상을 청구할 수 있다.
제29조 ① 공무원의 직무상 불법행위로 손해를 받은 국민은 법률이 정하는 바에 의하여 국가 또는 공공단체에 정당한 배상을 청구할 수 있다. 이 경우 공무원 자신의 책임은 면제되지 아니한다.
② 군인·군무원·경찰공무원 기타 법률이 정하는 자가 전투·훈련등 직무집행과 관련하여 받은 손해에 대하여는 법률이 정하는 보상외에 국가 또는 공공단체에 공무원의 직무상 불법행위로 인한 배상은 청구할 수 없다.
제30조 타인의 범죄행위로 인하여 생명·신체에 대한 피해를 받은 국민은 법률이 정하는 바에 의하여 국가로부터 구조를 받을 수 있다.
제31조 ① 모든 국민은 능력에 따라 균등하게 교육을 받을 권리를 가진다.
② 모든 국민은 그 보호하는 자녀에게 적어도 초등교육과 법률이 정하는 교육을 받게 할 의무를 진다.
③ 의무교육은 무상으로 한다.
④ 교육의 자주성·전문성·정치적 중립성 및 대학의 자율성은 법률이 정하는 바에 의하여 보장된다.
⑤ 국가는 평생교육을 진흥하여야 한다.
⑥ 학교교육 및 평생교육을 포함한 교육제도와 그 운영, 교육재정 및 교원의 지위에 관한 기본적인 사항은 법률로 정한다.
제32조 ① 모든 국민은 근로의 권리를 가진다. 국가는 사회적·경제적 방법으로 근로자의 고용의 증진과 적정임금의 보장에 노력하여야 하며, 법률이 정하는 바에 의하여 최저임금제를 시행하여야 한다.
② 모든 국민은 근로의 의무를 진다. 국가는 근로의 의무의 내용과 조건을 민주주의원칙에 따라 법률로 정한다.
③ 근로조건의 기준은 인간의 존엄성을 보장하도록 법률로 정한다.
④ 여자의 근로는 특별한 보호를 받으며, 고용·임금 및 근로조건에 있어서 부당한 차별을 받지 아니한다.

○ 법 령

⑤ 연소자의 근로는 특별한 보호를 받는다.
⑥ 국가유공자·상이군경 및 전몰군경의 유가족은 법률이 정하는 바에 의하여 우선적으로 근로의 기회를 부여받는다.

제33조 ① 근로자는 근로조건의 향상을 위하여 자주적인 단결권·단체교섭권 및 단체행동권을 가진다.
② 공무원인 근로자는 법률이 정하는 자에 한하여 단결권·단체교섭권 및 단체행동권을 가진다.
③ 법률이 정하는 주요방위산업체에 종사하는 근로자의 단체행동권은 법률이 정하는 바에 의하여 이를 제한하거나 인정하지 아니할 수 있다.

제34조 ① 모든 국민은 인간다운 생활을 할 권리를 가진다.
② 국가는 사회보장·사회복지의 증진에 노력할 의무를 진다.
③ 국가는 여자의 복지와 권익의 향상을 위하여 노력하여야 한다.
④ 국가는 노인과 청소년의 복지향상을 위한 정책을 실시할 의무를 진다.
⑤ 신체장애자 및 질병·노령 기타의 사유로 생활능력이 없는 국민은 법률이 정하는 바에 의하여 국가의 보호를 받는다.
⑥ 국가는 재해를 예방하고 그 위험으로부터 국민을 보호하기 위하여 노력하여야 한다.

제35조 ① 모든 국민은 건강하고 쾌적한 환경에서 생활할 권리를 가지며, 국가와 국민은 환경보전을 위하여 노력하여야 한다.
② 환경권의 내용과 행사에 관하여는 법률로 정한다.
③ 국가는 주택개발정책등을 통하여 모든 국민이 쾌적한 주거생활을 할 수 있도록 노력하여야 한다.

제36조 ① 혼인과 가족생활은 개인의 존엄과 양성의 평등을 기초로 성립되고 유지되어야 하며, 국가는 이를 보장한다.
② 국가는 모성의 보호를 위하여 노력하여야 한다.
③ 모든 국민은 보건에 관하여 국가의 보호를 받는다.

제37조 ① 국민의 자유와 권리는 헌법에 열거되지 아니한 이유로 경시되지 아니한다.
② 국민의 모든 자유와 권리는 국가안전보장·질서유지 또는 공공복리를 위하여 필요한 경우에 한하여 법률로써 제한할 수 있으며, 제한하는 경우에도 자유와 권리의 본질적인 내용을 침해할 수 없다.

제38조 모든 국민은 법률이 정하는 바에 의하여 납세의 의무를 진다.

제39조 ① 모든 국민은 법률이 정하는 바에 의하여 국방의 의무를 진다.
② 누구든지 병역의무의 이행으로 인하여 불이익한 처우를 받지 아니한다.

제3장 국 회

제40조 입법권은 국회에 속한다.
제41조 ① 국회는 국민의 보통·평등·직접·비밀선거에 의하여 선출된 국회의원으로 구성한다.
② 국회의원의 수는 법률로 정하되, 200인 이상으로 한다.
③ 국회의원의 선거구와 비례대표제 기타 선거에 관한 사항은 법률로 정한다.

제42조 국회의원의 임기는 4년으로 한다.
제43조 국회의원은 법률이 정하는 직을 겸할 수 없다.
제44조 ① 국회의원은 현행범인인 경우를 제외하고는 회기중 국회의 동의없이 체포 또는 구금되지 아니한다.
② 국회의원이 회기전에 체포 또는 구금된 때에는 현행범인이 아닌 한 국회의 요구가 있으면 회기중 석방된다.

제45조 국회의원은 국회에서 직무상 행한 발언과 표결에 관하여 국회외에서 책임을 지지 아니한다.
제46조 ① 국회의원은 청렴의 의무가 있다.
② 국회의원은 국가이익을 우선하여 양심에 따라 직무를 행한다.
③ 국회의원은 그 지위를 남용하여 국가·공공단체 또는 기업체와의 계약이나 그 처분에 의하여 재산상의 권리·이익 또는 직위를 취득하거나 타인을 위하여 그 취득을 알선할 수 없다.
제47조 ① 국회의 정기회는 법률이 정하는 바에 의하여 매년 1회 집회되며, 국회의 임시회는 대통령 또는 국회재적의원 4분의 1 이상의 요구에 의하여 집회된다.
② 정기회의 회기는 100일을, 임시회의 회기는 30일을 초과할 수 없다.
③ 대통령이 임시회의 집회를 요구할 때에는 기간과 집회요구의 이유를 명시하여야 한다.
제48조 국회는 의장 1인과 부의장 2인을 선출한다.
제49조 국회는 헌법 또는 법률에 특별한 규정이 없는 한 재적의원 과반수의 출석과 출석의원 과반수의 찬성으로 의결한다. 가부동수인 때에는 부결된 것으로 본다.
제50조 ① 국회의 회의는 공개한다. 다만, 출석의원 과반수의 찬성이 있거나 의장이 국가의 안전보장을 위하여 필요하다고 인정할 때에는 공개하지 아니할 수 있다.
② 공개하지 아니한 회의내용의 공표에 관하여는 법률이 정하는 바에 의한다.
제51조 국회에 제출된 법률안 기타의 의안은 회기중에 의결되지 못한 이유로 폐기되지 아니한다. 다만, 국회의원의 임기가 만료된 때에는 그러하지 아니하다.
제52조 국회의원과 정부는 법률안을 제출할 수 있다.
제53조 ① 국회에서 의결된 법률안은 정부에 이송되어 15일 이내에 대통령이 공포한다.
② 법률안에 이의가 있을 때에는 대통령은 제1항의 기간내에 이의서를 붙여 국회로 환부하고, 그 재의를 요구할 수 있다. 국회의 폐회중에도 또한 같다.
③ 대통령은 법률안의 일부에 대하여 또는 법률안을 수정하여 재의를 요구할 수 없다.
④ 재의의 요구가 있을 때에는 국회는 재의에 붙이고, 재적의원과반수의 출석과 출석의원 3분의 2 이상의 찬성으로 전과 같은 의결을 하면 그 법률안은 법률로서 확정된다.
⑤ 대통령이 제1항의 기간내에 공포나 재의의 요구를 하지 아니한 때에도 그 법률안은 법률로서 확정된다.
⑥ 대통령은 제4항과 제5항의 규정에 의하여 확정된 법률을 지체없이 공포하여야 한다. 제5항에 의하여 법률이 확정된 후 또는 제4항에 의한 확정법률이 정부에 이송된 후 5일 이내에 대통령이 공포하지 아니할 때에는 국회의장이 이를 공포한다.
⑦ 법률은 특별한 규정이 없는 한 공포한 날로부터 20일을 경과함으로써 효력을 발생한다.
제54조 ① 국회는 국가의 예산안을 심의·확정한다.
② 정부는 회계연도마다 예산안을 편성하여 회계연도 개시 90일전까지 국회에 제출하고, 국회는 회계연도 개시 30일전까지 이를 의결하여야 한다.
③ 새로운 회계연도가 개시될 때까지 예산안이 의결되지 못한 때에는 정부는 국회에서 예산안이 의결될 때까지 다음의 목적을 위한 경비는 전년도 예산에 준하여 집행할 수 있다.
1. 헌법이나 법률에 의하여 설치된 기관 또는 시설의 유지·운영
2. 법률상 지출의무의 이행
3. 이미 예산으로 승인된 사업의 계속
제55조 ① 한 회계연도를 넘어 계속하여 지출할 필요가 있을 때에는 정부는 연한을 정하여 계속비로서 국회의 의결을 얻어야 한다.

○ 법 령

② 예비비는 총액으로 국회의 의결을 얻어야 한다. 예비비의 지출은 차기국회의 승인을 얻어야 한다.
제56조 정부는 예산에 변경을 가할 필요가 있을 때에는 추가경정예산안을 편성하여 국회에 제출할 수 있다.
제57조 국회는 정부의 동의없이 정부가 제출한 지출예산 각항의 금액을 증가하거나 새 비목을 설치할 수 없다.
제58조 국채를 모집하거나 예산외에 국가의 부담이 될 계약을 체결하려 할 때에는 정부는 미리 국회의 의결을 얻어야 한다.
제59조 조세의 종목과 세율은 법률로 정한다.
제60조 ① 국회는 상호원조 또는 안전보장에 관한 조약, 중요한 국제조직에 관한 조약, 우호통상항해조약, 주권의 제약에 관한 조약, 강화조약, 국가나 국민에게 중대한 재정적 부담을 지우는 조약 또는 입법사항에 관한 조약의 체결·비준에 대한 동의권을 가진다.
② 국회는 선전포고, 국군의 외국에의 파견 또는 외국군대의 대한민국 영역안에서의 주류에 대한 동의권을 가진다.
제61조 ① 국회는 국정을 감사하거나 특정한 국정사안에 대하여 조사할 수 있으며, 이에 필요한 서류의 제출 또는 증인의 출석과 증언이나 의견의 진술을 요구할 수 있다.
② 국정감사 및 조사에 관한 절차 기타 필요한 사항은 법률로 정한다.
제62조 ① 국무총리·국무위원 또는 정부위원은 국회나 그 위원회에 출석하여 국정처리상황을 보고하거나 의견을 진술하고 질문에 응답할 수 있다.
② 국회나 그 위원회의 요구가 있을 때에는 국무총리·국무위원 또는 정부위원은 출석·답변하여야 하며, 국무총리 또는 국무위원이 출석요구를 받은 때에는 국무위원 또는 정부위원으로 하여금 출석·답변하게 할 수 있다.
제63조 ① 국회는 국무총리 또는 국무위원의 해임을 대통령에게 건의할 수 있다.
② 제1항의 해임건의는 국회재적의원 3분의 1 이상의 발의에 의하여 국회재적의원 과반수의 찬성이 있어야 한다.
제64조 ① 국회는 법률에 저촉되지 아니하는 범위안에서 의사와 내부규율에 관한 규칙을 제정할 수 있다.
② 국회는 의원의 자격을 심사하며, 의원을 징계할 수 있다.
③ 의원을 제명하려면 국회재적의원 3분의 2 이상의 찬성이 있어야 한다.
④ 제2항과 제3항의 처분에 대하여는 법원에 제소할 수 없다.
제65조 ① 대통령·국무총리·국무위원·행정각부의 장·헌법재판소 재판관·법관·중앙선거관리위원회 위원·감사원장·감사위원 기타 법률이 정한 공무원이 그 직무집행에 있어서 헌법이나 법률을 위배한 때에는 국회는 탄핵의 소추를 의결할 수 있다.
② 제1항의 탄핵소추는 국회재적의원 3분의 1 이상의 발의가 있어야 하며, 그 의결은 국회재적의원 과반수의 찬성이 있어야 한다. 다만, 대통령에 대한 탄핵소추는 국회재적의원 과반수의 발의와 국회재적의원 3분의 2 이상의 찬성이 있어야 한다.
③ 탄핵소추의 의결을 받은 자는 탄핵심판이 있을 때까지 그 권한행사가 정지된다.
④ 탄핵결정은 공직으로부터 파면함에 그친다. 그러나, 이에 의하여 민사상이나 형사상의 책임이 면제되지는 아니한다.

제4장 정 부
제1절 대통령

제66조 ① 대통령은 국가의 원수이며, 외국에 대하여 국가를 대표한다.
② 대통령은 국가의 독립·영토의 보전·국가의 계속성과 헌법을 수호할 책무를 진다.
③ 대통령은 조국의 평화적 통일을 위한 성실한 의무를 진다.
④ 행정권은 대통령을 수반으로 하는 정부에 속한다.

제67조 ① 대통령은 국민의 보통·평등·직접·비밀선거에 의하여 선출한다.
② 제1항의 선거에 있어서 최고득표자가 2인 이상인 때에는 국회의 재적의원 과반수가 출석한 공개회의에서 다수표를 얻은 자를 당선자로 한다.
③ 대통령후보자가 1인일 때에는 그 득표수가 선거권자 총수의 3분의 1 이상이 아니면 대통령으로 당선될 수 없다.
④ 대통령으로 선거될 수 있는 자는 국회의원의 피선거권이 있고 선거일 현재 40세에 달하여야 한다.
⑤ 대통령의 선거에 관한 사항은 법률로 정한다.

제68조 ① 대통령의 임기가 만료되는 때에는 임기만료 70일 내지 40일전에 후임자를 선거한다.
② 대통령이 궐위된 때 또는 대통령 당선자가 사망하거나 판결 기타의 사유로 그 자격을 상실한 때에는 60일 이내에 후임자를 선거한다.

제69조 대통령은 취임에 즈음하여 다음의 선서를 한다.
"나는 헌법을 준수하고 국가를 보위하며 조국의 평화적 통일과 국민의 자유와 복리의 증진 및 민족문화의 창달에 노력하여 대통령으로서의 직책을 성실히 수행할 것을 국민 앞에 엄숙히 선서합니다."

제70조 대통령의 임기는 5년으로 하며, 중임할 수 없다.

제71조 대통령이 궐위되거나 사고로 인하여 직무를 수행할 수 없을 때에는 국무총리, 법률이 정한 국무위원의 순서로 그 권한을 대행한다.

제72조 대통령은 필요하다고 인정할 때에는 외교·국방·통일 기타 국가안위에 관한 중요정책을 국민투표에 붙일 수 있다.

제73조 대통령은 조약을 체결·비준하고, 외교사절을 신임·접수 또는 파견하며, 선전포고와 강화를 한다.

제74조 ① 대통령은 헌법과 법률이 정하는 바에 의하여 국군을 통수한다.
② 국군의 조직과 편성은 법률로 정한다.

제75조 대통령은 법률에서 구체적으로 범위를 정하여 위임받은 사항과 법률을 집행하기 위하여 필요한 사항에 관하여 대통령령을 발할 수 있다.

제76조 ① 대통령은 내우·외환·천재·지변 또는 중대한 재정·경제상의 위기에 있어서 국가의 안전보장 또는 공공의 안녕질서를 유지하기 위하여 긴급한 조치가 필요하고 국회의 집회를 기다릴 여유가 없을 때에 한하여 최소한으로 필요한 재정·경제상의 처분을 하거나 이에 관하여 법률의 효력을 가지는 명령을 발할 수 있다.
② 대통령은 국가의 안위에 관계되는 중대한 교전상태에 있어서 국가를 보위하기 위하여 긴급한 조치가 필요하고 국회의 집회가 불가능한 때에 한하여 법률의 효력을 가지는 명령을 발할 수 있다.
③ 대통령은 제1항과 제2항의 처분 또는 명령을 한 때에는 지체없이 국회에 보고하여 그 승인을 얻어야 한다.
④ 제3항의 승인을 얻지 못한 때에는 그 처분 또는 명령은 그때부터 효력을 상실한다. 이 경우 그 명령에 의하여 개정 또는 폐지되었던 법률은 그 명령이 승인을 얻지 못한 때부터 당연히 효력을 회복한다.
⑤ 대통령은 제3항과 제4항의 사유를 지체없이 공포하여야 한다.

◎ 법 령

제77조 ① 대통령은 전시·사변 또는 이에 준하는 국가비상사태에 있어서 병력으로써 군사상의 필요에 응하거나 공공의 안녕질서를 유지할 필요가 있을 때에는 법률이 정하는 바에 의하여 계엄을 선포할 수 있다.
② 계엄은 비상계엄과 경비계엄으로 한다.
③ 비상계엄이 선포된 때에는 법률이 정하는 바에 의하여 영장제도, 언론·출판·집회·결사의 자유, 정부나 법원의 권한에 관하여 특별한 조치를 할 수 있다.
④ 계엄을 선포한 때에는 대통령은 지체없이 국회에 통고하여야 한다.
⑤ 국회가 재적의원 과반수의 찬성으로 계엄의 해제를 요구한 때에는 대통령은 이를 해제하여야 한다.
제78조 대통령은 헌법과 법률이 정하는 바에 의하여 공무원을 임면한다.
제79조 ① 대통령은 법률이 정하는 바에 의하여 사면·감형 또는 복권을 명할 수 있다.
② 일반사면을 명하려면 국회의 동의를 얻어야 한다.
③ 사면·감형 및 복권에 관한 사항은 법률로 정한다.
제80조 대통령은 법률이 정하는 바에 의하여 훈장 기타의 영전을 수여한다.
제81조 대통령은 국회에 출석하여 발언하거나 서한으로 의견을 표시할 수 있다.
제82조 대통령의 국법상 행위는 문서로써 하며, 이 문서에는 국무총리와 관계 국무위원이 부서한다. 군사에 관한 것도 또한 같다.
제83조 대통령은 국무총리·국무위원·행정각부의 장 기타 법률이 정하는 공사의 직을 겸할 수 없다.
제84조 대통령은 내란 또는 외환의 죄를 범한 경우를 제외하고는 재직중 형사상의 소추를 받지 아니한다.
제85조 전직대통령의 신분과 예우에 관하여는 법률로 정한다.

제2절 행정부
제1관 국무총리와 국무위원

제86조 ① 국무총리는 국회의 동의를 얻어 대통령이 임명한다.
② 국무총리는 대통령을 보좌하며, 행정에 관하여 대통령의 명을 받아 행정각부를 통할한다.
③ 군인은 현역을 면한 후가 아니면 국무총리로 임명될 수 없다.
제87조 ① 국무위원은 국무총리의 제청으로 대통령이 임명한다.
② 국무위원은 국정에 관하여 대통령을 보좌하며, 국무회의의 구성원으로서 국정을 심의한다.
③ 국무총리는 국무위원의 해임을 대통령에게 건의할 수 있다.
④ 군인은 현역을 면한 후가 아니면 국무위원으로 임명될 수 없다.

제2관 국무회의

제88조 ① 국무회의는 정부의 권한에 속하는 중요한 정책을 심의한다.
② 국무회의는 대통령·국무총리와 15인 이상 30인 이하의 국무위원으로 구성한다.
③ 대통령은 국무회의의 의장이 되고, 국무총리는 부의장이 된다.
제89조 다음 사항은 국무회의의 심의를 거쳐야 한다.
 1. 국정의 기본계획과 정부의 일반정책
 2. 선전·강화 기타 중요한 대외정책
 3. 헌법개정안·국민투표안·조약안·법률안 및 대통령령안
 4. 예산안·결산·국유재산처분의 기본계획·국가의 부담이 될 계약 기타 재정에 관한 중요사항

5. 대통령의 긴급명령·긴급재정경제처분 및 명령 또는 계엄과 그 해제
6. 군사에 관한 중요사항
7. 국회의 임시회 집회의 요구
8. 영전수여
9. 사면·감형과 복권
10. 행정각부간의 권한의 획정
11. 정부안의 권한의 위임 또는 배정에 관한 기본계획
12. 국정처리상황의 평가·분석
13. 행정각부의 중요한 정책의 수립과 조정
14. 정당해산의 제소
15. 정부에 제출 또는 회부된 정부의 정책에 관계되는 청원의 심사
16. 검찰총장·합동참모의장·각군참모총장·국립대학교총장·대사 기타 법률이 정한 공무원과 국영기업체 관리자의 임명
17. 기타 대통령·국무총리 또는 국무위원이 제출한 사항

제90조 ① 국정의 중요한 사항에 관한 대통령의 자문에 응하기 위하여 국가원로로 구성되는 국가원로자문회의를 둘 수 있다.
② 국가원로자문회의의 의장은 직전대통령이 된다. 다만, 직전대통령이 없을 때에는 대통령이 지명한다.
③ 국가원로자문회의의 조직·직무범위 기타 필요한 사항은 법률로 정한다.

제91조 ① 국가안전보장에 관련되는 대외정책·군사정책과 국내정책의 수립에 관하여 국무회의의 심의에 앞서 대통령의 자문에 응하기 위하여 국가안전보장회의를 둔다.
② 국가안전보장회의는 대통령이 주재한다.
③ 국가안전보장회의의 조직·직무범위 기타 필요한 사항은 법률로 정한다.

제92조 ① 평화통일정책의 수립에 관한 대통령의 자문에 응하기 위하여 민주평화통일자문회의를 둘 수 있다.
② 민주평화통일자문회의의 조직·직무범위 기타 필요한 사항은 법률로 정한다.

제93조 ① 국민경제의 발전을 위한 중요정책의 수립에 관하여 대통령의 자문에 응하기 위하여 국민경제자문회의를 둘 수 있다.
② 국민경제자문회의의 조직·직무범위 기타 필요한 사항은 법률로 정한다.

제3관 행정각부

제94조 행정각부의 장은 국무위원 중에서 국무총리의 제청으로 대통령이 임명한다.
제95조 국무총리 또는 행정각부의 장은 소관사무에 관하여 법률이나 대통령령의 위임 또는 직권으로 총리령 또는 부령을 발할 수 있다.
제96조 행정각부의 설치·조직과 직무범위는 법률로 정한다.

제4관 감사원

제97조 국가의 세입·세출의 결산, 국가 및 법률이 정한 단체의 회계검사와 행정기관 및 공무원의 직무에 관한 감찰을 하기 위하여 대통령 소속하에 감사원을 둔다.
제98조 ① 감사원은 원장을 포함한 5인 이상 11인 이하의 감사위원으로 구성한다.

○ **법 령**

② 원장은 국회의 동의를 얻어 대통령이 임명하고, 그 임기는 4년으로 하며, 1차에 한하여 중임할 수 있다.
③ 감사위원은 원장의 제청으로 대통령이 임명하고, 그 임기는 4년으로 하며, 1차에 한하여 중임할 수 있다.
제99조 감사원은 세입·세출의 결산을 매년 검사하여 대통령과 차년도국회에 그 결과를 보고하여야 한다.
제100조 감사원의 조직·직무범위·감사위원의 자격·감사대상공무원의 범위 기타 필요한 사항은 법률로 정한다.

제5장 법 원

제101조 ① 사법권은 법관으로 구성된 법원에 속한다.
② 법원은 최고법원인 대법원과 각급법원으로 조직된다.
③ 법관의 자격은 법률로 정한다.
제102조 ① 대법원에 부를 둘 수 있다.
② 대법원에 대법관을 둔다. 다만, 법률이 정하는 바에 의하여 대법관이 아닌 법관을 둘 수 있다.
③ 대법원과 각급법원의 조직은 법률로 정한다.
제103조 법관은 헌법과 법률에 의하여 그 양심에 따라 독립하여 심판한다.
제104조 ① 대법원장은 국회의 동의를 얻어 대통령이 임명한다.
② 대법관은 대법원장의 제청으로 국회의 동의를 얻어 대통령이 임명한다.
③ 대법원장과 대법관이 아닌 법관은 대법관회의의 동의를 얻어 대법원장이 임명한다.
제105조 ① 대법원장의 임기는 6년으로 하며, 중임할 수 없다.
② 대법관의 임기는 6년으로 하며, 법률이 정하는 바에 의하여 연임할 수 있다.
③ 대법원장과 대법관이 아닌 법관의 임기는 10년으로 하며, 법률이 정하는 바에 의하여 연임할 수 있다.
④ 법관의 정년은 법률로 정한다.
제106조 ① 법관은 탄핵 또는 금고 이상의 형의 선고에 의하지 아니하고는 파면되지 아니하며, 징계처분에 의하지 아니하고는 정직·감봉 기타 불리한 처분을 받지 아니한다.
② 법관이 중대한 심신상의 장해로 직무를 수행할 수 없을 때에는 법률이 정하는 바에 의하여 퇴직하게 할 수 있다.
제107조 ① 법률이 헌법에 위반되는 여부가 재판의 전제가 된 경우에는 법원은 헌법재판소에 제청하여 그 심판에 의하여 재판한다.
② 명령·규칙 또는 처분이 헌법이나 법률에 위반되는 여부가 재판의 전제가 된 경우에는 대법원은 이를 최종적으로 심사할 권한을 가진다.
③ 재판의 전심절차로서 행정심판을 할 수 있다. 행정심판의 절차는 법률로 정하되, 사법절차가 준용되어야 한다.
제108조 대법원은 법률에 저촉되지 아니하는 범위안에서 소송에 관한 절차, 법원의 내부규율과 사무처리에 관한 규칙을 제정할 수 있다.
제109조 재판의 심리와 판결은 공개한다. 다만, 심리는 국가의 안전보장 또는 안녕질서를 방해하거나 선량한 풍속을 해할 염려가 있을 때에는 법원의 결정으로 공개하지 아니할 수 있다.
제110조 ① 군사재판을 관할하기 위하여 특별법원으로서 군사법원을 둘 수 있다.
② 군사법원의 상고심은 대법원에서 관할한다.

③ 군사법원의 조직·권한 및 재판관의 자격은 법률로 정한다.
④ 비상계엄하의 군사재판은 군인·군무원의 범죄나 군사에 관한 간첩죄의 경우와 초병·초소·유독음식물공급·포로에 관한 죄중 법률이 정한 경우에 한하여 단심으로 할 수 있다. 다만, 사형을 선고한 경우에는 그러하지 아니하다.

제6장 헌법재판소

제111조 ① 헌법재판소는 다음 사항을 관장한다.
 1. 법원의 제청에 의한 법률의 위헌여부 심판
 2. 탄핵의 심판
 3. 정당의 해산 심판
 4. 국가기관 상호간, 국가기관과 지방자치단체간 및 지방자치단체 상호간의 권한쟁의에 관한 심판
 5. 법률이 정하는 헌법소원에 관한 심판
② 헌법재판소는 법관의 자격을 가진 9인의 재판관으로 구성하며, 재판관은 대통령이 임명한다.
③ 제2항의 재판관중 3인은 국회에서 선출하는 자를, 3인은 대법원장이 지명하는 자를 임명한다.
④ 헌법재판소의 장은 국회의 동의를 얻어 재판관중에서 대통령이 임명한다.
제112조 ① 헌법재판소 재판관의 임기는 6년으로 하며, 법률이 정하는 바에 의하여 연임할 수 있다.
② 헌법재판소 재판관은 정당에 가입하거나 정치에 관여할 수 없다.
③ 헌법재판소 재판관은 탄핵 또는 금고 이상의 형의 선고에 의하지 아니하고는 파면되지 아니한다.
제113조 ① 헌법재판소에서 법률의 위헌결정, 탄핵의 결정, 정당해산의 결정 또는 헌법소원에 관한 인용결정을 할 때에는 재판관 6인 이상의 찬성이 있어야 한다.
② 헌법재판소는 법률에 저촉되지 아니하는 범위안에서 심판에 관한 절차, 내부규율과 사무처리에 관한 규칙을 제정할 수 있다.
③ 헌법재판소의 조직과 운영 기타 필요한 사항은 법률로 정한다.

제7장 선거관리

제114조 ① 선거와 국민투표의 공정한 관리 및 정당에 관한 사무를 처리하기 위하여 선거관리위원회를 둔다.
② 중앙선거관리위원회는 대통령이 임명하는 3인, 국회에서 선출하는 3인과 대법원장이 지명하는 3인의 위원으로 구성한다. 위원장은 위원중에서 호선한다.
③ 위원의 임기는 6년으로 한다.
④ 위원은 정당에 가입하거나 정치에 관여할 수 없다.
⑤ 위원은 탄핵 또는 금고 이상의 형의 선고에 의하지 아니하고는 파면되지 아니한다.
⑥ 중앙선거관리위원회는 법령의 범위안에서 선거관리·국민투표관리 또는 정당사무에 관한 규칙을 제정할 수 있으며, 법률에 저촉되지 아니하는 범위안에서 내부규율에 관한 규칙을 제정할 수 있다.
⑦ 각급 선거관리위원회의 조직·직무범위 기타 필요한 사항은 법률로 정한다.
제115조 ① 각급 선거관리위원회는 선거인명부의 작성등 선거사무와 국민투표사무에 관하여 관계 행정기관에 필요한 지시를 할 수 있다.
② 제1항의 지시를 받은 당해 행정기관은 이에 응하여야 한다.
제116조 ① 선거운동은 각급 선거관리위원회의 관리하에 법률이 정하는 범위안에서 하되, 균등한 기회가 보장되어야 한다.

◦ 법 령

② 선거에 관한 경비는 법률이 정하는 경우를 제외하고는 정당 또는 후보자에게 부담시킬 수 없다.

제8장 지방자치

제117조 ① 지방자치단체는 주민의 복리에 관한 사무를 처리하고 재산을 관리하며, 법령의 범위안에서 자치에 관한 규정을 제정할 수 있다.
② 지방자치단체의 종류는 법률로 정한다.

제118조 ① 지방자치단체에 의회를 둔다.
② 지방의회의 조직·권한·의원선거와 지방자치단체의 장의 선임방법 기타 지방자치단체의 조직과 운영에 관한 사항은 법률로 정한다.

제9장 경 제

제119조 ① 대한민국의 경제질서는 개인과 기업의 경제상의 자유와 창의를 존중함을 기본으로 한다.
② 국가는 균형있는 국민경제의 성장 및 안정과 적정한 소득의 분배를 유지하고, 시장의 지배와 경제력의 남용을 방지하며, 경제주체간의 조화를 통한 경제의 민주화를 위하여 경제에 관한 규제와 조정을 할 수 있다.

제120조 ① 광물 기타 중요한 지하자원·수산자원·수력과 경제상 이용할 수 있는 자연력은 법률이 정하는 바에 의하여 일정한 기간 그 채취·개발 또는 이용을 특허할 수 있다.
② 국토와 자원은 국가의 보호를 받으며, 국가는 그 균형있는 개발과 이용을 위하여 필요한 계획을 수립한다.

제121조 ① 국가는 농지에 관하여 경자유전의 원칙이 달성될 수 있도록 노력하여야 하며, 농지의 소작제도는 금지된다.
② 농업생산성의 제고와 농지의 합리적인 이용을 위하거나 불가피한 사정으로 발생하는 농지의 임대차와 위탁경영은 법률이 정하는 바에 의하여 인정된다.

제122조 국가는 국민 모두의 생산 및 생활의 기반이 되는 국토의 효율적이고 균형있는 이용·개발과 보전을 위하여 법률이 정하는 바에 의하여 그에 관한 필요한 제한과 의무를 과할 수 있다.

제123조 ① 국가는 농업 및 어업을 보호·육성하기 위하여 농·어촌종합개발과 그 지원등 필요한 계획을 수립·시행하여야 한다.
② 국가는 지역간의 균형있는 발전을 위하여 지역경제를 육성할 의무를 진다.
③ 국가는 중소기업을 보호·육성하여야 한다.
④ 국가는 농수산물의 수급균형과 유통구조의 개선에 노력하여 가격안정을 도모함으로써 농·어민의 이익을 보호한다.
⑤ 국가는 농·어민과 중소기업의 자조조직을 육성하여야 하며, 그 자율적 활동과 발전을 보장한다.

제124조 국가는 건전한 소비행위를 계도하고 생산품의 품질향상을 촉구하기 위한 소비자보호운동을 법률이 정하는 바에 의하여 보장한다.

제125조 국가는 대외무역을 육성하며, 이를 규제·조정할 수 있다.

제126조 국방상 또는 국민경제상 긴절한 필요로 인하여 법률이 정하는 경우를 제외하고는, 사영기업을 국유 또는 공유로 이전하거나 그 경영을 통제 또는 관리할 수 없다.

제127조 ① 국가는 과학기술의 혁신과 정보 및 인력의 개발을 통하여 국민경제의 발전에 노력하여야 한다.
② 국가는 국가표준제도를 확립한다.

③ 대통령은 제1항의 목적을 달성하기 위하여 필요한 자문기구를 둘 수 있다.

제10장 헌법개정

제128조 ① 헌법개정은 국회재적의원 과반수 또는 대통령의 발의로 제안된다.
② 대통령의 임기연장 또는 중임변경을 위한 헌법개정은 그 헌법개정 제안 당시의 대통령에 대하여는 효력이 없다.
제129조 제안된 헌법개정안은 대통령이 20일 이상의 기간 이를 공고하여야 한다.
제130조 ① 국회는 헌법개정안이 공고된 날로부터 60일 이내에 의결하여야 하며, 국회의 의결은 재적의원 3분의 2 이상의 찬성을 얻어야 한다.
② 헌법개정안은 국회가 의결한 후 30일 이내에 국민투표에 붙여 국회의원선거권자 과반수의 투표와 투표자 과반수의 찬성을 얻어야 한다.
③ 헌법개정안이 제2항의 찬성을 얻은 때에는 헌법개정은 확정되며, 대통령은 즉시 이를 공포하여야 한다.

부 칙

〈제10호, 1987.10.29〉

제1조 이 헌법은 1988년 2월 25일부터 시행한다. 다만, 이 헌법을 시행하기 위하여 필요한 법률의 제정·개정과 이 헌법에 의한 대통령 및 국회의원의 선거 기타 이 헌법시행에 관한 준비는 이 헌법시행 전에 할 수 있다.
제2조 ① 이 헌법에 의한 최초의 대통령선거는 이 헌법시행일 40일 전까지 실시한다.
② 이 헌법에 의한 최초의 대통령의 임기는 이 헌법시행일로부터 개시한다.
제3조 ① 이 헌법에 의한 최초의 국회의원선거는 이 헌법공포일로부터 6월 이내에 실시하며, 이 헌법에 의하여 선출된 최초의 국회의원의 임기는 국회의원선거후 이 헌법에 의한 국회의 최초의 집회일로부터 개시한다.
② 이 헌법공포 당시의 국회의원의 임기는 제1항에 의한 국회의 최초의 집회일 전일까지로 한다.
제4조 ① 이 헌법시행 당시의 공무원과 정부가 임명한 기업체의 임원은 이 헌법에 의하여 임명된 것으로 본다. 다만, 이 헌법에 의하여 선임방법이나 임명권자가 변경된 공무원과 대법원장 및 감사원장은 이 헌법에 의하여 후임자가 선임될 때까지 그 직무를 행하며, 이 경우 전임자인 공무원의 임기는 후임자가 선임되는 전일까지로 한다.
② 이 헌법시행 당시의 대법원장과 대법원판사가 아닌 법관은 제1항 단서의 규정에 불구하고 이 헌법에 의하여 임명된 것으로 본다.
③ 이 헌법중 공무원의 임기 또는 중임제한에 관한 규정은 이 헌법에 의하여 그 공무원이 최초로 선출 또는 임명된 때로부터 적용한다.
제5조 이 헌법시행 당시의 법령과 조약은 이 헌법에 위배되지 아니하는 한 그 효력을 지속한다.
제6조 이 헌법시행 당시에 이 헌법에 의하여 새로 설치될 기관의 권한에 속하는 직무를 행하고 있는 기관은 이 헌법에 의하여 새로운 기관이 설치될 때까지 존속하며 그 직무를 행한다.

지방의회 관계법령집

지방자치법 및 같은 법 시행령

지방자치법	지방자치법 시행령
[시행 2013.12.12] [법률 제11899호, 2013.7.16, 일부개정]	[시행 2013.12.12] [대통령령 제24859호, 2013.11.20, 일부개정]

제1장 총강(總綱)
제1절 총칙

제1조(목적) 이 법은 지방자치단체의 종류와 조직 및 운영에 관한 사항을 정하고, 국가와 지방자치단체 사이의 기본적인 관계를 정함으로써 지방자치행정을 민주적이고 능률적으로 수행하고, 지방을 균형있게 발전시키며, 대한민국을 민주적으로 발전시키려는 것을 목적으로 한다.

제2조(지방자치단체의 종류) ① 지방자치단체는 다음의 두 가지 종류로 구분한다.
1. 특별시, 광역시, 특별자치시, 도, 특별자치도
2. 시, 군, 구

② 지방자치단체인 구(이하 "자치구"라 한다)는 특별시와 광역시의 관할 구역 안의 구만을 말하며, 자치구의 자치권의 범위는 법령으로 정하는 바에 따라 시·군과 다르게 할 수 있다.
③ 제1항의 지방자치단체 외에 특정한 목적을 수행하기 위하여 필요하면 따로 특별지방자치단체를 설치할 수 있다.
④ 특별지방자치단체의 설치·운영에 관하여 필요한 사항은 대통령령으로 정한다.

제3조(지방자치단체의 법인격과 관할) ① 지방자치단체는 법인으로 한다.
② 특별시, 광역시, 특별자치시, 도, 특별자치도(이하 "시·도"라 한다)는 정부의 직할(直轄)로 두고, 시는 도의 관할 구역 안에, 군은 광역시, 특별자치시나 도의 관할 구역 안에 두며, 자치구는 특별시와 광역시, 특별자치시의 관할 구역 안에 둔다.
③ 특별시·광역시 및 특별자치시가 아닌 인구 50만 이상의 시에는 자치구가 아닌 구를 둘 수 있고, 군에는 읍·면을 두며, 시와 구(자치구를 포함한다)에는 동을, 읍·면에는 리를 둔다.

제1장 총칙

제1조(목적) 이 영은 지방자치법에서 위임된 사항과 그 시행에 필요한 사항을 규정함을 목적으로 한다.

● 법 령

지방자치법	지방자치법 시행령
④ 제7조제2항에 따라 설치된 시에는 도시의 형태를 갖춘 지역에는 동을, 그 밖의 지역에는 읍·면을 두되, 자치구가 아닌 구를 둘 경우에는 그 구에 읍·면·동을 둘 수 있다. **제2절 지방자치단체의 관할 구역** **제4조(지방자치단체의 명칭과 구역)** ① 지방자치단체의 명칭과 구역은 종전과 같이 하고, 명칭과 구역을 바꾸거나 지방자치단체를 폐지하거나 설치하거나 나누거나 합칠 때에는 법률로 정한다. 다만, 지방자치단체의 관할 구역 경계변경과 한자 명칭의 변경은 대통령령으로 정한다. 〈개정 2009.4.1〉 ② 제1항에 따라 지방자치단체를 폐지하거나 설치하거나 나누거나 합칠 때 또는 그 명칭이나 구역을 변경할 때에는 관계 지방자치단체의 의회(이하 "지방의회"라 한다)의 의견을 들어야 한다. 다만, 「주민투표법」 제8조에 따라 주민투표를 한 경우에는 그러하지 아니하다. ③ 제1항에도 불구하고 다음 각 호의 지역이 속할 지방자치단체는 제4항부터 제7항까지의 규정에 따라 안전행정부장관이 결정한다. 〈개정 2009.4.1, 2010.4.15, 2011.7.14, 2013.3.23〉 1. 「공유수면 관리 및 매립에 관한 법률」에 따른 매립지 2. 「측량·수로조사 및 지적에 관한 법률」 제2조제19호의 지적공부(이하 "지적공부"라 한다)에 등록이 누락되어 있는 토지 ④ 제3항제1호의 경우에는 「공유수면 관리 및 매립에 관한 법률」 제28조에 따른 면허관청 또는 관련 지방자치단체의 장이 같은 법 제45조에 따른 준공검사 전에, 제3항제2호의 경우에는 「측량·수로조사 및 지적에 관한 법률」 제2조제18호에 따른 소관청(이하 "지적소관청"이라 한다)이 지적공부에 등록하기 전에 각각 안전행정부장관에게 해당 지역이 속할 지방자치단체의 결정을 신청하여야 한다. 이	**제2조(관계 지방의회)** 「지방자치법」(이하 "법"이라 한다) 제4조제2항에서 "관계 지방자치단체의 의회"란 해당 지방자치단체의 의회와 그 상급 지방자치단체의 의회를 말한다.

지방자치법	지방자치법 시행령
경우 제3항제1호에 따른 매립지의 매립면허를 받은 자는 면허관청에 해당 매립지가 속할 지방자치단체의 결정 신청을 요구할 수 있다. 〈개정 2009.4.1, 2010.4.15, 2011.7.14, 2013.3.23〉 ⑤ 안전행정부장관은 제4항에 따른 신청을 받은 후 지체 없이 그 사실을 20일 이상 관보나 인터넷 등의 방법으로 널리 알려야 한다. 이 경우 알리는 방법, 의견의 제출 등에 관하여는 「행정절차법」제42조·제44조 및 제45조를 준용한다. 〈개정 2009.4.1, 2013.3.23〉 ⑥ 안전행정부장관은 제5항에 따른 기간이 끝난 후 제149조에 따른 지방자치단체중앙분쟁조정위원회(이하 이 조에서 "위원회"라 한다)의 심의·의결에 따라 제3항 각 호의 지역이 속할 지방자치단체를 결정하고, 그 결과를 면허관청이나 지적소관청, 관계 지방자치단체의 장 등에게 통보하고 공고하여야 한다. 〈개정 2009.4.1, 2013.3.23〉 ⑦ 위원회의 위원장은 제6항에 따른 심의과정에서 필요하다고 인정되면 관계 중앙행정기관 및 지방자치단체의 공무원 또는 관련 전문가를 출석시켜 의견을 듣거나 관계 기관이나 단체에 자료 및 의견 제출 등을 요구할 수 있다. 이 경우 관계 지방자치단체의 장에게는 의견을 진술할 기회를 주어야 한다. 〈신설 2009.4.1〉 ⑧ 관계 지방자치단체의 장은 제3항부터 제7항까지의 규정에 따른 안전행정부장관의 결정에 이의가 있으면 그 결과를 통보받은 날부터 15일 이내에 대법원에 소송을 제기할 수 있다. 〈신설 2009.4.1, 2013.3.23〉 ⑨ 안전행정부장관은 제8항에 따라 대법원의 인용결정이 있으면 그 취지에 따라 다시 결정하여야 한다. 〈신설 2009.4.1, 2013.3.23〉 **제4조의2(자치구가 아닌 구와 읍·면·동 등의 명칭과 구역)** ① 자치구가 아닌 구와 읍·면·동의 명칭과 구역은 종전과 같이 하고, 이를 폐지	

◎ 법 령

지방자치법	지방자치법 시행령
하거나 설치하거나 나누거나 합칠 때에는 안전행정부장관의 승인을 받아 그 지방자치단체의 조례로 정한다. 다만, 명칭과 구역의 변경은 그 지방자치단체의 조례로 정하고, 그 결과를 특별시장·광역시장·도지사에게 보고하여야 한다. 〈개정 2013.3.23〉 ② 리의 구역은 자연 촌락을 기준으로 하되, 그 명칭과 구역은 종전과 같이 하고, 명칭과 구역을 변경하거나 리를 폐지하거나 설치하거나 나누거나 합칠 때에는 그 지방자치단체의 조례로 정한다. ③ 인구 감소 등 행정여건 변화로 인하여 필요한 경우 그 지방자치단체의 조례로 정하는 바에 따라 2개 이상의 면을 하나의 면으로 운영하는 등 행정 운영상 면(이하 "행정면"이라 한다)을 따로 둘 수 있다. ④ 동·리에서는 행정 능률과 주민의 편의를 위하여 그 지방자치단체의 조례로 정하는 바에 따라 하나의 동·리를 2개 이상의 동·리로 운영하거나 2개 이상의 동·리를 하나의 동·리로 운영하는 등 행정 운영상 동·리(이하 "행정동·리"라 한다)를 따로 둘 수 있다. ⑤ 행정동·리에 그 지방자치단체의 조례로 정하는 바에 따라 하부 조직을 둘 수 있다. [본조신설 2009.4.1] **제5조(구역을 변경하거나 폐지·분합할 때의 사무와 재산의 승계)** ① 지방자치단체의 구역을 변경하거나 지방자치단체를 폐지하거나 설치하거나 나누거나 합칠 때에는 새로 그 지역을 관할하게 된 지방자치단체가 그 사무와 재산을 승계한다. ② 제1항의 경우에 지역에 의하여 지방자치단체의 사무와 재산을 구분하기 곤란하면 시·도에서는 안전행정부장관이, 시·군 및 자치구에서는 특별시장·광역시장·특별자치시장·도지사·특별자치도지사(이하 "시·도지사"라 한다)가 그 사무와 재산의 한계 및 승계할 지방자치단	**제3조(관할구역의 변경 등으로 인한 지방자치단체 등의 사무 인계)** 법 제4조제1항 및 제4조의2제1항·제2항에 따라 지방자치단체 및 자치구가 아닌 구와 읍·면·동·리의 구역을 변경하거나 폐지하거나 설치하거나 나누거나 합치는 데에 따른 사무의 인계에 관하여는 제66조부터 제70조까지의 규정을 준용한다. 〈개정 2011.10.14〉

지방자치법	지방자치법 시행령
체를 지정한다. 〈개정 2008.2.29, 2009.4.1, 2011.5.30, 2013.3.23〉 **제6조(사무소의 소재지)** ① 지방자치단체의 사무소의 소재지와 자치구가 아닌 구 및 읍·면·동의 사무소의 소재지는 종전과 같이 하고, 이를 변경하거나 새로 설정하려면 지방자치단체의 조례로 정한다. 이 경우 면·동은 제4조의2제3항 및 제4항에 따른 행정면(行政面)·행정동(行政洞)을 말한다. 〈개정 2009.4.1〉 ② 제1항의 조례는 그 지방의회의 재적의원 과반수의 찬성을 받아야 한다. **제7조(시·읍의 설치기준 등)** ① 시는 그 대부분이 도시의 형태를 갖추고 인구 5만 이상이 되어야 한다. ② 다음 각 호의 어느 하나에 해당하는 지역은 도농(都農) 복합형태의 시로 할 수 있다. 1. 제1항에 따라 설치된 시와 군을 통합한 지역 2. 인구 5만 이상의 도시 형태를 갖춘 지역이 있는 군 3. 인구 2만 이상의 도시 형태를 갖춘 2개 이상의 지역의 인구가 5만 이상인 군. 이 경우 군의 인구가 15만 이상으로서 대통령령으로 정하는 요건을 갖추어야 한다. 4. 국가의 정책으로 인하여 도시가 형성되고, 제115조에 따라 도의 출장소가 설치된 지역으로서 그 지역의 인구가 3만 이상이고, 인구 15만 이상의 도농 복합형태의 시의 일부인 지역 ③ 읍은 그 대부분이 도시의 형태를 갖추고 인구 2만 이상이 되어야 한다. 다만, 다음 각 호의 어느 하나에 해당하면 인구 2만 미만인 경우에도 읍으로 할 수 있다. 1. 군사무소 소재지의 면 2. 읍이 없는 도농 복합형태의 시에서 그 면 중 1개 면 ④ 시·읍의 설치에 관한 세부기준은 대통령령	**제4조** 삭제 〈2011.10.14〉 **제5조** 삭제 〈2011.10.14〉 **제6조(사무소의 소재지)** 법 제6조에 따른 지방자치단체의 사무소의 소재지는 주사무소를 기준으로 결정하되, 특별시·광역시·도 및 특별자치도(이하 "시·도"라 한다)에서는 시(「제주특별자치도설치 및 국제자유도시 조성을 위한 특별법」 제15조제2항에 따른 행정시를 포함한다. 이하 이 조에서 같다)·군 또는 자치구를 단위로 결정하고, 시·군 및 자치구에서는 읍·면 또는 동을 단위로 결정한다. **제7조(시·읍의 설치기준)** ① 법 제7조제1항에 따라 시로 되려면 다음 각 호의 요건을 갖추어야 한다. 〈개정 2008.2.29, 2013.3.23〉 1. 해당 지역의 시가지를 구성하는 지역 안에 거주하는 인구의 비율이 전체 인구의 60퍼센트 이상일 것 2. 해당 지역의 상업·공업, 그 밖의 도시적 산업에 종사하는 가구의 비율이 전체 가구의 60퍼센트 이상일 것 3. 1인당 지방세 납세액, 인구밀도 및 인구증가 경향이 안전행정부령으로 정하는 기준 이상일 것 ② 법 제7조제2항제2호 및 제3호에 따라 도농 복합형태의 시로 되려면 다음 각 호의 요건을 갖추어야 한다. 1. 해당 지역의 상업·공업, 그 밖의 도시적 산업에 종사하는 가구의 비율이 군 전체 가구의 45퍼센트 이상일 것 2. 다음의 식으로 계산한 해당 군의 재정자립도가 전국 군 재정자립도의 평균치 이상일 것 {(지방세 + 세외수입 − 지방채) ÷ 일반회계예산} × 100 ③ 법 제7조제3항 본문에 따라 읍으로 되려면 다음 각 호의 요건을 갖추어야 한다. 1. 해당 지역의 시가지를 구성하는 지역 안에 거주하는 인구의 비율이 전체 인구의 40퍼센

● 법 령

지방자치법	지방자치법 시행령
으로 정한다.	트 이상일 것 2. 해당 지역의 상업·공업, 그 밖의 도시적 산업에 종사하는 가구의 비율이 전체 가구의 40퍼센트 이상일 것

제3절 지방자치단체의 기능과 사무
제8조(사무처리의 기본원칙) ① 지방자치단체는 그 사무를 처리할 때 주민의 편의와 복리증진을 위하여 노력하여야 한다.
② 지방자치단체는 조직과 운영을 합리적으로 하고 그 규모를 적정하게 유지하여야 한다.
③ 지방자치단체는 법령이나 상급 지방자치단체의 조례를 위반하여 그 사무를 처리할 수 없다.
제9조(지방자치단체의 사무범위) ① 지방자치단체는 관할 구역의 자치사무와 법령에 따라 지방자치단체에 속하는 사무를 처리한다.
② 제1항에 따른 지방자치단체의 사무를 예시하면 다음 각 호와 같다. 다만, 법률에 이와 다른 규정이 있으면 그러하지 아니하다.
〈개정 2007.5.17, 2011.7.14〉
1. 지방자치단체의 구역, 조직, 행정관리 등에 관한 사무
  가. 관할 구역 안 행정구역의 명칭·위치 및 구역의 조정
  나. 조례·규칙의 제정·개정·폐지 및 그 운영·관리
  다. 산하(傘下) 행정기관의 조직관리
  라. 산하 행정기관 및 단체의 지도·감독
  마. 소속 공무원의 인사·후생복지 및 교육
  바. 지방세 및 지방세 외 수입의 부과 및 징수
  사. 예산의 편성·집행 및 회계감사와 재산관리
  아. 행정장비관리, 행정전산화 및 행정관리개선
  자. 공유재산관리(公有財産管理)	

지방자치법	지방자치법 시행령

차. 가족관계등록 및 주민등록 관리
카. 지방자치단체에 필요한 각종 조사 및 통계의 작성
2. 주민의 복지증진에 관한 사무
  가. 주민복지에 관한 사업
  나. 사회복지시설의 설치·운영 및 관리
  다. 생활이 곤궁(困窮)한 자의 보호 및 지원
  라. 노인·아동·심신장애인·청소년 및 여성의 보호와 복지증진
  마. 보건진료기관의 설치·운영
  바. 전염병과 그 밖의 질병의 예방과 방역
  사. 묘지·화장장(火葬場) 및 납골당의 운영·관리
  아. 공중접객업소의 위생을 개선하기 위한 지도
  자. 청소, 오물의 수거 및 처리
  차. 지방공기업의 설치 및 운영
3. 농림·상공업 등 산업 진흥에 관한 사무
  가. 소류지(소유지)·보(洑) 등 농업용수시설의 설치 및 관리
  나. 농산물·임산물·축산물·수산물의 생산 및 유통지원
  다. 농업자재의 관리
  라. 복합영농의 운영·지도
  마. 농업 외 소득사업의 육성·지도
  바. 농가 부업의 장려
  사. 공유림 관리
  아. 소규모 축산 개발사업 및 낙농 진흥사업
  자. 가축전염병 예방
  차. 지역산업의 육성·지원
  카. 소비자 보호 및 저축 장려
  타. 중소기업의 육성
  파. 지역특화산업의 개발 및 육성·지원
  하. 우수토산품 개발과 관광민예품 개발
4. 지역개발과 주민의 생활환경시설의 설치·관리에 관한 사무
  가. 지역개발사업	

○ 법 령

지방자치법	지방자치법 시행령

나. 지방 토목·건설사업의 시행
다. 도시계획사업의 시행
라. 지방도(地方道), 시군도의 신설·개수(改修) 및 유지
마. 주거생활환경 개선의 장려 및 지원
바. 농촌주택 개량 및 취락구조 개선
사. 자연보호활동
아. 지방1급하천, 지방2급하천 및 소하천의 관리
자. 상수도·하수도의 설치 및 관리
차. 간이급수시설의 설치 및 관리
카. 도립공원·군립공원 및 도시공원, 녹지 등 관광·휴양시설의 설치 및 관리
타. 지방 궤도사업의 경영
파. 주차장·교통표지 등 교통편의시설의 설치 및 관리
하. 재해대책의 수립 및 집행
거. 지역경제의 육성 및 지원
5. 교육·체육·문화·예술의 진흥에 관한 사무
  가. 유아원·유치원·초등학교·중학교·고등학교 및 이에 준하는 각종 학교의 설치·운영·지도
  나. 도서관·운동장·광장·체육관·박물관·공연장·미술관·음악당 등 공공교육·체육·문화시설의 설치 및 관리
  다. 지방문화재의 지정·보존 및 관리
  라. 지방문화·예술의 진흥
  마. 지방문화·예술단체의 육성
6. 지역민방위 및 지방소방에 관한 사무
  가. 지역 및 직장 민방위조직(의용소방대를 포함한다)의 편성과 운영 및 지도·감독
  나. 지역의 화재예방·경계·진압·조사 및 구조·구급
제10조(지방자치단체의 종류별 사무배분기준) ① 제9조에 따른 지방자치단체의 사무를 지방자치단체의 종류별로 배분하는 기준은 다음 각 호와 같다. 다만, 제9조제2항제1호의 사무는 각	

지방자치법	지방자치법 시행령
지방자치단체에 공통된 사무로 한다. 1. 시·도 　가. 행정처리 결과가 2개 이상의 시·군 및 자치구에 미치는 광역적 사무 　나. 시·도 단위로 동일한 기준에 따라 처리되어야 할 성질의 사무 　다. 지역적 특성을 살리면서 시·도 단위로 통일성을 유지할 필요가 있는 사무 　라. 국가와 시·군 및 자치구 사이의 연락·조정 등의 사무 　마. 시·군 및 자치구가 독자적으로 처리하기에 부적당한 사무 　바. 2개 이상의 시·군 및 자치구가 공동으로 설치하는 것이 적당하다고 인정되는 규모의 시설을 설치하고 관리하는 사무 2. 시·군 및 자치구 제1호에서 시·도가 처리하는 것으로 되어 있는 사무를 제외한 사무. 다만, 인구 50만 이상의 시에 대하여는 도가 처리하는 사무의 일부를 직접 처리하게 할 수 있다. ② 제1항의 배분기준에 따른 지방자치단체의 종류별 사무는 대통령령으로 정한다. ③ 시·도와 시·군 및 자치구는 사무를 처리할 때 서로 경합하지 아니하도록 하여야 하며, 사무가 서로 경합하면 시·군 및 자치구에서 먼저 처리한다.	 제8조(지방자치단체의 종류별 사무) 법 제10조제2항에 따른 지방자치단체의 종류별 사무의 예시는 별표 1과 같다. 다만, 다른 법령에 이와 다른 규정이 있는 경우에는 그러하지 아니하다. 제9조(자치구 사무의 특례) 법 제2조제2항에 따라 시·군과 다르게 자치구에서 처리하지 아니하고 특별시·광역시에서 처리하는 사무의 예시는 별표 2와 같다. 다만, 다른 법령에 이와 다른 규정이 있는 경우에는 그러하지 아니하다. 제10조(인구 50만 이상 시의 사무의 특례) ① 삭제 〈2008.10.8〉 ② 법 제10조제1항제2호 단서에 따른 인구 50만 이상의 시가 직접 처리할 수 있는 도의 사

○ 법 령

지방자치법	지방자치법 시행령
	무의 예시는 별표 3과 같다. 다만, 다른 법령에 이와 다른 규정이 있는 경우에는 그러하지 아니하다. 〈개정 2008.10.8〉
제11조(국가사무의 처리제한) 지방자치단체는 다음 각 호에 해당하는 국가사무를 처리할 수 없다. 다만, 법률에 이와 다른 규정이 있는 경우에는 국가사무를 처리할 수 있다. 1. 외교, 국방, 사법(司法), 국세 등 국가의 존립에 필요한 사무 2. 물가정책, 금융정책, 수출입정책 등 전국적으로 통일적 처리를 요하는 사무 3. 농산물·임산물·축산물·수산물 및 양곡의 수급조절과 수출입 등 전국적 규모의 사무 4. 국가종합경제개발계획, 국가하천, 국유림, 국토종합개발계획, 지정항만, 고속국도·일반국도, 국립공원 등 전국적 규모나 이와 비슷한 규모의 사무 5. 근로기준, 측량단위 등 전국적으로 기준을 통일하고 조정하여야 할 필요가 있는 사무 6. 우편, 철도 등 전국적 규모나 이와 비슷한 규모의 사무 7. 고도의 기술을 요하는 검사·시험·연구, 항공관리, 기상행정, 원자력개발 등 지방자치단체의 기술과 재정능력으로 감당하기 어려운 사무	

제2장 주 민

제12조(주민의 자격) 지방자치단체의 구역 안에 주소를 가진 자는 그 지방자치단체의 주민이 된다.
제13조(주민의 권리) ① 주민은 법령으로 정하는 바에 따라 소속 지방자치단체의 재산과 공공시설을 이용할 권리와 그 지방자치단체로부터 균등하게 행정의 혜택을 받을 권리를 가진다.
② 국민인 주민은 법령으로 정하는 바에 따라 그 지방자치단체에서 실시하는 지방의회의원과 지방자치단체의 장의 선거(이하 "지방선거

지방자치법	지방자치법 시행령
"라 한다)에 참여할 권리를 가진다. **제14조(주민투표)** ① 지방자치단체의 장은 주민에게 과도한 부담을 주거나 중대한 영향을 미치는 지방자치단체의 주요 결정사항 등에 대하여 주민투표에 부칠 수 있다. ② 주민투표의 대상·발의자·발의요건, 그 밖에 투표절차 등에 관한 사항은 따로 법률로 정한다. **제15조(조례의 제정과 개폐 청구)** ① 19세 이상의 주민으로서 다음 각 호의 어느 하나에 해당하는 사람(「공직선거법」 제18조에 따른 선거권이 없는 자는 제외한다. 이하 이 조 및 제16조에서 "19세 이상의 주민"이라 한다)은 시·도와 제175조에 따른 인구 50만 이상 대도시에서는 19세 이상 주민 총수의 100분의 1 이상 70분의 1 이하, 시·군 및 자치구에서는 19세 이상 주민 총수의 50분의 1 이상 20분의 1 이하의 범위에서 지방자치단체의 조례로 정하는 19세 이상의 주민 수 이상의 연서(連署)로 해당 지방자치단체의 장에게 조례를 제정하거나 개정하거나 폐지할 것을 청구할 수 있다. 〈개정 2009.4.1〉 1. 해당 지방자치단체의 관할 구역에 주민등록이 되어 있는 사람 2. 「재외동포의 출입국과 법적 지위에 관한 법률」 제6조제1항에 따라 해당 지방자치단체의 국내거소신고인명부에 올라 있는 국민 3. 「출입국관리법」 제10조에 따른 영주의 체류자격 취득일 후 3년이 경과한 외국인으로서 같은 법 제34조에 따라 해당 지방자치단체의 외국인등록대장에 올라 있는 사람 ② 다음 각 호의 사항은 제1항에 따른 청구대상에서 제외한다. 〈신설 2009.4.1〉 1. 법령을 위반하는 사항 2. 지방세·사용료·수수료·부담금의 부과·징수 또는 감면에 관한 사항 3. 행정기구를 설치하거나 변경하는 것에 관한	**제11조(주민 총수의 공표)** 지방자치단체의 장은 법 제15조제1항에 따른 19세 이상의 주민(이하 "19세 이상의 주민"이라 한다)의 총수를 매년 1월 10일까지 공표하여야 한다. [전문개정 2009.8.13] **제12조(청구인의 대표자 증명 등)** ① 법 제15조제1항에 따라 조례의 제정·개정·폐지를 청구하려는 청구인의 대표자(이하 "대표자"라 한다)는 청구의 취지와 이유 등을 적은 조례의 제정·개정·폐지 청구서(이하 "청구서"라 한다) 및 조례의 제정·개정·폐지안(이하 "주민청구조례안"이라 한다)을 첨부하여 해당 지방자치단체의 장에게 문서로 대표자증명서의 발급을 신청하여야 한다. 〈개정 2011.10.14〉 ② 제1항에 따른 신청을 받으면 해당 지방자치단체의 장은 대표자가 19세 이상의 주민인 경우에만 대표자 증명서를 발급하고 그 취지를 공표하여야 한다. **제13조(서명 요청 절차)** ① 대표자는 19세 이상의 주민에게 청구인명부에 서명할 것을 요청할 수 있다. 이 경우 대표자는 청구서나 그 사본, 주민청구조례안 또는 그 사본 및 대표자증명서나 그 사본을 첨부하여야 한다. 〈개정 2011.10.14〉 ② 대표자는 19세 이상의 주민에게 제1항에 따른 서명요청권을 위임할 수 있으며, 이를 위임한 경우에는 수임자(受任者)의 성명 및 위임 연월일을 해당 지방자치단체의 장에게 신고하여야 한다. 이 경우 지방자치단체의 장은 즉시 위임신고증을 발급하여야 한다. ③ 제2항에 따른 수임자는 19세 이상의 주민에

● 법 령

지방자치법	지방자치법 시행령
사항이나 공공시설의 설치를 반대하는 사항 ③ 지방자치단체의 19세 이상의 주민이 제1항에 따라 조례를 제정하거나 개정하거나 폐지할 것을 청구하려면 청구인의 대표자를 선정하여 청구인명부에 적어야 하며, 청구인의 대표자는 조례의 제정안·개정안 및 폐지안(이하 "주민청구조례안"이라 한다)을 작성하여 제출하여야 한다. 〈개정 2009.4.1, 2011.7.14〉 ④ 지방자치단체의 장은 제1항에 따른 청구를 받으면 청구를 받은 날부터 5일 이내에 그 내용을 공표하여야 하며, 청구를 공표한 날부터 10일간 청구인명부나 그 사본을 공개된 장소에 갖추어두어 열람할 수 있도록 하여야 한다. 〈개정 2009.4.1〉 ⑤ 청구인명부의 서명에 관하여 이의가 있는 자는 제4항에 따른 열람기간에 해당 지방자치단체의 장에게 이의를 신청할 수 있다. 〈개정 2009.4.1〉 ⑥ 지방자치단체의 장은 제5항에 따른 이의신청을 받으면 제4항에 따른 열람기간이 끝난 날부터 14일 이내에 심사·결정하되, 그 신청이 이유 있다고 결정한 때에는 청구인명부를 수정하고, 이를 이의신청을 한 자와 제3항에 따른 청구인의 대표자에게 알려야 하며, 그 이의신청이 이유 없다고 결정한 때에는 그 뜻을 즉시 이의신청을 한 자에게 알려야 한다. 〈개정 2009.4.1〉 ⑦ 지방자치단체의 장은 제5항에 따른 이의신청이 없는 경우 또는 제5항에 따라 제기된 모든 이의신청에 대하여 제6항에 따른 결정이 끝난 경우 제1항 및 제2항에 따른 요건을 갖춘 때에는 청구를 수리하고, 그러하지 아니한 때에는 청구를 각하하되, 수리 또는 각하 사실을 청구인의 대표자에게 알려야 한다. 〈개정 2009.4.1〉 ⑧ 지방자치단체의 장은 제7항에 따라 청구를	게 청구인명부에 서명할 것을 요청할 수 있다. 이 경우 수임자는 청구서나 그 사본, 주민청구조례안 또는 그 사본, 대표자증명서나 그 사본 및 위임신고증을 첨부하여야 한다. 〈개정 2011.10.14〉 ④ 제1항과 제3항에 따른 서명은 제12조제2항에 따른 공표가 있는 날부터 시·도의 경우에는 6개월 이내, 시·군·자치구의 경우에는 3개월 이내에 요청하여야 한다. 다만, 서명 요청 기간을 계산할 때에「공직선거법」제33조에 따른 선거기간은 이를 산입하지 아니한다. ⑤ 누구든지「공직선거법」제33조에 따른 선거기간 중에는 제1항과 제3항에 따라 서명을 요청할 수 없다. **제14조(청구인명부의 작성 등)** ① 청구인명부에 서명하려는 19세 이상의 주민은 청구인명부에 다음 각 호의 사항을 적고 서명하거나 도장을 찍어야 한다. 〈개정 2009.8.13〉 1. 성명 2. 주민등록번호·국내거소신고번호 또는 외국인등록번호 3. 주소·거소 또는 체류지 4. 서명 연월일 ② 서명을 한 자가 그 서명을 취소하려면 제15조제1항에 따라 대표자가 해당 지방자치단체의 장에게 청구인명부를 제출하기 전에 취소하여야 한다. 이 경우 대표자는 즉시 청구인명부에서 그 서명을 삭제하여야 한다. ③ 청구인명부는 시·군·자치구의 경우에는 읍·면·동별로 작성하고, 시·도의 경우에는 시·군·자치구별로 읍·면·동으로 구분하여 작성하여야 한다. **제15조(청구인명부의 제출)** ① 대표자는 청구인명부에 서명한 19세 이상의 주민의 수가 법 제13조제1항에 따른 주민 수 이상이 되면 제13조제4항에 따른 서명 요청 기간이 지난 날부터 시·도의 경우에는 10일 이내에, 시·군·자치구의

지방자치법	지방자치법 시행령
각하하려면 청구인의 대표자에게 의견을 제출할 기회를 주어야 한다. 〈개정 2009.4.1〉 ⑨ 지방자치단체의 장은 제7항에 따라 청구를 수리한 날부터 60일 이내에 주민청구조례안을 지방의회에 부의하여야 하며, 그 결과를 청구인의 대표자에게 알려야 한다. 〈개정 2009.4.1, 2011.7.14〉 ⑩ 제1항에 따른 19세 이상의 주민 총수는 전년도 12월 31일 현재의 주민등록표 및 재외국민내거소신고표, 외국인등록표에 의하여 산정한다. 〈개정 2009.4.1〉 ⑪ 조례의 제정·개정 및 폐지 청구에 관하여 그 밖에 필요한 사항은 대통령령으로 정한다. 〈개정 2009.4.1〉	경우에는 5일 이내에 해당 지방자치단체의 장에게 청구인명부를 제출하여야 한다. ② 제1항에 따라 청구인명부가 제출되면 지방자치단체의 장은 대표자의 성명·주소, 청구취지 및 이유, 연서주민수, 청구인명부 열람기간·장소 및 이의신청 방법 등을 공표하여야 한다. **제16조(청구인명부의 열람 및 이의신청 등)** ① 지방자치단체의 장은 시·도의 경우에는 그 지방자치단체와 시·군·자치구별로, 시·군·자치구의 경우에는 그 지방자치단체와 읍·면·동별로 청구인명부나 그 사본을 공개된 장소에 갖추어 두어 열람하게 하여야 한다. ② 지방자치단체의 장은 제1항에 따라 청구인명부나 그 사본을 열람하게 하는 경우에는 개인의 주민등록번호·국내거소신고번호 또는 외국인등록번호가 나타나지 아니하도록 필요한 조치를 하여야 한다. 〈개정 2009.8.13〉 ③ 법 제15조제5항에 따라 이의신청을 하려면 그 사유를 적은 서면으로 하여야 한다. 〈개정 2009.8.13〉 ④ 지방자치단체의 장은 청구인명부에 적힌 서명이 정당한 서명자가 아니거나 누구의 서명인가를 확인하기 어려우면 제28조에 따른 조례·규칙심의회(이하 "조례·규칙심의회"라 한다)의 심의를 거쳐 서명을 무효로 결정하고 청구인명부를 수정한 후 그 사실을 즉시 대표자에게 알려야 한다. ⑤ 지방자치단체의 장은 법 제15조제6항에 따라 이의신청에 대한 심사·결정을 하려는 경우에는 미리 조례·규칙심의회의 심의를 거쳐야 한다. 〈개정 2009.8.13〉 ⑥ 지방자치단체의 장은 제4항과 제5항에 따른 결정으로 청구인명부에 서명한 19세 이상의 주민수가 법 제15조제1항에 따른 주민 수에 미치지 못할 때에는 대표자로 하여금 시·도의 경우에는 5일 이내에, 시·군·자치구의 경우에는 3일 이내에 이를 보정하게 할 수 있다.

● 법 령

지방자치법	지방자치법 시행령
	⑦ 지방자치단체의 장은 제6항에 따라 보정된 청구인명부가 제출되면 열람기간·장소 및 이의신청 방법 등을 공표하여야 한다. 이 경우 보정된 청구인명부의 열람 및 이의신청 등의 절차에 관하여는 제1항부터 제5항까지의 규정을 적용한다. **제17조(청구요건 심사)** ① 지방자치단체의 장은 법 제15조제7항에 따라 청구를 수리하거나 각하하려는 경우에는 미리 조례·규칙심의회의 심의를 거쳐야 한다. 〈개정 2009.8.13〉 ② 법 제15조제8항에 따른 청구인 대표자의 의견 제출에 관하여는 「행정절차법」 제27조를 준용한다. 〈개정 2009.8.13〉 **제18조** 삭제 〈2011.10.14〉
제15조의2(주민청구조례안의 심사절차) ① 지방자치단체의 장은 제15조에 따라 청구된 주민청구조례안에 대하여 의견이 있으면 제15조제9항에 따라 주민청구조례안을 지방의회에 부의할 때 그 의견을 첨부할 수 있다. ② 지방의회는 심사 안건으로 부쳐진 주민청구조례안을 의결하기 전에 청구인의 대표자를 회의에 참석시켜 그 청구취지(청구인의 대표자와의 질의·답변을 포함한다)를 들을 수 있다. ③ 제2항에 따른 주민청구조례안의 심사절차에 관하여 필요한 사항은 지방의회 회의규칙으로 정한다. [본조신설 2011.7.14]	
제16조(주민의 감사청구) ① 지방자치단체의 19세 이상의 주민은 시·도는 500명, 제175조에 따른 인구 50만 이상 대도시는 300명, 그 밖의 시·군 및 자치구는 200명을 넘지 아니하는 범위에서 그 지방자치단체의 조례로 정하는 19세 이상의 주민 수 이상의 연서(連署)로, 시·도에서는 주무부장관에게, 시·군 및 자치구에서는 시·도지사에게 그 지방자치단체와 그 장의 권한에 속하는 사무의 처리가 법령에 위반되거나 공익을 현저히 해친다고 인정되면 감사를 청구할 수 있다. 다만, 다음 각 호의 어느 하나에 해당하는 사항은 감사	**제19조(주무부장관 등)** ① 지방자치단체의 19세 이상의 주민이 법 제16조제1항에 따라 감사를 청구하는 경우 그 청구 내용이 둘 이상의 부처와 관련되거나 주무부장관이 불분명한 경우에는 안전행정부장관에게 감사를 청구할 수 있다. 〈개정 2008.2.29, 2013.3.23〉 ② 제1항에 따른 청구를 받으면 안전행정부장관은 관계 부처와 협의를 거쳐 처리 주무부처를 지정하고 그 부처로 하여금 관계 부처 간 협의를 통하여 주민 감사청구를 일괄 처리하도록 요청할 수 있다. 〈개정 2008.2.29, 2013.3.23〉 **제20조(주민의 감사청구 절차)** ① 19세 이상의 주

지방자치법	지방자치법 시행령
청구의 대상에서 제외한다. 1. 수사나 재판에 관여하게 되는 사항 2. 개인의 사생활을 침해할 우려가 있는 사항 3. 다른 기관에서 감사하였거나 감사 중인 사항. 다만, 다른 기관에서 감사한 사항이라도 새로운 사항이 발견되거나 중요 사항이 감사에서 누락된 경우와 제17조제1항에 따라 주민소송의 대상이 되는 경우에는 그러하지 아니하다. 4. 동일한 사항에 대하여 제17조제2항 각 호의 어느 하나에 해당하는 소송이 진행 중이거나 그 판결이 확정된 사항 ② 제1항에 따른 청구는 사무처리가 있었던 날이나 끝난 날부터 2년이 지나면 제기할 수 없다. ③ 주무부장관이나 시·도지사는 감사청구를 수리한 날부터 60일 이내에 감사청구된 사항에 대하여 감사를 끝내야 하며, 감사결과를 청구인의 대표자와 해당 지방자치단체의 장에게 서면으로 알리고, 공표하여야 한다. 다만, 그 기간에 감사를 끝내기가 어려운 정당한 사유가 있으면 그 기간을 연장할 수 있다. 이 경우 이를 미리 청구인의 대표자와 해당 지방자치단체의 장에게 알리고, 공표하여야 한다. ④ 주무부장관이나 시·도지사는 주민이 감사를 청구한 사항이 다른 기관에서 이미 감사한 사항이거나 감사 중인 사항이면 그 기관에서 실시한 감사결과 또는 감사 중인 사실과 감사가 끝난 후 그 결과를 알리겠다는 사실을 청구인의 대표자와 해당 기관에 알려야 한다. ⑤ 주무부장관이나 시·도지사는 주민 감사청구를 처리(각하를 포함한다)할 때 청구인의 대표자에게 반드시 증거 제출 및 의견 진술의 기회를 주어야 한다. 〈개정 2011.7.14〉 ⑥ 주무부장관이나 시·도지사는 제3항에 따른 감사결과에 따라 기간을 정하여 해당 지방자치단체의 장에게 필요한 조치를 요구할 수	민의 감사청구에 관하여는 제12조제1항, 제13조제1항부터 제3항까지 및 제5항, 제14조, 제15조제2항, 제16조제2항부터 제5항까지 및 제7항, 제17조제1항을 준용한다. 이 경우 "조례의 제정이나 개폐"는 "감사"로, "지방자치단체의 장"은 "주무부장관이나 시·도지사"로, "조례·규칙심의회"는 "감사청구심의회"로 본다. ② 제1항에 따라 준용하는 제12조제1항에 따른 신청을 받으면 주무부장관이나 시·도지사는 대표자가 19세 이상의 주민인 경우에만 대표자증명서를 발급하여야 한다. ③ 제1항에 따라 준용하는 제13조제1항 및 제3항에 따른 서명은 제2항에 따른 증명서를 발급한 날부터 시·도의 경우에는 6개월 이내에, 시·군·자치구의 경우에는 3개월 이내에 요청하여야 한다. 이 경우 서명 요청 기간을 계산할 때에 「공직선거법」 제33조에 따른 선거기간은 이를 산입하지 아니한다. ④ 대표자는 청구인명부에 서명한 19세 이상의 주민 수가 법 제16조에 따른 주민 수 이상이 된 경우에는 제3항에 따른 서명 요청 기간이 지난 날부터 시·도의 경우에는 10일 이내에 주무부장관에게, 시·군·자치구의 경우에는 5일 이내에 시·도지사에게 청구인명부를 제출하여야 한다. ⑤ 주무부장관은 해당 부처와 시·도 및 시·군·자치구별로, 시·도지사는 해당 시·도와 시·군·자치구 및 읍·면·동별로 청구인명부나 그 사본을 공개된 장소에 갖추어 두고 열람하게 하여야 한다. ⑥ 주무부장관이나 시·도지사는 제1항에 따라 준용하는 제16조제4항 및 제5항에 따른 결정으로 청구인명부에 서명한 19세 이상의 주민 수가 법 제16조에 따른 주민 수에 못 미칠 때에는 대표자로 하여금 시·도의 경우에는 5일 이내에, 시·군·자치구의 경우에는 3일 이내에 이를 보정하게 할 수 있다. 제21조(감사 절차 등) 주무부장관이나 시·도지사

○ 법 령

지방자치법	지방자치법 시행령
있다. 이 경우 그 지방자치단체의 장은 이를 성실히 이행하여야 하고 그 조치결과를 지방의회와 주무부장관 또는 시·도지사에게 보고하여야 한다. ⑦ 주무부장관이나 시·도지사는 제6항에 따른 조치요구내용과 지방자치단체의 장의 조치결과를 청구인의 대표자에게 서면으로 알리고, 공표하여야 한다. ⑧ 그 밖에 19세 이상의 주민의 감사청구에 관하여 필요한 사항은 대통령령으로 정한다. ⑨ 19세 이상의 주민의 감사청구에 관하여는 제15조제3항부터 제7항까지의 규정을 준용한다. 이 경우 "조례를 제정하거나 개정하거나 폐지할 것을"은 "감사를"로, "지방자치단체의 장"은 "주무부장관이나 시·도지사"로 본다. 〈개정 2009.4.1〉	가 법 제16조제3항 및 제6항에 따른 감사와 감사결과에 따른 필요 조치를 요구하는 경우에는 「지방자치단체에 대한 행정감사규정」에서 정하는 바에 따라야 한다. 〈개정 2010.10.13〉 **제22조(감사결과의 공표)** 주무부장관이나 시·도지사는 법 제16조제3항에 따른 감사가 끝나면 지체 없이 감사 실시 개요와 청구 대상 사무 처리의 적법 여부에 대한 감사결과를 공표하여야 한다. **제23조(부처 간 협조)** ① 주무부장관이나 시·도지사는 주민 감사청구를 처리할 때에 필요하면 관계 부처의 장이나 지방자치단체의 장에게 자료 요구나 관계 공무원의 지원 등 협조 요청을 할 수 있다. ② 주무부장관이나 시·도지사는 다른 기관에서 이미 감사한 사항이나 감사 중인 사항에 대하여 감사가 청구된 경우에는 법 제16조제4항에 따른 감사 업무의 처리와 관련하여 그 감사기관에 감사 진행 여부를 확인할 수 있으며, 감사가 끝나면 그 감사결과에 대하여 자료의 제출 등 필요한 협조를 요청할 수 있다. ③ 제1항과 제2항에 따른 협조 요청을 받은 관계 부처의 장, 지방자치단체의 장 및 감사기관은 정당한 사유가 없으면 협조하여야 한다. **제24조(공표 방법 등)** 법 제16조제7항, 이 영 제11조, 제12조제2항, 제15조제2항, 제16조제7항 및 제22조에 따른 관련 사항의 공표는 관보, 지방자치단체의 공보, 게시판·전산망 또는 일간신문에 게시하거나 게재하는 방법으로 한다. **제25조(보고 등)** 주무부장관이나 시·도지사는 다음 각 호의 어느 하나에 해당하는 경우에는 안전행정부장관에게 그 사실을 통보하거나 보고하여야 한다. 〈개정 2008.2.29, 2013.3.23〉 1. 법 제16조제7항, 이 영 제12조제2항, 제15조제2항, 제16조제7항 및 제22조에 따른 공표를 한 경우 2. 법 제16조제6항에 따라 감사결과에 따른 필요 조치를 요구하고 그 조치결과를 보고받은 경우

지방자치법	지방자치법 시행령

	제26조(감사청구심의회) ① 지방자치단체의 19세 이상의 주민의 감사청구에 있어서 제5항에 규정된 사항을 심의·의결하기 위하여 주무부장관이나 시·도지사의 소속으로 감사청구심의회(이하 이 조에서 "심의회"라 한다)를 둔다.
	② 심의회는 위원장과 부위원장 각 1명을 포함하여 9명 이상 13명 이하의 위원으로 구성하되, 제3항제2호 각 목에 따라 위촉되는 위원이 2분의 1 이상이어야 한다.
	③ 심의회의 위원장과 부위원장은 위원 중에서 호선(互選)하고, 위원은 다음 각 호의 자가 된다.
	1. 주무부장관이나 시·도지사가 소속 공무원 중에서 지명하는 자
	2. 다음 각 목의 어느 하나에 해당하는 자 중에서 주무부장관이나 시·도지사가 위촉하는 자
	  가. 법관·검사 또는 변호사 자격이 있는 자
	  나. 공인회계사·기술사·건축사 또는 세무사 자격이 있는 자
	  다. 시민단체(「비영리민간단체 지원법」제2조에 따른 비영리민간단체를 말한다)에서 추천한 자
	  라. 대학에서 법학·회계학·토목공학 또는 건축공학을 담당하는 부교수 이상으로 재직 중인 자
	  마. 그 밖에 감사 업무에 관하여 학식과 경험이 풍부한 자
	④ 주무부장관이나 시·도지사가 위촉하는 위원의 임기는 2년으로 한다. 〈개정 2011.10.14〉
	⑤ 심의회에서 심의·의결할 사항은 다음 각 호와 같다.
	1. 주민 감사청구 요건의 심사
	2. 주민 감사청구인명부에 적힌 유효 서명의 확인
	3. 청구인명부의 서명에 관한 이의신청의 심사·결정
	4. 그 밖에 주무부장관이나 시·도지사가 주민 감사청구와 관련하여 회의에 부치는 사항
	⑥ 심의회의 회의는 재적위원 과반수의 출석과

◎ 법 령

지방자치법	지방자치법 시행령
	출석위원 과반수의 찬성으로 의결한다. ⑦ 위원장은 심의회의 회의에 부쳐진 안건을 효율적으로 처리하기 위하여 필요하다고 인정되면 관계 공무원과 감사청구인, 그 밖의 이해관계인을 회의에 참석시켜 의견을 진술하게 하거나 필요한 자료의 제출을 요구할 수 있다. ⑧ 이 영에 규정된 것 외에 심의회의 구성 및 운영 등에 관하여 필요한 사항은 주무부장관 소속인 경우에는 주무부장관이, 시·도지사 소속인 경우에는 해당 시·도의 조례로 정한다. **제27조(청구서 등의 서식)** 제12조에 따른 청구서 및 대표자증명서, 제13조에 따른 위임신고서 및 신고증, 제14조에 따른 청구인명부, 제16조에 따른 이의신청서 및 제20조에 따른 대표자증명서의 서식은 안전행정부령으로 정한다. 〈개정 2008.2.29, 2013.3.23〉
제17조(주민소송) ① 제16조제1항에 따라 공금의 지출에 관한 사항, 재산의 취득·관리·처분에 관한 사항, 해당 지방자치단체를 당사자로 하는 매매·임차·도급 계약이나 그 밖의 계약의 체결·이행에 관한 사항 또는 지방세·사용료·수수료·과태료 등 공금의 부과·징수를 게을리한 사항을 감사청구한 주민은 다음 각 호의 어느 하나에 해당하는 경우에 그 감사청구한 사항과 관련이 있는 위법한 행위나 업무를 게을리 한 사실에 대하여 해당 지방자치단체의 장(해당 사항의 사무처리에 관한 권한을 소속 기관의 장에게 위임한 경우에는 그 소속 기관의 장을 말한다. 이하 이 조에서 같다)을 상대방으로 하여 소송을 제기할 수 있다. 1. 주무부장관이나 시·도지사가 감사청구를 수리한 날부터 60일(제16조제3항 단서에 따라 감사기간이 연장된 경우에는 연장기간이 끝난 날을 말한다)이 지나도 감사를 끝내지 아니한 경우 2. 제16조제3항 및 제4항에 따른 감사결과	

지방자치법	지방자치법 시행령
또는 제16조제6항에 따른 조치요구에 불복하는 경우 3. 제16조제6항에 따른 주무부장관이나 시·도지사의 조치요구를 지방자치단체의 장이 이행하시 아니한 경우 4. 제16조제6항에 따른 지방자치단체의 장의 이행 조치에 불복하는 경우 ② 제1항에 따라 주민이 제기할 수 있는 소송은 다음 각 호와 같다. 1. 해당 행위를 계속하면 회복하기 곤란한 손해를 발생시킬 우려가 있는 경우에는 그 행위의 전부나 일부를 중지할 것을 요구하는 소송 2. 행정처분인 해당 행위의 취소 또는 변경을 요구하거나 그 행위의 효력 유무 또는 존재 여부의 확인을 요구하는 소송 3. 게을리한 사실의 위법 확인을 요구하는 소송 4. 해당 지방자치단체의 장 및 직원, 지방의회의원, 해당 행위와 관련이 있는 상대방에게 손해배상청구 또는 부당이득반환청구를 할 것을 요구하는 소송. 다만, 그 지방자치단체의 직원이 「지방재정법」 제94조나 「회계관계직원 등의 책임에 관한 법률」 제4조에 따른 변상책임을 져야 하는 경우에는 변상명령을 할 것을 요구하는 소송을 말한다. ③ 제2항제1호의 중지청구소송은 해당 행위를 중지할 경우 생명이나 신체에 중대한 위해가 생길 우려가 있거나 그 밖에 공공복리를 현저하게 저해할 우려가 있으면 제기할 수 없다. ④ 제2항에 따른 소송은 다음 각 호의 어느 하나에 해당하는 날부터 90일 이내에 제기하여야 한다. 1. 제1항제1호의 경우 : 해당 60일이 끝난 날(제16조제3항 단서에 따라 감사기간이 연장된 경우에는 연장기간이 끝난 날을 말한다) 2. 제1항제2호의 경우 : 해당 감사결과나 조	

◉ **법 령**

지방자치법	지방자치법 시행령
치요구내용에 대한 통지를 받은 날 3. 제1항제3호의 경우 : 해당 조치를 요구할 때에 지정한 처리기간이 끝난 날 4. 제1항제4호의 경우 : 해당 이행 조치결과에 대한 통지를 받은 날 ⑤ 제2항 각 호의 소송이 진행 중이면 다른 주민은 같은 사항에 대하여 별도의 소송을 제기할 수 없다. ⑥ 소송의 계속(繫屬) 중에 소송을 제기한 주민이 사망하거나 제12조에 따른 주민의 자격을 잃으면 소송절차는 중단된다. 소송대리인이 있는 경우에도 또한 같다. ⑦ 감사청구에 연서한 다른 주민은 제6항에 따른 사유가 발생한 사실을 안 날부터 6개월 이내에 소송절차를 수계(受繼)할 수 있다. 이 기간에 수계절차가 이루어지지 아니할 경우 그 소송절차는 종료된다. ⑧ 법원은 제6항에 따라 소송이 중단되면 감사청구에 연서한 다른 주민에게 소송절차를 중단한 사유와 소송절차 수계방법을 지체 없이 알려야 한다. 이 경우 법원은 감사청구에 적힌 주소로 통지서를 우편으로 보낼 수 있고, 우편물이 통상 도달할 수 있을 때에 감사청구에 연서한 다른 주민은 제6항의 사유가 발생한 사실을 안 것으로 본다. ⑨ 제2항에 따른 소송은 해당 지방자치단체의 사무소 소재지를 관할하는 행정법원(행정법원이 설치되지 아니한 지역에서는 행정법원의 권한에 속하는 사건을 관할하는 지방법원본원을 말한다)의 관할로 한다. ⑩ 해당 지방자치단체의 장은 제2항제1호부터 제3호까지의 규정에 따른 소송이 제기된 경우 그 소송 결과에 따라 권리나 이익의 침해를 받을 제3자가 있으면 그 제3자에 대하여, 제2항제4호에 따른 소송이 제기된 경우 그 직원, 지방의회의원 또는 상대방에 대하여 소송고지를 하여 줄 것을 법원에 신청하여야 한다.	

지방자치법	지방자치법 시행령
⑪ 제2항제4호에 따른 소송이 제기된 경우에 지방자치단체의 장이 한 소송고지신청은 그 소송에 관한 손해배상청구권 또는 부당이득반환청구권의 시효중단에 관하여「민법」제168조제1호에 따른 청구로 본다. ⑫ 제11항에 따른 시효중단의 효력은 그 소송이 끝난 날부터 6개월 이내에 재판상 청구, 파산절차참가, 압류 또는 가압류, 가처분을 하지 아니하면 효력이 생기지 아니한다. ⑬ 국가, 상급 지방자치단체 및 감사청구에 연서한 다른 주민과 제10항에 따라 소송고지를 받은 자는 법원에서 계속 중인 소송에 참가할 수 있다. ⑭ 제2항에 따른 소송에서 당사자는 법원의 허가를 받지 아니하고는 소의 취하, 소송의 화해 또는 청구의 포기를 할 수 없다. 이 경우 법원은 허가하기 전에 감사청구에 연서한 다른 주민에게 이를 알려야 하며, 알린 때부터 1개월 이내에 허가 여부를 결정하여야 한다. 위 통지에 관하여는 제8항 후단을 준용한다. ⑮ 제2항에 따른 소송은「민사소송 등 인지법」제2조제4항에 따른 소정의 비재산권을 목적으로 하는 소송으로 본다. ⑯ 소송을 제기한 주민은 승소(일부 승소를 포함한다)한 경우 그 지방자치단체에 대하여 변호사 보수 등의 소송비용, 감사청구절차의 진행 등을 위하여 사용된 여비, 그 밖에 실제로 든 비용을 보상할 것을 청구할 수 있다. 이 경우 지방자치단체는 청구된 금액의 범위에서 그 소송을 진행하는 데에 객관적으로 사용된 것으로 인정되는 금액을 지급하여야 한다. ⑰ 제1항에 따른 소송에 관하여는 이 법에 규정된 것 외에는「행정소송법」에 따른다. **제18조(손해배상금 등의 지불청구 등)** ① 지방자치단체의 장(해당 사항의 사무처리에 관한 권한을 소속 기관의 장에게 위임한 경우에는	

○ 법 령

지방자치법	지방자치법 시행령
그 소속 기관의 장을 말한다. 이하 이 조에서 같다)은 제17조제2항제4호 본문에 따른 소송에 대하여 손해배상청구나 부당이득반환청구를 명하는 판결이 확정되면 그 판결이 확정된 날부터 60일 이내를 기한으로 하여 당사자에게 그 판결에 따라 결정된 손해배상금이나 부당이득반환금의 지불을 청구하여야 한다. 다만, 손해배상금이나 부당이득반환금을 지불하여야 할 당사자가 지방자치단체의 장이면 지방의회 의장이 지불을 청구하여야 한다. ② 지방자치단체는 제1항에 따라 지불청구를 받은 자가 같은 항의 기한 내에 손해배상금이나 부당이득반환금을 지불하지 아니하면 손해배상·부당이득반환의 청구를 목적으로 하는 소송을 제기하여야 한다. 이 경우 그 소송의 상대방이 지방자치단체의 장이면 그 지방의회 의장이 그 지방자치단체를 대표한다. **제19조(변상명령 등)** ① 지방자치단체의 장은 제17조제2항제4호 단서에 따른 소송에 대하여 변상할 것을 명하는 판결이 확정되면 그 판결이 확정된 날부터 60일 이내를 기한으로 하여 당사자에게 그 판결에 따라 결정된 금액을 변상할 것을 명령하여야 한다. ② 제1항에 따라 변상할 것을 명령받은 자가 같은 항의 기한 내에 변상금을 지불하지 아니하면 지방세 체납처분의 예에 따라 징수할 수 있다. ③ 제1항에 따라 변상할 것을 명령받은 자는 이에 불복하는 경우 행정소송을 제기할 수 있다. 다만, 「행정심판법」에 따른 행정심판청구는 제기할 수 없다. **제20조(주민소환)** ① 주민은 그 지방자치단체의 장 및 지방의회의원(비례대표 지방의회의원은 제외한다)을 소환할 권리를 가진다. ② 주민소환의 투표 청구권자·청구요건·절차 및 효력 등에 관하여는 따로 법률로 정한다. **제21조(주민의 의무)** 주민은 법령으로 정하는	

지방자치법	지방자치법 시행령
바에 따라 소속 지방자치단체의 비용을 분담하여야 하는 의무를 진다. **제3장 조례와 규칙** **제22조(조례)** 지방자치단체는 법령의 범위 안에서 그 사무에 관하여 조례를 제정할 수 있다. 다만, 주민의 권리 제한 또는 의무 부과에 관한 사항이나 벌칙을 정할 때에는 법률의 위임이 있어야 한다. **제23조(규칙)** 지방자치단체의 장은 법령이나 조례가 위임한 범위에서 그 권한에 속하는 사무에 관하여 규칙을 제정할 수 있다. **제24조(조례와 규칙의 입법한계)** 시·군 및 자치구의 조례나 규칙은 시·도의 조례나 규칙을 위반하여서는 아니 된다. **제25조(지방자치단체를 신설하거나 격을 변경할 때의 조례·규칙의 시행)** 지방자치단체를 나누거나 합하여 새로운 지방자치단체가 설치되거나 지방자치단체의 격이 변경되면 그 지방자치단체의 장은 필요한 사항에 관하여 새로운 조례나 규칙이 제정·시행될 때까지 종래 그 지역에 시행되던 조례나 규칙을 계속 시행할 수 있다. **제26조(조례와 규칙의 제정 절차 등)** ① 조례안이 지방의회에서 의결되면 의장은 의결된 날부터 5일 이내에 그 지방자치단체의 장에게 이를 이송하여야 한다. ② 지방자치단체의 장은 제1항의 조례안을 이송받으면 20일 이내에 공포하여야 한다. ③ 지방자치단체의 장은 이송받은 조례안에 대하여 이의가 있으면 제2항의 기간에 이유를 붙여 지방의회로 환부(還付)하고, 재의(再議)를 요구할 수 있다. 이 경우 지방자치단체의 장은 조례안의 일부에 대하여 또는 조례안을 수정하여 재의를 요구할 수 없다. ④ 제3항에 따른 재의요구를 받은 지방의회가 재의에 부쳐 재적의원 과반수의 출석과 출석	**제2장 조례와 규칙** **제28조(조례·규칙심의회)** ① 지방자치단체의 장이 조례·규칙의 제정·개정·폐지 및 공포 등을 하려는 경우에 이를 심의·의결하기 위하여 해당 지방자치단체의 장 소속으로 조례·규칙심의회(이하 이 조에서 "심의회"라 한다)를 둔다. ② 심의회는 다음 각 호의 사항을 심의·의결한다. 1. 지방자치단체의 장이 지방의회에 제출하는 조례안 2. 지방의회의 의결을 거친 조례공포안. 다만, 지방자치단체의 장이 지방의회에 제출하여 원안 의결된 조례공포안을 제외한다. 3. 주민의 조례 제정·개정·폐지 청구를 받은 경우 유효 서명의 확인, 이의신청 및 청구요건에 관한 사항

○ 법 령

지방자치법	지방자치법 시행령
의원 3분의 2 이상의 찬성으로 전과 같은 의결을 하면 그 조례안은 조례로서 확정된다. ⑤ 지방자치단체의 장이 제2항의 기간에 공포하지 아니하거나 재의요구를 하지 아니할 때에도 그 조례안은 조례로서 확정된다. ⑥ 지방자치단체의 장은 제4항과 제5항에 따라 확정된 조례를 지체 없이 공포하여야 한다. 제5항에 따라 조례가 확정된 후 또는 제4항에 따른 확정조례가 지방자치단체의 장에게 이송된 후 5일 이내에 지방자치단체의 장이 공포하지 아니하면 지방의회의 의장이 이를 공포한다. ⑦ 제2항 및 제6항 전단에 따라 지방자치단체의 장이 조례를 공포한 때에는 즉시 해당 지방의회의 의장에게 통지하여야 하며, 제6항 후단에 따라 지방의회의 의장이 조례를 공포한 때에는 이를 즉시 해당 지방자치단체의 장에게 통지하여야 한다. 〈신설 2011.7.14〉 ⑧ 조례와 규칙은 특별한 규정이 없으면 공포한 날부터 20일이 지나면 효력을 발생한다. 〈개정 2011.7.14〉 ⑨ 조례와 규칙의 공포에 관하여 필요한 사항은 대통령령으로 정한다. 〈개정 2011.7.14〉	4. 지방자치단체의 장이 제정·개정·폐지하려는 규칙안 5. 예산안·결산안, 그 밖에 지방의회에 제출하는 안건 중 지방자치단체의 장이 심의회의 심의·의결이 필요하다고 인정하는 안건 ③ 심의회의 의장은 지방자치단체의 장이 되고, 부의장은 지방자치단체의 부지사·부시장·부군수·부구청장이 되며, 위원은 실장·국장 또는 실장·과장이 된다. 다만, 제2항제3호의 사항을 심의·의결하는 경우에는 지방자치에 관하여 경험과 학식이 풍부한 변호사·대학교수 및 시민단체대표 등으로서 그 지방자치단체의 장이 위촉하는 위원이 5명 이상 포함되어야 한다. ④ 심의회의 회의는 의장과 부의장을 포함한 재적위원 과반수의 찬성으로 의결한다. ⑤ 이 영에 규정된 것 외에 심의회의 운영에 관하여 필요한 사항은 지방자치단체의 규칙으로 정한다. 〈개정 2008.2.29, 2009.8.13〉 **제29조(조례와 규칙의 공포 절차)** ① 조례와 규칙의 공포문에는 전문(全文)을 붙여야 한다. ② 제1항에 따른 조례와 규칙의 공포문 전문에는 제정·개정 및 폐지하는 뜻을 적어 지방자치단체의 장이 서명한 후 직인을 찍고 그 일자를 기록한다. 이 경우 조례 공포문 전문에는 지방의회의 의결을 얻은 사실을 적어야 한다. ③ 법 제26조제6항 후단에 따라 지방의회의 의장이 공포하는 조례의 공포문 전문에는 지방의회의 의결을 얻은 사실과 법 제26조제6항 후단에 따라 공포한다는 사실을 적고, 지방의회의 의장이 서명한 후 직인을 찍고 그 일자를 기록한다. **제30조(조례와 규칙의 공포 방법 등)** ① 법 제26조에 따른 조례와 규칙의 공포는 해당 지방자치단체의 공보에 게재하는 방법으로 한다. 다만, 법 제26조제6항에 따라 지방의회의 의장이 공포하는 경우에는 공보나 일간신문에 게재하거나 게시판에 게시한다. ② 지방자치단체나 그 장이 공고하거나 고시하

지방자치법	지방자치법 시행령
	는 경우에는 제1항 본문을 준용하되, 법 제133조제2항에 따른 예산의 고시에 관하여는 제1항과 제29조제1항 및 제2항을 준용한다. **제31조(공포일)** 제30조에 따른 조례와 규칙의 공포일과 공고·고시일은 그 조례와 규칙 등을 게재한 공보나 신문이 발행된 날이나 게시판에 게시된 날로 한다. **제32조(운영 규정)** 법과 이 영에 규정된 것 외에 조례와 규칙의 공포 등에 관하여 필요한 사항은 해당 지방자치단체의 조례로 정한다.
제27조(조례위반에 대한 과태료) ① 지방자치단체는 조례를 위반한 행위에 대하여 조례로써 1천만원 이하의 과태료를 정할 수 있다. ② 제1항에 따른 과태료는 해당 지방자치단체의 장이나 그 관할 구역 안의 지방자치단체의 장이 부과·징수한다. 〈개정 2009.4.1〉 ③ 삭제〈2009.4.1〉 ④ 삭제〈2009.4.1〉 ⑤ 삭제〈2009.4.1〉 **제28조(보고)** 조례나 규칙을 제정하거나 개정하거나 폐지할 경우 조례는 지방의회에서 이송된 날부터 5일 이내에, 규칙은 공포예정 15일 전에 시·도지사는 안전행정부장관에게, 시장·군수 및 자치구의 구청장은 시·도지사에게 그 전문(全文)을 첨부하여 각각 보고하여야 하며, 보고를 받은 안전행정부장관은 이를 관계 중앙행정기관의 장에게 통보하여야 한다. 〈개정 2008.2.29, 2013.3.23〉	
제4장 선 거 **제29조(지방선거에 관한 법률의 제정)** 지방선거에 관하여 이 법에서 정한 것 외에 필요한 사항은 따로 법률로 정한다.	
제5장 지방의회 **제1절 조 직** **제30조(의회의 설치)** 지방자치단체에 의회를 둔다.	**제3장 지방의회**

○ 법 령

지방자치법	지방자치법 시행령

제31조(지방의회의원의 선거) 지방의회의원은 주민이 보통·평등·직접·비밀선거에 따라 선출한다.
 	
제2절 지방의회의원
제32조(의원의 임기) 지방의회의원의 임기는 4년으로 한다.
제33조(의원의 의정활동비 등) ① 지방의회의원에게 다음 각 호의 비용을 지급한다.
  1. 의정 자료를 수집하고 연구하거나 이를 위한 보조 활동에 사용되는 비용을 보전(補塡)하기 위하여 매월 지급하는 의정활동비
  2. 본회의 의결, 위원회의 의결 또는 의장의 명에 따라 공무로 여행할 때 지급하는 여비
  3. 지방의회의원의 직무활동에 대하여 지급하는 월정수당
② 제1항 각 호에 규정된 비용의 지급기준은 대통령령으로 정하는 범위에서 해당 지방자치단체의 의정비심의위원회에서 결정하는 금액 이내로 하여 지방자치단체의 조례로 정한다.
〈개정 2009.4.1〉
③ 의정비심의위원회의 구성·운영 등에 관하여 필요한 사항은 대통령령으로 정한다.
	제33조(의정활동비·여비 및 월정수당의 지급기준 등) ① 법 제33조제2항에 따라 지방의회 의원에게 지급하는 의정활동비·여비 및 월정수당의 지급기준은 다음 각 호의 범위에서 제34조에 따른 의정비심의위원회가 해당 지방자치단체의 재정능력 등을 고려하여 결정한 금액 이내에서 조례로 정한다. 〈개정 2008.10.8〉
	  1. 의정활동비 : 별표 4에 따른 금액
	  2. 여비 : 별표 5와 별표 6에 따른 금액
	  3. 월정수당: 별표 7에 따른 금액
	② 제1항에 따른 의정활동비와 월정수당은 해당 지방자치단체 소속 공무원의 보수 지급일에 지급한다.
	제34조(의정비심의위원회의 구성 등) ① 법 제33조제3항에 따른 의정비심의위원회(이하 이 조에서 "심의회"라 한다)는 법 제33조제1항 각 호에 따른 비용 지급기준의 결정이 필요한 경우에 10명의 위원으로 구성하되, 교육계·법조계·언론계·시민사회단체, 통·리의 장 및 지방의회 의장 등으로부터 추천을 받아 지방자치단체의 장이 위촉한다. 이 경우 지방자치단체의 장은 위원이 다양하게 구성되도록 하여야 한다.
	〈개정 2008.10.8〉
	② 위원이 될 수 있는 자는 위원회가 구성되는 해의 1월 1일을 기준으로 1년 이전부터 계속하여 당해 지방자치단체의 관할구역에 주민등록이 되어 있는 19세 이상인 자로 한다. 다만, 「공직선거법」 제18조에 따라 선거권이 없는 자와 그 지방자치단체의 소속 공무원·의회의원·교육위원 및 그 배우자·직계존비속·형제자매는 위

지방자치법	지방자치법 시행령
	원이 될 수 없다. ③ 위원장은 위원 중에서 호선하며, 위원의 임기는 위원으로 위촉된 날부터 1년으로 한다. 〈개정 2008.10.8〉 ④ 심의회에 참석한 위원에게는 해당 지방자치단체 예산의 범위에서 수당과 여비를 지급할 수 있다. ⑤ 심의회는 위원 위촉으로 심의회가 구성된 해의 10월 말까지 제33조제1항에 따른 금액을 결정하고, 그 금액을 해당 지방자치단체의 장과 지방의회의 의장에게 지체 없이 통보하여야 하며, 그 금액은 다음 해부터 적용한다. 이 경우 결정은 위원장을 포함한 재적위원 3분의 2 이상의 찬성으로 의결한다. 〈개정 2008.10.8〉 ⑥ 심의회는 제5항의 금액을 결정하려는 때에는 그 결정의 적정성과 투명성을 위하여 공청회나 객관적이고 공정한 여론조사기관을 통하여 지역주민의 의견을 수렴할 수 있는 절차를 거쳐야 하며, 그 결과를 반영하여야 한다. 〈개정 2008.10.8〉 ⑦ 심의회는 지방자치단체의 장이나 지방의회의 의장에게 제5항의 결정에 필요한 자료의 제출 및 관계자의 설명을 요청할 수 있다. ⑧ 지방자치단체의 장은 심의회의 위원명단, 회의록 및 제5항 전단에 따라 통보받은 사항을 지체 없이 그 지방자치단체의 인터넷 홈페이지 등에 게재하여야 한다. 〈개정 2008.10.8〉 ⑨ 심의회의 회의는 공개하여야 한다. 다만, 출석위원 3분의 2 이상이 찬성한 경우에는 공개하지 아니할 수 있다. 〈신설 2008.10.8〉 ⑩ 그 밖에 심의회의 구성 및 운영에 필요한 사항은 해당 지방자치단체의 조례로 정한다. 〈개정 2008.10.8〉
제34조(상해·사망 등의 보상) ① 지방의회의원이 회기 중 직무(제61조 단서에 따라 개최된 위원회의 직무와 본회의 또는 위원회의 의결이나 의장의 명에 따른 폐회 중의 공무여행을	**제35조(지방의회 의원의 직무상 상해 등에 대한 보상금의 지급기준 및 절차)** ① 법 제34조제2항에 따른 보상금의 지급기준은 다음 각 호에 정하는 범위에서 해당 지방자치단체의 재정능력을 고

○ **법 령**

지방자치법	지방자치법 시행령
포함한다)로 인하여 신체에 상해를 입거나 사망한 경우와 그 상해나 직무로 인한 질병으로 사망한 경우에는 보상금을 지급할 수 있다. ② 제1항의 보상금의 지급기준은 대통령령으로 정하는 범위에서 해당 지방자치단체의 조례로 정한다.	려하여 조례로 정한다. 이 경우 제2호나 제3호에 따른 보상금을 지급받은 의원이 제1호나 제2호에 해당하게 되면 제1호나 제2호에 따른 보상금을 지급하되, 그 금액은 제2호나 제3호에 따라 이미 지급한 금액을 공제한 금액으로 한다. 1. 직무로 인한 사망, 직무상 상해·질병으로 인한 사망의 경우 : 시·도의회의원 의정활동비의 2년분 상당액 2. 직무상 상해로 인한 장애의 경우 : 시·도의회의원 의정활동비의 1년분 상당액 3. 그 밖에 직무로 인한 상해의 경우 : 치료비 전액. 다만, 제2호에 따른 지급기준을 초과할 수 없다. ② 법 제34조제1항에 따라 직무로 인한 상해·사망 등의 해당 여부 및 보상금액 등을 심의하기 위하여 지방자치단체에 지방의회 의원 상해 등 보상심의회(이하 "보상심의회"라 한다)를 둔다. ③ 제2항의 보상심의회는 위원장을 포함하여 5명 이내로 구성하되, 위원장은 시·도의 경우에는 부시장이나 부지사, 시·군 및 자치구의 경우에는 부시장·부군수 또는 부구청장이 되고, 위원은 다음 각 호의 어느 하나에 해당하는 자 중에서 지방자치단체의 장이 임명하거나 위촉한다. 1. 해당 지방의회 의원 1명 2. 해당 지방자치단체 소속 공무원 1명 3. 의무직공무원 1명 4. 사회보장에 관한 학식과 경험이 있는 자 1명 ④ 법 제34조에 따른 보상금은 보상금을 받을 권리가 있는 자의 신청을 받아 보상심의회의 심의를 거쳐 지방자치단체의 장이 결정하여 지급한다. ⑤ 보상심의회에 출석한 위원에게는 예산의 범위에서 수당을 지급할 수 있다. 다만, 해당 지방자치단체 소속 공무원인 위원의 경우에는 그러하지 아니하다. ⑥ 이 영에 규정된 것 외에 보상금의 지급기준과 절차 등에 관하여 필요한 사항은 해당 지방

지방자치법	지방자치법 시행령
제35조(겸직 등 금지) ① 지방의회의원은 다음 각 호의 어느 하나에 해당하는 직을 겸할 수 없다. 〈개정 2009.4.1〉 1. 국회의원, 다른 지방의회의 의원 2. 헌법재판소재판관, 각급 선거관리위원회 위원 3. 「국가공무원법」 제2조에 규정된 국가공무원과 「지방공무원법」 제2조에 규정된 지방공무원(「정당법」 제22조에 따라 정당의 당원이 될 수 있는 교원은 제외한다) 4. 「공공기관의 운영에 관한 법률」 제4조에 따른 공공기관(한국방송공사, 한국교육방송공사 및 한국은행을 포함한다)의 임직원 5. 「지방공기업법」 제2조에 규정된 지방공사와 지방공단의 임직원 6. 농업협동조합, 수산업협동조합, 산림조합, 엽연초생산협동조합, 신용협동조합, 새마을금고(이들 조합·금고의 중앙회와 연합회를 포함한다)의 임직원과 이들 조합·금고의 중앙회장이나 연합회장 7. 「정당법」 제22조에 따라 정당의 당원이 될 수 없는 교원 8. 다른 법령에 따라 공무원의 신분을 가지는 직 9. 그 밖에 다른 법률에서 겸임할 수 없도록 정하는 직 ② 「정당법」 제22조에 따라 정당의 당원이 될 수 있는 교원이 지방의회의원으로 당선되면 임기 중 그 교원의 직은 휴직된다. 〈신설 2009.4.1〉 ③ 지방의회의원이 당선 전부터 제1항 각 호의 직을 제외한 다른 직을 가진 경우에는 임기개시 후 1개월 이내에, 임기 중 그 다른 직에 취임한 경우에는 취임 후 15일 이내에 지방의회의 의장에게 서면으로 신고하여야 하며, 그 방법과 절차는 해당 지방자치단체의 조례로 정한다. 〈신설 2009.4.1〉	자치단체의 조례로 정한다.

○ 법 령

지방자치법	지방자치법 시행령
④ 지방의회의장은 지방의회의원이 다른 직을 겸하는 것이 제36조제2항에 위반된다고 인정될 때에는 그 겸한 직을 사임할 것을 권고할 수 있다. 〈신설 2009.4.1〉 ⑤ 지방의회의원은 해당 지방자치단체 및 공공단체와 영리를 목적으로 하는 거래를 할 수 없으며, 이와 관련된 시설이나 재산의 양수인 또는 관리인이 될 수 없다. 〈개정 2009.4.1〉 ⑥ 지방의회의원은 소관 상임위원회의 직무와 관련된 영리행위를 하지 못하며, 그 범위는 해당 지방자치단체의 조례로 정한다. 〈신설 2009.4.1〉 **제36조(의원의 의무)** ① 지방의회의원은 공공의 이익을 우선하여 양심에 따라 그 직무를 성실히 수행하여야 한다. ② 지방의회의원은 청렴의 의무를 지며, 의원으로서의 품위를 유지하여야 한다. ③ 지방의회의원은 지위를 남용하여 지방자치단체·공공단체 또는 기업체와의 계약이나 그 처분에 의하여 재산상의 권리·이익 또는 직위를 취득하거나 타인을 위하여 그 취득을 알선하여서는 아니 된다. **제37조(의원체포 및 확정판결의 통지)** ① 체포나 구금된 지방의회의원이 있으면 관계 수사기관의 장은 지체 없이 해당 의장에게 영장의 사본을 첨부하여 그 사실을 알려야 한다. ② 지방의회의원이 형사사건으로 공소(公訴)가 제기되어 그 판결이 확정되면 각급 법원장은 지체 없이 해당 의장에게 이를 알려야 한다. **제38조(지방의회의 의무 등)** ① 지방의회는 지방의회의원이 준수하여야 할 지방의회의원의 윤리강령과 윤리실천규범을 조례로 정하여야 한다. ② 지방의회는 소속 의원들이 의정활동에 필요한 전문성을 확보하도록 노력하여야 한다. **제3절 권한** **제39조(지방의회의 의결사항)** ① 지방의회는 다	

지방자치법	지방자치법 시행령
음 사항을 의결한다. 1. 조례의 제정·개정 및 폐지 2. 예산의 심의·확정 3. 결산의 승인 4. 법령에 규정된 것을 제외한 사용료·수수료·분담금·지방세 또는 가입금의 부과와 징수 5. 기금의 설치·운용 6. 대통령령으로 정하는 중요 재산의 취득·처분 7. 대통령령으로 정하는 공공시설의 설치·처분 8. 법령과 조례에 규정된 것을 제외한 예산 외의 의무부담이나 권리의 포기 9. 청원의 수리와 처리 10. 외국 지방자치단체와의 교류협력에 관한 사항	 제36조(중요 재산, 공공시설의 취득·설치 및 처분의 범위 등) ① 법 제39조제1항제6호에서 "대통령령으로 정하는 중요 재산의 취득·처분"이란 「공유재산 및 물품관리법 시행령」 제7조제1항에 따른 중요 재산의 취득·처분을 말한다. ② 제1항에도 불구하고 「공유재산 및 물품관리법 시행령」 제7조제2항에 해당하면 중요 재산의 취득·처분에 포함하지 아니한다. ③ 법 제39조제1항제7호에서 "대통령령으로 정하는 공공시설의 설치·처분"이란 법 제144조에 따라 조례나 다른 법령에 따라 설치하는 공공시설의 신·증설, 용도폐지·변경 및 공공시설로서의 성질을 유지할 것을 조건으로 국가나 다른 지방자치단체에 양여(讓與)하는 경우를 말한다. ④ 법 제39조제1항제6호 및 제7호에 모두 해당하는 경우에는 그 중 어느 하나의 규정에 따라 지방의회의 의결이 있으면 법 제39조제1항제6호 및 제7호에 따른 지방의회의 의결이 있은 것으로 본다. ⑤ 법 제39조제1항제6호 및 제7호에 따른 지방의회의 의결사항 중 중요 재산의 취득·처분이나 공공시설의 설치·처분에 관하여 다른 법령에 따라 지방의회의 의결을 받거나 의견을 청취한 경우에는 법 제39조제1항제6호 및 제7호에 따른 지방의회의 의결이 있은 것으로 본다. 제37조(교류협력의 범위) 법 제39조제1항제10호에서 "교류협력"이란 외국 지방자치단체와의 자

◉ 법 령

지방자치법	지방자치법 시행령
11. 그 밖에 법령에 따라 그 권한에 속하는 사항 ② 지방자치단체는 제1항의 사항 외에 조례로 정하는 바에 따라 지방의회에서 의결되어야 할 사항을 따로 정할 수 있다. **제40조(서류제출요구)** ① 본회의나 위원회는 그 의결로 안건의 심의와 직접 관련된 서류의 제출을 해당 지방자치단체의 장에게 요구할 수 있다. ② 위원회가 제1항의 요구를 할 때에는 의장에게 이를 보고하여야 한다. 〈개정 2011.7.14〉 ③ 제1항에도 불구하고 폐회 중에 의원으로부터 서류제출요구가 있을 때에는 의장은 이를 요구할 수 있다. 〈신설 2011.7.14〉 ④ 제1항에 따른 서류제출은 서면, 전자문서 또는 컴퓨터의 자기테이프·자기디스크, 그 밖에 이와 유사한 매체에 기록된 상태나 전산망에 입력된 상태로 제출할 것을 요구할 수 있다. 〈신설 2011.7.14〉 **제41조(행정사무 감사권 및 조사권)** ① 지방의회는 매년 1회 그 지방자치단체의 사무에 대하여 시·도에서는 14일의 범위에서, 시·군 및 자치구에서는 9일의 범위에서 감사를 실시하고, 지방자치단체의 사무 중 특정 사안에 관하여 본회의 의결로 본회의나 위원회에서 조사하게 할 수 있다. 〈개정 2011.7.14〉 ② 제1항의 조사를 발의할 때에는 이유를 밝힌 서면으로 하여야 하며, 재적의원 3분의 1 이상의 연서가 있어야 한다. ③ 지방자치단체 및 그 장이 위임받아 처리하는 국가사무와 시·도의 사무에 대하여 국회와 시·도의회가 직접 감사하기로 한 사무 외에는 그 감사를 각각 해당 시·도의회와 시·군 및 자치구의회가 할 수 있다. 이 경우 국회와 시·도의회는 그 감사결과에 대하여 그 지방의회에 필요한 자료를 요구할 수 있다. ④ 제1항의 감사 또는 조사와 제3항의 감사	매결연 체결이나 국제행사의 유치·개최 등을 말한다. **제38조(서류제출 요구 방법 등)** ① 법 제40조에 따른 서류제출 요구는 늦어도 그 서류 제출일 3일전까지 하여야 한다. ② 제1항의 요구를 받은 지방자치단체의 장은 법령이나 조례에서 특별히 규정한 경우 외에는 그에 따라야 한다. **제39조(행정사무 감사 또는 조사의 실시)** ① 법 제41조에 따른 지방자치단체의 사무에 대한 감사는 그 지방자치단체의 조례에서 정하는 바에 따라 매년 제1차 또는 제2차 정례회의 회기 내에 한다. ② 지방의회는 법 제41조에 따라 해당 지방자치단체의 사무 중 특정 사안에 관한 조사의 발의가 있을 경우에는 그 조사 여부에 관하여 의결을 한다. 지방의회가 폐회 중 또는 휴회 중인 경우 조사의 발의가 있으면 지방의회의 집회 또는 재개의 요구가 있는 것으로 본다. ③ 감사나 조사는 제41조에 따른 감사 또는 조사계획서에 의하여 한다. ④ 지방의회 의원은 감사 또는 조사를 할 때에 사무보조가 필요하면 지방의회사무직원의 보조를 받을 수 있다. **제40조(행정사무 감사 또는 조사위원회 등의 구성)** 지방의회는 해당 지방자치단체의 사무를 감사

지방자치법	지방자치법 시행령
를 위하여 필요하면 현지확인을 하거나 서류제출을 요구할 수 있으며, 지방자치단체의 장 또는 관계 공무원이나 그 사무에 관계되는 자를 출석하게 하여 증인으로서 선서한 후 증언하게 하거나 참고인으로서 의견을 진술하도록 요구할 수 있다. ⑤ 제4항에 따른 증언에서 거짓증언을 한 자는 고발할 수 있으며, 제4항에 따라 서류제출을 요구받은 자가 정당한 사유 없이 서류를 정하여진 기한까지 제출하지 아니한 경우, 같은 항에 따라 출석요구를 받은 증인이 정당한 사유 없이 출석하지 아니하거나 선서 또는 증언을 거부한 경우에는 500만원 이하의 과태료를 부과할 수 있다. 〈개정 2011.7.14〉 ⑥ 제5항에 따른 과태료 부과절차는 제27조를 따른다. ⑦ 제1항의 감사 또는 조사와 제3항의 감사를 위하여 필요한 사항은 「국정감사 및 조사에 관한 법률」에 준하여 대통령령으로 정하고, 제4항과 제5항의 선서·증언·감정 등에 관한 절차는 「국회에서의 증언·감정 등에 관한 법률」에 준하여 대통령령으로 정한다.	또는 조사하려는 경우에는 본회의에서 하거나 소관 상임위원회별로 또는 특별위원회를 구성하여 하게 할 수 있다. 제41조(행정사무 감사 또는 조사계획서) ① 제40조에 따른 소관 상임위원회나 특별위원회(이하 "감사 또는 조사위원회"라 한다)는 다음 사항을 적은 감사 또는 조사계획서를 작성하여 본회의에 제출하고 그 승인을 받아 감사나 조사를 한다. 1. 감사 또는 조사위원회의 편성 2. 감사 또는 조사일정 3. 감사 또는 조사요령 4. 조사의 경우에는 그 목적 및 범위 5. 그 밖에 조례로 정하는 사항 ② 본회의는 제1항의 감사 또는 조사계획서를 검토한 다음 의결로써 승인하거나 반려한다. ③ 의장은 감사 또는 조사계획서가 본회의에서 승인되면 지체 없이 해당 지방자치단체의 장에게 통보하여야 한다. ④ 제40조에 따라 본회의에서 직접 감사 또는 조사를 할 경우에는 제1항제2호부터 제5호까지의 사항을 적은 감사 또는 조사계획서를 작성하여 의결하고 지체 없이 해당 지방자치단체의 장에게 통보하여야 한다. 제42조(행정사무 감사 또는 조사의 대상 기관) ① 감사나 조사의 대상 기관은 다음 각 호와 같다. 〈개정 2010.11.2〉 1. 해당 지방자치단체 2. 법 제113조부터 제116조까지의 규정에 따른 해당 지방자치단체의 소속 행정기관과 법 제117조와 제120조에 따른 하부행정기관 3. 법 제121조에 따라 설치된 교육·과학 및 체육에 관한 기관 4. 해당 지방자치단체가 설치한 법 제146조에 따른 지방공기업 5. 법 제104조제2항과 제3항에 따라 위임·위탁된 사무(지방자치단체에 위임·위탁된 사무는 제외한다)를 처리하는 단체 또는 기관. 다

● 법 령

지방자치법	지방자치법 시행령
	만, 본회의가 특히 필요하다고 의결하는 경우만 해당한다. 6. 「지방공기업법」 제77조의3에 따른 지방공사 및 지방공단 외의 출자법인 또는 출연법인 중 지방자치단체가 4분의 1 이상 출자하거나 출연한 법인. 다만, 본회의가 특히 필요하다고 의결하는 경우에 지방자치단체의 출자 또는 출연에 관련된 업무·회계·재산에 대하여만 실시한다. ② 지방의회는 제1항에 따른 감사 또는 조사 대상 기관의 사무가 둘 이상의 지방자치단체의 사무에 해당하면 이를 감사 또는 조사할 때에 관계 지방자치단체의 지방의회와 협의하여야 한다. **제43조(행정사무 감사 또는 조사의 방법 등)** ① 법 제41조제4항에 따른 현지확인의 통보 및 서류의 제출이나 지방자치단체의 장, 관계 공무원 또는 그 사무에 관계되는 자의 출석·증언 및 의견진술의 요구는 늦어도 그 현지확인일·서류제출일·출석일 등의 3일 전까지 의장을 통하여 하여야 한다. ② 제1항의 요구를 받은 관계인 또는 관계 기관은 법령이나 조례에서 특별히 규정한 경우 외에는 그 요구에 따라야 하며 감사 또는 조사에 협조하여야 한다. ③ 제1항의 요구를 받은 지방자치단체의 장, 관계 공무원 또는 그 사무에 관계되는 자가 그 요구에 따를 수 없는 정당한 이유가 있는 경우에는 그 이유서를 출석·증언이나 의견진술일 등의 1일전까지 의장에게 제출하여야 한다. ④ 법 제41조제5항에 따른 과태료는 해당 지방의회 의장의 통보 등으로 지방자치단체의 장이 부과하되, 과태료의 부과기준은 그 지방자치단체의 조례로 정한다. ⑤ 의장이나 위원장이 증인에게 증언을 요구할 때에는 선서하게 하여야 하며, 선서 전에 의장이나 위원장은 선서의 취지를 알리고 위증을 하면 고발될 수 있음을 알려야 한다.

지방자치법	지방자치법 시행령
	⑥ 증인 선서의 방식에 관하여는 「국회에서의 증언·감정 등에 관한 법률」 제8조를 준용한다. 제44조(증인의 보호 및 실비 보상) ① 지방의회에서 증언·진술하는 증인·참고인이 방송·보도 등에 응하지 아니한다는 의사를 표명하거나 특별한 이유로 회의의 비공개를 요구할 때에는 본회의나 위원회의 의결로 방송·보도를 금지하거나 회의의 일부 또는 전부를 공개하지 아니할 수 있다. ② 지방의회에서 증언·진술한 증인·참고인이 그 사본을 요구하면 의장의 승인을 받아 내줄 수 있다. ③ 법 제41조제4항에 따라 서류의 제출이나 증언·진술을 하기 위하여 지방의회나 그 밖의 장소에 출석한 자에게는 해당 지방자치단체의 조례에서 정하는 바에 따라 여비 등 실비를 지급한다. 제45조(행정사무 감사 또는 조사의 한계) 감사 또는 조사는 개인의 사생활을 침해하거나 계속 중인 재판이나 수사 중인 사건의 소추에 관여할 목적으로 행사되어서는 아니 된다. 제46조(제척과 회피) ① 지방의회 의원은 직접 이해관계가 있거나, 공정을 피할 수 없는 현저한 사유가 있는 경우 그 사안에 대한 감사 또는 조사에는 참여할 수 없다. ② 본회의나 감사 또는 조사위원회는 제1항의 사유가 있다고 인정하면 그 의결로 해당 지방의회의원의 감사나 조사를 중지시키고 다른 의원에게 감사하게 하거나 조사하게 하여야 한다. ③ 제2항의 조치에 대하여 해당 지방의회 의원의 이의가 있으면 본회의에서 의결하는 바에 따른다. ④ 제1항의 사유가 있는 지방의회 의원은 그 사안에 대하여만 본회의, 감사 또는 조사위원회의 허가를 받아 감사 또는 조사를 회피할 수 있다. 제47조(주의 의무) ① 지방의회 의원은 감사 또는 조사를 하려는 때에는 그 대상 기관의 기능과 활동이 현저히 저해되거나 기밀이 누설되지 아

○ 법 령

지방자치법	지방자치법 시행령
	니하도록 주의하여야 한다. ② 지방의회 의원과 사무보조자는 감사 또는 조사를 통하여 알게 된 비밀을 정당한 사유 없이 누설하여서는 아니 된다. **제48조(공개 원칙)** 감사나 조사는 공개한다. 다만, 본회의나 감사 또는 조사위원회의 의결로 공개하지 아니할 수 있다. **제49조(국가 및 시·도의 사무에 대한 감사의 방법 등)** ① 법 제41조제3항에 따라 국가사무와 시·도의 사무에 대하여 시·도의회와 시·군 및 자치구의 회가 하는 감사에 관하여는 제39조부터 제48조까지 및 제50조부터 제52조까지의 규정을 각각 준용한다. ② 법 제41조제3항 후단에 따라 국회나 시·도 의회가 감사를 한 지방의회에 필요한 자료를 요구하면 그에 따라야 한다. **제50조(행정사무 감사 또는 조사 결과의 보고)** ① 감사 또는 조사위원회가 감사 또는 조사를 끝내면 그 위원회의 위원장은 지체 없이 의장에게 감사 또는 조사보고서를 제출하고, 본회의에 보고하여야 한다. ② 의장은 위원장에게 감사 또는 조사에 관한 중간보고를 하게 할 수 있다. **제51조** 삭제 〈2011.10.14〉
제41조의2(행정사무 감사 또는 조사 보고에 대한 처리) ① 지방의회는 본회의의 의결로 감사 또는 조사 결과를 처리한다. ② 지방의회는 감사 또는 조사 결과 해당 지방자치단체나 기관의 시정을 필요로 하는 사유가 있을 때에는 그 시정을 요구하고, 그 지방자치단체나 기관에서 처리함이 타당하다고 인정되는 사항은 그 지방자치단체나 기관으로 이송한다. ③ 지방자치단체나 기관은 제2항에 따라 시정 요구를 받거나 이송받은 사항을 지체 없이 처리하고 그 결과를 지방의회에 보고하여야 한다. [본조신설 2011.7.14]	

지방자치법	지방자치법 시행령
제42조(행정사무처리상황의 보고와 질문응답) ① 지방자치단체의 장이나 관계 공무원은 지방의회나 그 위원회에 출석하여 행정사무의 처리상황을 보고하거나 의견을 진술하고 질문에 응답할 수 있다. ② 지방자치단체의 장이나 관계 공무원은 지방의회나 그 위원회가 요구하면 출석·답변하여야 한다. 다만, 특별한 이유가 있으면 지방자치단체의 장은 관계 공무원에게 출석·답변하게 할 수 있다. ③ 제1항이나 제2항에 따라 지방의회나 그 위원회에 출석하여 답변할 수 있는 관계 공무원은 조례로 정한다. **제43조(의회규칙)** 지방의회는 내부운영에 관하여 이 법에서 정한 것 외에 필요한 사항을 규칙으로 정할 수 있다. **제4절 소집과 회기** **제44조(정례회)** ① 지방의회는 매년 2회 정례회를 개최한다. ② 정례회의 집회일, 그 밖에 정례회의 운영에 관하여 필요한 사항은 대통령령으로 정하는 바에 따라 해당 지방자치단체의 조례로 정한다. **제45조(임시회)** ① 총선거 후 최초로 집회되는 임시회는 지방의회 사무처장·사무국장·사무과장이 지방의회의원 임기 개시일부터 25일 이내에 소집한다. ② 지방의회의장은 지방자치단체의 장이나 재적의원 3분의 1 이상의 의원이 요구하면 15일 이내에 임시회를 소집하여야 한다. 다만, 의장과 부의장이 사고로 임시회를 소집할 수 없으면 의원 중 최다선의원이, 최다선의원이	**제52조(운영 규정)** 법 및 이 영에 규정된 것 외에 감사 또는 조사에 필요한 사항은 해당 지방자치단체의 조례로 정한다. **제53조(대리 출석·답변의 통지)** 지방자치단체의 장은 법 제42조제2항 단서에 따라 관계 공무원을 출석·답변하게 하려면 그 이유를 밝힌 서면으로 본회의나 그 위원회의 회의 시작 전까지 지방의회의 의장이나 그 위원회의 위원장에게 알려야 한다. **제54조(정례회의 집회일 등)** ① 법 제44조에 따른 정례회 중 제1차 정례회는 매년 6월·7월 중에, 제2차 정례회는 11월·12월 중에 열어야 한다. 다만, 총선거가 실시되는 해의 제1차 정례회는 9월·10월 중에 열 수 있다. ② 제1항에 따른 정례회에서 처리하여야 할 안건은 다음 각 호와 같다. 1. 제1차 정례회는 법 제134조에 따른 결산 승인 및 그 밖에 지방의회의 회의에 부치는 안건 2. 제2차 정례회는 법 제127조에 따른 예산안의 의결 및 그 밖에 지방의회의 회의에 부치는 안건 ③ 법 및 이 영에서 정한 사항 외에 정례회의 집회일과 회기, 그 밖에 정례회의 운영에 관하여 필요한 사항은 해당 지방자치단체의 조례로

○ **법 령**

지방자치법	지방자치법 시행령
2명 이상인 경우에는 그 중 연장자의 순으로 소집할 수 있다. 〈개정 2011.7.14〉 ③ 임시회의 소집은 집회일 3일 전에 공고하여야 한다. 다만, 긴급할 때에는 그러하지 아니하다. 〈개정 2011.7.14〉 **제46조(부의안건의 공고)** 지방자치단체의 장이 지방의회에 부의할 안건은 지방자치단체의 장이 미리 공고하여야 한다. 다만, 회의 중 긴급한 안건을 부의할 때에는 그러하지 아니하다. **제47조(개회·휴회·폐회와 회의일수)** ① 지방의회의 개회·휴회·폐회와 회기는 지방의회가 의결로 정한다. ② 연간 회의 총일수와 정례회 및 임시회의 회기는 해당 지방자치단체의 조례로 정한다. **제5절 의장과 부의장** **제48조(의장·부의장의 선거와 임기)** ① 지방의회는 의원 중에서 시·도의 경우 의장 1명과 부의장 2명을, 시·군 및 자치구의 경우 의장과 부의장 각 1명을 무기명투표로 선거하여야 한다. ② 지방의회의원 총선거 후 처음으로 선출하는 의장·부의장 선거는 최초집회일에 실시한다. 〈신설 2011.7.14〉 ③ 의장과 부의장의 임기는 2년으로 한다. 〈개정 2011.7.14〉 **제49조(의장의 직무)** 지방의회의 의장은 의회를 대표하고 의사(議事)를 정리하며, 회의장 내의 질서를 유지하고 의회의 사무를 감독한다. **제50조(의장의 위원회 출석과 발언)** 지방의회의 의장은 위원회에 출석하여 발언할 수 있다. **제51조(부의장의 의장 직무대리)** 지방의회의 부의장은 의장이 사고가 있을 때에는 그 직무를 대리한다. **제52조(임시의장)** 지방의회의 의장과 부의장이 모두 사고가 있을 때에는 임시의장을 선출하여 의장의 직무를 대행하게 한다.	정한다.

지방자치법	지방자치법 시행령
제53조(보궐선거) ① 지방의회의 의장이나 부의장이 궐위(闕位)된 경우에는 보궐선거를 실시한다. ② 보궐선거로 당선된 의장이나 부의장의 임기는 전임자의 남은 임기로 한다. **제54조(의장 등을 선거할 때의 의장 직무 대행)** 제48조제1항, 제52조 또는 제53조제1항에 따른 선거(이하 이 조에서 "의장등의 선거"라 한다)를 실시하는 경우에 의장의 직무를 수행할 자가 없으면 출석의원 중 최다선의원이, 최다선의원이 2명 이상인 경우에는 그 중 연장자가 그 직무를 대행한다. 이 경우 직무를 대행하는 의원이 정당한 사유 없이 의장등의 선거를 실시할 직무를 이행하지 아니할 때에는 다음 순위의 의원이 그 직무를 대행한다. 〈개정 2011.7.14〉	
제55조(의장불신임의 의결) ① 지방의회의 의장이나 부의장이 법령을 위반하거나 정당한 사유 없이 직무를 수행하지 아니하면 지방의회는 불신임을 의결할 수 있다. ② 제1항의 불신임의결은 재적의원 4분의 1 이상의 발의와 재적의원 과반수의 찬성으로 행한다. ③ 제2항의 불신임의결이 있으면 의장이나 부의장은 그 직에서 해임된다.	**제55조(불신임 의결의 통고 등)** 지방의회는 법 제55조에 따라 의장이나 부의장에 대한 불신임 의결이 있으면 해당 지방자치단체의 장에게 그 내용을 지체 없이 통고하여야 하며, 그 통고를 받은 지방자치단체의 장은 시·도의 경우에는 안전행정부장관에게, 시·군 및 자치구의 경우에는 시·도지사에게 그 내용을 지체 없이 보고하여야 한다. 〈개정 2008.2.29, 2013.3.23〉
제6절 위원회	
제56조(위원회의 설치) ① 지방의회는 조례로 정하는 바에 따라 위원회를 둘 수 있다. ② 위원회의 종류는 소관 의안과 청원 등을 심사·처리하는 상임위원회와 특정한 안건을 일시적으로 심사·처리하기 위한 특별위원회 두 가지로 한다. ③ 위원회의 위원은 본회의에서 선임한다. **제57조(윤리특별위원회)** 의원의 윤리심사 및 징계에 관한 사항을 심사하기 위하여 윤리특별위원회를 둘 수 있다.	**제56조(특별위원회의 설치)** ① 특별위원회는 여러 개의 상임위원회 소관과 관련되거나 특별한 사안에 대한 조사 등이 필요한 경우에 본회의의 의결로 설치할 수 있다. ② 제1항에 따라 특별위원회를 설치하려는 때에는 그 활동 기간을 정하여야 한다. 이 경우 본회의의 의결로 그 활동기간을 연장할 수 있다. ③ 특별위원회는 활동 기간이 끝나기 전까지 활동결과보고서를 본회의에 제출하여야 한다.

◎ 법 령

지방자치법	지방자치법 시행령
제58조(위원회의 권한) 위원회는 그 소관에 속하는 의안과 청원 등 또는 지방의회가 위임한 특정한 안건을 심사한다. 제59조(전문위원) ① 위원회에는 위원장과 위원의 자치입법활동을 지원하기 위하여 의원이 아닌 전문지식을 가진 위원(이하 "전문위원"이라 한다)을 둔다. ② 전문위원은 위원회에서 의안과 청원 등의 심사, 행정사무감사 및 조사, 그 밖의 소관 사항과 관련하여 검토보고 및 관련 자료의 수집·조사·연구를 한다. ③ 위원회에 두는 전문위원의 직급과 정수 등에 관하여 필요한 사항은 대통령령으로 정한다. 제60조(위원회에서의 방청 등) ① 위원회에서는 해당 지방의회의원이 아닌 자는 위원장의 허가를 받아 방청할 수 있다. ② 위원장은 질서를 유지하기 위하여 필요할 때에는 방청인의 퇴장을 명할 수 있다. 제61조(위원회의 개회) ① 위원회는 본회의의 의결이 있거나 의장 또는 위원장이 필요하다고 인정할 때, 재적위원 3분의 1 이상의 요구가 있는 때에 개회한다. ② 폐회 중에는 지방자치단체의 장도 의장 또는 위원장에게 이유서를 붙여 위원회의 개회를 요구할 수 있다. [전문개정 2011.7.14] 제62조(위원회에 관한 조례) 위원회에 관하여 이 법에서 정한 것 외에 필요한 사항은 조례로 정한다. 제7절 회 의 제63조(의사정족수) ① 지방의회는 재적의원 3분의 1 이상의 출석으로 개의(開議)한다. ② 회의 중 제1항의 정족수에 미치지 못할 때에는 의장은 회의를 중지하거나 산회(散會)를 선포한다. 제64조(의결정족수) ① 의결 사항은 이 법에 특별히 규정된 경우 외에는 재적의원 과반수의 출	

지방자치법	지방자치법 시행령
석과 출석의원 과반수의 찬성으로 의결한다. ② 의장은 의결에서 표결권을 가지며, 찬성과 반대가 같으면 부결된 것으로 본다. **제64조의2(표결의 선포 등)** ① 지방의회에서 표결할 때에는 의장이 표결할 안건의 제목을 의장석에서 선포하여야 하고, 의장이 표결을 선포한 때에는 누구든지 그 안건에 관하여 발언할 수 없다. ② 표결이 끝났을 때에는 의장은 그 결과를 의장석에서 선포하여야 한다. [본조신설 2009.4.1] **제65조(회의의 공개 등)** ① 지방의회의 회의는 공개한다. 다만, 의원 3명 이상이 발의하고 출석의원 3분의 2 이상이 찬성한 경우 또는 의장이 사회의 안녕질서 유지를 위하여 필요하다고 인정하는 경우에는 공개하지 아니할 수 있다. 〈개정 2011.7.14〉 ② 의장은 공개된 회의의 방청허가를 받은 장애인에게 정당한 편의를 제공하여야 한다. 〈신설 2011.7.14〉 [제목개정 2011.7.14] **제66조(의안의 발의)** ① 지방의회에서 의결할 의안은 지방자치단체의 장이나 재적의원 5분의 1 이상 또는 의원 10명 이상의 연서로 발의한다. ② 위원회는 그 직무에 속하는 사항에 관하여 의안을 제출할 수 있다. ③ 제1항 및 제2항의 의안은 그 안을 갖추어 의장에게 제출하여야 한다. ④ 제1항에 따라 의원이 조례안을 발의하는 때에는 발의의원과 찬성의원을 구분하되, 해당 조례안의 제명의 부제로 발의의원의 성명을 기재하여야 한다. 다만, 발의의원이 2명 이상인 경우에는 대표발의의원 1명을 명시하여야 한다. 〈신설 2011.7.14〉 ⑤ 의원이 발의한 제정조례안 또는 전부개정조례안 중 의회에서 의결된 조례안을 공표 또는 홍보하는 경우에는 해당 조례안의 부제를	

○ 법 령

지방자치법	지방자치법 시행령
함께 표기할 수 있다. 〈신설 2011.7.14〉 **제66조의2(조례안예고)** ① 지방의회는 심사대상인 조례안에 대하여 5일 이상의 기간을 정하여 그 취지, 주요 내용, 전문을 공보나 인터넷 홈페이지 등에 게재하는 방법으로 예고할 수 있다. ② 조례안예고의 방법, 절차, 그 밖에 필요한 사항은 회의규칙으로 정한다. [본조신설 2011.7.14] **제66조의3(의안에 대한 비용추계 자료 등의 제출)** ① 지방자치단체의 장이 예산상 또는 기금상의 조치를 수반하는 의안을 발의할 경우에는 그 의안의 시행에 수반될 것으로 예상되는 비용에 대한 추계서와 이에 상응하는 재원조달방안에 관한 자료를 의안에 첨부하여야 한다. ② 제1항에 따른 비용에 대한 추계 및 재원조달방안에 대한 자료의 작성 및 제출절차 등에 관하여 필요한 사항은 해당 지방자치단체의 조례로 정한다. [본조신설 2011.7.14] **제67조(회기계속의 원칙)** 지방의회에 제출된 의안은 회기 중에 의결되지 못한 것 때문에 폐기되지 아니한다. 다만, 지방의회의원의 임기가 끝나는 경우에는 그러하지 아니하다. **제68조(일사부재의의 원칙)** 지방의회에서 부결된 의안은 같은 회기 중에 다시 발의하거나 제출할 수 없다. **제69조(위원회에서 폐기된 의안)** ① 위원회에서 본회의에 부칠 필요가 없다고 결정된 의안은 본회의에 부칠 수 없다. 다만, 위원회의 결정이 본회의에 보고된 날부터 폐회나 휴회 중의 기간을 제외한 7일 이내에 의장이나 재적의원 3분의 1 이상이 요구하면 그 의안을 본회의에 부쳐야 한다. ② 제1항 단서의 요구가 없으면 그 의안은 폐기된다. **제70조(의장이나 의원의 제척)** 지방의회의 의장이나 의원은 본인·배우자·직계존비속(直系尊	

지방자치법	지방자치법 시행령
卑屬) 또는 형제자매와 직접 이해관계가 있는 안건에 관하여는 그 의사에 참여할 수 없다. 다만, 의회의 동의가 있으면 의회에 출석하여 발언할 수 있다. **제71조(회의규칙)** 지방의회는 회의의 운영에 관하여 이 법에서 정한 것 외에 필요한 사항은 회의규칙으로 정한다. **제72조(회의록)** ① 지방의회는 회의록을 작성하고 회의의 진행내용 및 결과와 출석의원의 성명을 적어야 한다. ② 회의록에는 의장과 의회에서 선출한 의원 2명 이상이 서명하여야 한다. ③ 의장은 회의록의 사본을 첨부하여 회의의 결과를 그 지방자치단체의 장에게 통고하여야 한다. ④ 회의록은 의원에게 배부한다. 다만, 비밀로 할 필요가 있다고 의장이 인정하거나 지방의회에서 의결한 사항은 공개하지 아니한다.	**제57조(지방의회의 회의록 작성 및 보고)** ① 지방의회는 회의 내용을 속기나 녹음으로 기록·보존하여야 한다. ② 지방의회의 의장은 법 제72조제3항에 따른 통고를 회의가 끝난 날부터 30일 이내에 하여야 하며, 그 통고를 받은 지방자치단체의 장은 안전행정부장관이나 시·도지사가 요구하면 5일 이내에 회의록 사본을 첨부하여 보고하여야 한다. 〈개정 2008.2.29, 2013.3.23〉 ③ 법 및 이 영에 규정한 것 외에 회의록에 관하여 필요한 사항은 회의 규칙으로 정한다.
제8절 청 원 **제73조(청원서의 제출)** ① 지방의회에 청원을 하려는 자는 지방의회의원의 소개를 받아 청원서를 제출하여야 한다. ② 청원서에는 청원자의 성명(법인인 경우에는 그 명칭과 대표자의 성명) 및 주소를 적고 서명·날인하여야 한다. **제74조(청원의 불수리)** 재판에 간섭하거나 법령에 위배되는 내용의 청원은 수리하지 아니한다. **제75조(청원의 심사·처리)** ① 지방의회의 의장은 청원서를 접수하면 소관 위원회나 본회의에 회부하여 심사를 하게 한다. ② 청원을 소개한 의원은 소관 위원회나 본회의가 요구하면 청원의 취지를 설명하여야 한다. ③ 위원회가 청원을 심사하여 본회의에 부칠 필요가 없다고 결정하면 그 처리결과를 의장에게 보고하고, 의장은 청원한 자에게 알려야 한다.	**제58조(소개의견서의 첨부)** 법 제73조에 따라 지방의회에 제출하는 청원서에는 소개하는 지방의회 의원의 의견서를 첨부하여야 한다. **제59조(청원서의 보완 요구)** 의장은 지방의회에 제출된 청원서가 그 요건을 갖추지 못한 경우에는 기간을 정하여 보완하도록 요구할 수 있다.

○ 법 령

지방자치법	지방자치법 시행령
제76조(청원의 이송과 처리보고) ① 지방의회가 채택한 청원으로서 그 지방자치단체의 장이 처리하는 것이 타당하다고 인정되는 청원은 의견서를 첨부하여 지방자치단체의 장에게 이송한다. ② 지방자치단체의 장은 제1항의 청원을 처리하고 그 처리결과를 지체 없이 지방의회에 보고하여야 한다. **제9절 의원의 사직·퇴직과 자격심사** **제77조(의원의 사직)** 지방의회는 그 의결로 소속 의원의 사직을 허가할 수 있다. 다만, 폐회 중에는 의장이 허가할 수 있다. **제78조(의원의 퇴직)** 지방의회의 의원이 다음 각 호의 어느 하나에 해당될 때에는 의원의 직에서 퇴직된다. 1. 의원이 겸할 수 없는 직에 취임할 때 2. 피선거권이 없게 될 때(지방자치단체의 구역변경이나 없어지거나 합한 것 외의 다른 사유로 그 지방자치단체의 구역 밖으로 주민등록을 이전하였을 때를 포함된다) 3. 징계에 따라 제명될 때 **제79조(의원의 자격심사)** ① 지방의회의 의원은 다른 의원의 자격에 대하여 이의가 있으면 재적의원 4분의 1 이상의 연서로 의장에게 자격심사를 청구할 수 있다. ② 피심의원(被審議員)은 자기의 자격심사에 관한 회의에 출석하여 변명은 할 수 있으나, 의결에는 참가할 수 없다. **제80조(자격상실의결)** ① 제79조제1항의 피심의원에 대한 자격상실의결은 재적의원 3분의 2	**제60조(운영 규정)** 법 및 이 영에 규정된 것 외에 청원에 필요한 사항은 의회 규칙으로 정한다. **제61조(의원의 사직)** ① 지방의회 의원은 사직하려면 본인이 서명하거나 도장을 찍은 사직서를 의장에게 제출하여야 한다. ② 지방의회는 법 제77조에 따른 사직의 허가 여부에 대하여는 토론하지 아니하고 표결에 부친다. **제62조(의원의 자격심사)** ① 법 제79조에 따른 지방의회 의원의 자격심사를 청구받은 의장은 그 청구서의 부본을 피심의원에게 송달하고 기간을 정하여 답변서를 제출하게 하여야 하며, 피심의원이 정당한 이유 없이 그 기간 내에 답변서를 제출하지 아니하면 청구서만으로 의원의 자격을 심사할 수 있다. ② 지방의회는 필요한 경우 청구의원과 피심의원을 회의에 출석하게 하여 질문할 수 있다. ③ 피심의원은 지방의회의 다른 의원으로 하여금 회의에 참석하여 변명하게 할 수 있다.

지방자치법	지방자치법 시행령
이상의 찬성이 있어야 한다. ② 피심의원은 제1항에 따라 자격상실이 확정될 때까지는 그 직을 상실하지 아니한다. **제81조(궐원의 통지)** 지방의회의 의원이 궐원(闕員)되면 의장은 15일 이내에 그 지방자치단체의 장과 관할 선거관리위원회에 알려야 한다. **제10절 질서** **제82조(회의의 질서유지)** ① 지방의회의 의원이 본회의나 위원회의 회의장에서 이 법이나 회의규칙에 위배되는 발언이나 행위를 하여 회의장의 질서를 어지럽히면 의장이나 위원장은 경고 또는 제지하거나 그 발언의 취소를 명할 수 있다. ② 제1항의 명에 따르지 아니한 의원이 있으면 의장이나 위원장은 그 의원에 대하여 당일의 회의에서 발언하는 것을 금지하거나 퇴장시킬 수 있다. ③ 의장이나 위원장은 회의장이 소란하여 질서를 유지하기 곤란하면 회의를 중지하거나 산회를 선포할 수 있다. **제83조(모욕 등 발언의 금지)** ① 지방의회의 의원은 본회의나 위원회에서 타인을 모욕하거나 타인의 사생활에 대하여 발언하여서는 아니 된다. ② 본회의나 위원회에서 모욕을 당한 의원은 모욕을 한 의원에 대하여 지방의회에 징계를 요구할 수 있다. **제84조(발언방해 등의 금지)** 지방의회의 의원은 회의 중에 폭력을 행사하거나 소란한 행위를 하여 타인의 발언을 방해할 수 없으며, 의장이나 위원장의 허가 없이 연단(演壇)이나 단상(壇上)에 올라가서는 아니 된다. **제85조(방청인에 대한 단속)** ① 방청인은 의안에 대하여 찬성·반대를 표명하거나 소란한 행위를 하여서는 아니 된다. ② 의장은 회의장의 질서를 방해하는 방청인	

○ 법 령

지방자치법	지방자치법 시행령
의 퇴장을 명할 수 있으며, 필요하면 경찰관서에 인도할 수 있다. ③ 방청석이 소란하면 의장은 모든 방청인을 퇴장시킬 수 있다. ④ 방청인에 대한 단속에 관하여 제1항부터 제3항까지에 규정된 것 외에 필요한 사항은 회의규칙으로 정한다. **제11절 징 계** **제86조(징계의 사유)** 지방의회는 의원이 이 법이나 자치법규에 위배되는 행위를 하면 의결로써 징계할 수 있다. **제87조(징계의 요구)** ① 지방의회의 의장은 제86조에 따른 징계대상 의원이 있어 징계요구가 있으면 윤리특별위원회나 본회의에 회부한다. ② 제83조제1항을 위반한 의원에 대하여 모욕을 당한 의원이 징계를 요구하려면 징계사유를 적은 요구서를 의장에게 제출하여야 한다. ③ 의장은 제2항의 징계요구가 있으면 윤리특별위원회나 본회의에 회부한다. **제88조(징계의 종류와 의결)** ① 징계의 종류는 다음과 같다. 1. 공개회의에서의 경고 2. 공개회의에서의 사과 3. 30일 이내의 출석정지 4. 제명 ② 제명에는 재적의원 3분의 2 이상의 찬성이 있어야 한다. **제89조(징계에 관한 회의규칙)** 징계에 관하여 이 법에 규정된 것 외에 필요한 사항은 회의규칙으로 정한다. **제12절 사무기구와 직원** **제90조(사무처 등의 설치)** ① 시·도의회에는 사무를 처리하기 위하여 조례로 정하는 바에 따라 사무처를 둘 수 있으며, 사무처에는 사무처장과 직원을 둔다.	**제63조(사무직원의 겸무)** 법 제90조에 따라 지방의회에 두는 사무처장·사무국장·사무과장 및 직원은 그 지방자치단체의 집행기관에 소속된 공무원에게 업무를 겸하게 할 수 있다.

지방자치법	지방자치법 시행령
② 시·군 및 자치구의회에는 사무를 처리하기 위하여 조례로 정하는 바에 따라 사무국이나 사무과를 둘 수 있으며, 사무국·사무과에는 사무국장 또는 사무과장과 직원을 둘 수 있다. ③ 제1항과 제2항에 따른 사무처장·사무국장·사무과장 및 직원(이하 이 절에서 "사무직원"이라 한다)은 지방공무원으로 보한다. 제91조(사무직원의 정원과 임면) ① 지방의회에 두는 사무직원의 정수는 조례로 정한다. ② 사무직원은 지방의회의 의장의 추천에 따라 그 지방자치단체의 장이 임명한다. 다만, 지방자치단체의 장은 사무직원 중 다음 각 호의 어느 하나에 해당하는 공무원에 대한 임용권은 지방의회 사무처장·사무국장·사무과장에게 위임하여야 한다. 〈개정 2012.12.11, 2013.7.16〉 1. 별정직공무원 2.「지방공무원법」 제25조의5에 따른 임기제공무원 3. 대통령령으로 정하는 일반직공무원 제92조(사무직원의 직무와 신분보장 등) ① 사무처장·사무국장 또는 사무과장은 의장의 명을 받아 의회의 사무를 처리한다. ② 사무직원의 임용·보수·복무·신분보장·징계 등에 관하여는 이 법에서 정한 것 외에는 「지방공무원법」을 적용한다.	제63조의2(지방자치단체의 장이 임용권을 위임하는 일반직공무원의 범위) 법 제91조제2항제3호에서 "대통령령으로 정하는 일반직공무원"이란 별표 7의2에 따른 공무원을 말한다. 〈신설 2013.12.12〉
제6장 집행기관 **제1절 지방자치단체의 장** **제1관 지 위** 제93조(지방자치단체의 장) 특별시에 특별시장, 광역시에 광역시장, 특별자치시에 특별자치시장, 도와 특별자치도에 도지사를 두고, 시에 시장, 군에 군수, 자치구에 구청장을 둔다. 제94조(지방자치단체의 장의 선거) 지방자치단체의 장은 주민이 보통·평등·직접·비밀선거에 따라 선출한다.	**제4장 집행기관**

◎ **법 령**

지방자치법	지방자치법 시행령
제95조(지방자치단체의 장의 임기) 지방자치단체의 장의 임기는 4년으로 하며, 지방자치단체의 장의 계속 재임(在任)은 3기에 한한다.	
	제64조(지방자치단체의 장의 선서) 지방자치단체의 장은 취임에 즈음하여 다음의 선서를 한다. "나는 법령을 준수하고 주민의 복리증진 및 지역사회의 발전과 국가시책의 구현을 위하여 시·도지사(시장·군수·구청장)로서의 직책을 성실히 수행할 것을 엄숙히 선서합니다."
제96조(겸임 등의 제한) ① 지방자치단체의 장은 다음 각 호의 어느 하나에 해당하는 직을 겸임할 수 없다. 〈개정 2009.4.1〉 1. 대통령, 국회의원, 헌법재판소재판관, 각급 선거관리위원회 위원, 지방의회의원 2. 「국가공무원법」 제2조에 규정된 국가공무원과 「지방공무원법」 제2조에 규정된 지방공무원 3. 다른 법령의 규정에 따라 공무원의 신분을 가지는 직 4. 「공공기관의 운영에 관한 법률」 제4조에 따른 공공기관(한국방송공사, 한국교육방송공사 및 한국은행을 포함한다)의 임직원 5. 농업협동조합, 수산업협동조합, 산림조합, 엽연초생산협동조합, 신용협동조합 및 새마을금고 (이들 조합·금고의 중앙회와 연합회를 포함한다)의 임직원 6. 교원 7. 「지방공기업법」 제2조에 규정된 지방공사와 지방공단의 임직원 8. 그 밖에 다른 법률이 겸임할 수 없도록 정하는 직 ② 지방자치단체의 장은 재임(在任) 중 그 지방자치단체와 영리를 목적으로 하는 거래를 하거나 그 지방자치단체와 관계있는 영리사업에 종사할 수 없다. **제97조(지방자치단체의 폐치·분합과 지방자치단체의 장)** 지방자치단체를 폐지하거나 설치하거나 나누거나 합쳐 새로 지방자치단체의 장	

지방자치법	지방자치법 시행령
을 선거하여야 하는 경우에는 그 지방자치단체의 장이 선거될 때까지 시·도지사는 안전행정부장관이, 시장·군수 및 자치구의 구청장은 시·도지사가 각각 그 직무를 대행할 자를 지정하여야 한다. 다만, 둘 이상의 농격의 지방자치단체를 통·폐합하여 새로운 지방자치단체를 설치하는 경우에는 종전의 지방자치단체의 장 중에서 해당 지방자치단체의 장의 직무를 대행할 자를 지정한다.〈개정 2008.2.29, 2013.3.23〉 **제98조(지방자치단체의 장의 사임)** ① 지방자치단체의 장은 그 직을 사임하려면 지방의회의 의장에게 미리 사임일을 적은 서면(이하 "사임통지서"라 한다)으로 알려야 한다. ② 지방자치단체의 장은 사임통지서에 적힌 사임일에 사임된다. 다만, 사임통지서에 적힌 사임일까지 지방의회의 의장에게 사임통지가 되지 아니하면 지방의회의 의장에게 사임통지가 된 날에 사임된다. **제99조(지방자치단체의 장의 퇴직)** 지방자치단체의 장이 다음 각 호의 어느 하나에 해당될 때에는 그 직에서 퇴직된다. 1. 지방자치단체의 장이 겸임할 수 없는 직에 취임할 때 2. 피선거권이 없게 될 때(지방자치단체의 구역변경이나 없어지거나 합한 것 외의 다른 사유로 그 지방자치단체의 구역 밖으로 주민등록을 이전하였을 때를 포함한다) 3. 제97조에 따라 지방자치단체의 장의 직을 상실할 때 **제100조(지방자치단체의 장의 체포 및 확정판결의 통지)** ① 체포 또는 구금된 지방자치단체의 장이 있으면 관계 수사기관의 장은 지체 없이 영장의 사본을 첨부하여 해당 지방자치단체에 알려야 한다. 이 경우 통지를 받은 지방자치단체는 그 사실을 즉시 안전행정부장관에게 보고하여야 한다. 시·군 및 자치구가 안	**제65조(지방자치단체의 장의 사임통지의 보고)** ① 법 제98조에 따른 지방자치단체의 장의 사임통지는 사임일 10일 전까지 하여야 한다. 다만, 부득이한 사유가 있는 경우에는 그러하지 아니하다. ② 제1항에 따라 지방자치단체의 장이 사임통지를 하였을 때에는 시·도의 경우에는 안전행정부장관에게, 시·군 및 자치구의 경우에는 시·도지사에게 이를 즉시 보고하여야 한다. 〈개정 2008.2.29, 2013.3.23〉

○ 법 령

지방자치법	지방자치법 시행령
전행정부장관에게 보고하는 경우에는 시·도지사를 거쳐야 한다. 〈개정 2008.2.29, 2013.3.23〉 ② 지방자치단체의 장이 형사사건으로 공소가 제기되어 그 판결이 확정되면 각급 법원장은 지체 없이 해당 지방자치단체에 알려야 한다. 이 경우 통지를 받은 지방자치단체는 그 사실을 즉시 안전행정부장관에게 보고하여야 한다. 시·군 및 자치구가 안전행정부장관에게 보고하는 경우에는 시·도지사를 거쳐야 한다. 〈개정 2008.2.29, 2013.3.23〉 **제2관 권 한** **제101조(지방자치단체의 통할대표권)** 지방자치단체의 장은 지방자치단체를 대표하고, 그 사무를 총괄한다. **제102조(국가사무의 위임)** 시·도와 시·군 및 자치구에서 시행하는 국가사무는 법령에 다른 규정이 없으면 시·도지사와 시장·군수 및 자치구의 구청장에게 위임하여 행한다. **제103조(사무의 관리 및 집행권)** 지방자치단체의 장은 그 지방자치단체의 사무와 법령에 따라 그 지방자치단체의 장에게 위임된 사무를 관리하고 집행한다. **제104조(사무의 위임 등)** ① 지방자치단체의 장은 조례나 규칙으로 정하는 바에 따라 그 권한에 속하는 사무의 일부를 보조기관, 소속 행정기관 또는 하부행정기관에 위임할 수 있다. ② 지방자치단체의 장은 조례나 규칙으로 정하는 바에 따라 그 권한에 속하는 사무의 일부를 관할 지방자치단체나 공공단체 또는 그 기관(사업소·출장소를 포함한다)에 위임하거나 위탁할 수 있다. ③ 지방자치단체의 장은 조례나 규칙으로 정하는 바에 따라 그 권한에 속하는 사무 중 조사·검사·검정·관리업무 등 주민의 권리·의무와 직접 관련되지 아니하는 사무를 법인·단체	

지방자치법	지방자치법 시행령
또는 그 기관이나 개인에게 위탁할 수 있다. ④ 지방자치단체의 장이 위임받거나 위탁받은 사무의 일부를 제1항부터 제3항까지의 규정에 따라 다시 위임하거나 위탁하려면 미리 그 사무를 위임하거나 위탁한 기관의 장의 승인을 받아야 한다. **제105조(직원에 대한 임면권 등)** 지방자치단체의 장은 소속 직원을 지휘·감독하고 법령과 조례·규칙으로 정하는 바에 따라 그 임면·교육훈련·복무·징계 등에 관한 사항을 처리한다. **제106조(사무인계)** 지방자치단체의 장이 퇴직할 때에는 그 소관 사무의 일체를 후임자에게 인계하여야 한다.	**제66조(사무인계)** ① 법 제106조에 따른 사무인계는 임기만료로 인한 퇴직의 경우에는 새로운 지방자치단체의 장의 임기가 시작되는 날에, 임기 중에 퇴직하는 경우에는 퇴직하는 날에 그 소관사무의 전부를 새로운 지방자치단체의 장 또는 그 직무나 권한을 대행하는 자에게 인계하여야 한다. ② 제1항에 따라 직무나 권한을 대행하는 자가 사무를 인계받은 경우에는 새로운 지방자치단체의 장이 사무를 인수할 수 있게 될 때에 지체 없이 새로운 지방자치단체의 장에게 인계하여야 한다. **제67조(사무인계서)** 제66조에 따른 사무인계는 다음 각 호의 사항을 적은 사무인계서를 작성하고 인계자·인수자 및 참관인이 각각 이에 기명·날인하는 방법으로 하여야 한다. 1. 서류 및 장부의 목록 2. 공유재산·물품·채권·채무등 재산의 목록 3. 예산·회계의 수지현계표(收支現計表) 및 잔고증명 4. 기획 중 또는 시행 중인 중요 사업 5. 그 밖의 주요 사항 **제68조(사무인계 시의 참관)** ① 사무인계를 하는 경우에는 반드시 참관인을 두어야 하며, 참관인은 인계가 끝난 즉시 인계서의 흠결 여부를 확인하여 도장을 찍어야 한다. ② 사무인계 시의 참관은 부지사·부시장·부군수 또는 부구청장이 하여야 한다. 다만, 다음 각

○ 법 령

지방자치법	지방자치법 시행령
	호의 어느 하나에 해당하는 경우에는 해당 지방자치단체의 규칙으로 정하는 자가 참관한다. 1. 결원 등의 사유로 부지사·부시장·부군수 또는 부구청장이 참관할 수 없는 경우 2. 제66조에 따라 직무나 권한을 대행하는 자가 인계를 받는 경우 3. 제66조제2항에 따라 직무나 권한을 대행하는 자가 새로운 지방자치단체의 장에게 사무인계를 하는 경우 **제69조(사무인계서류의 생략)** 제67조 각 호의 사항 중 인계 당시 갖추어 두고 있는 목록 또는 대장으로 현황을 확인할 수 있는 것은 그로써 사무인계서의 해당부분 작성에 갈음할 수 있다. 이 경우 그 뜻을 사무인계서에 적어야 한다. **제70조(운영 규정)** 법 및 이 영에 규정된 것 외에 지방자치단체의 장의 사무인계에 관하여 필요한 사항은 해당 지방자치단체의 규칙으로 정한다.
제3관 지방의회와의 관계 **제107조(지방의회의 의결에 대한 재의요구와 제소)** ① 지방자치단체의 장은 지방의회의 의결이 월권이거나 법령에 위반되거나 공익을 현저히 해친다고 인정되면 그 의결사항을 이송받은 날부터 20일 이내에 이유를 붙여 재의를 요구할 수 있다. ② 제1항의 요구에 대하여 재의한 결과 재적의원 과반수의 출석과 출석의원 3분의 2 이상의 찬성으로 전과 같은 의결을 하면 그 의결사항은 확정된다. ③ 지방자치단체의 장은 제2항에 따라 재의결된 사항이 법령에 위반된다고 인정되면 대법원에 소(訴)를 제기할 수 있다. 이 경우에는 제172조제3항을 준용한다. **제108조(예산상 집행 불가능한 의결의 재의요구)** ① 지방자치단체의 장은 지방의회의 의결이 예산상 집행할 수 없는 경비를 포함하고 있다고 인정되면 그 의결사항을 이송받은 날부	**제71조(지방의회의 재의 및 절차)** ① 법 제26조와 법 제107조 또는 법 제108조에 따른 재의(再議)의 요구는 지방의회가 폐회 중일 때에도 할 수 있으며, 재의를 요구받은 지방의회는 부득이한 사유가 없으면 재의요구서가 도착한 날부터 10일 이내에 재의에 부쳐야 한다. 이 경우 폐회 중 또는 휴회 중인 기간은 이를 산입하지 아니한다. ② 지방자치단체의 장은 지방의회의 의결의 일부에 대하여 또는 그 의결을 수정하여 재의를 요구할 수 없다.

지방자치법	지방자치법 시행령
터 20일 이내에 이유를 붙여 재의를 요구할 수 있다. ② 지방의회가 다음 각 호의 어느 하나에 해당하는 경비를 줄이는 의결을 할 때에도 제1항과 같다. 1. 법령에 따라 지방자치단체에서 의무적으로 부담하여야 할 경비 2. 비상재해로 인한 시설의 응급 복구를 위하여 필요한 경비 ③ 제1항과 제2항의 경우에는 제107조제2항을 준용한다. **제109조(지방자치단체의 장의 선결처분)** ① 지방자치단체의 장은 지방의회가 성립되지 아니한 때(의원이 구속되는 등의 사유로 제64조에 따른 의결정족수에 미달하게 될 때를 말한다)와 지방의회의 의결사항 중 주민의 생명과 재산보호를 위하여 긴급하게 필요한 사항으로서 지방의회를 소집할 시간적 여유가 없거나 지방의회에서 의결이 지체되어 의결되지 아니할 때에는 선결처분(先決處分)을 할 수 있다. ② 제1항에 따른 선결처분은 지체 없이 지방의회에 보고하여 승인을 받아야 한다. ③ 지방의회에서 제2항의 승인을 받지 못하면 그 선결처분은 그때부터 효력을 상실한다. ④ 지방자치단체의 장은 제2항이나 제3항에 관한 사항을 지체 없이 공고하여야 한다.	**제72조(선결처분)** ① 법 제109조제1항에서 "주민의 생명과 재산보호를 위하여 긴급하게 필요한 사항"이란 다음 각 호의 어느 하나에 해당하는 것을 말한다. 〈개정 2010.12.29〉 1. 천재지변이나 대형화재로 인한 피해의 복구 및 구호 2. 중요한 군사안보상의 지원 3. 급성감염병에 대한 예방조치 4. 그 밖에 긴급하게 조치하지 아니하면 주민의 생명과 재산에 중대한 피해가 발생할 우려가 있는 사항 ② 지방자치단체의 장은 선결처분을 하였을 때에는 시·도의 경우에는 안전행정부장관에게, 시·군 및 자치구의 경우에는 시·도지사에게 그 사실을 보고하여야 한다. 〈개정 2008.2.29, 2009.8.13, 2013.3.23〉
제2절 보조기관	
제110조(부지사·부시장·부군수·부구청장) ① 특별시·광역시 및 특별자치시에 부시장, 도와 특별자치도에 부지사, 시에 부시장, 군에 부군수, 자치구에 부구청장을 두며, 그 정수는 다음 각 호와 같다. 1. 특별시의 부시장의 정수 : 3명을 넘지 아니하는 범위에서 대통령령으로 정한다. 2. 광역시와 특별자치시의 부시장 및 도와	**제73조(부시장·부지사 등의 수와 직급 등)** ① 법 제110조제1항에 따라 특별시의 부시장은 3명, 광역시·특별자치시의 부시장과 도 및 특별자치도의 부지사는 2명(인구 800만 이상의 광역시 및 도는 3명)으로 한다. 〈개정 2012.6.29〉

○ 법 령

지방자치법	지방자치법 시행령
특별자치도의 부지사의 정수 : 2명(인구 800만 이상의 광역시나 도는 3명)을 초과하지 아니하는 범위에서 대통령령으로 정한다. 3. 시의 부시장, 군의 부군수 및 자치구의 부구청장의 정수 : 1명으로 한다. ② 특별시·광역시 및 특별자치시의 부시장, 도와 특별자치도의 부지사는 대통령령으로 정하는 바에 따라 정무직 또는 일반직 국가공무원으로 보한다. 다만, 제1항제1호와 제2호에 따라 특별시·광역시 및 특별자치시의 부시장, 도와 특별자치도의 부지사를 2명이나 3명 두는 경우에 1명은 대통령령으로 정하는 바에 따라 정무직·일반직 또는 별정직 지방공무원으로 보하되, 정무직과 별정직 지방공무원으로 보할 때의 자격기준은 해당 지방자치단체의 조례로 정한다. 〈개정 2009.4.1〉 ③ 제2항의 정무직 또는 일반직 국가공무원으로 보하는 부시장·부지사는 시·도지사의 제청으로 안전행정부장관을 거쳐 대통령이 임명한다. 이 경우 제청된 자에게 법적 결격사유가 없으면 30일 이내에 그 임명절차를 마쳐야 한다. 〈개정 2008.2.29, 2013.3.23〉	② 법 제110조제2항에 따라 국가공무원으로 보(補)하는 부시장·부지사(이하 "행정부시장" 또는 "행정부지사"라 한다)는 특별시의 경우에는 정무직 국가공무원으로, 광역시·특별자치시·도와 특별자치도의 경우에는 「국가공무원법」 제2조의2에 따라 고위공무원단에 속하는 일반직공무원으로 보하되, 그 직무등급(「국가공무원법」 제23조에 따라 안전행정부장관이 배정하는 직무등급을 말한다)은 안전행정부령으로 정한다. 〈개정 2008.2.29, 2008.12.31, 2012.6.29, 2013.3.23〉 ③ 법 제110조제2항 단서에 따라 지방공무원으로 보하는 부시장·부지사(이하 "정무부시장" 또는 "정무부지사"라 한다)는 특별시의 경우에는 정무직 지방공무원으로, 광역시·특별자치시·도와 특별자치도의 경우에는 별정직 1급상당 지방공무원 또는 지방관리관으로 보한다. 〈개정 2009.8.13, 2012.6.29〉 ④ 행정부시장·행정부지사는 시·도의 사무를 총괄하고 소속 공무원을 감독하며, 정무부시장·정무부지사는 해당 시·도지사를 보좌하여 정책과 기획의 수립에 참여하고 그 밖의 정무적 업무를 수행한다. 다만, 광역시·특별자치시·도 및 특별자치도의 정무부시장·정무부지사는 시·도 조례로 정하는 바에 따라 행정부시장·행정부지사의 업무를 분담하여 수행할 수 있다. 〈개정 2009.8.13, 2012.6.29〉

지방자치법	지방자치법 시행령
④ 시의 부시장, 군의 부군수, 자치구의 부구청장은 일반직 지방공무원으로 보하되, 그 직급은 대통령령으로 정하며 시장·군수·구청장이 임명한다. ⑤ 시·도의 부시장과 부지사, 시의 부시장·부군수·부구청장은 해당 지방자치단체의 장을 보좌하여 사무를 총괄하고, 소속직원을 지휘·감독한다. ⑥ 제1항제1호와 제2호에 따라 시·도의 부시장과 부지사를 2명이나 3명 두는 경우에 그 사무 분장은 대통령령으로 정한다. 이 경우 부시장·부지사를 3명 두는 시·도에서는 그 중 1명에게 특정지역의 사무를 담당하게 할 수 있다.	⑤ 제4항 단서에 따라 행정부시장·행정부지사의 업무를 분담하여 수행하는 정무부시장·정무부지사에 대한 명칭은 조례로 정한다. 〈신설 2009.8.13〉 ⑥ 행정부시장·행정부지사를 2명 두는 시·도의 경우에는 이를 행정(1)부시장·행정(1)부지사, 행정(2)부시장·행정(2)부지사로 하고, 그 사무분장은 별표 8에서 정하는 바에 따른다. 〈개정 2008.10.8, 2009.8.13〉 ⑦ 시·군과 자치구의 부시장·부군수 및 부구청장의 직급은 다음 각 호의 기준에 따른다. 〈개정 2009.8.13〉 1. 인구 15만 미만의 시·군 및 광역시의 자치구 : 지방 서기관 2. 인구 50만 미만의 특별시의 자치구와 인구 15만 이상 50만 미만의 시·군 및 광역시의 자치구 : 지방 부이사관 3. 인구 50만 이상의 시·군 및 자치구 : 지방 이사관 ⑧ 제7항을 적용할 때에 인구는 해당 시·군이나 자치구에 주민등록이 되어 있는 주민 수를 기준으로 한다. 인구 변동에 따른 직급 조정 등은 다음 각 호의 기준에 따른다. 〈개정 2009.8.13〉 1. 매 해 말 인구가 해당 시·군 또는 자치구의 부시장·부군수 또는 부구청장의 직급에 해당하는 인구 기준을 2년간 연속하여 초과하면 다음 해 7월 1일에 그 직급을 상향조정한다. 2. 전년도 각 분기 말 인구를 산술평균한 인구가 해당 시·군 또는 자치구의 부시장·부군수 또는 부구청장의 직급에 해당하는 인구 기준

◎ 법 령

지방자치법	지방자치법 시행령
	에 2년간 연속하여 못 미치면 다음 해 7월 1일에 그 직급을 하향조정한다. 3. 시·군 또는 자치구가 신설되는 경우 신설된 시·군 또는 자치구의 부시장·부군수 또는 부구청장의 직급은 그 시·군 또는 자치구가 신설된 날 현재의 인구를 기준으로 한다. ⑨ 「지방행정체제 개편에 관한 특별법」 제35조제1항 후단에 따른 부시장은 지방 이사관, 별정직 2급 상당 지방공무원 또는 계약직 지방공무원으로 보한다. 〈신설 2010.11.2〉
제111조(지방자치단체의 장의 권한대행 등) ① 지방자치단체의 장이 다음 각 호의 어느 하나에 해당되면 부지사·부시장·부군수·부구청장(이하 이 조에서 "부단체장"이라 한다)이 그 권한을 대행한다. 〈개정 2011.5.30〉 1. 궐위된 경우 2. 공소 제기된 후 구금상태에 있는 경우 3. 「의료법」에 따른 의료기관에 60일 이상 계속하여 입원한 경우 ② 지방자치단체의 장이 그 직을 가지고 그 지방자치단체의 장 선거에 입후보하면 예비후보자 또는 후보자로 등록한 날부터 선거일까지 부단체장이 그 지방자치단체의 장의 권한을 대행한다. ③ 지방자치단체의 장이 출장·휴가 등 일시적 사유로 직무를 수행할 수 없으면 부단체장이 그 직무를 대리한다. ④ 제1항부터 제3항까지의 경우에 부지사나 부시장이 2명 이상인 시·도에서는 대통령령으로 정하는 순서에 따라 그 권한을 대행하거나 직무를 대리한다. ⑤ 제1항부터 제3항까지의 규정에 따라 권한을 대행하거나 직무를 대리할 부단체장이 부득이한 사유로 직무를 수행할 수 없으면 그 지방자치단체의 규칙에 정하여진 직제 순서에 따른 공무원이 그 권한을 대행하거나 직무를 대리한다.	**제74조(권한대행 및 직무대리)** ① 법 제111조제1항 및 제2항에 따라 지방자치단체의 장의 권한을 대행하는 부지사·부시장·부군수·부구청장(이하 이 조에서 "부단체장"이라 한다)은 법령과 그 지방자치단체의 조례나 규칙에서 정하는 바에 따라 그 지방자치단체의 장의 권한에 속하는 사무를 처리한다. ② 지방자치단체의 장은 법 제111조제3항에 따른 사유가 발생한 경우에는 부단체장이 직무를 대리할 범위와 기간을 미리 서면으로 정하여야 한다. ③ 법 제111조제3항에 따라 지방자치단체의 장의 직무를 대리하는 부단체장은 제2항에 따라 지방자치단체의 장이 미리 서면으로 위임하거나 지시한 사무를 처리한다. 다만, 공익상 긴급히 처리하여야 할 경우에는 위임되거나 지시된 사무 외에 지방자치단체의 장의 권한에 속하는 사무를 처리할 수 있다. ④ 법 제111조제1항 및 제2항에 따라 부단체장이 지방자치단체의 장의 권한대행을 하게 되거나 권한대행을 하지 아니하게 될 때에는 즉시 이를 지방의회에 통보하고, 시·도의 경우에는 안전행정부장관에게, 시·군·자치구의 경우에는 시·도지사에게 즉시 보고하여야 한다. 〈개정 2008.2.29, 2013.3.23〉 ⑤ 법 제110조제1항제1호 및 제2호에 따라 부시장·부지사 3명을 두는 시·도의 경우에는 행정(1)부시장·행정(1)부지사, 행정(2)부시장·행정(2)

지방자치법	지방자치법 시행령
[2011.5.30 법률 제10739호에 의하여 2010.9.2 헌법재판소에서 헌법불합치 결정된 이 조 제1항제3호를 삭제함.]	부지사, 정무부시장·정무부지사의 순으로 시·도지사의 권한을 대행하거나 직무를 대리하고, 부시장이나 부지사 2명을 두는 시·도의 경우에는 행정부시장·행정부지사, 정무부시장·정무부지사의 순으로 시·도지사의 권한을 대행하거나 직무를 대리한다. 〈개정 2010.11.2〉
제112조(행정기구와 공무원) ① 지방자치단체는 그 사무를 분장하기 위하여 필요한 행정기구와 지방공무원을 둔다. ② 제1항에 따른 행정기구의 설치와 지방공무원의 정원은 인건비 등 대통령령으로 정하는 기준에 따라 그 지방자치단체의 조례로 정한다. ③ 안전행정부장관은 지방자치단체의 행정기구와 지방공무원의 정원이 적정하게 운영되고 다른 지방자치단체와의 균형이 유지되도록 하기 위하여 필요한 사항을 권고할 수 있다. 〈개정 2008.2.29, 2013.3.23〉 ④ 지방공무원의 임용과 시험·자격·보수·복무·신분보장·징계·교육훈련 등에 관하여는 따로 법률로 정한다. ⑤ 지방자치단체에는 제1항에도 불구하고 법률로 정하는 바에 따라 국가공무원을 둘 수 있다. ⑥ 제5항에 규정된 국가공무원은 「국가공무원법」 제32조제1항부터 제3항까지에도 불구하고 5급 이상의 국가공무원이나 고위공무원단에 속하는 공무원은 해당 지방자치단체의 장의 제청으로 소속 장관을 거쳐 대통령이 임명하고, 6급 이하의 국가공무원은 그 지방자치단체의 장의 제청으로 소속 장관이 임명한다.	
제3절 소속 행정기관	
제113조(직속기관) 지방자치단체는 그 소관 사무의 범위 안에서 필요하면 대통령령이나 대통령령으로 정하는 바에 따라 지방자치단체의 조례로 자치경찰기관(제주특별자치도에 한한다), 소방기관, 교육훈련기관, 보건진료기관, 시험연구기관 및 중소기업지도기관 등을 직속	**제75조(직속기관의 설치)** 지방자치단체는 소관 사무의 성격상 별도의 전문기관에서 수행하는 것이 효율적인 경우에는 법 제113조에 따라 조례로 직속기관을 설치할 수 있다. **제76조(대학 및 전문대학 등의 설치)** 지방자치단체가 제75조에 따라 직속기관 중 대학이나 전

● 법 령

지방자치법	지방자치법 시행령
기관으로 설치할 수 있다.	문대학 등을 설치하려는 경우에는 다음 각 호의 요건을 모두 갖추어야 한다. 1. 대학과 전문대학 등을 설치·운영할 만한 지방자치단체의 재정 지원 능력이 있을 것 2. 지역 내에 산업인력 수요가 있고 대학 및 전문대학 등이 그 인력을 공급할 필요성이 있을 것 3. 지역 간 균형 발전에 기여할 수 있을 것 4. 대학과 전문대학 등의 중장기 발전계획, 학과편성 및 학생정원이 적정할 것 5. 대학과 전문대학 등의 설치에 관하여 지역사회의 적극적인 지원이 있을 것
제114조(사업소) 지방자치단체는 특정 업무를 효율적으로 수행하기 위하여 필요하면 대통령령으로 정하는 바에 따라 그 지방자치단체의 조례로 사업소를 설치할 수 있다.	**제77조(사업소의 설치)** 지방자치단체는 다음 각 호의 요건을 갖춘 경우에는 법 제114조에 따라 사업소를 설치할 수 있다. 다만, 일정기간 후에 끝나는 사업을 추진하기 위한 경우에는 사업소를 한시적으로 설치한다. 1. 업무의 성격이나 업무량 등으로 보아 별도의 기관에서 업무를 수행하는 것이 효율적일 것 2. 사업장의 위치상 현장에서 업무를 추진하는 것이 효율적일 것
제115조(출장소) 지방자치단체는 원격지 주민의 편의와 특정지역의 개발 촉진을 위하여 필요하면 대통령령으로 정하는 바에 따라 그 지방자치단체의 조례로 출장소를 설치할 수 있다.	**제78조(출장소의 설치)** ① 지방자치단체는 다음 각 호의 요건을 갖춘 경우에는 법 제115조에 따라 출장소를 설치할 수 있다. 1. 원격지 주민의 편의를 위하여 소관 사무를 분장할 필요가 있을 것 2. 업무의 종합성과 계속성이 있을 것 3. 관할구역의 범위가 분명할 것 ② 제1항에도 불구하고 다음 각 호의 어느 하나에 해당하는 경우에는 출장소를 설치할 수 없다. 〈개정 2011.10.14〉 1. 자치구가 아닌 구가 설치된 시(법 제7조제2항에 따른 도농 복합형태의 시는 제외한다)의 경우 2. 법 제4조의2제4항에 따라 설치된 행정동의 경우
제116조(합의제행정기관) ① 지방자치단체는 그 소관 사무의 일부를 독립하여 수행할 필요가	**제79조(합의제 행정기관의 설치)** 지방자치단체는 다음 각 호의 어느 하나에 해당하는 경우에는

지방자치법	지방자치법 시행령
있으면 법령이나 그 지방자치단체의 조례로 정하는 바에 따라 합의제행정기관을 설치할 수 있다. ② 제1항의 합의제행정기관의 설치·운영에 관하여 필요한 사항은 대통령령이나 그 지방자치단체의 조례로 정한다. **제116조의2(자문기관의 설치 등)** ① 지방자치단체는 그 소관 사무의 범위에서 법령이나 그 지방자치단체의 조례로 정하는 바에 따라 심의회·위원회 등의 자문기관을 설치·운영할 수 있다. ② 제1항에 따라 설치되는 자문기관은 해당 지방자치단체의 조례로 정하는 바에 따라 성격과 기능이 유사한 다른 자문기관의 기능을 포함하여 운영할 수 있다. [본조신설 2009.4.1]	법 제116조에 따라 합의제 행정기관을 설치할 수 있다. 1. 고도의 전문지식이나 기술이 요청되는 경우 2. 중립적이고 공정한 집행이 필요한 경우 3. 주민 의사의 반영과 이해관계의 조정이 필요한 경우 **제80조(자문기관의 설치요건)** ① 지방자치단체는 법 제116조의2제1항에 따라 심의회·위원회 등의 자문기관(이하 "자문기관"이라 한다)을 설치할 경우에는 다음 각 호의 어느 하나에 해당하는 요건을 갖추어야 한다. 1. 업무 특성상 전문적인 지식이나 경험이 있는 사람의 의견을 들어 결정할 필요가 있을 것 2. 업무의 성질상 다양한 이해관계의 조정 등 특히 신중한 절차를 거쳐 처리할 필요가 있을 것 ② 해당 지방자치단체에 설치된 다른 자문기관과 심의사항이 유사하거나 중복되는 자문기관을 설치·운영하여서는 아니 된다. [전문개정 2009.8.13] **제80조의2(자문기관의 구성)** ① 자문기관은 설치목적을 효율적으로 달성하는 데 필요한 인원으로 구성한다. ② 자문기관의 위원은 비상임으로 하고, 공무원이 아닌 위원의 임기는 3년을 넘지 아니하도록 하여야 한다. [본조신설 2009.8.13] **제80조의3(자문기관의 존속기한)** ① 지방자치단체는 자문기관을 설치할 때에 계속 존속시켜야 할 명백한 사유가 없는 경우에는 해당 자문기관의 존속기한을 조례에 명시하여야 한다. ② 제1항에 따른 존속기한은 5년의 범위에서 자문기관의 목적을 달성하는 데 필요한 최소한의 기간으로 한다. [본조신설 2009.8.13]
제4절 하부행정기관 **제117조(하부행정기관의 장)** 자치구가 아닌 구에 구청장, 읍에 읍장, 면에 면장, 동에 동장을 둔다. 이 경우 면·동은 제4조의2제3항 및 제4항에 따른 행정면·행정동을 말한다.	

○ 법 령

지방자치법	지방자치법 시행령
〈개정 2009.4.1〉 **제118조(하부행정기관의 장의 임명)** ① 자치구가 아닌 구의 구청장은 일반직 지방공무원으로 보하되, 시장이 임명한다. ② 읍장·면장·동장은 일반직 지방공무원으로 보하되, 시장·군수 및 자치구의 구청장이 임명한다. **제119조(하부행정기관의 장의 직무권한)** 자치구가 아닌 구의 구청장은 시장의, 읍장·면장은 시장이나 군수의, 동장은 시장(구가 없는 시의 시장을 말한다)이나 구청장(자치구의 구청장을 포함한다)의 지휘·감독을 받아 소관 국가사무와 지방자치단체의 사무를 맡아 처리하고 소속 직원을 지휘·감독한다. **제120조(하부행정기구)** 지방자치단체는 조례로 정하는 바에 따라 자치구가 아닌 구와 읍·면·동에 그 소관 행정사무를 분장하기 위하여 필요한 행정기구를 둘 수 있다. 이 경우 면·동은 제4조의2제3항 및 제4항에 따른 행정면·행정동을 말한다. 〈개정 2009.4.1〉	**제81조(이장의 임명)** ① 법 제4조의2제4항에 따른 읍·면의 행정리에는 이장을 둔다. 〈개정 2010.11.2〉 ② 제1항에 따른 이장은 주민의 신망이 두터운 자 중에서 해당 지방자치단체의 규칙으로 정하는 바에 따라 읍장·면장이 임명한다. ③ 읍장·면장이 제2항에 따라 이장을 임명한 경우에는 이를 해당 시장이나 군수에게 보고하여야 한다.
제5절 교육·과학 및 체육에 관한 기관 **제121조(교육·과학 및 체육에 관한 기관)** ① 지방자치단체의 교육·과학 및 체육에 관한 사무를 분장하기 위하여 별도의 기관을 둔다. ② 제1항에 따른 기관의 조직과 운영에 관하여 필요한 사항은 따로 법률로 정한다.	
제7장 재 무 **제1절 재정운영의 기본원칙** **제122조(건전재정의 운영)** ① 지방자치단체는 그 재정을 수지균형의 원칙에 따라 건전하게 운영하여야 한다. ② 국가는 지방재정의 자주성과 건전한 운영을	**제5장 재 무**

지방자치법	지방자치법 시행령
조장하여야 하며, 국가의 부담을 지방자치단체에 넘겨서는 아니 된다. 제123조(국가시책의 구현) ① 지방자치단체는 국가시책을 달성하기 위하여 노력하여야 한다. ② 제1항에 따라 국가시책을 달성하기 위하여 필요한 경비에 대한 국고보조율과 지방비부담률은 법령으로 정한다. 제124조(지방채무 및 지방채권의 관리) ① 지방자치단체의 장이나 지방자치단체조합은 따로 법률로 정하는 바에 따라 지방채를 발행할 수 있다. ② 지방자치단체의 장은 따로 법률로 정하는 바에 따라 지방자치단체의 채무부담의 원인이 될 계약의 체결이나 그 밖의 행위를 할 수 있다. ③ 지방자치단체의 장은 공익을 위하여 필요하다고 인정하면 미리 지방의회의 의결을 받아 보증채무부담행위를 할 수 있다. ④ 지방자치단체는 조례나 계약에 의하지 아니하고는 그 채무의 이행을 지체할 수 없다. ⑤ 지방자치단체는 법령이나 조례의 규정에 따르거나 지방의회의 의결을 받지 아니하고는 채권에 관하여 채무를 면제하거나 그 효력을 변경할 수 없다. **제2절 예산과 결산** 제125조(회계연도) 지방자치단체의 회계연도는 매년 1월 1일에 시작하여 그 해 12월 31일에 끝난다. 제126조(회계의 구분) ① 지방자치단체의 회계는 일반회계와 특별회계로 구분한다. ② 특별회계는 법률이나 지방자치단체의 조례로 설치할 수 있다. 제127조(예산의 편성 및 의결) ① 지방자치단체의 장은 회계연도마다 예산안을 편성하여 시·도는 회계연도 시작 50일 전까지, 시·군 및 자치구는 회계연도 시작 40일 전까지 지방의회에 제출하여야 한다.	

○ **법 령**

지방자치법	지방자치법 시행령
② 제1항의 예산안을 시·도의회에서는 회계연도 시작 15일 전까지, 시·군 및 자치구의회에서는 회계연도 시작 10일 전까지 의결하여야 한다. ③ 지방의회는 지방자치단체의 장의 동의 없이 지출예산 각 항의 금액을 증가하거나 새로운 비용항목을 설치할 수 없다. ④ 지방자치단체의 장은 제1항의 예산안을 제출한 후 부득이한 사유로 그 내용의 일부를 수정하려면 수정예산안을 작성하여 지방의회에 다시 제출할 수 있다. **제128조(계속비)** 지방자치단체의 장은 한 회계연도를 넘어 계속하여 경비를 지출할 필요가 있으면 그 총액과 연도별 금액을 정하여 계속비로서 지방의회의 의결을 받아야 한다. **제129조(예비비)** ① 지방자치단체는 예측할 수 없는 예산 외의 지출이나 예산초과지출에 충당하기 위하여 세입·세출예산에 예비비를 계상하여야 한다. ② 예비비의 지출은 다음 연도 지방의회의 승인을 받아야 한다. **제130조(추가경정예산)** ① 지방자치단체의 장은 예산을 변경할 필요가 있으면 추가경정예산안을 편성하여 지방의회의 의결을 받아야 한다. ② 제1항에 관하여는 제127조제3항과 제4항을 준용한다. **제131조(예산이 성립하지 아니할 때의 예산집행)** 지방의회에서 새로운 회계연도가 시작될 때까지 예산안이 의결되지 못하면 지방자치단체의 장은 지방의회에서 예산안이 의결될 때까지 다음의 목적을 위한 경비는 전년도 예산에 준하여 집행할 수 있다. 1. 법령이나 조례에 따라 설치된 기관이나 시설의 유지·운영 2. 법령상 또는 조례상 지출의무의 이행 3. 이미 예산으로 승인된 사업의 계속 **제131조의2(지방자치단체를 신설하는 때의 예산)**	

지방자치법	지방자치법 시행령
① 지방자치단체를 폐지하거나 설치하거나 나누거나 합쳐 새로운 지방자치단체가 설치된 경우에는 지체 없이 그 지방자치단체의 예산을 편성하여야 한다. ② 제1항의 경우에 해당 지방자치단체의 장은 예산이 성립될 때까지 필요한 경상적 수입과 지출을 할 수 있다. 이 경우 수입과 지출은 새로 성립될 예산에 포함시켜야 한다. [본조신설 2011.7.14] **제132조(재정부담을 수반하는 조례제정 등)** 지방의회는 새로운 재정부담을 수반하는 조례나 안건을 의결하려면 미리 지방자치단체의 장의 의견을 들어야 한다. **제133조(예산의 이송·고시 등)** ① 지방의회의 의장은 예산안이 의결되면 3일 이내에 지방자치단체의 장에게 이송하여야 한다. ② 지방자치단체의 장은 제1항에 따라 예산을 이송받으면 지체없이 시·도에서는 안전행정부장관에게, 시·군 및 자치구에서는 시·도지사에게 각각 보고하고, 그 내용을 고시하여야 한다. 다만, 제108조에 따른 재의요구를 할 때에는 그러하지 아니하다. 〈개정 2008.2.29, 2013.3.23〉 **제134조(결산)** ① 지방자치단체의 장은 출납 폐쇄 후 80일 이내에 결산서와 증빙서류를 작성하고 지방의회가 선임한 검사위원의 검사의견서를 첨부하여 다음 연도 지방의회의 승인을 받아야 한다. 결산의 심사결과 위법 또는 부당한 사항이 있는 경우에 지방의회는 본회의 의결 후 지방자치단체 또는 해당 기관에 변상 및 징계 조치 등 그 시정을 요구하고, 지방자치단체 또는 해당 기관은 시정요구를 받은 사항을 지체 없이 처리하여 그 결과를 지방의회에 보고하여야 한다. 〈개정 2011.7.14〉 ② 지방자치단체의 장은 제1항에 따른 승인을 받으면 5일 이내에 시·도에서는 안전행정부장관에게, 시·군 및 자치구에서는 시·도지사	**제82조(결산 승인)** 법 제134조에 따른 지방의회의 결산 승인은 제1차 정례회의의 회기 내에 처리하여야 한다. **제83조(검사위원의 선임)** ① 법 제134조에 따른 검사위원의 수는 시·도의 경우에는 5명 이상 10명 이하, 시·군 및 자치구의 경우에는 3명 이상 5명 이하로 하되, 그 수·선임방법·운영 및 실비보상에 필요한 사항은 해당 지방자치단체의 조례로 정한다. ② 제1항에 따른 검사위원은 해당 지방의회 의원이나 공인회계사·세무사 등 재무관리에 관한 전문지식과 경험을 가진 자 중에서 선임한다. 이 경우 지방의회 의원은 검사위원 수의 3분의 1을 초과할 수 없다.

○ 법 령

지방자치법	지방자치법 시행령
에게 각각 보고하고 그 내용을 고시하여야 한다. 〈개정 2008.2.29, 2013.3.23〉 ③ 제1항의 검사위원의 선임과 운영에 관하여 필요한 사항은 대통령령으로 정한다. 제134조의2(지방자치단체가 없어진 때의 결산) ① 지방자치단체를 폐지하거나 설치하거나 나누거나 합쳐 없어진 지방자치단체의 수입과 지출은 없어진 날로써 마감하되, 그 지방자치단체의 장이었던 사람이 이를 결산하여야 한다. ② 제1항의 결산은 제134조제1항에 따라 사무를 인수한 지방자치단체의 의회의 승인을 받아야 한다. [본조신설 2011.7.14] **제3절 수입과 지출** 제135조(지방세) 지방자치단체는 법률로 정하는 바에 따라 지방세를 부과·징수할 수 있다. 제136조(사용료) 지방자치단체는 공공시설의 이용 또는 재산의 사용에 대하여 사용료를 징수할 수 있다. 제137조(수수료) ① 지방자치단체는 그 지방자치단체의 사무가 특정인을 위한 것이면 그 사무에 대하여 수수료를 징수할 수 있다.	③ 지방자치단체의 상근 직원은 검사위원이 될 수 없다. 제84조(결산 검사 사항) ① 검사위원의 결산 검사 사항은 다음 각 호와 같다. 1. 세입·세출의 결산 2. 계속비·명시이월비(明示移越費) 및 사고이월비의 결산 3. 채권 및 채무의 결산 4. 재산 및 기금의 결산 5. 금고의 결산 ② 검사위원은 지방자치단체의 장과 금고에 대하여 검사에 필요한 자료를 요구할 수 있으며, 그 요구를 받은 지방자치단체의 장과 금고는 특별한 사유가 없으면 협조하여야 한다. ③ 검사위원은 결산 검사가 끝난 후 10일 이내에 검사의견서를 해당 지방자치단체의 장에게 제출하여야 하며, 지방의회는 결산심의 시 필요하다고 인정하면 검사위원을 출석시켜 설명을 들을 수 있다.

지방자치법	지방자치법 시행령
② 지방자치단체는 국가나 다른 지방자치단체의 위임사무가 특정인을 위한 것이면 그 사무에 대하여 수수료를 징수할 수 있다. ③ 제2항에 따른 수수료는 그 지방자치단체의 수입으로 한다. 다만, 법령에 달리 정하여진 경우에는 그러하지 아니하다. **제138조(분담금)** 지방자치단체는 그 재산 또는 공공시설의 설치로 주민의 일부가 특히 이익을 받으면 이익을 받는 자로부터 그 이익의 범위에서 분담금을 징수할 수 있다. **제139조(사용료의 징수조례 등)** ① 사용료·수수료 또는 분담금의 징수에 관한 사항은 조례로 정한다. 다만, 국가가 지방자치단체나 그 기관에 위임한 사무와 자치사무의 수수료 중 전국적으로 통일할 필요가 있는 수수료에 관한 사항은 다른 법령의 규정에도 불구하고 대통령령으로 정하는 표준금액으로 징수하되, 지방자치단체가 다른 금액으로 징수하고자 하는 경우에는 표준금액의 100분의 50의 범위에서 조례로 가감 조정하여 징수할 수 있다. 〈개정 2012.3.21〉 ② 사기나 그 밖의 부정한 방법으로 사용료·수수료 또는 분담금의 징수를 면한 자에 대하여는 그 징수를 면한 금액의 5배 이내의 과태료를, 공공시설을 부정사용한 자에 대하여는 50만원 이하의 과태료를 부과하는 규정을 조례로 정할 수 있다. ③ 제2항에 따른 과태료의 부과·징수, 재판 및 집행 등의 절차에 관한 사항은 「질서위반행위규제법」에 따른다. 〈개정 2009.4.1〉 **제140조(사용료 등의 부과·징수, 이의신청)** ① 사용료·수수료 또는 분담금은 공평한 방법으로 부과하거나 징수하여야 한다. ② 사용료·수수료 또는 분담금의 징수는 지방세 징수의 예에 따른다. ③ 사용료·수수료 또는 분담금의 부과나 징수에 대하여 이의가 있는 자는 그 처분을 통지	

● 법 령

지방자치법	지방자치법 시행령
받은 날부터 90일 이내에 그 지방자치단체의 장에게 이의신청할 수 있다. ④ 지방자치단체의 장은 제3항의 이의신청을 받은 날부터 60일 이내에 이를 결정하여 알려야 한다. ⑤ 사용료·수수료 또는 분담금의 부과나 징수에 대하여 행정소송을 제기하려면 제4항에 따른 결정을 통지받은 날부터 90일 이내에 처분청을 당사자로 하여 소를 제기하여야 한다. ⑥ 제4항에 따른 결정기간 내에 결정의 통지를 받지 못하면 제5항에도 불구하고 그 결정기간이 지난 날부터 90일 이내에 소를 제기할 수 있다. ⑦ 제3항과 제4항에 따른 이의신청의 방법과 절차 등에 관하여는 「지방세기본법」 제118조와 제121조부터 제127조까지의 규정을 준용한다. 〈개정 2010.3.31〉 **제141조(경비의 지출)** 지방자치단체는 그 자치사무의 수행에 필요한 경비와 위임된 사무에 관하여 필요한 경비를 지출할 의무를 진다. 다만, 국가사무나 지방자치단체사무를 위임할 때에는 이를 위임한 국가나 지방자치단체에서 그 경비를 부담하여야 한다. **제4절 재산 및 공공시설** **제142조(재산과 기금의 설치)** ① 지방자치단체는 행정목적을 달성하기 위한 경우나 공익상 필요한 경우에는 재산을 보유하거나 특정한 자금을 운용하기 위한 기금을 설치할 수 있다. ② 제1항의 재산의 보유, 기금의 설치·운용에 관하여 필요한 사항은 조례로 정한다. ③ 제1항에서 "재산"이란 현금 외의 모든 재산적 가치가 있는 물건과 권리를 말한다. **제143조(재산의 관리와 처분)** 지방자치단체의 재산은 법령이나 조례에 따르지 아니하고는 교환·양여(讓與)·대여하거나 출자 수단 또는 지급 수단으로 사용할 수 없다.	

지방자치법	지방자치법 시행령
제144조(공공시설) ① 지방자치단체는 주민의 복지를 증진하기 위하여 공공시설을 설치할 수 있다. ② 제1항의 공공시설의 설치와 관리에 관하여 다른 법령에 규정이 없으면 조례로 정한다. ③ 제1항의 공공시설은 관계 지방자치단체의 동의를 받아 그 지방자치단체의 구역 밖에 설치할 수 있다. 제5절 보 칙 제145조(지방재정운영에 관한 법률의 제정) 지방자치단체의 재정에 관하여 이 법에 정한 것 외에 필요한 사항은 따로 법률로 정한다. 제146조(지방공기업의 설치·운영) ① 지방자치단체는 주민의 복지증진과 사업의 효율적 수행을 위하여 지방공기업을 설치·운영할 수 있다. ② 지방공기업의 설치·운영에 관하여 필요한 사항은 따로 법률로 정한다. 제8장 지방자치단체 상호 간의 관계 제1절 지방자치단체 간의 협력과 분쟁조정 제147조(지방자치단체 상호 간의 협력) 지방자치단체는 다른 지방자치단체로부터 사무의 공동처리에 관한 요청이나 사무처리에 관한 협의·조정·승인 또는 지원의 요청을 받으면 법령의 범위에서 협력하여야 한다. 제148조(지방자치단체 상호 간의 분쟁조정) ① 지방자치단체 상호 간이나 지방자치단체의 장 상호 간 사무를 처리할 때 의견이 달라 다툼(이하 "분쟁"이라 한다)이 생기면 다른 법률에 특별한 규정이 없으면 안전행정부장관이나 시·도지사가 당사자의 신청에 따라 조정(調整)할 수 있다. 다만, 그 분쟁이 공익을 현저히 저해하여 조속한 조정이 필요하다고 인정되면 당사자의 신청이 없어도 직권으로 조정할 수 있다. 〈개정 2008.2.29, 2013.3.23〉 ② 제1항 단서에 따라 안전행정부장관이나	제6장 지방자치단체 상호간의 관계 제85조(분쟁조정 신청 및 직권조정 절차) ① 법 제148조제1항에 따른 분쟁의 조정 신청은 분쟁 당사자의 쌍방 또는 일방이 서면으로 안전행정부장관이나 시·도지사에게 신청하여야 한다. 이 경우 분쟁 당사자의 일방이 분쟁의 조정 신청을 하였을 때에는 안전행정부장관이나 시·도지사는 이를 다른 당사자에게 알려야 한다. 〈개정 2008.2.29, 2013.3.23〉 ② 안전행정부장관이나 시·도지사는 제1항에 따른 분쟁의 조정 신청을 받으면 이를 지체 없이 지방자치단체 중앙분쟁조정위원회나 지방자치단

○ 법 령

지방자치법	지방자치법 시행령
시·도지사가 분쟁을 조정하는 경우에는 그 취지를 미리 당사자에게 알려야 한다. 〈개정 2008.2.29, 2013.3.23〉 ③ 안전행정부장관이나 시·도지사가 제1항의 분쟁을 조정하고자 할 때에는 관계 중앙행정기관의 장과의 협의를 거쳐 제149조에 따른 지방자치단체중앙분쟁조정위원회나 지방자치단체지방분쟁조정위원회의 의결에 따라 조정하여야 한다. 〈개정 2008.2.29, 2013.3.23〉 ④ 안전행정부장관이나 시·도지사는 제1항의 조정에 대하여 결정을 하면 서면으로 지체 없이 관계 지방자치단체의 장에게 통보하여야 하며, 통보를 받은 지방자치단체의 장은 그 조정결정사항을 이행하여야 한다. 〈개정 2008.2.29, 2013.3.23〉 ⑤ 제4항의 조정결정사항 중 예산이 수반되는 사항에 대하여는 관계 지방자치단체는 필요한 예산을 우선적으로 편성하여야 한다. 이 경우 연차적으로 추진하여야 할 사항은 연도별 추진계획을 안전행정부장관이나 시·도지사에게 보고하여야 한다. 〈개정 2008.2.29, 2013.3.23〉 ⑥ 안전행정부장관이나 시·도지사는 제1항의 조정결정에 따른 시설의 설치 또는 역무의 제공으로 이익을 받거나 그 원인을 일으켰다고 인정되는 지방자치단체에 대하여는 그 시설비나 운영비 등의 전부나 일부를 안전행정부장관이 정하는 기준에 따라 부담하게 할 수 있다. 〈개정 2008.2.29, 2013.3.23〉 ⑦ 안전행정부장관이나 시·도지사는 제4항부터 제6항까지의 규정에 따른 조정결정사항이 성실히 이행되지 아니하면 그 지방자치단체에 대하여 제170조를 준용하여 이행하게 할 수 있다. 〈개정 2008.2.29, 2013.3.23〉 **제149조(지방자치단체중앙분쟁조정위원회 등의 설치와 구성 등)** ① 제148조제1항에 따른 분쟁의 조정과 제156조제1항에 따른 협의사항의 조정에 필요한 사항을 심의·의결하기 위하여	체 지방분쟁조정위원회(이하 이 조에서 "분쟁조정위원회"라 한다)에 회부하여야 한다. 〈개정 2008.2.29, 2013.3.23〉 ③ 법 제148조제1항 단서의 규정에 따라 안전행정부장관이나 시·도지사가 분쟁을 조정하는 경우에는 미리 서면으로 당사자에게 기간을 정하여 협의하여 분쟁을 해결하거나 분쟁조정을 신청하도록 권고하여야 하며, 그 기간 내에 분쟁이 해결되지 아니하거나 분쟁조정 신청이 없는 경우에는 제2항에 따른 분쟁조정위원회에 회부할 수 있다. 〈개정 2008.2.29, 2013.3.23〉 ④ 제2항과 제3항에 따라 회부된 분쟁에 대하여 분쟁조정위원회가 심의·의결을 마치면 지체 없이 그 의결 내용을 안전행정부장관이나 시·도지사에게 통보하여야 한다. 〈개정 2008.2.29, 2013.3.23〉 **제86조(이행계획의 보고)** 법 제148조제5항에 따라 안전행정부장관이나 시·도지사로부터 조정결정을 통보받은 지방자치단체의 장은 통보를 받은 날부터 30일 이내에 그 이행을 위한 계획을 작성하여 안전행정부장관이나 시·도지사에게 보고하여야 한다. 〈개정 2008.2.29, 2013.3.23〉 **제87조(중앙분쟁조정위원회의 위원장의 직무 및 회의 등)** ① 지방자치단체 중앙분쟁조정위원회(이하 "중앙분쟁조정위원회"라 한다)의 위원장은 위원회를 대표하고, 위원회의 업무를 총괄한다.

지방자치법	지방자치법 시행령
안전행정부에 지방자치단체중앙분쟁조정위원회(이하 "중앙분쟁조정위원회"라 한다)와 시·도에 지방자치단체지방분쟁조정위원회(이하 "지방분쟁조정위원회"라 한다)를 둔다. 〈개정 2008.2.29, 2013.3.23〉 ② 중앙분쟁조정위원회는 다음 각 호의 분쟁을 심의·의결한다. 1. 시·도 간 또는 그 장 간의 분쟁 2. 시·도를 달리하는 시·군 및 자치구 간 또는 그 장 간의 분쟁 3. 시·도와 시·군 및 자치구 간 또는 그 장 간의 분쟁 4. 시·도와 지방자치단체조합 간 또는 그 장 간의 분쟁 5. 시·도를 달리하는 시·군 및 자치구와 지방자치단체조합 간 또는 그 장 간의 분쟁 6. 시·도를 달리하는 지방자치단체조합 간 또는 그 장 간의 분쟁 ③ 지방분쟁조정위원회는 제2항 각 호에 해당하지 아니하는 지방자치단체·지방자치단체조합 간 또는 그 장 간의 분쟁을 심의·의결한다. ④ 중앙분쟁조정위원회와 지방분쟁조정위원회(이하 "분쟁조정위원회"라 한다)는 각각 위원장을 포함한 11명 이내의 위원으로 구성한다. ⑤ 중앙분쟁조정위원회의 위원장과 위원 중 5명은 다음 각 호에 해당하는 자 중에서 안전행정부장관의 제청으로 대통령이 임명하거나 위촉하고, 대통령령으로 정하는 중앙행정기관 소속 공무원은 당연직위원이 된다. 〈개정 2008.2.29, 2013.3.23〉 1. 대학에서 부교수 이상으로 3년 이상 재직 중이거나 재직한 자 2. 판사·검사 또는 변호사의 직에 6년 이상 재직 중이거나 재직한 자 3. 그 밖에 지방자치사무에 관한 학식과 경험이 풍부한 자 ⑥ 지방분쟁조정위원회의 위원장과 위원 중 5	② 중앙분쟁조정위원회의 위원장은 위원회의 회의를 소집하고, 그 의장이 된다. ③ 중앙분쟁조정위원회의 위원장이 부득이한 사유로 직무를 수행할 수 없을 때에는 위원장이 미리 지명한 위원이 그 직무를 대행한다. **제88조(중앙분쟁조정위원회의 당연직 위원)** 법 제149조제5항에 따른 중앙분쟁조정위원회의 당연직 위원은 기획재정부차관, 안전행정부차관, 산업통상자원부차관, 환경부차관 및 국토교통부차관이 된다. 〈개정 2008.2.29, 2013.3.23〉 **제89조(간사)** 중앙분쟁조정위원회의 사무를 처리하기 위하여 중앙분쟁조정위원회에 간사 1명과 필요한 공무원을 두되, 간사는 위원장이 안전행정부 소속 공무원 중에서 임명한다. 〈개정 2008.2.29, 2013.3.23〉 **제90조(중앙분쟁조정위원회의 소위원회 등)** ① 중앙분쟁조정위원회는 위원회의 심의에 앞서 안건을 전문적으로 검토하기 위하여 소위원회를 둘 수 있다. ② 소위원회는 위원장 1명을 포함하여 5명의 위원으로 구성한다. ③ 소위원회의 위원장은 안전행정부차관이 되고, 위원은 중앙분쟁조정위원회의 위원장이 안건과 관련된 분야의 위원 중에서 지명하되, 당연직 위원과 위촉직 위원을 같은 수로 한다. 〈개정 2008.2.29, 2013.3.23〉 ④ 소위원회의 위원장은 업무수행을 위하여 필요하면 관계 공무원과 관계 전문가 등을 출석하게 하여 의견을 듣거나 관계 기관·단체 등에 대하여 자료 및 의견 제출 등을 요구할 수 있다. ⑤ 소위원회의 운영에 관하여 그 밖에 필요한 사항은 중앙분쟁조정위원회의 의결을 거쳐 위원장이 정한다. **제91조(공무원의 파견 요청 등)** ① 중앙분쟁조정위원회는 위원회의 업무수행을 위하여 필요하면 관계 중앙행정기관의 장이나 지방자치단체의 장에게 소속 공무원의 파견을 요청할 수 있다.

○ 법 령

지방자치법	지방자치법 시행령
명은 제5항 각 호에 해당하는 자 중에서 시·도지사가 임명하거나 위촉하고, 조례로 정하는 해당 지방자치단체 소속 공무원은 당연직 위원이 된다. ⑦ 공무원이 아닌 위원장 및 위원의 임기는 3년으로 하되, 연임할 수 있다. 다만, 보궐위원의 임기는 전임자의 남은 임기로 한다. **제150조(분쟁조정위원회의 운영 등)** ① 분쟁조정위원회는 위원장을 포함한 위원 7명 이상의 출석으로 개의하고, 출석위원 3분의 2 이상의 찬성으로 의결한다. ② 분쟁조정위원회의 위원장은 분쟁의 조정과 관련하여 필요하다고 인정하면 관계 공무원, 지방자치단체조합의 직원 또는 관계 전문가를 출석시켜 의견을 듣거나 관계 기관이나 단체에 대하여 자료 및 의견 제출 등을 요구할 수 있다. 이 경우 분쟁의 당사자에게는 의견을 진술할 기회를 주어야 한다. ③ 이 법에서 정한 사항 외에 분쟁조정위원회의 구성과 운영 등에 관하여 필요한 사항은 대통령령으로 정한다. **제151조(사무의 위탁)** ① 지방자치단체나 그 장은 소관 사무의 일부를 다른 지방자치단체나 그 장에게 위탁하여 처리하게 할 수 있다. 이 경우 지방자치단체의 장은 사무 위탁의 당사자가 시·도나 그 장이면 안전행정부장관과 관계 중앙행정기관의 장에게, 시·군 및 자치구나 그 장이면 시·도지사에게 이를 보고하여야 한다. 〈개정 2008.2.29, 2013.3.23〉 ② 지방자치단체나 그 장은 제1항에 따라 사무를 위탁하려면 관계 지방자치단체와의 협의에 따라 규약을 정하여 고시하여야 한다. ③ 제2항의 사무위탁에 관한 규약에는 다음 각 호의 사항이 포함되어야 한다.	② 중앙분쟁조정위원회의 위원장은 제1항에 따라 파견받은 공무원에게 간사의 사무를 지원하게 할 수 있다. **제92조(수당 등)** 중앙분쟁조정위원회 및 소위원회에 출석한 위원과 관계 공무원 또는 관계 전문가에게는 예산의 범위에서 수당을 지급할 수 있다. 다만, 공무원인 위원이나 관계 공무원이 소관 업무와 직접 관련하여 출석한 경우에는 그러하지 아니하다. **제93조(운영 세칙)** 이 영에 규정된 사항 외에 중앙분쟁조정위원회 및 소위원회의 운영에 필요한 사항은 중앙분쟁조정위원회의 의결을 거쳐 위원장이 정한다. **제94조(지방분쟁조정위원회의 구성 및 운영)** ① 지방자치단체 지방분쟁조정위원회(이하 "지방분쟁조정위원회"라 한다)에 관하여는 제87조와 제92조의 규정은 준용한다. ② 이 영에 규정된 것 외에 지방분쟁조정위원회의 구성 및 운영에 필요한 사항은 시·도의 조례로 정한다.

지방자치법	지방자치법 시행령
1. 사무를 위탁하는 지방자치단체와 사무를 위탁받는 지방자치단체 2. 위탁사무의 내용과 범위 3. 위탁사무의 관리와 처리방법 4. 위탁사무의 관리와 처리에 드는 경비의 부담과 지출방법 5. 그 밖에 사무위탁에 관하여 필요한 사항 ④ 지방자치단체나 그 장은 사무위탁을 변경하거나 해지하려면 관계 지방자치단체나 그 장과 협의하여 그 사실을 고시하고, 제1항의 예에 따라 안전행정부장관과 관계 중앙행정기관의 장 또는 시·도지사에게 보고하여야 한다. 〈개정 2008.2.29, 2013.3.23〉 ⑤ 사무가 위탁된 경우 위탁된 사무의 관리와 처리에 관한 조례나 규칙은 규약에 다르게 정하여진 경우 외에는 사무를 위탁받은 지방자치단체에 대하여도 적용한다.	
제2절 행정협의회	
제152조(행정협의회의 구성) ① 지방자치단체는 2개 이상의 지방자치단체에 관련된 사무의 일부를 공동으로 처리하기 위하여 관계 지방자치단체 간의 행정협의회(이하 "협의회"라 한다)를 구성할 수 있다. 이 경우 지방자치단체의 장은 시·도가 구성원이면 안전행정부장관과 관계 중앙행정기관의 장에게, 시·군 또는 자치구가 구성원이면 시·도지사에게 이를 보고하여야 한다. 〈개정 2008.2.29, 2013.3.23〉 ② 지방자치단체는 협의회를 구성하려면 관계 지방자치단체 간의 협의에 따라 규약을 정하여 관계 지방의회의 의결을 각각 거친 다음 고시하여야 한다. ③ 안전행정부장관이나 시·도지사는 공익상 필요하면 관계 지방자치단체에 대하여 협의회를 구성하도록 권고할 수 있다. 〈개정 2008.2.29, 2013.3.23〉	**제95조(행정협의회의 구성 기준)** ① 법 제152조에 따른 행정협의회(이하 "협의회"라 한다)는 광역계획 및 그 집행, 특수행정수요의 충족, 공공시설의 공동설치, 행정정보의 교환, 행정·재정업무의 조정 등의 필요를 고려하여 관계 지방자치단체 간에 구성한다. ② 제1항에 따른 행정협의회 중 수도권 행정협의회와 대도시권 행정협의회는 수도권과 대도시권 행정의 특수성을 고려하여 관련 시·도로 구성한다. **제96조(협의회 사무소의 위치)** 협의회 사무소는 공동으로 처리할 사무의 비중이 보다 큰 지방자치단체(이하 "중심지방자치단체"라 한다)에 둔다. **제97조(협의회 구성 보고)** 중심지방자치단체의 장은 법 제152조제1항에 따라 협의회를 구성하면 10일 이내에 다음 각 호의 사항을 보고하여야 한다. 1. 협의회의 명칭

○ 법 령

지방자치법	지방자치법 시행령
제153조(협의회의 조직) ① 협의회는 회장과 위원으로 구성한다. ② 회장과 위원은 규약으로 정하는 바에 따라 관계 지방자치단체의 직원 중에서 선임한다. ③ 회장은 협의회를 대표하며 회의를 소집하고 협의회의 사무를 총괄한다. 제154조(협의회의 규약) 협의회의 규약에는 다음 각 호의 사항이 포함되어야 한다. 1. 협의회의 명칭 2. 협의회를 구성하는 지방자치단체 3. 협의회가 처리하는 사무 4. 협의회의 조직과 회장 및 위원의 선임방법 5. 협의회의 운영과 사무 처리에 필요한 경비의 부담이나 지출방법 6. 그 밖에 협의회의 구성과 운영에 관하여 필요한 사항 제155조(협의회의 자료제출요구 등) 협의회는 사무를 처리하기 위하여 필요하다고 인정하면 관계 지방자치단체의 장에게 자료 제출, 의견 개진, 그 밖에 필요한 협조를 요구할 수 있다. 제156조(협의사항의 조정) ① 협의회에서 합의가 이루어지지 아니한 사항에 대하여 관계 지방자치단체의 장이 조정(調整) 요청을 하면 시·도 간의 협의사항에 대하여는 안전행정부장관이, 시·군 및 자치구 간의 협의사항에 대하여는 시·도지사가 조정할 수 있다. 다만, 관계되는 시·군 및 자치구가 2개 이상의 시·도에 걸치는 경우에는 안전행정부장관이 조정할 수 있다. 〈개정 2008.2.29, 2013.3.23〉 ② 안전행정부장관이나 시·도지사가 제1항에 따라 조정을 하려면 관계 중앙행정기관의 장과의 협의를 거쳐 제149조에 따른 분쟁조정위원회의 의결에 따라 조정하여야 한다.	2. 가입한 지방자치단체명 3. 구성목적 4. 구성일자 5. 협의회의 규약 사본 제98조(회장) 법 제153조제1항에 따른 협의회의 회장은 1명으로 하되, 회장이 부득이한 사유로 직무를 수행할 수 없을 때에는 협의회의 규약에서 정하는 바에 따라 그 직무를 대행할 자를 선임한다. 제99조(회의) ① 협의회는 정기 또는 수시로 회의를 개최한다. ② 정기회는 상·하반기로 나누어 연 2회 소집하고 임시회는 규약에서 정하는 바에 따라 관계 지방자치단체의 장이 요구할 때에 회장이 소집한다. ③ 안전행정부장관이나 시·도지사는 개최할 필요성이 있다고 인정되는 협의회에 대하여 시·도가 구성원인 경우에는 안전행정부장관이, 시·군 또는 자치구가 구성원인 경우에는 시·도지사가 그 개최를 권고할 수 있다. 〈개정 2008.2.29, 2013.3.23〉 ④ 회장은 회의가 있을 때마다 협의회의 안건을 준비하여 관계 지방자치단체의 장에게 미리 배포하여야 한다. ⑤ 협의회를 개최한 때에는 회의록을 작성하여야 한다. ⑥ 회장은 협의회 개최 후 14일 이내에 시·도가 구성원인 경우에는 안전행정부장관에게, 시·군 또는 자치구가 구성원인 경우에는 시·도지사에게 협의회 개최 상황을 보고하여야 한다. 〈개정 2008.2.29, 2013.3.23〉 제100조(자문위원) ① 협의회는 그 협의 사항에 관하여 자문하기 위하여 자문위원을 둘 수 있다. ② 자문위원은 국가의 특별행정기관의 장, 지방의회 의원, 관련 공공단체의 장 및 관계 전문가 중에서 협의회의 승인을 받아 회장이 위촉한다. 제101조(운영 규정) 법 및 이 영에 규정된 것 외에 협의회의 운영에 필요한 사항은 안전행정부

지방자치법	지방자치법 시행령
〈개정 2008.2.29, 2013.3.23〉 제157조(협의회의 협의 및 사무처리의 효력) ① 협의회를 구성한 관계 지방자치단체는 협의회가 결정한 사항이 있으면 그 결정에 따라 사무를 처리하여야 한다. ② 제156조제1항에 따라 안전행정부장관이나 시·도지사가 조정한 사항에 관하여는 제148조제3항부터 제6항까지의 규정을 준용한다. 〈개정 2008.2.29, 2013.3.23〉 ③ 협의회가 관계 지방자치단체나 그 장의 명의로 한 사무의 처리는 관계 지방자치단체나 그 장이 한 것으로 본다. 제158조(협의회의 규약변경 및 폐지) 지방자치단체가 협의회의 규약을 변경하거나 협의회를 없애려는 경우에는 제152조제1항과 제2항을 준용한다. **제3절 지방자치단체조합** 제159조(지방자치단체조합의 설립) ① 2개 이상의 지방자치단체가 하나 또는 둘 이상의 사무를 공동으로 처리할 필요가 있을 때에는 규약을 정하여 그 지방의회의 의결을 거쳐 시·도는 안전행정부장관의, 시·군 및 자치구는 시·도지사의 승인을 받아 지방자치단체조합을 설립할 수 있다. 다만, 지방자치단체조합의 구성원인 시·군 및 자치구가 2개 이상의 시·도에 걸치는 지방자치단체조합은 안전행정부장관의 승인을 받아야 한다. 〈개정 2008.2.29, 2013.3.23〉 ② 지방자치단체조합은 법인으로 한다. 제160조(지방자치단체조합의 조직) ① 지방자치단체조합에는 지방자치단체조합회의와 지방자치단체조합장 및 사무직원을 둔다. ② 지방자치단체조합회의의 위원과 지방자치단체조합장 및 사무직원은 지방자치단체조합규약으로 정하는 바에 따라 선임한다. ③ 관계 지방자치단체의 의회 의원과 그 지방	령으로 정한다. 〈개정 2008.2.29, 2013.3.23〉

○ 법 령

지방자치법	지방자치법 시행령
자치단체의 장은 제35조제1항과 제96조제1항에도 불구하고 지방자치단체조합회의의 위원이나 지방자치단체조합장을 겸할 수 있다. **제161조(지방자치단체조합회의와 지방자치단체조합장의 권한)** ① 지방자치단체조합회의는 지방자치단체조합의 규약으로 정하는 바에 따라 지방자치단체조합의 중요 사무를 심의·의결한다. ② 지방자치단체조합회의는 지방자치단체조합이 제공하는 역무에 대한 사용료·수수료 또는 분담금을 제139조제1항에 따른 조례의 범위 안에서 정할 수 있다. ③ 지방자치단체조합장은 지방자치단체조합을 대표하며 지방자치단체조합의 사무를 총괄한다. **제162조(지방자치단체조합의 규약)** 지방자치단체조합의 규약에는 다음 각 호의 사항이 포함되어야 한다. 1. 지방자치단체조합의 명칭 2. 지방자치단체조합을 구성하는 지방자치단체 3. 사무소의 위치 4. 지방자치단체조합의 사무 5. 지방자치단체조합회의의 조직과 위원의 선임방법 6. 집행기관의 조직과 선임방법 7. 지방자치단체조합의 운영 및 사무처리에 필요한 경비의 부담과 지출방법 8. 그 밖에 지방자치단체조합의 구성과 운영에 관한 사항 **제163조(지방자치단체조합의 지도·감독)** ① 시·도가 구성원인 지방자치단체조합은 안전행정부장관의, 시·군 및 자치구가 구성원인 지방자치단체조합은 1차로 시·도지사의, 2차로 안전행정부장관의 지도·감독을 받는다. 다만, 지방자치단체조합의 구성원인 시·군 및 자치구가 2개 이상의 시·도에 걸치는 지방자치단체조합은 안전행정부장관의 지도·감독을 받는다. 〈개정 2008.2.29, 2013.3.23〉 ② 안전행정부장관은 공익상 필요하면 지방자	

지방자치법	지방자치법 시행령
치단체조합의 설립이나 해산 또는 규약의 변경을 명할 수 있다. 〈개정 2008.2.29, 2013.3.23〉 제164조(지방자치단체조합의 규약변경 및 해산) ① 지방자치단체조합의 규약을 변경하거나 지방자치단체조합을 해산하려는 경우에는 제159조제1항을 준용한다. ② 지방자치단체조합을 해산한 경우에 그 재산의 처분은 관계 지방자치단체의 협의에 따른다. **제4절 지방자치단체의 장 등의 협의체** 제165조(지방자치단체의 장 등의 협의체) ① 지방자치단체의 장이나 지방의회의 의장은 상호 간의 교류와 협력을 증진하고, 공동의 문제를 협의하기 위하여 다음 각 호의 구분에 따라 각각 전국적 협의체를 설립할 수 있다. 1. 시·도지사 2. 시·도의회의 의장 3. 시장·군수·자치구의 구청장 4. 시·군·자치구의회의 의장 ② 제1항 각 호의 전국적 협의체가 모두 참가하는 지방자치단체 연합체를 설립할 수 있다. ③ 제1항에 따른 협의체나 제2항에 따른 연합체를 설립한 때에는 그 협의체의 대표자는 지체 없이 안전행정부장관에게 신고하여야 한다. 〈개정 2008.2.29, 2013.3.23〉 ④ 제1항에 따른 협의체나 제2항에 따른 연합체는 지방자치에 직접적인 영향을 미치는 법령 등에 관한 의견을 안전행정부장관에게 제출할 수 있으며, 안전행정부장관은 제출된 의견을 관계 중앙행정기관의 장에게 통보하여야 한다. 〈개정 2008.2.29, 2011.7.14, 2013.3.23〉 ⑤ 관계 중앙행정기관의 장은 제4항에 따라 통보된 내용에 대하여 통보를 받은 날부터 2개월 이내에 타당성을 검토하여 안전행정부장관에게 그 결과를 통보하여야 하고, 안전행정부장관은 통보받은 검토 결과를 해당 협의체	제102조(협의체의 설립 신고 등) ① 법 제165조에 따라 지방자치단체의 장이나 지방의회의 의장이 전국적 협의체를 설립하였을 때에는 다음 각 호의 사항을 안전행정부장관에게 신고하여야 한다. 신고한 사항을 변경하였을 때에도 또한 같다. 〈개정 2008.2.29, 2013.3.23〉 1. 설립취지 2. 협의체의 명칭 3. 협의체의 조직과 운영 등에 관한 사항 4. 창립총회의 회의록 5. 대표자·임원 및 회원의 성명 ② 제1항에 따른 신고는 안전행정부령으로 정하는 서식에 따른다. 〈개정 2008.2.29, 2013.3.23〉

○ 법 령

지방자치법	지방자치법 시행령
나 연합체에 지체 없이 통보하여야 한다. 이 경우 관계 중앙행정기관의 장은 검토 결과 타당성이 없다고 인정하면 구체적인 사유 및 내용을 명시하여 통보하여야 하며, 타당하다고 인정하면 관계 법령에 그 내용이 반영될 수 있도록 적극 협력하여야 한다. 〈신설 2011.7.14, 2013.3.23〉 ⑥ 제1항에 따른 협의체나 제2항에 따른 연합체는 지방자치와 관련된 법률의 제정·개정 또는 폐지가 필요하다고 인정하는 경우에는 국회에 서면으로 의견을 제출할 수 있다. 〈신설 2011.7.14〉 ⑦ 제1항에 따른 협의체나 제2항에 따른 연합체의 설립신고와 운영, 그 밖에 필요한 사항은 대통령령으로 정한다. 〈개정 2011.7.14〉	
제9장 국가의 지도·감독 **제166조(지방자치단체의 사무에 대한 지도와 지원)** ① 중앙행정기관의 장이나 시·도지사는 지방자치단체의 사무에 관하여 조언 또는 권고하거나 지도할 수 있으며, 이를 위하여 필요하면 지방자치단체에 자료의 제출을 요구할 수 있다. ② 국가나 시·도는 지방자치단체가 그 지방자치단체의 사무를 처리하는 데에 필요하다고 인정하면 재정지원이나 기술지원을 할 수 있다. **제167조(국가사무나 시·도사무 처리의 지도·감독)** ① 지방자치단체나 그 장이 위임받아 처리하는 국가사무에 관하여 시·도에서는 주무부장관의, 시·군 및 자치구에서는 1차로 시·도지사의, 2차로 주무부장관의 지도·감독을 받는다. ② 시·군 및 자치구나 그 장이 위임받아 처리하는 시·도의 사무에 관하여는 시·도지사의 지도·감독을 받는다. **제168조(중앙행정기관과 지방자치단체 간 협의조정)** ① 중앙행정기관의 장과 지방자치단체의 장이 사무를 처리할 때 의견을 달리하는 경우 이를 협의·조정하기 위하여 국무총리 소속으로 행	**제7장 국가의 지도·감독** **제103조(지방자치단체의 사무에 대한 지원 및 보고 청취)** ① 중앙행정기관의 장이나 시·도지사는 법 제166조와 제167조에 따른 조언·권고 또는 지도를 위하여 필요하다고 인정하면 지방자치단체의 장이나 관계 공무원의 회의를 소집할 수 있다. ② 중앙행정기관의 장이나 시·도지사는 국가나 지방자치단체의 중요정책이나 시책수립·결정·집행과정 등에서 정책이나 시책의 실효성을 높이기 위하여 필요하다고 인정하면 지방자치단체의 장에게 지역주민의 여론이나 지역실태 등에 관하여 보고하게 할 수 있다. **제104조(행정협의조정위원회 위원의 임기)** 법 제168조제1항에 따른 행정협의조정위원회(이하 "행정협의조정위원회"라 한다)의 위원장과 위촉위원의 임기는 2년으로 한다. 다만, 보궐위원의

지방자치법	지방자치법 시행령
정협의조정위원회를 둔다. 〈개정 2011.7.14〉 ② 행정협의조정위원회는 위원장 1명을 포함하여 13명 이내의 위원으로 구성한다. 〈개정 2011.7.14〉 ③ 행정협의조정위원회의 위원은 다음 각 호의 사람이 되고, 위원장은 제3호에 따른 위촉위원 중에서 국무총리가 위촉한다. 〈신설 2011.7.14, 2013.3.23〉 1. 기획재정부장관, 안전행정부장관, 국무조정실장 및 법제처장 2. 안건과 관련된 중앙행정기관의 장과 시·도지사 중 위원장이 지명하는 사람 3. 그 밖에 지방자치에 관한 학식과 경험이 풍부한 사람 중에서 국무총리가 위촉하는 사람 4명 ④ 그 밖에 행정협의조정위원회의 구성과 운영 등에 필요한 사항은 대통령령으로 정한다. 〈신설 2011.7.14〉	임기는 전임위원 임기의 남은 기간으로 한다. [전문개정 2011.10.14] **제105조(행정협의조정위원회의 기능 및 협의조정 절차)** ① 행정협의조정위원회는 중앙행정기관의 장이나 지방자치단체의 장의 신청에 의하여, 당사자 간에 사무를 처리할 때에 의견을 달리하는 사항에 대하여 협의·조정한다. ② 제1항에 따른 협의·조정의 신청은 당사자의 쌍방 또는 일방이 서면으로 행정협의조정위원회의 위원장에게 신청하여야 한다. 이 경우 시·도지사는 안전행정부장관을, 시장·군수·구청장은 시·도지사와 안전행정부장관을 거쳐야 한다. 〈개정 2008.2.29, 2013.3.23〉 ③ 행정협의조정위원회의 위원장은 제2항에 따른 신청을 받으면 이를 지체 없이 국무총리에게 보고하고 안전행정부장관, 관계 중앙행정기관의 장 및 해당 지방자치단체의 장에게 통보하여야 한다. 〈개정 2008.2.29, 2013.3.23〉 ④ 행정협의조정위원회의 위원장은 제1항에 따른 협의·조정사항에 관한 결정을 하면 지체 없이 서면으로 국무총리에게 보고하고 안전행정부장관·관계 중앙행정기관의 장 및 해당 지방자치단체의 장에게 통보하여야 하며, 통보를 받은 관계 중앙행정기관의 장과 그 지방자치단체의 장은 그 협의·조정 결정사항을 이행하여야 한다. 〈개정 2008.2.29, 2013.3.23〉 **제106조(회의)** 행정협의조정위원회는 재적위원 과반수의 출석으로 개의하고, 출석위원 3분의 2 이상의 찬성으로 의결한다. **제107조(실무위원회)** ① 행정협의조정위원회(이하 이 조에서 "위원회"라 한다)는 심의에 앞서 당사자 간의 긴밀한 협조 및 의견 조정과 위원회로부터 위임받은 사무를 처리하기 위하여 위원회에 행정협의조정위원회 실무위원회(이하 "실무위원회"라 한다)를 둔다. ② 실무위원회는 위원장 1명을 포함하여 9명 이내의 실무위원으로 구성한다.

○ 법 령

지방자치법	지방자치법 시행령
	③ 실무위원회의 위원장은 국무조정실장이 되고, 실무위원은 기획재정부차관, 안전행정부차관, 법제처차장, 안건과 관련된 중앙행정기관의 차관 및 지방자치단체의 행정부시장·부지사가 된다. 〈개정 2008.2.29, 2013.3.23〉 ④ 실무위원회의 운영에 필요한 사항은 위원회의 의결을 거쳐 위원장이 정한다. **제108조(간사)** ① 행정협의조정위원회와 실무위원회의 사무를 처리하기 행정협의조정위원회와 실무위원회에 각각 간사 1명과 필요한 공무원을 둔다. ② 행정협의조정위원회의 간사는 안전행정부 지방행정정책관이 되고, 실무위원회의 간사는 안전행정부 소속 2급부터 5급까지의 공무원 중에서 실무위원장이 지명한다. 〈개정 2008.2.29, 2008.12.31, 2013.3.23〉 **제109조(관계 기관에 대한 협조 요청)** 행정협의조정위원회와 실무위원회의 위원장은 업무수행을 위하여 필요하면 관계 공무원과 관계 전문가 등을 출석하게 하여 의견을 듣거나 관계 기관·단체 등에 대하여 자료 및 의견 제출 등을 요구할 수 있다. **제110조(준용)** 행정협의조정위원회에 관하여는 제87조 및 제91조부터 제93조까지의 규정을 준용한다. 이 경우 "중앙분쟁조정위원회"는 "행정협의조정위원회"로, "소위원회"는 "실무위원회"로 본다.
제169조(위법·부당한 명령·처분의 시정) ① 지방자치단체의 사무에 관한 그 장의 명령이나 처분이 법령에 위반되거나 현저히 부당하여 공익을 해친다고 인정되면 시·도에 대하여는 주무부장관이, 시·군 및 자치구에 대하여는 시·도지사가 기간을 정하여 서면으로 시정할 것을 명하고, 그 기간에 이행하지 아니하면 이를 취소하거나 정지할 수 있다. 이 경우 자치사무에 관한 명령이나 처분에 대하여는 법령을 위반하는 것에 한한다. ② 지방자치단체의 장은 제1항에 따른 자치사무에 관한 명령이나 처분의 취소 또는 정지	**제111조(명령·처분의 취소·정지 등의 보고)** 주무부장관이나 지방자치단체의 장은 다음 각 호의 어느 하나에 해당하는 사항이 있으면 즉시 안전행정부장관에게 통보하거나 보고하여야 한다. 이 경우 시장·군수 및 자치구의 구청장은 시·도지사를 거쳐 보고하여야 한다. 〈개정 2008.2.29, 2013.3.23〉 1. 법 제169조제1항에 따라 주무부장관이나 시·도지사가 시정명령을 한 경우와 명령·처분을 취소하거나 정지한 경우 2. 법 제169조제2항에 따라 대법원에 소를 제기한 경우 또는 그에 따른 대법원의 판결이

지방자치법	지방자치법 시행령
에 대하여 이의가 있으면 그 취소처분 또는 정지처분을 통보받은 날부터 15일 이내에 대법원에 소(訴)를 제기할 수 있다. 제170조(지방자치단체의 장에 대한 직무이행명령) ① 지방자치단체의 장이 법령의 규정에 따라 그 의무에 속하는 국가위임사무나 시·도위임사무의 관리와 집행을 명백히 게을리하고 있다고 인정되면 시·도에 대하여는 주무부장관이, 시·군 및 자치구에 대하여는 시·도지사가 기간을 정하여 서면으로 이행할 사항을 명령할 수 있다. ② 주무부장관이나 시·도지사는 해당 지방자치단체의 장이 제1항의 기간에 이행명령을 이행하지 아니하면 그 지방자치단체의 비용부담으로 대집행하거나 행정상·재정상 필요한 조치를 할 수 있다. 이 경우 행정대집행에 관하여는 「행정대집행법」을 준용한다. ③ 지방자치단체의 장은 제1항의 이행명령에 이의가 있으면 이행명령서를 접수한 날부터 15일 이내에 대법원에 소를 제기할 수 있다. 이 경우 지방자치단체의 장은 이행명령의 집행을 정지하게 하는 집행정지결정을 신청할 수 있다. 제171조(지방자치단체의 자치사무에 대한 감사) ①안전행정부장관이나 시·도지사는 지방자치단체의 자치사무에 관하여 보고를 받거나 서류·장부 또는 회계를 감사할 수 있다. 이 경우 감사는 법령위반사항에 대하여만 실시한다. 〈개정 2008.2.29, 2010.6.8, 2013.3.23〉 ② 안전행정부장관 또는 시·도지사는 제1항에 따라 감사를 실시하기 전에 해당 사무의 처리가 법령에 위반되는지 여부 등을 확인하여야 한다. 〈신설 2010.6.8, 2013.3.23〉 제171조의2(지방자치단체에 대한 감사 절차 등) ① 주무부장관, 안전행정부장관 또는 시·도지사는 이미 감사원 감사 등이 실시된 사안에 대하여는 새로운 사실이 발견되거나 중요한 사항이 누락된 경우 등 대통령령으로 정하는	있는 경우 제112조(직무이행명령 등의 통보 및 보고) 법 제170조에 따라 주무부장관(제1호와 제2호의 경우만 해당한다)이나 지방자치단체의 장은 다음 각 호의 어느 하나에 해당하는 사항이 있으면 안전행정부장관에게 즉시 통보하거나 보고하여야 한다. 이 경우 시장·군수 및 자치구의 구청장은 시·도지사를 거쳐 보고하여야 한다. 〈개정 2008.2.29, 2013.3.23〉 1. 법 제170조제1항에 따라 주무부장관이나 시·도지사가 이행명령을 한 경우 2. 법 제170조제2항에 따라 주무부장관이나 시·도지사가 대집행(代執行)하거나 행정·재정상 필요한 조치를 한 경우 3. 법 제170조제3항에 따라 대법원에 소를 제기하거나 집행정지결정을 신청한 경우 또는 그에 따른 대법원의 판결·결정이 있는 경우 4. 지방자치단체의 장이 이행명령을 이행한 경우 제113조 삭제 〈2010.10.13〉

○ 법 령

지방자치법	지방자치법 시행령
경우를 제외하고는 감사대상에서 제외하고 종전의 감사결과를 활용하여야 한다. 〈개정 2013.3.23〉 ② 주무부장관과 안전행정부장관은 다음 각 호의 어느 하나에 해당하는 감사를 실시하고자 하는 때에는 지방자치단체의 수감부담을 줄이고 감사의 효율성을 높이기 위하여 같은 기간 동안 함께 감사를 실시할 수 있다. 〈개정 2013.3.23〉 1. 제167조에 따른 주무부장관의 위임사무 감사 2. 제171조에 따른 안전행정부장관의 자치사무 감사 ③ 제167조, 제171조 및 제2항에 따른 감사에 대한 절차·방법 등 필요한 사항은 대통령령으로 정한다. [본조신설 2010.6.8]	
제172조(지방의회 의결의 재의와 제소) ① 지방의회의 의결이 법령에 위반되거나 공익을 현저히 해친다고 판단되면 시·도에 대하여는 주무부장관이, 시·군 및 자치구에 대하여는 시·도지사가 재의를 요구하게 할 수 있고, 재의 요구를 받은 지방자치단체의 장은 의결사항을 이송받은 날부터 20일 이내에 지방의회에 이유를 붙여 재의를 요구하여야 한다. ② 제1항의 요구에 대하여 재의의 결과 재적의원 과반수의 출석과 출석의원 3분의 2 이상의 찬성으로 전과 같은 의결을 하면 그 의결사항은 확정된다. ③ 지방자치단체의 장은 제2항에 따라 재의결된 사항이 법령에 위반된다고 판단되면 재의결된 날부터 20일 이내에 대법원에 소를 제기할 수 있다. 이 경우 필요하다고 인정되면 그 의결의 집행을 정지하게 하는 집행정지결정을 신청할 수 있다. ④ 주무부장관이나 시·도지사는 재의결된 사항이 법령에 위반된다고 판단됨에도 불구하고 해당 지방자치단체의 장이 소(訴)를 제기하지	**제114조(지방의회 의결의 재의 및 제소 등의 보고)** 지방자치단체의 장은 다음 각 호의 어느 하나에 해당하는 경우에는 안전행정부장관과 주무부장관에게 즉시 그 내용을 보고하여야 한다. 이 경우 시장·군수 및 자치구의 구청장은 시·도지사를 거쳐 보고하여야 한다. 〈개정 2008.2.29, 2013.3.23〉 1. 법 제26조제3항, 법 제107조제1항 또는 법 제108조제1항에 따라 해당 지방자치단체의 장이 재의를 요구한 경우 또는 그에 따른 지방의회의 의결이 있는 경우 2. 법 제172조제1항 및 제2항에 따라 시·도지사가 시·군 및 자치구의 지방의회 의결에 대하여 재의를 요구하게 한 경우 또는 그에 따른 지방의회의 의결이 있는 경우 3. 법 제107조제3항 및 법 제172조제3항에 따라 지방자치단체의 장이 재의결된 사항에 대하여 대법원에 소를 제기하거나 집행정지결정을 신청한 경우 또는 그에 따른 대법원의 판결·결정이 있는 경우 4. 법 제172조제4항에 따라 시·도지사가 시장·

지방자치법	지방자치법 시행령
아니하면 그 지방자치단체의 장에게 제소를 지시하거나 직접 제소 및 집행정지결정을 신청할 수 있다. ⑤ 제4항에 따른 제소의 지시는 제3항의 기간이 지난 날부터 7일 이내에 하고, 해당 지방자치단체의 장은 제소지시를 받은 날부터 7일 이내에 제소하여야 한다. ⑥ 주무부장관이나 시·도지사는 제5항의 기간이 지난 날부터 7일 이내에 직접 제소할 수 있다. ⑦ 제1항에 따라 지방의회의 의결이 법령에 위반된다고 판단되어 주무부장관이나 시·도지사로부터 재의요구지시를 받은 지방자치단체의 장이 재의를 요구하지 아니하는 경우(법령에 위반되는 지방의회의 의결사항이 조례안인 경우로서 재의요구지시를 받기 전에 그 조례안을 공포한 경우를 포함한다)에는 주무부장관이나 시·도지사는 제1항에 따른 기간이 지난 날부터 7일 이내에 대법원에 직접 제소 및 집행정지결정을 신청할 수 있다. ⑧ 제1항에 따른 지방의회의 의결이나 제2항에 따라 재의결된 사항이 둘 이상의 부처와 관련되거나 주무부장관이 불분명하면 안전행정부장관이 재의요구 또는 제소를 지시하거나 직접 제소 및 집행정지결정을 신청할 수 있다. 〈개정 2008.2.29, 2013.3.23〉	군수 및 자치구의 구청장에게 제소를 지시한 경우나 직접 제소하거나 집행정지결정을 신청한 경우 또는 그에 따른 대법원의 판결·결정이 있는 경우 5. 법 제172조제7항에 따라 시·도지사가 대법원에 직접 제소하거나 집행정지결정을 신청한 경우 또는 그에 따른 대법원의 판결·결정이 있는 경우 **제115조(주무부장관의 통보)** 주무부장관은 다음 각 호의 어느 하나에 해당하는 경우에는 안전행정부장관에게 즉시 그 내용을 통보하여야 한다. 〈개정 2008.2.29, 2013.3.23〉 1. 법 제172조제1항에 따라 주무부장관이 시·도지사에게 재의를 요구하게 한 경우 2. 법 제172조제4항에 따라 주무부장관이 시·도지사에게 제소를 지시하거나 직접 제소하거나 집행정지결정을 신청한 경우나 그에 따른 대법원의 판결·결정이 있는 경우 3. 법 제172조제7항에 따라 주무부장관이 대법원에 직접 제소 및 집행정지결정을 신청한 경우와 그에 따른 대법원의 판결·결정이 있는 경우 **제116조(판결 등의 공시)** 제114조제3호·제4호 및 제5호에 따른 대법원의 판결·결정이 있는 경우에는 해당 지방자치단체의 장은 공보·게시판·전산망 또는 일간신문에 그 사실을 즉시 공시하여야 한다.

제10장 서울특별시 등 대도시와 제주특별자치도의 행정특례

제173조(자치구의 재원) 특별시장이나 광역시장은 시세(市稅) 수입 중의 일정액을 확보하여 조례로 정하는 바에 따라 해당 지방자치단체의 관할 구역 안의 자치구 상호 간의 재원을 조정하여야 한다.

제8장 대도시 행정의 특례

제117조(자치구의 재원 조정) ① 법 제173조에 따른 자치구 상호 간의 조정 재원은 해당 시세(市稅) 중 「지방세기본법」 제8조제1항제1호 각 목에 따른 보통세(광역시의 경우에는 「지방세법」 제7장제3절에 따른 주민세 재산분 및 같은 법 제8장제3절에 따른 지방소득세 종업원분은 제외한다)로 한다.
② 자치구 상호 간의 재원 조정 방법을 정하는 조

○ 법 령

지방자치법	지방자치법 시행령
	례에는 조정교부금의 교부율·산정방법 및 교부시기 등이 포함되어야 한다. [전문개정 2012.6.29]
제174조(특례의 인정) ① 서울특별시의 지위·조직 및 운영에 대하여는 수도로서의 특수성을 고려하여 법률로 정하는 바에 따라 특례를 둘 수 있다. ② 세종특별자치시와 제주특별자치도의 지위·조직 및 행정·재정 등의 운영에 대하여는 행정체제의 특수성을 고려하여 법률로 정하는 바에 따라 특례를 둘 수 있다.	
제175조(대도시에 대한 특례인정) 서울특별시·광역시 및 특별자치시를 제외한 인구 50만 이상 대도시의 행정, 재정운영 및 국가의 지도·감독에 대하여는 그 특성을 고려하여 관계 법률로 정하는 바에 따라 특례를 둘 수 있다.	**제118조(대도시 인정 기준)** 법 제175조에 따라 특례를 둘 수 있는 인구 50만 이상 대도시는 해당 관할 구역에 전년도 말일 주민등록이 되어 있는 주민 수를 기준으로 2년 간 연속하여 매해 말일 인구가 50만 이상인 시를 말한다. 다만, 인구 50만 이상 대도시가 된 이후에 인구가 감소하여 전년도 각 분기 말일 인구를 산술평균한 인구가 2년 간 연속하여 50만에 미치지 아니하면 그 다음 해부터 인구 50만 이상 대도시에서 제외한다. [본조신설 2008.10.8]
부 칙 〈제11899호, 2013.7.16〉 이 법은 2013년 12월 12일부터 시행한다.	**부 칙** 〈제24425호, 2013.3.23〉 (안전행정부와 그 소속기관 직제) **제1조(시행일)** 이 영은 공포한 날부터 시행한다. 다만, 부칙 제6조에 따라 개정되는 대통령령 중 이 영 시행 전에 공포되었으나 시행일이 도래하지 아니한 대통령령을 개정한 부분은 각각 해당 대통령령의 시행일부터 시행한다. **제2조**부터 **제6조**까지 생략

[별표 1] 〈개정 2011.10.14〉

지방자치단체의 종류별 사무(제8조 관련)

구 분	시·도사무	시·군·자치구 사무
1. 지방자치단체의 구역·조직 및 행정관리 등에 관한 사무	법 제10조제1항 단서에 따라 시·도와 시·군 및 자치구에 각각 공통된다.	
2. 주민의 복지 증진에 관한 사무		
가. 주민복지에 관한 사업	1) 주민복지 증진 및 주민보건 향상을 위한 종합계획 수립 및 지원 2) 시·군·자치구에 공통되는 복지업무의 연계·조정·지도 및 조언	1) 주민복지 증진사업계획의 수립·시행 2) 시·군·자치구 단위 주민복지 시설의 운영·지원 3) 주민복지 상담 4) 환경위생 증진 등 주민보건 향상을 위한 사업 실시
나. 사회복지시설의 설치·운영 및 관리	1) 사회복지시설의 수요 판단과 지역별 배치 등 기본계획의 수립 2) 사회복지시설의 설치·운영 3) 사회복지법인의 지도·감독 및 지원 4) 사회복지시설 수혜자에게 비용 수납 및 승인	1) 사회복지시설의 설치·운영 2) 사회복지시설 수혜자에게 비용 수납 3) 사회복지법인에 대한 보조 및 지도 4) 사회복지법인 등의 시설 설치허가 및 그 시설의 운영 지도
다. 생활이 어려운 자의 보호 및 지원	1) 생활보호 실시에 따른 이의신청 심사 2) 생활보호비용의 일정액 지원 3) 시·군·자치구에 대한 생활보호보조금 지급 4) 생활보호기금의 적립 및 운용 관리 5) 의료보호진료 지구의 설정 6) 의료보호시설의 지정 7) 의료보호기금의 설치·운용	1) 생활보호대상자 조사·선정 2) 생활보호대상자의 보호·관리 3) 생활보호의 실시(생업자금대여, 직업훈련, 취로사업, 수업료 지급, 장제보호비 지급등) 4) 생활보호비용의 일정액 지원 5) 생활보호대상자의 부양의무자에게 보호비용 징수 6) 생활보호기금의 적립 및 운용관리 7) 생활보호의 변경과 중지 8) 의료보호대상자 관리 및 의료보호의 실시(진료증 발급 등) 9) 의료보호기금의 설치·운용

◎ 법 령

구 분	시·도사무	시·군·자치구 사무
라. 노인·아동·장애인· 청소년 및 여성의 보호와 복지 증진	1) 노인복지사업계획 수립·조정 2) 경로사업의 실시·지원 3) 노인복지시설의 설치·운영 및 지원 4) 아동복지사업 종합계획 수립·조정 5) 아동상담소의 설치·운영 6) 아동전용시설의 운영 7) 아동보호조치 8) 아동복지시설의 운영·지원 9) 아동복지단체의 지도·육성 10) 장애인복지에 관한 종합계획 수립·조정 11) 장애인의 검진·재활상담 및 시설에의 입소 12) 장애인의 고용 촉진 13) 장애인 편의시설의 설치 지도·권고 14) 장애인복지시설 운영·지원 15) 청소년 건전육성계획 수립·조정 16) 청소년시설의 설치·운영 17) 지방청소년위원회 운영(시·도 단위) 18) 청소년육성 기본계획의 연도별 시행계획의 수립·시행 19) 청소년의 달 행사 추진 20) 청소년단체 육성·지원 21) 공공청소년 수련시설 설치·운영 22) 불우청소년 보호 지원 23) 여성복지 종합계획 수립·조정 24) 모자보건사업계획의 수립·조정 25) 여성단체 육성·지원 26) 여성복지시설의 운영·지원 27) 성매매피해자 등의 선도 및 직업교육·지원	1) 노인복지사업계획 수립·시행 2) 노인복지사업의 시행 3) 경로행사 등 경로사업의 실시·지원 4) 노인복지시설의 설치·운영 및 지원 5) 아동복지사업계획 수립·시행 6) 아동상담소의 설치·운영 7) 아동전용시설의 운용 8) 아동보호조치 9) 아동복지시설의 운영·지원 10) 아동복지단체의 지도·육성 11) 보호시설에 있는 고아의 후견인 지정 12) 장애인복지에 관한 계획수립 및 시행 13) 장애인의 파악·관리 14) 장애인의 검진, 재활상담 및 시설에의 입소 15) 장애인의 고용 촉진 16) 장애인 편의시설의 설치 지도 17) 장애인복지시설 운영·지원 18) 청소년선도대책 수립·추진 19) 보호할 필요가 있는 청소년의 선도·계몽 20) 불우청소년보호 21) 청소년시설의 설치·운영 22) 지방청소년위원회 운영 (시·군·구 단위) 23) 청소년지도위원 위촉 24) 청소년의 달 행사 추진 25) 여성복지에 관한 계획 수립·시행 26) 모자보건사업의 세부계획 수립·시행 27) 모자보건기구의 설치·운영 28) 모자보건대상자의 선정 (수첩의 발급 등) 29) 임산부 및 영·유아의 건강관리 30) 여성교실 운영 및 여성 교육 31) 여성단체 육성·지원 32) 여성복지시설의 운영·지원 33) 성매매피해자 등의 선도 및 직업교육·지원

구 분	시·도사무	시·군·자치구 사무
마. 국민건강증진 사업	1) 주민건강의 증진에 관한 계획 수립 2) 건강생활실천협의회 구성·운영 3) 보건교육 지도·감독 4) 영양개선업무 지도·감독 5) 구강건강사업계획 수립	1) 주민건강증진업무 세부계획수립 2) 주민건강실천운동 지원 3) 건강생활실천협의회 구성·운영 4) 보건교육의 실시 및 지도·감독 5) 영양개선업무 수행 및 조사 6) 구강건강사업의 수행
바. 보건진료기관의 설치·운영	1) 시·군·자치구 보건소 설치·운영비의 지원 2) 보건환경연구원의 설치 3) 시·도의료원의 설치·운영 4) 공중보건의사의 배치·지도 5) 보건진료소 설치·운영비의 지원	1) 보건소 및 지소의 설치·운영 2) 무의촌(無醫村) 및 오지 주민에 대한 순회 진료 3) 보건진료소의 설치·운영
사. 전염병 및 그 밖의 질병의 예방과 방역	1) 전염병 예방을 위한 종합대책의 수립 및 주민 홍보 2) 전염병 예방시설 설치 3) 전염병 예방·방역과 그에 따른 비용 지원 4) 전염병 진료를 위한 대응기관의 지정 및 기관에 대한 경비 보조 5) 그 밖의 질병의 예방과 방역	1) 전염병 예방을 위한 주민 홍보·계도 2) 전염병 예방접종 실시 3) 전염병 예방대용시설 지정 및 운영 4) 전염병의 예방조치와 소독의 실시 5) 전염병환자의 격리수용 및 진료조치 6) 그 밖의 질병의 예방과 방역
아. 묘지·화장장 및 납골당의 운영·관리	1) 공설묘지·공설화장장 및 공설납골당의 설치·운영(도의 경우는 제외한다) 2) 재단법인이 설치하는 묘지·화장장 및 납골당의 허가 3) 재단법인이 설치한 묘지·화장장 및 납골당의 구역 및 시설변경과 폐지허가 4) 재단법인이 설치한 묘지·화장장·납골당의 이전명령, 시설개수 또는 허가취소 5) 분묘의 일제신고 6) 시체운반업 허가	1) 공설묘지·공설화장장 및 공설납골당의 설치·운영(자치구의 경우는 제외한다) 2) 매장·화장 및 개장신고와 묘적부관리 3) 종중·문중 또는 자연인이 설치하는 묘지·화장장 및 납골당의 허가 4) 종중·문중 또는 자연인이 설치한 묘지·화장장·납골당의 구역 및 시설변경과 폐지허가 5) 종중·문중 또는 자연인이 설치한 묘지 등의 이전명령, 시설개수 또는 허가취소 6) 무연분묘(無緣墳墓)의 정리 7) 분묘의 개장명령 8) 무연분묘의 개장허가

○ **법 령**

구 분	시·도사무	시·군·자치구 사무
자. 공중접객업소의 위생 개선을 위한 지도	1) 공중접객업소의 위생 개선을 위한 종합계획 수립	1) 공중접객업소의 위생개선을 위한 종합지도계획 수립·시행 2) 식품접객업소 시설의 설치 지도 3) 식품접객업소의 위생등급 지정 4) 식품접객업소에 대한 현장검사·수거 등 5) 식품접객영업소의 영업 허가 및 취소 6) 위생접객업소의 등급 설정 7) 위생접객업 등의 허가 및 신고수리 8) 위생접객업 등의 휴업·폐업 신고수리 9) 위생접객업자 등에 대한 공중 위생 지도·명령 10) 위생접객시설의 개선명령 11) 위생접객업 허가의 취소 등 제재처분 12) 공중이용시설 소유자 등의 신고수리 13) 공중이용시설 관리상태의 검사 및 시정지시
차. 청소·오물의 수거 및 처리	1) 폐기물 처리 기본계획 수립 2) 일반폐기물(분뇨, 쓰레기등) 처리시설의 설치·운영(도의 경우는 제외한다) 3) 일반폐기물 처리업의 허가 및 지도·감독(일반폐기물 수집·운반업을 제외한다) 4) 광역 일반폐기물 처리시설의 설치·운영 5) 분뇨처리시설, 오수처리시설, 단독 정화조 또는 축산폐수 처리시설의 설계 시공업의 등록 및 지도·감독 6) 일반폐기물 처리사업자가 받아야 하는 일반폐기물의 처리수수료 요율 결정 7) 일반폐기물의 처리수수료 요율 결정 (도의 경우는 제외한다)	1) 일반폐기물 처리 기본계획 수립 2) 일반폐기물(분뇨, 쓰레기 등) 처리시설의 설치·운영(자치구의 경우는 제외한다) 3) 일반폐기물 처리업의 허가 및 지도·감독(일반폐기물 수집·운반업만 해당한다) 4) 일반폐기물의 적정관리 조치 5) 일반폐기물 무단투기에 대한 지도 6) 일반폐기물 처리수수료의 요율 결정 7) 일반폐기물 다량배출자의 신고수리 및 관리 8) 일반폐기물 재활용신고의 수리 및 관리 9) 폐기물 처리에 관한 보고·검사 등 조치명령 10) 특별청소지역의 지정 및 조정 11) 특별청소지역 내의 일반폐기물 수집·처리

구 분	시·도사무	시·군·자치구 사무
차. 청소·오물의 수거 및 처리		12) 특별청소지역 내의 분뇨사용 제한 13) 분뇨·쓰레기 처리시설에 대한 개선명령 등 14) 오수처리시설, 단독정화조 또는 축산폐수 처리시설의 설치 신고 수리 및 관리 15) 대청소 실시계획의 수립·시행 16) 공중변소, 공중용 쓰레기용기 및 쓰레기 적환장(積換場)의 설치·유지 관리
카. 지방공기업의 설치 및 운영	1) 지방공기업사업 운영계획 수립·시행 2) 지방공기업자산의 취득 관리·처분 3) 지방공기업 특별회계의 설치 4) 지방공기업 관련 지방채의 발행 5) 시·군·자치구 지방공기업에 대한 경영지도·조언 6) 지방공사의 설립·운영 7) 지방공단의 설립·운영	1) 지방공기업사업 운영계획 수립·시행 2) 지방공기업자산의 취득 관리·처분 3) 지방공기업 특별회계의 설치 4) 지방공기업 관련 지방채의 발행
타. 읍·면·동사무소의 주민자치센터 설치· 운영에 관한 사무	읍·면·동사무소의 주민자치센터 설치· 운영 지원	읍·면·동사무소의 주민자치센터 설치· 운영
3. 농림·상공업 등 산업 진흥에 관한 사무		
가. 늪지·보(洑) 등 농업 용수시설의 설치 및 관리	1) 농업용수 개발사업계획 수립·조정 2) 농업용수시설의 유지·관리 3) 전천후 농업용수원 개발 4) 관정·양수장비 관리 지침 시달·지원 5) 농업용수시설 사업의 보조금 지원	1) 농업용수 개발사업 추진 2) 관개시설의 유지·관리 3) 관정·양수장비 확보·관리 4) 소규모 농업용수시설의 유지·관리 5) 농업용수개발을 위한 농지 개발계 조직·운영
나. 농림·축·수산물의 생산 및 유통 지원	1) 농림·축·수산물 생산사업의 지원 2) 농산물 생산기반 조성사업 지원 3) 양식사업 및 어업기반조성 계획의 수립·조정 4) 농작물병충해 방제계획 수립·조정 5) 우량종자 보급의 권장과 안정 공급	1) 농림·축·수산물 생산 지원 및 관리 지도 2) 농산물 생산기반 조성사업의 시행 3) 양식사업 및 어업기반 조성을 위한 지도 및 지원 4) 식량작물 생산 장려

◉ 법 령

구 분	시·도사무	시·군·자치구 사무
나. 농림·축·수산물의 생산 및 유통 지원	6) 농수산물 도매시장 개설·운영(도의 경우는 제외한다) 7) 축산물 유통개선 지도 지원 8) 축산물 등급제 지도 지원 9) 도축장 허가 및 지도 감독 10) 경지이용도 제고대책 강구 지도 11) 농지 및 농지임대차의 관리 지도	5) 농작물병충해 방제계획 수립 및 조정 6) 농수산물 도매시장 개설·운영(군과 자치구의 경우는 제외한다) 7) 가축시장 개설·운영에 대한 지도·감독 8) 축산물 유통개선 지도 9) 축산물 등급제 지도 10) 관영(官營)도축장 운영관리 11) 경지이용계획 수립 추진 12) 농지 및 농지임대차의 관리
다. 농업자재의 관리	1) 농기계·비료·농약 등 농업 자재의 공급계획·시달 2) 농업기계의 공동이용 촉진·연구개발 3) 농업기계화 공동이용 시범단지 조성	1) 농기계·비료·농약 등 농업 자재의 원활한 공급관리 2) 농업자재의 보유량 파악 및 관리 지도 3) 농기계 수리센터의 설치 권장 4) 영농자재의 공급 알선
라. 복합영농의 운영·지도	1) 도단위 복합영농사업 세부추진계획 수립·추진 2) 복합영농 시범단지 확정 3) 복합영농 시범사업 융자금 관리	1) 복합영농기획단 설치·운영 2) 복합영농권역 설정 및 시범단지 선정 3) 복합영농 시범마을 확정 4) 면 단위 복합영농지원협의회 구성 및 마을단위 복합영농 지도반 편성 5) 복합영농 시범단지 사업계획 수립 지도 6) 복합영농생산 지원 및 출하 조정
마. 농외 소득사업의 육성·지도	1) 농어촌 소득원 개발 기본계획수립 2) 농어촌 특산단지 육성계획 추진 3) 농어촌 특산품 전시판매장 설치계획 수립 4) 농어촌 휴양사업 추진	1) 농어촌 소득원 개발 시행계획 수립 2) 농어촌 특산단지 육성·지원·지도 3) 농어촌 특산품 전시판매장 설치 및 지도·운영 4) 농어촌 휴양사업 지정개발 및 지원과 운영·지도
바. 공유림관리	1) 지역산림계획 작성 2) 산림병충해 방제 지도 3) 천연림 보육사업 지도 4) 농촌임산연료 수급계획 수립·추진 5) 특수조림지 관리 6) 공유림 관리를 위한 각종 사업소 운영	1) 산림경영계획의 인가 및 변경 명령 2) 산림경영계획에 의한 시업(施業) 신고 수리 3) 조림사업 추진 및 육림 관리 4) 산불예방, 도·남벌 단속 등 산림 보호 5) 산림병충해 방제

구 분	시·도사무	시·군·자치구 사무
바. 공유림관리		6) 천연림 보육사업 추진 7) 입목벌채 등 산림 훼손 허가와 신고 수리 8) 입산통제구역의 지정 및 해제 9) 입산허가 10) 농촌임산연료 수급 지도 11) 지역공동 산불예방 활동 전개 12) 부정임산물 단속 등 임산물 반출·반입 통제
사. 소규모 축산 개발 및 낙농진흥사업	1) 소규모 축산 개발 및 낙농진흥사업 계획 수립·조정 2) 전업양축농가 육성사업 추진 3) 초지조성 및 사료작물재배 사업계획 등 수립·조정 4) 종축장 운영 5) 보호종축의 지정 6) 가축 개량·증식·보호	1) 축산진흥·지방특화사업 추진 2) 초지조성 관리 및 사료작물재배사업 추진 3) 축산단지 조성 및 종축 관리 4) 가축개량·증식 및 유축농가 조성 5) 가축인공수정소 등록수리 6) 우량종축의 보급 7) 종축검사
아. 가축전염병 예방	1) 가축전염병 예방을 위한 검진·투약 조치 등 2) 전염병 발생 가축의 격리·이동제한 등 3) 가축전염병 예방을 위하여 필요한 시설 설비 명령 4) 가축위생시험소 운영 5) 가축방역관의 위촉 및 지도·감독	1) 병든 가축의 신고수리 2) 가축전염병 예찰 및 발생보고 3) 가축전염병 예방 및 진료 4) 공수의와 가축방역관의 위촉 및 지도·감독 5) 동물병원 개설 신고수리
자. 지역산업의 육성·지원	1) 지역산업의 육성계획 수립추진 2) 지역산업에 관한 통계의 작성 유지 및 보급 3) 지역산업의 발전방향 제시 4) 지역 내 기업의 정보, 기술 및 자금의 알선 지원 5) 지역산품전시회 개최 및 구매자 유치 지원 6) 지역 내 노사관계 동향파악 및 지원 7) 지역산업 발전을 위한 공장 유치	1) 지역산업 육성을 위한 지원 2) 지역산업에 관한 통계의 작성·유지 및 보급 3) 지역 내 기업의 정보·기술 및 자금 수요 파악 및 지원 4) 지역산품전시회 개최 및 구매자 유치 지원 5) 지역 내 노사관계 동향 파악 및 지원 6) 지역산업 발전을 위한 공장 유치

○ 법 령

구 분	시·도사무	시·군·자치구 사무
차. 소비자보호 및 저축의 장려	1) 소비자보호시책 수립 2) 물가 지도를 위한 시책 수립·추진 3) 소비자 계몽과 교육 4) 소비자보호 전담기구 설치·운영 5) 소비자보호를 위한 시험·검사 시설의 지정 또는 설치 6) 지방소비자보호위원회 설치 7) 민간 소비자보호단체 육성 8) 국민저축운동의 전개	1) 소비자보호시책의 수립·시행 2) 가격표시제 실시업소 지정·관리 3) 물가지도 단속 4) 소비자 계몽과 교육 5) 소비고발센터 등 소비자보호 전담기구의 운영·관리 6) 민간 소비자보호단체의 육성 7) 저축장려 및 주민홍보
카. 중소기업의 육성	1) 지방중소기업 육성지원계획수립 2) 중소기업 창업 및 공장설립 민원실의 설치·운영 3) 중소기업협동화 사업단지 조성 지원 4) 중소기업이전 실시계획의 작성 5) 중소기업제품 구매 촉진 6) 중소기업 시범공단 조성 7) 중소기업 육성자금 융자	1) 지방중소기업 육성지원 세부계획의 수립·추진 2) 중소기업 창업계획의 승인 3) 중소기업 창업 및 공장설립 민원실의 설치·운영 4) 중소기업협동화 사업단지 조성지원 5) 중소기업이전 실시계획의 작성 6) 해당 지역 중소기업 제품의 구매 촉진 7) 중소기업 육성보조금 지급 8) 중소기업 육성·지원업체의 선정·추천
타. 지역특화산업의 개발과 육성·지원	1) 지역특화산업 육성개발계획 수립·조정 2) 지역특화산업 업종선정 3) 지역특화산업 발전을 위한 지도 4) 지역특화산업 개발을 위한 연구 및 지원	1) 시·군·자치구 단위지역특화산업 육성개발계획 수립·시행 2) 지역특화산업체의 유치 3) 지역특화산업체의 육성·지원 4) 지역특화산업 생산물의 판로 개척
파. 우수토산품 개발과 관광민예품 개발	1) 민속공예산업 육성실시계획작성 2) 민속공예품 생산업체 지정 3) 공예품 전시판매장 운영 4) 우수토산품 개발·보급	1) 민속공예산업 육성실시계획 수립·시행 2) 우수토산품 등의 개발·보급 3) 토산품 전시관 운영 4) 공예품 등 전문생산업체 지원 5) 토산품 등 생산기술전승자의 발굴·보호

지방자치법 및 같은 법 시행령

구 분	시·도사무	시·군·자치구 사무
4. 지역개발 및 주민의 생활환경시설설치·관리에 관한 사무		
가. 지역개발사업	1) 지역개발사업계획의 수립·조정 2) 국가개발계획과 지역개발 계획과의 연계·조정 3) 새마을사업 종합계획 수립·추진 4) 농어촌 새마을사업 지도 5) 도시 새마을운동 지도 6) 국토공원화 사업 지원 7) 취약지역 및 특수지역 개발	1) 지역개발사업계획의 수립·시행 2) 읍·면·동 개발위원회의 설치·운영 3) 새마을사업 추진계획 수립·시행 4) 새마을 광역권사업 추진 5) 새마을 가꾸기 사업 추진 6) 소도읍 가꾸기 사업 시행 7) 농어촌 휴양지의 개발 8) 도시 새마을운동 추진 9) 국토공원화 사업의 추진 10) 취약지역 및 특수지역의 개발사업 시행
나. 지방토목·건설 사업의 시행	1) 시·도 건설종합계획의 수립·조정 2) 토목·건설공사의 시행 및 지도 3) 국민주택 건설사업의 시행 (도의 경우는 제외한다) 4) 국민주택사업 특별회계의 설치·운영 (도의 경우는 제외한다) 5) 주택건설사업소 운영 6) 택지개발사업의 시행 7) 토지구획정리사업의 시행	1) 시·군·자치구 건설종합계획의 수립·시행 2) 토목·건설공사의 시행 및 지도 3) 해당 시·군·자치구가 시행하는 토목사업의 조사·측량·설계와 시공 감독 (일정 규모 이하) 4) 국민주택건설 사업의 시행 5) 택지개발사업의 시행 6) 국민주택사업 특별회계의 설치·운영 (자치구의 경우는 제외한다) 7) 토지구획정리사업의 시행 8) 건축허가 등에 관한 업무 9) 무허가건축물 단속
다. 도시계획사업의 시행	1) 도시기본계획의 수립 (도의 경우를 제외한다) 2) 도시계획구역의 입안 (도의 경우를 제외한다) 3) 도시계획시설의 입안 (도의 경우는 제외한다) 4) 도시계획 용도지역·지구의 입안(도의 경우는 제외한다) 5) 도시계획에 관한 기초조사 (도의 경우는 제외한다)	1) 도시기본계획의 수립 (자치구의 경우는 제외한다) 2) 도시계획구역의 입안 (자치구의 경우는 제외한다) 3) 도시계획시설의 입안 (자치구의 경우는 제외한다) 4) 도시계획 용도지역·지구의 입안 (자치구의 경우는 제외한다) 5) 도시계획에 관한 기초조사 (자치구의 경우는 제외한다)

○ 법 령

구 분	시·도사무	시·군·자치구 사무
다. 도시계획사업의 시행	6) 도시계획사업의 시행 (도의 경우를 제외한다) 7) 도시재개발사업 기본계획 수립 및 시행(도의 경우는 제외한다) 8) 도시계획도로의 유지·관리 (도의 경우는 제외한다)	6) 도시계획사업의 시행 (자치구의 경우는 제외한다) 7) 도시재개발사업의 시행 (자치구의 경우는 제외한다) 8) 도시계획도로의 유지·관리
라. 지방도·시·군 도로의 신설·개수 및 유지	1) 도로관리계획 수립 2) 특별시도 및 지방도의 노선 인정과 폐지·변경 3) 특별시도·지방도의 신설·개축 및 수선 4) 특별시도·지방도의 점용허가 및 점용료 징수 5) 도로통행료의 징수 6) 접도구역의 지정·관리 7) 도로부속물의 유지·관리 8) 도로관리사업소의 설치·운영 9) 도로유지기동반 운영 및 수로원 관리	1) 시·군도관리계획 수립·시행 2) 시·군도의 노선인정과 폐지·변경 3) 시·군도의 신설·개축 및 수 선 4) 시·군도의 점용허가 및 점용료 징수 5) 도로통행료의 징수 6) 접도구역의 지정·관리 7) 도로부속물의 유지·관리 8) 도로정비 및 수로원 배치·관리
마. 주거생활환경 개선의 장려 및 지원	1) 주거생활환경 개선계획 수립·조정 2) 농촌쓰레기 수거계획 수립·지도 3) 위생변소 개량사업계획 수립·시달 4) 새마을 환경정비사업 계획 수립 5) 생활개선사업 지원·지도 6) 광고물관리 기본지침 수립·조정 7) 농어촌정주권 개발사업계획의 수립·조정 8) 농어촌 생활용수 개발사업 계획의 수립·조정 9) 지역별 대기보전관리계획 수립·집행 및 배출시설별 배출량 조사	1) 주거생활환경 개선실천계획 수립·시행 2) 농촌쓰레기 수거 및 지도·단속 3) 위생변소 개량사업 시행 4) 새마을 환경정비사업 추진 5) 생활개선사업 추진 6) 광고물 설치허가 및 신고수리 7) 광고물 정비·단속 8) 광고물 제작업자 지도·단속 9) 농어촌정주권 개발사업 시행 10) 농어촌 생활용수 개발사업 시행
바. 농촌주택개량 및 취락구조개선	1) 농어촌주택개량 기본계획 수립·조정 2) 취락구조 개선사업 기본계획 수립·조정·지도 3) 취락구조 개선사업 추진 지도	1) 농어촌주택개량 사업계획 수립·시행 2) 취락구조 개선사업 추진 3) 농어촌주택단지 조성 4) 농어촌주택개량 융자금 관리

지방자치법 및 같은 법 시행령

구 분	시·도사무	시·군·자치구 사무
바. 농촌주택개량 및 취락구조개선	4) 농어촌주택개량 융자금 관리 5) 농어촌주택개량 기술 보급·지도 6) 농어촌주택사업 특별회계 설치·운영 7) 농어촌주택표준 설계도서 및 자재의 연구·개발	5) 농어촌주택사업 특별회계 설치·운영 6) 농어촌주택 표준설계도서 및 자재의 보급
사. 자연보호 활동	1) 지역환경보전계획 수립·시행 2) 자연생태계 보전지역 등 보호지역 관리 3) 자연환경 개선지역 지정·관리 및 개선계획 수립·시행 4) 도시자연공원 조성계획 수립·시행 5) 특정 야생동·식물 보호관리 대책 수립·시행 6) 자연보호계획 수립 7) 자연보호교육 및 홍보 8) 자연보호 시범학교 육성·지도 9) 심신수련장 조성·관리 10) 자연보호 명예감시관 위촉·관리 11) 자연보호 대상물 지정·관리 12) 자연학습원 조성·관리	1) 지역환경보전 세부시행계획 수립·시행 2) 자연생태계 보전지역 등 보호 지역 관리 3) 자연환경 개선지역 지정·관리 및 개선계획 수립·시행 4) 도시자연공원 조성계획 수립·시행 5) 특정 야생동·식물 보호관리 대책 수립·시행 6) 자연보호계획 수립·추진 7) 자연보호 시설물 설치 및 유지·관리 8) 자연보호 시범학교 육성 9) 자연보호 명예감시관 위촉·관리 10) 자연보호 지도·계몽 11) 자연보호 캠페인 실시 및 지도
아. 지방하천·준용하천 및 소하천의 관리	1) 지방·준용하천 정비기본계획 및 오염하천 정화사업에 대한 종합계획 수립 2) 하천예정지의 지정 3) 지방·준용하천의 공사와 유지관리 4) 지방·준용하천의 점용허가와 점용료 징수 5) 하천부속물의 관리규정 제정 6) 지방하천 연안구역의 지정·고시와 그 구역 내에서의 공작물 설치허가 등 7) 폐천부지의 교환 및 양여 8) 하천감시(사리채취단속 등)	1) 오염하천 정화사업 및 소하천 정비계획 수립·시행 2) 오염하천 정화사업 및 소하천 정비사업 대상지구 선정 3) 오염하천 정화사업 및 소하천 정비사업지구 측량·설계 4) 소하천정비사업 기술지도반 편성·운영 5) 소하천공사와 보수 등 유지·관리 6) 하천감시
자. 상수도·하수도의 설치 및 관리	1) 상수도사업 기본계획 수립 2) 상수도의 신설·개축 및 수선 (도의 경우는 제외한다)	1) 상수도사업 기본계획 수립 2) 상수도의 신설·개축 및 수선과 이의 유지·관리(자치구의 경우는 제외한다)

○ 법 령

구 분	시·도사무	시·군·자치구 사무

자. 상수도·하수도의 설치 및 관리	3) 상수도공채 발행
	4) 상수도사업 특별회계 설치·운영
	5) 수도사업소 설치·운영
	   (도의 경우는 제외한다)
	6) 정수 및 수도시설관리소 운영
	   (도의 경우는 제외한다)
	7) 공공하수도 정비기본계획의 수립
	   (둘 이상 도·시·군의 통합계획 수립만
	   해당한다)
	8) 중수도 설치관리 권장 및 기술지원
	9) 먹는물 공동시설의 위생관리 계획
	   수립
	10) 공공하수도의 설치·개축 및 수선
	    (도의 경우는 제외한다)
	11) 하수종말처리장의 설치와 유지·관리
	    (도의 경우는 제외한다)
		3) 상수도공채 발행(자치구의 경우는
		   제외한다)
		4) 상수도사업 특별회계 설치·운영
		   (자치구의 경우는 제외한다)
		5) 수도사업소 설치·운영
		   (자치구의 경우는 제외한다)
		6) 공공하수도정비 기본계획의 수립·
		   시행(자치구의 경우는 제외한다)
		7) 중수도 설치관리 권장 및 기술지원
		8) 먹는물 공동시설의 위생관리
		9) 공공하수도의 설치·개축 및 수선
		   (자치구의 경우는 제외한다)
		10) 하수종말처리장의 유지·관리
		    (자치구의 경우는 제외한다)
		11) 공공하수도의 점용료 및 사용료의
		    징수

차. 간이상수도의 설치 및 관리	1) 간이상수도 설치계획 수립·조정 2) 간이상수도사업 자금 지원과 기술 지도	1) 간이상수도 설치계획 수립·시행 2) 간이상수도사업장 선정 3) 간이상수도공사의 지도 4) 간이상수도의 위생 및 수질관리 5) 간이상수도의 폐쇄 결정

카. 도립·군립 및 도시공원, 녹지 등 관광·휴양시설의 설치 및 관리	1) 도립공원계획의 결정·고시
	2) 도립공원의 지정·고시 및 관리
	3) 도립공원 내 공원사업의 시행 및
	   공원시설 관리
	4) 도립공원 보호구역의 지정·고시
	5) 도립공원의 입장료·사용료 및 점용료
	   징수
	6) 관광지 및 관광단지의 조성계획
	   수립·집행
	7) 관광휴양지의 관리
	8) 도시공원 및 유원지 조성계획의 입안
	   (도의 경우는 제외한다)
	9) 도시공원·유원지의 설치 및
	   관리(도의 경우는 제외한다)
		1) 군립공원계획의 결정·고시
		2) 군립공원의 지정·고시 및 관리
		3) 군립공원 내 공원사업 시행 및
		   공원시설 관리
		4) 군립공원 보호구역의 지정·고시
		5) 군립공원 입장료·사용료·점용료의
		   징수
		6) 도시공원 및 유원지 조성계획의 입안
		   (자치구의 경우는 제외한다)
		7) 도시공원·유원지의 설치 및 관리
		   (자치구의 경우는 제외한다)
		8) 녹지의 설치 및 관리
		9) 도시공원·유원지의 입장료·사용료·
		   점용료의 징수
		   (자치구의 경우는 제외한다)

구 분	시·도사무	시·군·자치구 사무
카. 도립·군립 및 도시 공원, 녹지 등 관광·휴양시설의 설치 및 관리	10) 도시공원·유원지의 입장료· 사용료·점용료의 징수 (도의 경우는 제외한다)	10) 관광자원 개발·보존 11) 관광지 및 관광단지의 개발·시행 12) 관광휴양지의 관리 13) 유선·도선업의 안전관리 및 지도 감독
타. 지방궤도사업의 경영	1) 지방궤도사업 운영계획 수립 2) 지방궤도사업의 설치·운영 3) 지방궤도사업의 경영 평가 4) 지방궤도사업에 따른 요금징수 5) 지방궤도사업 특별회계의 설치 6) 지하철도채권의 발행 7) 지하철도공사의 설립·운영	1) 지방궤도사업 운영계획 수립 (자치구의 경우는 제외한다) 2) 지방궤도사업의 설치·운영 (자치구의 경우는 제외한다) 3) 지방궤도사업의 경영 평가 4) 지방궤도사업 특별회계의 설치 (자치구의 경우는 제외한다)
파. 주차장·교통표지 등 교통 편의시설의 설치 및 관리	1) 주차장 정비 및 개발계획의 수립 2) 교통신호기, 안전표지 등의 설치지도 및 지원 3) 관할 도로에 도로표지 등 설치	1) 주차장 정비 및 개발계획의 추진 2) 관할 도로에 도로표지 등 설치 3) 버스정류소의 유지·관리 4) 가로등의 유지·관리 5) 교통신호기, 안전표지 등의 설치· 관리
하. 재해대책의 수립 및 집행	1) 시·도 방재계획의 수립·집행 2) 시·도 재해대책본부의 설치·운영 3) 시장·군수 및 자치구의 구청장이 실행할 응급조치 대행 4) 재해예방 및 재해응급대책의 추진 5) 재해구호 6) 재해복구사업의 추진 7) 지역수질오염사고 대책본부 운영	1) 시·군·자치구 방재계획의 수립·집행 2) 시·군·자치구 재해대책본부의 설치·운영 3) 수방단(水防團)의 조직·운영 4) 방재훈련의 실시 5) 재해예방 및 재해응급대책의 추진 6) 재해방재를 위한 출동명령등 행정조치 7) 재해발생 경계구역의 설정 8) 재해복구사업의 추진 9) 재해구호 10) 지역수질오염사고 대책반의 설치·운영 11) 지역수질오염사고 방재 및 대응체계 수립·운영

○ 법 령

구 분	시·도사무	시·군·자치구 사무
거. 지역경제의 육성 및 지원	1) 지역경제 육성계획의 수립 2) 지역경제 관련 정책의 종합조정 3) 공장정비 특별구역 내의 공업정비 실시계획 수립·시행 4) 지방공업단지의 조성·관리 5) 지방공업 장려지구 조성사업 시행 6) 지역경제 육성을 위한 자금·세제 등의 지원 7) 농공지구 생산제품의 판매지원 8) 지역 민간경제 부문에 대한 산업기술 정보의 제공 9) 상공회의소 등 상공단체의 육성·지원 10) 생산 및 유통시설의 적정배치 11) 유통산업 근대화 사업의 시행 및 지원 12) 유통단지의 조성 및 운영·관리 (도의 경우는 제외한다) 13) 지방유통 근대화 추진위원회의 설치·운영 14) 대규모 소매점 개설허가 (백화점, 쇼핑센터, 대형점) 15) 도매센터 개설허가 16) 연쇄화 사업자 지정 17) 지방도·소매업진흥 심의위원회의 설치·운영	1) 지역경제 육성 세부계획의 수립·시행 2) 지방공업개발 장려 및 지원 3) 지방공업단지의 조성·관리 4) 지역경제 육성을 위한 자금·세제 등의 지원 5) 농공지구의 지정·공고 6) 농공지구의 조성·분양 및 관리 7) 농공지구 입주업체 승인 및 그 사업계획 승인 8) 농공지구 생산제품의 판매지원 9) 지역상공단체의 지도·육성 10) 주민 지역경제 교육 및 홍보 11) 유통산업 근대화 사업의 시행 및 지원 12) 유통단지의 조성 및 운영관리 (자치구의 경우는 제외한다) 13) 시장 개설허가 14) 시장관리자 지정
5. 교육·체육·문화·예술의 진흥에 관한 사무		
가. 유치원·초등학교·중학교·고등학교 및 이에 준하는 각종 학교의 설치·운영·지도	1) 유아교육시행계획의 수립 2) 공립의 고등학교, 고등기술학교, 특수학교와 이에 준하는 각종 학교의 설립·경영 3) 공·사립의 고등학교, 고등기술학교, 특수학교와 이에 준하는 각종 학교의 지휘·감독	1) 유아교육시행계획의 수립 2) 공립의 초등학교, 중학교, 기술학교, 공민학교, 고등공민학교, 유치원과 이에 준하는 각종 학교의 설립·경영 3) 공·사립의 초등학교, 중학교, 기술학교, 공민학교, 고등공민학교, 유치원과 이에 준하는 각종 학교의 지휘·감독

구 분	시·도사무	시·군·자치구 사무

나. 도서관·운동장·
광장·체육관·
박물관·공연장·
미술관·음악당 등
공공 교육·체육·
문화시설의 설치 및
관리
	1) 공공도서관·문고의 설립·운영
	2) 공공체육시설의 운영·관리
	   (운동장·체육관·수영장 등)
	3) 공립박물관 및 미술관의 설치·운영
	4) 시민회관의 운영·관리
	   (도의 경우는 제외한다)
	5) 공공교육·체육·문화시설 이용자로
	   부터의 사용료 징수
	6) 그 밖에 공공교육·체육·문화 시설의
	   운영·관리 및 지원
		1) 공공도서관·문고의 설립·운영
		2) 공공체육시설의 운영·관리
		   (운동장·체육관·수영장 등)
		3) 공립박물관 및 미술관의 설치·운영
		4) 시·군·자치구민회관 운영·관리
		5) 문화원운영·관리
		   (자치구의 경우는 제외한다)
		6) 공공교육·체육·문화시설 이용자로
		   부터의 사용료 징수
		7) 그 밖에 공공교육·체육·문화시설의
		   운영·관리 및 지원

다. 지방문화재의
지정·보존 및
관리
	1) 시·도지정문화재 및 문화재 자료의
	   지정·보존 및 관리
	2) 시·도지정문화재 및 문화재 자료의
	   보호물 또는 보호구역의 지정과 그
	   해제
	3) 시·도지정문화재로 지정된 무형문화재의
	   보유자 또는 보유단체의 인정과 그
	   해제
	4) 시·도지정문화재 및 문화재 자료의
	   반출 허가
	5) 관할구역 내 국유에 속하는 국가지정
	   문화재 중 국가가 직접 관리하지
	   아니하는 문화재의 보존·관리
		1) 시·도지정문화재 및 문화재 자료의
		   보존·관리
		2) 비지정문화재(향토유적 등)의
		   보존·관리
		3) 지방민속자료 발굴·조사
		4) 관할구역 내 국유에 속하는 국가지정
		   문화재 중 국가가 직접 관리하지
		   아니하는 문화재의 보존·관리

라. 지방문화예술의 진흥	1) 지방문화예술의 진흥에 관한 시책
	   강구·조정과 주민문화예술활동의 권장
	   및 보호 육성
	2) 지방문화예술진흥위원회 설치 운영
	3) 전문예술단체의 지정 및 지원·육성
	4) 문화강좌 설치 기관 또는 단체의
	   지정·설치 및 운영경비 지원
	5) 문화산업의 육성·지원
	6) 지방문화예술진흥기금의 조성 및
	   운용
	7) 문화예술진흥 사업 및 활동이나 시설
	   운영경비의 지원
		1) 지방문화예술의 진흥에 관한 시책
		   강구·조정과 주민문화예술활동의
		   권장 및 보호 육성
		2) 향토문화의 발굴·지원·육성
		3) 문화강좌 설치 기관 또는 단체의
		   지정·설치 및 운영경비 지원
		4) 문화산업의 육성·지원
		5) 문화예술진흥 사업 및 활동이나 시
		   설 운영경비의 지원

◉ 법 령

구 분	시·도사무	시·군·자치구 사무
마. 지방문화예술단체의 육성	1) 지방문화 예술단체의 설치·운영 2) 민간문화 예술단체의 설치 권장 및 지도·육성 3) 지방문화사업자에 대한 보조금 지원 및 지도·감독	1) 지방문화 예술단체의 설치·운영 2) 민간문화 예술단체의 설치 권장 및 지도·육성
6. 지역민방위 및 지방소방에 관한 사무		
가. 지역 및 직장 민방위 조직의 편성과 운영 및 지도·감독	1) 시·도 민방위계획의 작성 2) 시·도 민방위협의회 설치 3) 민방위대 조직관리·지도 4) 민방위경보 발령	1) 시·군·자치구 민방위계획의 작성 2) 시·군·자치구 민방위협의 회의 설치 3) 직장민방위대의 편성 및 운영관리 4) 직장민방위대의 편성 신고수리와 그 지휘·감독 5) 민방위경보 발령 6) 민방위시설의 설치 및 관리 7) 민방위 기술지원대의 편성·관리 8) 주민신고망 조직·운영 9) 시범민방위대 육성 10) 민방위대 교육훈련
나. 지역의 화재예방·경계·진압·조사 및 구조·구급	1) 소방기본계획 수립 2) 소방관서의 설치와 지휘·감독 3) 소방력 기준 설정자료 작성관리 4) 소방장비의 수급관리 5) 소방용수시설의 확충관리 6) 화재진압·조사 및 구조·구급 업무 지휘·감독 7) 소방지령실 설치·운영 8) 화재경계지구 지정·관리 9) 소방응원규약 제정 10) 화재 예방 활동 11) 소방홍보 및 계몽 12) 소방시설의 설치 및 유지 관리의 지도·감독 13) 소방법령의 규정에 따른 인·허가 및 업무의 지도·감독 14) 소방 관계 단체의 지도·감독	

[별표 2] 〈개정 2009.8.13〉

자치구에서 처리하지 아니하고
특별시·광역시에서 처리하는 사무(제9조 관련)

1. 지방자치단체의 인사 및 교육 등에 관한 사무
   가. 지방공무원임용시험 및 각종 자격시험의 실시
   나. 지방공무원의 교육·훈련 실시(직장교육은 제외한다)

2. 지방재정에 관한 사무
   가. 토지등급 설정 및 수정의 승인
   나. 재산세 과세시가표준액의 결정승인

3. 매장 및 묘지 등에 관한 사무
   가. 공설묘지·공설화장장 또는 공설납골당의 설치·운영

4. 청소·오물에 관한 사무
   가. 일반폐기물(분뇨, 쓰레기 등) 처리시설의 설치·운영
   나. 일반폐기물의 처리 수수료 요율 결정

5. 지방토목·주택건설 등에 관한 사무
   가. 국민주택 건설사업의 시행
   나. 국민주택사업 특별회계의 설치·운영
   다. 아파트 지구개발에 관한 기본계획 수립
   라. 민영주택 투기과열지구 지정

6. 도시계획에 관한 사무
   가. 도시기본계획의 수립
   나. 도시계획지역의 입안
   다. 도시계획시설의 입안
   라. 도시계획용도지구의 입안
   마. 도시계획에 관한 기초조사
   바. 도시계획사업의 시행
   사. 도시계획사업 수익자부담금 부과 징수
   아. 도시재개발사업의 기본계획 수립 및 시행(주택개량재개발사업은 제외)

7. 도로의 개설과 유지·관리에 관한 사무
   가. 중로(12미터 이상) 이상의 도로로서 노폭과 노선의 중요도를 고려하여 특별시·광역시 조례로 정한 도로의 유지·관리

◎ **법 령**

8. 상수도사업에 관한 사무
    가. 상수도의 신설·개축 및 수선과 이의 유지·관리
    나. 상수도 공채 발행
    다. 상수도사업 특별회계 설치·운영
    라. 수도사업소 설치·운영

9. 공공하수도에 관한 사무
    가. 공공하수도정비 기본계획의 수립·시행
    나. 공공하수도의 설치·개축 및 수선
    다. 하수종말 처리장의 설치와 유지·관리

10. 공원 등 관광·휴양시설의 설치·관리에 관한 사무
    가. 도시공원 및 유원지 조성계획의 입안
    나. 도시공원·유원지의 설치 및 관리
    다. 도시공원·유원지의 입장료·사용료·점용료의 징수
    라. 공원·유원지·야외공연장 등 시민휴양시설의 설치·유지에 관한 사무
    마. 공설운동장·체육관·박물관·도서관·미술관·시민회관 등의 설치·운영에 관한 사무(특별시·광역시 조례로 결정)

11. 지방궤도사업에 관한 사무
    가. 지방궤도사업 운영계획의 수립
    나. 지방궤도사업의 설치·운영
    다. 지방궤도사업 특별회계의 설치

12. 대중교통행정에 관한 사무
    가. 도시철도의 설치·운영과 시민 이용에 관한 행정
    나. 시내버스·시외직행버스의 운행 등 대중교통행정에 관한 사무
    다. 대중교통수단의 조정·통제에 관한 사무

13. 지역경제 육성에 관한 업무
    가. 지방공업단지의 조성·관리
    나. 공설시장·도축장·농수산물 공판장 등에 관한 사무
    다. 유통단지의 지정신청·조성 및 운영 관리
    라. 농수산물 도매시장 개설·운영

14. 교통신호기, 안전표시 등의 설치·관리 등에 관한 사무

[별표 3] 〈개정 2013.3.23〉

인구 50만 이상의 시가 직접 처리할 수 있는 도의 사무(제10조 관련)

1. 보건의료에 관한 사무
   병원급 이상 의료기관 설치 및 지도·감독

2. 지방공기업에 관한 사무
   가. 지방공사의 설립·운영
   나. 지방공단의 설립·운영

3. 주택건설에 관한 사무
   가. 시·도 조례로 정하는 일정 규모 이상의 주택건설사업계획의 승인(지방자치단체가 사업시행자가 되는 경우는 제외한다)
   나. 대지조성사업계획의 승인 및 준공검사(지방자치단체가 사업시행자가 되는 경우는 제외한다)

4. 토지구획정리사업에 관한 사무
   가. 토지구획정리사업에 따른 환지계획 인가
   나. 부담금 및 보조금의 집행잔액 허가

5. 도시계획에 관한 사무
   가. 행정청이 시행하는 도시계획사업 실시계획인가 및 변경인가와 행정청이 아닌 자에 대한 도시계획사업시행허가 승인 및 변경승인
   나. 도시계획사업 실시계획 인가 고시
   다. 경미한 도시계획의 변경 결정
   라. 도시계획의 지적승인사무
   마. 도시계획사업에 대한 준공검사

6. 도시재개발사업에 관한 사무
   가. 재개발사업 시행자 지정 신청
   나. 재개발사업 시행의 지도·감독

7. 환경보전에 관한 사무
   가. 배출시설의 설치허가 및 변경허가
   나. 환경오염물질의 제거명령
   다. 산업폐기물 재생이용업자의 신고수리 및 관리
   라. 축산폐수정화시설의 설계시공업의 등록 및 지도·감독
   마. 비산먼지시설의 개선명령
   바. 비산먼지시설사업의 중지 및 시설 등의 사용중지·사용제한명령

◉ **법 령**

8. 건설기계관리에 관한 사무
   가. 건설기계 등록 및 등록말소
   나. 건설기계등록사항의 변경신고 등

9. 자동차 운송사업에 관한 사무
   가. 자동차 운송사업(전세버스·일반구역화물자동차 및 특수여객자동차 운송사업만 해당한다)면허와 이에 관련되는 사무
   나. 자동차 운송사업(택시만 해당한다)계획변경인가

10. 지방공무원 인사 및 정원관리에 관한 사무
    안전행정부령으로 정하는 기준 정원 범위에서의 6급 이하 정원 책정 사무

11. 지적에 관한 사무
    가. 토지의 지번경정승인
    나. 지적공부의 반출승인
    다. 축척변경승인
    라. 지적측량검사
    마. 지적측량 대행법인의 지도·감독

12. 열 사용 기자재에 관한 사무
    열 사용 기자재 제조업의 허가

13. 식품제조업(유가공품제조업 및 식육제품업만 해당한다)에 관한 사무
    가. 허가·변경허가 및 시정명령
    나. 시설의 개수명령
    다. 폐기처분
    라. 허가취소

14. 묘지·화장장 및 납골당의 운영관리에 관한 사무
    가. 묘지·화장장 및 납골당의 허가
    나. 묘지·화장장·납골당의 구역 및 시설 변경과 폐지의 허가
    다. 시체운반업의 허가

15. 사회복지시설에 관한 사무
    사회복지시설 수혜자로부터의 비용 수납의 승인

16. 고압가스에 관한 사무
    고압가스제조업 허가

17. 도시가스에 관한 사무
    도시가스 공급시설의 설치공사계획 승인 및 변경승인

18. 지방채 발행 승인 신청

[별표 4]

지방의회 의원 의정활동비 지급범위(제33조 관련)

구 분	의정활동비 지급범위	
	의정자료수집·연구비	보조활동비
시·도의회 의원	월 1,200,000원 이내	월 300,000원 이내
시·군·자치구의회 의원	월 900,000원 이내	월 200,000원 이내

○ 법령

[별표 5] 〈개정 2008.10.8〉

지방의회 의원 국내여비 지급범위(제33조 관련)

(단위 : 원)

지급 기준액 구 분	철도 운임	선박 운임	항공 운임	자동차 운임	현지 교통비 (1일당)	숙박비 (1일당)	식비 (1일당)
시·도	1등급	2등 정액	정 액	정 액	20,000	46,000	25,000
시·군·자치구	1등급	2등 정액	정 액	정 액	20,000	46,000	25,000

□ 비고
1. 의회 소재지 내에서의 출장 및 여행(같은 특별시·광역시·시 또는 군 내에서의 출장 및 여행을 말한다)이나 출장 및 여행거리가 12km 미만인 경우에는 현지 교통비와 식비만을 지급하여야 한다. 다만, 의회의 회의(위원회의 회의를 포함한다) 당일 출·퇴근이 곤란한 원격지(육로 편도 60킬로미터 이상 지역)나 도서지역(수로 편도 30킬로미터 이상 지역)에 거주하는 의원이 회기 중 회의에 출석하여 숙박하게 되는 경우에는 교통비(현지교통비는 제외한다)·숙박비 및 식비(기준 식비의 3분의 1을 말한다)를 지급할 수 있다.
2. 철도운임구분표 중 1등급은 새마을호 특실을 가리키며, 해당 철도운임구분표를 적용할 수 없을 때에는 그 노선의 열차 최고등급에 해당하는 철도운임을 지급한다.
3. 「공무원여비규정」의 개정으로 위 표의 여비 지급범위를 조정하여야 할 경우에는 이 영이 개정되기까지는 공무원 국내여비 조정비율에 따라 조례로 조정하여 지급할 수 있다.

[별표 6]

지방의회 의원 국외여비 지급범위(제33조 관련)

(단위 : 달러)

구분		항공임	일비	숙박비	식비	준비금		
						15일 미만	15일 이상 30일 미만	30일 이상
시·도	의장·부의장	1등 정액	40	205	133	150	180	210
	의원	1등 정액	35	166	107	140	170	195
시·군·자치구	의장·부의장	1등 정액	35	166	107	140	170	195
	의원	2등 정액	30	145	81	130	155	180

□ 비고
1. 여행지역의 거리 및 현지물가 등을 고려하여 여비 지급범위에서 달리 정하여야 한다.
2. 「공무원여비규정」의 개정으로 위 표의 여비 지급범위를 조정하여야 할 경우에는 이 영이 개정되기까지는 공무원 국외여비 조정비율에 따라 조례로 조정하여 지급할 수 있다.

○ 법 령

[별표 7] 〈신설 2008.10.8〉

지방의회 의원 월정수당 지급 기준액 범위(제33조제1항제3호 관련)

1. 월정수당 지급 기준액의 산정방식

  가. 계산식

   ○ 지방의회 의원 1명당 월정수당의 자연로그 값 = 6.252 + 0.298 × (해당 지방자치단체 최근 3년 평균 재정력지수) + 0.122 × (해당 지방자치단체 지방의회 의원 1명당 주민 수의 자연로그 값) + 지방자치단체 유형별 변수(더미변수) 값

   - 재정력지수 : 당해 회계연도의 전년도의 지방교부세 및 당초예산 기준의 자치구재정조정교부금을 배분하기 위하여 산정한 지수
   - 지방의회 의원 1명당 주민 수 : 전년도 12월 31일 현재 「주민등록법」에 따라 주민등록표에 등재된 자 중 거주자에 대한 주민등록인구통계를 기준으로 산정한 주민 수
   - 더미변수 값: 특별시·광역시·도(0.249) / 50만 이상 시(0.092) / 50만 미만 시(0.031) / 도·농 복합시(0.023) / 군 (0) / 자치구(0.105)

  나. 기준액(단위: 만원/연액)

   월정수당 자연로그 수치를 실제 값으로 환산한 금액 = EXP(월정수당 자연로그 값). 다만, 환산된 월정수당 지급 기준액은 천원 단위(소수점 첫째자리)에서 반올림한다.

2. 월정수당 지급 기준액의 범위

   의정비심의위원회는 해당 지방자치단체의 재정능력 등을 고려하여 제1호의 산정방식에 따라 산정된 월정수당 지급 기준액의 ±20퍼센트를 넘지 아니하는 범위에서 월정수당 지급기준을 결정한다. 다만, 의정비심의위원회가 결정 당시의 해당 지방자치단체의 월정수당 지급기준의 수준 등을 고려하여 월정수당 지급 기준액의 하한 범위 이하로 결정하려는 경우에는 예외로 한다.

3. 월정수당 지급 기준액의 인상 기준

   월정수당 지급 기준액은 의정비심의위원회가 다음 연도 월정수당 지급기준 금액을 결정한 후, 기존의 지급기준을 적용한 연도부터 새로운 지급기준을 결정한 연도(새로운 지급기준이 적용되기 바로 전년도를 말한다)까지의 지방공무원 보수인상률을 합산하여 결정한다.

[별표 7의2] 〈신설 2013.12.12〉

지방자치단체의 장이 지방의회 사무처장·사무국장·사무과장에게 임용권을 위임하는 지방의회 일반직공무원의 범위(제63조의2 관련)

1. 「지방공무원법」 제4조제2항 및 「지방전문경력관 규정」 제2조제1항에 따른 지방전문경력관

2. 「지방공무원의 구분 변경에 따른 전직임용 등에 관한 특례규정」 제9조제1항에 따라 전담직위에 임용된 공무원

3. 「지방공무원 임용령」 별표 1에 따른 행정직군 속기직렬 공무원

4. 「지방공무원 임용령」 별표 1에 따른 행정직군 방호직렬 공무원

5. 「지방공무원 임용령」 별표 1에 따른 기술직군 위생직렬 공무원

6. 「지방공무원 임용령」 별표 1에 따른 기술직군 조리직렬 공무원

7. 「지방공무원 임용령」 별표 1에 따른 기술직군 간호조무직렬 공무원

8. 「지방공무원 임용령」 별표 1에 따른 기술직군 시설관리직렬 공무원

9. 「지방공무원 임용령」 별표 1에 따른 기술직군 운전직렬 공무원

10. 「지방공무원 임용령」 별표 1에 따른 관리운영직군 공무원

○ 법 령

[별표 8] 〈개정 2010.11.2〉

행정(1)부시장·행정(1)부지사와 행정(2)부시장·행정(2) 부지사의 사무분장표(제73조제6항 관련)

해당 시·도	행정(1)부시장· 행정(1)부지사	행정(2)부시장· 행정(2)부지사	비고
서울특별시	기획·예산관리, 감사, 비상기획, 행정관리, 보건복지, 산업경제, 문화관광, 환경, 교통 및 민방위분야 업무	도시계획·건설, 상하수도, 주택 및 소방·방재분야 업무	시장은 필요하다고 인정하면 기획·예산관리 업무를 직접 관장할 수 있다.
경 기 도	수원시·성남시·안양시·부천시·광명시·평택시·안산시·과천시·오산시·시흥시·군포시·의왕시·하남시·용인시·이천시·안성시·김포시·여주군·화성시·광주시·양평군 지역에 대한 도 사무의 총괄	의정부시·동두천시·고양시·구리시·남양주시·파주시·양주시·연천군·포천시·가평군 지역에 대한 도 사무의 총괄	1. 도 단위로 통일성을 유지할 필요성이 있거나 지역적으로 구분하기 곤란한 사무의 경우에는 행정(1)부지사가 총괄하되, 행정(2)부지사와 미리 협의를 거쳐야 한다. 2. 도지사는 행정업무의 효율과 주민 편의를 위하여 필요하다고 인정하는 일부 사무에 대해서는 행정(1)부지사와 행정(2)부지사의 사무분장을 달리 정할 수 있다.

지방의회 관계법령집

국 회 법

국 회 법

[시행 2013.8.13] [법률 제12108호, 2013.8.13, 일부개정]

제1장 총 칙

제1조(목적) 이 법은 국회의 조직·의사 기타 필요한 사항을 규정함으로써 국민의 대의기관인 국회의 민주적이고 효율적인 운영에 기여함을 목적으로 한다.

제2조(당선통지 및 등록) ① 중앙선거관리위원회위원장은 국회의원당선인이 결정된 때에는 그 명단을 즉시 국회에 통지하여야 한다.
② 국회의원당선인은 당선인으로 결정된 후 당선증서를 국회사무처에 제시하고 등록하여야 한다. [전문개정 1994.6.28]

제3조(의석배정) 국회의원(이하 "의원"이라 한다)의 의석은 의장이 각 교섭단체대표의원과 협의하여 이를 정한다. 다만, 협의가 이루어지지 아니할 때에는 의장이 잠정적으로 이를 정한다. 〈개정 1994.6.28〉

제4조(정기회) 정기회는 매년 9월 1일에 집회한다. 그러나 그 날이 공휴일인 때에는 그 다음날에 집회한다. 〈개정 2000.2.16〉

제5조(임시회) ① 임시회의 집회요구가 있을 때에는 의장은 집회기일 3일전에 공고한다. 이 경우 2 이상의 집회요구가 있을 때에는 집회일이 빠른 것을 공고하되, 집회일이 같은 때에는 그 요구서가 먼저 제출된 것을 공고한다. 〈개정 2000.2.16〉
② 의장은 제1항의 규정에 불구하고 내우·외환·천재·지변 또는 중대한 재정·경제상의 위기, 국가의 안위에 관계되는 중대한 교전상태나 전시·사변 또는 이에 준하는 국가비상사태에 있어서는 집회기일 1일전에 공고할 수 있다. 〈신설 2000.2.16〉
③ 국회의원총선거후 최초의 임시회는 의원의 임기개시후 7일에 집회하며, 처음 선출된 의장의 임기가 만료되는 때가 폐회중인 경우에는 늦어도 임기만료일전 5일까지 집회한다. 그러나, 그 날이 공휴일인 때에는 그 다음 날에 집회한다. 〈개정 1994.6.28, 2003.2.4〉

제5조의2(연간 국회운영기본일정등) ① 의장은 국회의 연중 상시운영을 위하여 각 교섭단체대표의원과의 협의를 거쳐 매년 12월 31일까지 다음 연도의 국회운영기본일정을 정하여야 한다. 다만, 국회의원총선거후 처음 구성되는 국회의 당해연도의 국회운영기본일정은 6월 30일까지 정하여야 한다.
② 제1항의 연간 국회운영기본일정은 다음 각호의 기준에 따라 작성한다. 〈개정 005.7.28〉
1. 매 짝수월(8월·10월 및 12월을 제외한다) 1일(그 날이 공휴일인 때에는 그 다음날)에 임시회를 집회한다. 다만, 국회의원총선거가 있는 월의 경우에는 그러하지 아니하다.
2. 정기회의 회기는 100일로, 제1호의 규정에 의한 임시회의 회기는 30일로 한다.
3. 제1호의 규정에 의한 임시회의 회기 중 1주(週)는 제122조의2의 규정에 따라 정부에 대하여 질문을 행한다. [전문개정 2000.2.16]

제5조의3(법률안제출계획의 통지) 정부는 부득이한 경우를 제외하고는 매년 1월 31일까지 당해연도에 제출할 법률안에 관한 계획을 국회에 통지하여야 한다. 그 계획을 변경한 때에는 분기별로 주요사항을 국회에 통지하여야 한다. 〈개정 2011.5.19〉
[본조신설 2000.2.16]

제6조(개회식) 국회는 집회일에 개회식을 행한다. 다만, 임시회의 경우에는 개회식을 생략할 수 있다. 〈개정 2000.2.16〉

◎ 법 령

제2장 국회의 회기와 휴회

제7조(회기) ① 국회의 회기는 의결로 이를 정하되, 의결로 연장할 수 있다.
② 국회의 회기는 집회후 즉시 이를 정하여야 한다.
제8조(휴회) ① 국회는 의결로 기간을 정하여 휴회할 수 있다.
② 국회는 휴회중이라도 대통령의 요구가 있을 때, 의장이 긴급한 필요가 있다고 인정할 때 또는 재적의원 4분의 1 이상의 요구가 있을 때에는 회의를 재개한다. 〈개정 2003.2.4〉

제3장 국회의 기관과 경비

제9조(의장·부의장의 임기) ① 의장과 부의장의 임기는 2년으로 한다. 다만, 국회의원총선거후 처음 선출된 의장과 부의장의 임기는 그 선출된 날부터 개시하여 의원의 임기개시후 2년이 되는 날까지로 한다.
② 보궐선거에 의하여 당선된 의장 또는 부의장의 임기는 전임자의 잔임기간으로 한다. [전문개정 1994.6.28]
제10조(의장의 직무) 의장은 국회를 대표하고 의사를 정리하며, 질서를 유지하고 사무를 감독한다.
제11조(의장의 위원회출석과 발언) 의장은 위원회에 출석하여 발언할 수 있다. 그러나 표결에는 참가할 수 없다.
제12조(부의장의 의장직무대리) ① 의장이 사고가 있을 때에는 의장이 지정하는 부의장이 그 직무를 대리한다.
② 의장이 심신상실 등 부득이한 사유로 의사표시를 할 수 없게되어 직무대리자를 지정할 수 없는 때에는 소속의원수가 많은 교섭단체소속인 부의장의 순으로 의장의 직무를 대행한다. 〈신설 2002.3.7〉
제13조(임시의장) 의장과 부의장이 모두 사고가 있을 때에는 임시의장을 선출하여 의장의 직무를 대행하게 한다.
제14조(사무총장의 의장직무대행) 국회의원총선거후 의장이나 부의장이 선출될 때까지의 임시회의 집회공고에 관하여는 사무총장이 의장의 직무를 대행한다. 최초로 선출된 의장과 부의장의 임기만료일까지 부득이한 사유로 의장이나 부의장을 선출하지 못한 때와 폐회 중에 의장·부의장이 모두 궐위된 경우에도 또한 같다. 〈개정 2000.2.16, 2010.3.12〉
제15조(의장·부의장의 선거) ① 의장과 부의장은 국회에서 무기명투표로 선거하되 재적의원 과반수의 득표로 당선된다.
② 제1항의 선거는 국회의원총선거후 최초집회일에 실시하며, 처음 선출된 의장 또는 부의장의 임기가 만료되는 때에는 그 임기만료일전 5일에 실시한다. 그러나, 그 날이 공휴일인 때에는 그 다음 날에 실시한다. 〈개정 1994.6.28〉
③ 제1항의 득표자가 없을 때에는 2차투표를 하고, 2차투표에도 제1항의 득표자가 없을 때에는 최고득표자가 1인이면 최고득표자와 차점자에 대하여, 최고득표자가 2인 이상이면 최고득표자에 대하여 결선투표를 하되, 재적의원과반수의 출석과 출석의원 다수득표자를 당선자로 한다. 〈개정 2000.2.16〉
제16조(보궐선거) 의장 또는 부의장이 궐위된 때나 의장과 부의장이 모두 궐위된 때에는 지체없이 보궐선거를 실시한다.
제17조(임시의장의 선거) 임시의장은 무기명투표로 선거하되 재적의원 과반수의 출석과 출석의원 다수득표자를 당선자로 한다. 〈개정 2003.2.4〉
제18조(의장등 선거시의 의장직무대행) 의장등 선거에 있어서 다음 각호의 1에 해당될 때에는 출석의원중 최다선의원이, 최다선의원이 2인 이상인 경우에는 그중 연장자가 의장의 직무를 대행한다.
〈개정 1997.1.13, 2000.2.16, 2010.3.12〉

1. 국회의원총선거 후 최초로 의장과 부의장을 선거할 때
2. 제15조제2항의 규정에 의하여 처음 선출된 의장 또는 부의장의 임기가 만료되는 때 그 임기만료일 전 5일에 의장과 부의장의 선거가 실시되지 못하여 그 임기만료후 의장과 부의장을 선거할 때
3. 의장과 부의장이 모두 궐위되어 그 보궐선거를 할 때
4. 의장 또는 부의장의 보궐선거에 있어서 의장과 부의장이 모두 사고가 있을 때
5. 의장과 부의장이 모두 사고가 있어 임시의장을 선거할 때

제19조(의장·부의장의 사임) 의장과 부의장은 국회의 동의를 얻어 그 직을 사임할 수 있다.

제20조(의장·부의장의 겸직제한) ① 의장과 부의장은 특히 법률로 정한 경우를 제외하고는 의원외의 직을 겸할 수 없다.
② 다른 직을 겸한 의원이 의장 또는 부의장으로 당선된 때에는 당선된 날에 그 직에서 해직된 것으로 본다.

제20조의2(의장의 당적보유금지) ① 의원이 의장으로 당선된 때에는 당선된 다음 날부터 그 직에 있는 동안은 당적을 가질 수 없다. 다만, 국회의원총선거에 있어서「공직선거법」제47조의 규정에 의한 정당추천후보자로 추천을 받고자 하는 경우에는 의원 임기만료일전 90일부터 당적을 가질 수 있다.
〈개정 2007.12.14〉
② 제1항 본문의 규정에 의하여 당적을 이탈한 의장이 그 임기를 만료한 때에는 당적을 이탈할 당시의 소속정당으로 복귀한다. [본조신설 2002.3.7]

제21조(국회사무처) ① 국회의 입법·예산결산심사등의 활동을 지원하고 행정사무를 처리하기 위하여 국회에 사무처를 둔다. 〈개정 1994.6.28〉
② 국회사무처에 사무총장 1인과 기타 필요한 공무원을 둔다.
③ 사무총장은 의장이 각 교섭단체대표의원과의 협의를 거쳐 본회의의 승인을 얻어 임면한다.
④ 사무총장은 의장의 감독을 받아 국회의 사무를 통할하고 소속공무원을 지휘·감독한다.
⑤ 국회사무처는 국회의 입법 및 예산결산심사등의 활동을 지원함에 있어 의원 또는 위원회의 요구가 있는 경우 필요한 자료등을 제공하여야 한다. 〈신설 1994.6.28, 2005.7.28〉
⑥ 제5항에서 규정한 사항과 관련하여 사무총장 또는 사무총장이 지정하는 소속공무원은 위원회의 요구에 응하여 해당 위원회에서 보고·설명할 수 있으며, 사무총장은 의장의 허가를 얻어 필요한 자료의 제공을 정부·행정기관 기타에 대하여 요청할 수 있다. 〈신설 1994.6.28〉
⑦ 이 법에 정한 외에 국회사무처에 관하여 필요한 사항은 따로 법률로 정한다.

제21조의2 [종전 제21조의2는 제22조의2로 이동〈1995.3.3〉]

제22조(국회도서관) ① 국회의 도서 및 입법자료에 관한 업무를 처리하기 위하여 국회도서관을 둔다.
② 국회도서관에 도서관장 1인과 기타 필요한 공무원을 둔다.
③ 도서관장은 의장이 국회운영위원회의 동의를 얻어 임면한다.
④ 도서관장은 국회입법활동을 지원하기 위하여 도서 기타 도서관자료의 수집·정리·보존 및 도서관봉사를 행한다.
⑤ 이 법에 정한 외에 국회도서관에 관하여 필요한 사항은 따로 법률로 정한다.

제22조의2(국회예산정책처) ① 국가의 예산결산·기금 및 재정운용과 관련된 사항에 관하여 연구분석·평가하고 의정활동을 지원하기 위하여 국회예산정책처를 둔다.
② 국회예산정책처에 처장 1인과 필요한 공무원을 둔다.
③ 처장은 의장이 국회운영위원회의 동의를 얻어 임면한다.

○ 법 령

④ 이 법에서 정한 사항외에 국회예산정책처에 관하여 필요한 사항은 따로 법률로 정한다.
[본조신설 2003.7.18]
제22조의3(국회입법조사처) ① 입법 및 정책과 관련된 사항을 조사·연구하고 관련 정보 및 자료를 제공하는 등 입법정보서비스와 관련된 의정활동을 지원하는 국회입법조사처를 둔다.
② 국회입법조사처에 처장 1인과 필요한 공무원을 둔다.
③ 처장은 의장이 국회운영위원회의 동의를 얻어 임면한다.
④ 이 법에서 정한 사항 외에 국회입법조사처에 관하여 필요한 사항은 따로 법률로 정한다.
[본조신설 2007.1.24]
제23조(국회의 경비) ① 국회의 경비는 독립하여 국가예산에 이를 계상한다.
② 의장은 국회소관예산요구서를 작성하여 국회운영위원회의 심사를 거쳐 정부에 제출한다. 다만,「국가재정법」에서 정한 예산요구서 제출기일 전일까지 국회운영위원회가 국회소관예산요구서의 심사를 마치지 못한 경우에는 의장은 직접 국회소관예산 요구서를 정부에 제출할 수 있다.〈개정 2003.2.4, 2006.10.4〉
③ 제1항의 예산중에는 예비금을 둔다.
④ 국회의 예비금은 사무총장이 관리하되, 국회운영위원회의 동의와 의장의 승인을 얻어 지출한다. 다만, 폐회중일 때에는 의장의 승인으로 지출하고 다음 회기초에 국회운영위원회에 보고한다.
⑤ 정부가「국가재정법」제40조제2항의 규정에 의한 국회소관세출예산요구액의 삭감에 대하여 의견을 구하고자 할 때에는 그 삭감내용 및 사유를 기재하여 국무회의 7일전까지 이를 의장에게 송부하여야 한다.〈신설 2000.2.16, 2006.10.4〉
⑥ 의장은 제5항의 규정에 의한 송부가 있은 때에는 그 삭감내용에 대한 의견서를 당해국무회의 1일전까지 정부에 송부한다.〈신설 2000.2.16〉

제4장 의 원

제24조(선서) 의원은 임기초에 국회에서 다음의 선서를 한다.
"나는 헌법을 준수하고 국민의 자유와 복리의 증진 및 조국의 평화적 통일을 위하여 노력하며, 국가이익을 우선으로 하여 국회의원의 직무를 양심에 따라 성실히 수행할 것을 국민앞에 엄숙히 선서합니다."
제25조(품위유지의 의무) 의원은 의원으로서의 품위를 유지하여야 한다.
제26조(체포동의요청의 절차) ① 의원을 체포 또는 구금하기 위하여 국회의 동의를 얻으려고 할 때에는 관할법원의 판사는 영장을 발부하기 전에 체포동의요구서를 정부에 제출하여야 하며, 정부는 이를 수리한 후 지체없이 그 사본을 첨부하여 국회에 체포동의를 요청하여야 한다.
② 의장은 제1항의 규정에 따른 체포동의를 요청받은 후 처음 개의하는 본회의에 이를 보고하고, 본회의에 보고된 때부터 24시간 이후 72시간 이내에 표결한다.〈신설 2005.7.28〉
제27조(의원체포의 통지) 정부는 체포 또는 구금된 의원이 있을 때에는 지체없이 의장에게 영장의 사본을 첨부하여 이를 통지하여야 한다. 구속기간의 연장이 있을 때에도 또한 같다.
제28조(석방요구의 절차) 의원이 체포 또는 구금된 의원의 석방요구를 발의할 때에는 재적의원 4분의 1 이상의 연서로 그 이유를 첨부한 요구서를 의장에게 제출하여야 한다.〈개정 2005.7.28〉
제29조(겸직 금지) ① 의원은 국무총리 또는 국무위원의 직 이외의 다른 직을 겸할 수 없다. 다만, 다음 각 호의 어느 하나에 해당하는 경우에는 그러하지 아니하다.
1. 공익 목적의 명예직

2. 다른 법률에서 의원이 임명·위촉되도록 정한 직
3. 「정당법」에 따른 정당의 직
② 의원이 당선 전부터 제1항 각 호의 직 이외의 직을 가진 경우에는 임기개시일 전까지(재선거·보궐선거 등의 경우에는 당선이 결정된 날의 다음 날까지를 말한다. 이하 이 항에서 같다) 그 직을 휴직 또는 사직하여야 한다. 다만, 다음 각 호의 어느 하나의 직을 가진 경우에는 임기개시일 전까지 그 직을 사직하여야 한다.
1. 「공공기관의 운영에 관한 법률」 제4조에 따른 공공기관(한국은행을 포함한다)의 임직원
2. 「농업협동조합법」·「수산업협동조합법」에 따른 조합, 중앙회와 그 자회사(손자회사를 포함한다)의 임직원
3. 「정당법」 제22조제1항에 따라 정당의 당원이 될 수 있는 교원
③ 의원이 당선 전부터 제1항 각 호의 직(제3호의 직은 제외한다. 이하 이 조에서 같다)을 가지고 있는 경우에는 임기개시 후 1개월 이내에, 임기 중에 제1항 각 호의 직을 가지는 경우에는 지체 없이 이를 의장에게 서면으로 신고하여야 한다.
④ 의장은 제3항에 따라 신고한 직(본회의 의결 또는 의장의 추천·지명 등에 따라 임명·위촉된 경우는 제외한다)이 제1항 각 호의 직에 해당하는지 여부를 제46조의2에 따른 윤리심사자문위원회의 의견을 들어 결정하고 그 결과를 해당 의원에게 통보한다. 이 경우 의장은 윤리심사자문위원회의 의견을 존중하여야 한다.
⑤ 윤리심사자문위원회는 의장으로부터 의견제출을 요구받은 날부터 1개월 이내에 그 의견을 의장에게 제출하여야 한다. 다만, 필요한 경우에는 1차에 한정하여 1개월 범위에서 그 기간을 연장할 수 있다.
⑥ 의원은 의장으로부터 겸하고 있는 직이 제1항 각 호의 직에 해당하지 아니한다는 통보를 받은 때에는 통보를 받은 날부터 3개월 이내에 그 직을 휴직 또는 사직하여야 한다.
⑦ 의장은 제4항에 따라 의원에게 통보한 날부터 15일 이내(본회의 의결 또는 의장의 추천·지명 등에 따라 임명·위촉된 경우에는 해당 의원이 신고한 날부터 15일 이내)에 겸직내용을 국회공보 또는 국회 인터넷 홈페이지 등에 게재하는 방법으로 공개하여야 한다.
⑧ 의원이 제1항 각 호의 직을 겸하는 경우에 그에 따른 보수(실비변상은 제외한다)를 받을 수 없다.
[전문개정 2013.8.13] [시행일 : 2014.2.14]

제29조의2(영리업무 종사 금지) ① 의원은 그 직무 외에 영리를 목적으로 하는 업무에 종사할 수 없다. 다만, 의원 본인 소유의 토지·건물 등의 재산을 활용한 임대업 등 영리업무를 하는 경우로서 의원의 직무수행에 지장이 없는 경우에는 그러하지 아니하다.
② 의원이 당선 전부터 제1항 단서의 영리업무 이외의 영리업무에 종사하는 경우에는 임기개시 후 6개월 이내에 그 영리업무를 휴업 또는 폐업하여야 한다.
③ 의원이 당선 전부터 제1항 단서의 영리업무에 종사하고 있는 경우에는 임기개시 후 1개월 이내에, 임기 중에 제1항 단서의 영리업무에 종사하는 경우에는 지체 없이 이를 의장에게 서면으로 신고하여야 한다.
④ 의장은 제3항에 따라 신고한 영리업무가 제1항 단서의 영리업무에 해당하는지 여부를 제46조의2에 따른 윤리심사자문위원회의 의견을 들어 결정하고 그 결과를 해당 의원에게 통보한다. 이 경우 의장은 윤리심사자문위원회의 의견을 존중하여야 한다.
⑤ 윤리심사자문위원회는 의장으로부터 의견제출을 요구받은 날부터 1개월 이내에 그 의견을 의장에게 제출하여야 한다. 다만, 필요한 경우에는 1차에 한정하여 1개월 범위에서 그 기간을 연장할 수 있다.
⑥ 의원은 의장으로부터 종사하고 있는 영리업무가 제1항 단서의 영리업무에 해당하지 아니한다는 통보를 받은 때에는 통보를 받은 날부터 6개월 이내에 그 영리업무를 휴업 또는 폐업하여야 한다.
[본조신설 2013.8.13] [시행일 : 2014.2.14]

◎ 법 령

제30조(수당·여비) 의원은 따로 법률이 정하는 바에 의하여 수당과 여비를 받는다.
제31조(교통기관이용) 의원은 국유의 철도·선박과 항공기에 무료로 승용할 수 있다. 다만, 폐회중에는 공무의 경우에 한한다.
제32조(청가 및 결석) ① 의원이 사고로 인하여 국회에 출석하지 못하게 되거나 못한 때에는 청가서 또는 결석계를 의장에게 제출하여야 한다.
② 의원이 청가서를 제출하여 의장의 허가를 받거나 정당한 사유로 결석하여 결석계를 제출한 경우외에는 국회의원수당등에관한법률의 규정에 의한 특별활동비에서 그 결석한 회의일수에 상당하는 금액을 감하되. 〈신설 1994.6.28〉
③ 제1항의 청가 및 결석에 관하여 필요한 사항은 국회규칙으로 정한다.

제5장 교섭단체·위원회와 위원

제33조(교섭단체) ① 국회에 20인 이상의 소속의원을 가진 정당은 하나의 교섭단체가 된다. 그러나 다른 교섭단체에 속하지 아니하는 20인 이상의 의원으로 따로 교섭단체를 구성할 수 있다.
② 교섭단체의 대표의원은 그 단체의 소속의원이 연서·날인한 명부를 의장에게 제출하여야하며, 그 소속의원에 이동이 있거나 소속정당의 변경이 있을 때에는 그 사실을 지체없이 의장에게 보고하여야 한다. 다만, 특별한 사유가 있을 때에는 당해 의원이 관계서류를 첨부하여 이를 보고할 수 있다.
〈개정 1994.6.28〉
③ 어느 교섭단체에도 속하지 아니하는 의원이 당적을 취득하거나 소속정당을 변경한 때에는 그 사실을 즉시 의장에게 보고하여야 한다.
제34조(교섭단체정책연구위원) ① 교섭단체소속의원의 입법활동을 보좌하기 위하여 교섭단체에 정책연구위원을 둔다.
② 정책연구위원은 당해 교섭단체대표의원의 제청에 따라 의장이 임면한다.
③ 정책연구위원은 별정직공무원으로 하고, 그 인원·자격·임면절차·직급등에 관하여 필요한 사항은 국회규칙으로 정한다.
제35조(위원회의 종류) 국회의 위원회는 상임위원회와 특별위원회의 2종으로 한다.
제36조(상임위원회의 직무) 상임위원회는 그 소관에 속하는 의안과 청원등의 심사 기타 법률에서 정하는 직무를 행한다.
제37조(상임위원회와 그 소관) ① 상임위원회와 그 소관은 다음과 같다. 〈개정 2013.3.23〉
 1. 국회운영위원회
  가. 국회운영에 관한 사항
  나. 「국회법」기타 국회규칙에 관한 사항
  다. 국회사무처 소관에 속하는 사항
  라. 국회도서관 소관에 속하는 사항
  마. 국회예산정책처 소관에 속하는 사항
  바. 국회입법조사처 소관에 속하는 사항
  사. 대통령비서실, 국가안보실, 대통령경호실 소관에 속하는 사항
  아. 국가인권위원회 소관에 속하는 사항
 2. 법제사법위원회
  가. 법무부 소관에 속하는 사항

나. 법제처 소관에 속하는 사항
　　다. 감사원 소관에 속하는 사항
　　라. 헌법재판소 사무에 관한 사항
　　마. 법원·군사법원의 사법행정에 관한 사항
　　바. 탄핵소추에 관한 사항
　　사. 법률안·국회규칙안의 체계·형식과 자구의 심사에 관한 사항
3. 정무위원회
　　가. 국무조정실, 국무총리비서실 소관에 속하는 사항
　　나. 국가보훈처 소관에 속하는 사항
　　다. 공정거래위원회 소관에 속하는 사항
　　라. 금융위원회 소관에 속하는 사항
　　마. 국민권익위원회 소관에 속하는 사항
4. 기획재정위원회
　　가. 기획재정부 소관에 속하는 사항
　　나. 한국은행 소관에 속하는 사항
5. 미래창조과학방송통신위원회
　　가. 미래창조과학부 소관에 속하는 사항
　　나. 방송통신위원회 소관에 속하는 사항
　　다. 원자력안전위원회 소관에 속하는 사항
6. 교육문화체육관광위원회
　　가. 교육부 소관에 속하는 사항
　　나. 문화체육관광부 소관에 속하는 사항
7. 외교통일위원회
　　가. 외교부 소관에 속하는 사항
　　나. 통일부 소관에 속하는 사항
　　다. 민주평화통일자문회의 사무에 관한 사항
8. 국방위원회
　　국방부 소관에 속하는 사항
9. 안전행정위원회
　　가. 안전행정부 소관에 속하는 사항
　　나. 중앙선거관리위원회 사무에 관한 사항
　　다. 지방자치단체에 관한 사항
10. 농림축산식품해양수산위원회
　　가. 농림축산식품부 소관에 속하는 사항
　　나. 해양수산부 소관에 속하는 사항
11. 산업통상자원위원회
　　산업통상자원부 소관에 속하는 사항
12. 보건복지위원회
　　가. 보건복지부 소관에 속하는 사항

◎ **법 령**

　　나. 식품의약품안전처 소관에 속하는 사항
　13. 환경노동위원회
　　가. 환경부 소관에 속하는 사항
　　나. 고용노동부 소관에 속하는 사항
　14. 국토교통위원회
　　국토교통부 소관에 속하는 사항
　15. 정보위원회
　　가. 국가정보원 소관에 속하는 사항
　　나. 「국가정보원법」 제3조제1항제5호에 규정된 정보 및 보안업무의 기획·조정 대상부처 소관의 정보
　　　예산안과 결산심사에 관한 사항
　16. 여성가족위원회
　　여성가족부 소관에 속하는 사항
② 의장은 어느 상임위원회에도 속하지 아니하는 사항은 국회운영위원회와 협의하여 소관 상임위원회를 정한다. [전문개정 2008.8.25]

제38조(상임위원회의 위원정수) 상임위원회의 위원정수는 국회규칙으로 정한다. 다만, 정보위원회의 위원정수는 12인으로 한다. 〈개정 1994.6.28〉

제39조(상임위원회의 위원) ① 의원은 2 이상의 상임위원회의 위원(이하 "상임위원"이라 한다)이 될 수 있다. 〈개정 1997.1.13, 2005.7.28〉
② 각 교섭단체의 대표의원은 국회운영위원회의 위원이 된다.
③ 의장은 상임위원이 될 수 없다.
④ 국무총리·국무위원·국무총리실장·처의 장, 행정각부의 차관 기타 국가공무원의 직을 겸한 의원은 상임위원을 사임할 수 있다. 〈개정 1998.3.18, 2010.3.12〉

제40조(상임위원의 임기) ① 상임위원의 임기는 2년으로 한다. 다만, 국회의원총선거후 처음 선임된 위원의 임기는 그 선임된 날부터 개시하여 의원의 임기개시후 2년이 되는 날까지로 한다. 〈개정 1994.6.28〉
② 삭제 〈2008.8.25〉
③ 보임 또는 개선된 상임위원의 임기는 전임자의 잔임기간으로 한다. 〈개정 1990.6.29〉

제40조의2(상임위원의 직무 관련 영리행위 금지) 상임위원은 소관 상임위원회의 직무와 관련한 영리행위를 하지 못한다. [본조신설 2005.7.28]

제41조(상임위원장) ① 상임위원회에 위원장(이하 "상임위원장"이라 한다) 1인을 둔다.
② 상임위원장은 제48조제1항 내지 제3항의 규정에 의하여 선임된 당해 상임위원중에서 임시의장선거의 예에 준하여 국회의 회의(이하 "본회의"라 한다)에서 선거한다. 〈개정 1994.6.28〉
③ 제2항의 선거는 국회의원총선거후 최초집회일부터 3일 이내에 실시하며, 처음 선출된 상임위원장의 임기가 만료되는 때에는 그 임기만료일까지 실시한다. 〈신설 1994.6.28〉
④ 상임위원장의 임기는 상임위원으로서의 임기와 같다.
⑤ 상임위원장은 본회의의 동의를 얻어 그 직을 사임할 수 있다. 다만, 폐회중에는 의장의 허가를 받아 사임할 수 있다.

제42조(전문위원과 공무원) ① 위원회에 위원장 및 위원의 입법활동등을 지원하기 위하여 의원 아닌 전문지식을 가진 위원(이하 "전문위원"이라 한다)과 필요한 공무원을 둔다. 위원회에 두는 전문위원과 공무원은 국회사무처법에서 정하는 바에 의한다. 〈개정 1994.6.28〉

② 위원회에 두는 전문위원과 공무원은 그 직무를 수행함에 있어서 정치적 중립성을 유지하여야 한다. 〈신설 2005.7.28〉
③ 전문위원은 사무총장의 제청으로 의장이 임명한다.
④ 전문위원은 위원회에서 의안과 청원등의 심사, 국정감사, 국정조사 기타 소관사항과 관련하여 검토보고 및 관련자료의 수집·조사·연구를 행한다. 〈신설 1994.6.28〉
⑤ 전문위원은 제4항의 직무를 수행함에 있어 필요한 자료의 제공을 정부·행정기관 기타에 대하여 요청할 수 있다. 이 경우 그 요청은 위원장의 허가를 얻어 위원장명의로 하여야 한다. 〈신설 1994.6.28, 2005.7.28〉
⑥ 전문위원은 위원회에서 발언할 수 있으며 본회의에서는 본회의의결 또는 의장의 허가를 받아 발언할 수 있다.

제43조(전문가의 활용) ① 위원회는 그 의결로 중요한 안건 또는 전문지식을 요하는 안건의 심사와 관련하여 필요한 경우 당해 안건에 관하여 학식과 경험이 있는 3인 이내의 전문가를 심사보조자로 위촉할 수 있다. 〈개정 2000.2.16〉
② 위원가가 제1항의 규정에 의하여 전문가를 심사보조자로 위촉하고자 할 때에는 위원장이 의장에게 이를 요청한다. 이 경우 의장은 예산사정등을 감안하여 그 인원 또는 위촉기간등을 조정할 수 있다.
③ 제1항의 규정에 의하여 위촉된 심사보조자는 국가공무원법 제33조의 결격사유에 해당하지 아니하는 자이어야 하며, 위촉된 업무의 성질에 반하지 아니하는 한 국가공무원법 제7장 복무에 관한 규정이 준용된다.
④ 위촉된 심사보조자에 대한 수당의 지급기준 기타 필요한 사항은 의장이 정한다. [본조신설 1991.5.31]
[종전 제43조는 제44조로 이동 〈1991.5.31〉]

제44조(특별위원회) ① 국회는 수개의 상임위원회소관과 관련되거나 특히 필요하다고 인정한 안건을 효율적으로 심사하기 위하여 본회의의 의결로 특별위원회를 둘 수 있다.
② 제1항의 규정에 의한 특별위원회를 구성할 때에는 그 활동기한을 정하여야 한다. 다만, 본회의의 의결로 그 기간을 연장할 수 있다.
③ 특별위원회는 활동기한의 종료시까지 존속한다. 다만, 활동기한의 종료시까지 제86조의 규정에 따라 법제사법위원회에 체계·자구심사를 의뢰하였거나 제66조의 규정에 따라 심사보고서를 제출한 경우에는 해당 안건이 본회의에서 의결될 때까지 존속하는 것으로 본다. 〈개정 2005.7.28〉 [전문개정 1994.6.28]

제45조(예산결산특별위원회) ① 예산안·기금운용계획안 및 결산(세입세출결산 및 기금결산을 말한다. 이하 같다)을 심사하기 위하여 예산결산특별위원회를 둔다. 〈개정 2003.2.4, 2010.5.28〉
② 예산결산특별위원회의 위원수는 50인으로 한다. 이 경우 그 선임은 교섭단체소속의원수의 비율과 상임위원회의 위원수의 비율에 의하여 각 교섭단체대표의원의 요청으로 의장이 행한다.
③ 예산결산특별위원회의 위원의 임기는 1년으로 한다. 다만, 국회의원총선거후 처음 선임된 위원의 임기는 그 선임된 날부터 개시하여 의원의 임기개시후 1년이 되는 날까지로 하며, 보임 또는 개선된 위원의 임기는 전임자의 잔임기간으로 한다.
④ 예산결산특별위원회의 위원장은 예산결산특별위원회의 위원중에서 임시의장선거의 예에 준하여 본회의에서 선거한다.
⑤ 제44조제2항 및 제3항의 규정은 예산결산특별위원회에 적용되지 아니한다.
⑥ 제41조제3항 내지 제5항, 제48조제1항 후단 및 제2항의 규정은 예산결산특별위원회의 위원장의 선거 및 임기등과 위원의 선임에 관하여 이를 준용한다. [전문개정 2000.2.16]

○ **법 령**

제46조(윤리특별위원회) ① 의원의 자격심사·징계에 관한 사항을 심사하기 위하여 윤리특별위원회를 둔다. 〈개정 2010.5.28〉
② 윤리특별위원회는 위원장 1명을 포함한 15명의 위원으로 구성한다. 〈신설 2011.5.19〉
③ 윤리특별위원회는 의원의 징계에 관한 사항을 심사하기 전에 제46조의2에 따른 윤리심사자문위원회의 의견을 청취하여야 한다. 이 경우 윤리특별위원회는 윤리심사자문위원회의 의견을 존중하여야 한다. 〈신설 2010.5.28, 2011.5.19〉
④ 제44조제2항 및 제3항의 규정은 윤리특별위원회에 적용되지 아니한다. 〈개정 1994.6.28, 2010.5.28, 2011.5.19〉
⑤ 윤리특별위원회의 위원의 임기와 위원장의 임기 및 선거등에 관하여는 제40조제1항 및 제3항, 제41조제2항 내지 제5항의 규정을 준용한다. 〈신설 1994.6.28, 2010.5.28, 2011.5.19〉
⑥ 윤리특별위원회의 구성과 운영에 관하여 이 법에서 정한 사항 외에 필요한 사항은 국회규칙으로 정한다. 〈개정 2011.5.19〉 [본조신설 1991.5.31]

제46조의2(윤리심사자문위원회) ① 의원의 겸직 및 영리업무 종사와 관련된 의장의 자문과 의원 징계에 관한 윤리특별위원회의 자문에 응하기 위하여 윤리특별위원회에 윤리심사자문위원회(이하 이 조에서 "자문위원회"라 한다)를 둔다. 〈개정 2013.8.13〉
② 자문위원회는 위원장 1인을 포함한 8인의 자문위원으로 구성하며, 자문위원은 각 교섭단체대표의원의 추천에 따라 의장이 위촉한다.
③ 각 교섭단체대표의원이 추천하는 자문위원 수는 교섭단체소속의원 수의 비율에 따른다. 이 경우 소속의원 수가 가장 많은 교섭단체대표의원이 추천하는 자문위원 수는 그 밖의 교섭단체대표의원이 추천하는 자문위원 수와 같아야 한다.
④ 자문위원회 위원장은 자문위원 중에서 호선하되, 위원장이 선출될 때까지는 자문위원 중 연장자가 위원장의 직무를 대행한다.
⑤ 의원은 자문위원회의 자문위원이 될 수 없다.
⑥ 그 밖에 자문위원의 자격, 임기 및 자문위원회의 운영에 필요한 사항은 국회규칙으로 정한다. [본조신설 2010.5.28] [시행일 : 2014.2.14]

제46조의3(인사청문특별위원회) ① 국회는 헌법에 의하여 그 임명에 국회의 동의를 요하는 대법원장·헌법재판소장·국무총리·감사원장 및 대법관과 국회에서 선출하는 헌법재판소 재판관 및 중앙선거관리위원회 위원에 대한 임명동의안 또는 의장이 각 교섭단체대표의원과 협의하여 제출한 선출안등을 심사하기 위하여 인사청문특별위원회를 둔다. 다만, 대통령직인수에관한법률 제5조제2항의 규정에 의하여 대통령당선인이 국무총리후보자에 대한 인사청문의 실시를 요청하는 경우에 의장은 각 교섭단체대표의원과 협의하여 그 인사청문을 실시하기 위한 인사청문특별위원회를 둔다. 〈개정 2003.2.4〉
② 인사청문특별위원회의 구성과 운영에 관하여 필요한 사항은 따로 법률로 정한다.
[본조신설 2000.2.16]

제47조(특별위원회의 위원장) ① 특별위원회에 위원장 1인을 두되 위원회에서 호선하고 본회의에 보고한다.
② 특별위원회의 위원장이 선임될 때까지는 위원중 연장자가 위원장의 직무를 대행한다.
③ 특별위원회의 위원장은 그 위원회의 동의를 얻어 그 직을 사임할 수 있다. 다만, 폐회중에는 의장의 허가를 받아 사임할 수 있다. [제45조에서 이동, 종전 제47조는 제49조로 이동 〈1991.5.31〉]

제48조(위원의 선임 및 개선) ① 상임위원은 교섭단체소속의원수의 비율에 의하여 각 교섭단체대표의원의 요청으로 의장이 선임 및 개선한다. 이 경우 각 교섭단체대표의원은 국회의원총선거후 최초의 임시회의

집회일부터 2일 이내에 그리고 국회의원총선거후 처음 선임된 상임위원의 임기가 만료되는 때에는 그 임기만료일 3일 전까지 의장에게 위원의 선임을 요청하여야 하며, 이 기한내에 요청이 없는 때에는 의장이 위원을 선임할 수 있다. 〈개정 2005.7.28〉
② 어느 교섭단체에도 속하지 아니하는 의원의 상임위원선임은 의장이 이를 행한다.
③ 정보위원회의 위원은 의장이 각 교섭단체대표의원으로부터 당해교섭단체소속의원중에서 후보를 추천받아 부의장 및 각 교섭단체대표의원과 협의하여 선임 또는 개선한다. 다만, 각 교섭단체대표의원은 정보위원회의 위원이 된다. 〈개정 1995.3.3, 1998.3.18, 2000.2.16〉
④ 특별위원회의 위원은 제1항 및 제2항의 규정에 따라 의장이 상임위원중에서 선임한다. 이 경우 그 선임은 특별위원회구성결의안이 본회의에서 의결된 날부터 5일 이내에 하여야 한다.
⑤ 위원의 선임이 있은 후 교섭단체소속의원수의 이동이 있을 때에는 의장은 위원회의 교섭단체별 할당수를 변경하여 위원을 개선할 수 있다.
⑥ 제1항 내지 제4항의 규정에 의하여 위원을 개선할 때 임시회의 경우에는 회기중 개선될 수 없고, 정기회의 경우에는 선임 또는 개선후 30일 이내에는 개선될 수 없다. 다만, 위원이 질병 등 부득이한 사유로 의장의 허가를 받은 경우에는 그러하지 아니하다. 〈신설 2003.2.4〉
⑦ 의장 및 교섭단체대표의원은 의원을 상임위원회의 위원으로 선임하는 것이 공정을 기할 수 없는 현저한 사유가 있다고 인정하는 때에는 해당 상임위원회의 위원으로 선임하거나 선임을 요청하여서는 아니 된다. 〈개정 2013.8.13〉 [전문개정 1994.6.28] [시행일 : 2014.2.14]

제49조(위원장의 직무) ① 위원장은 위원회를 대표하고 의사를 정리하며, 질서를 유지하고 사무를 감독한다.
② 위원장은 위원회의 의사일정과 개회일시를 간사와 협의하여 정한다.
[제47조에서 이동, 종전 제49조는 제51조로 이동 〈1991.5.31〉]

제50조(간사) ① 위원회에 각 교섭단체별로 간사 1인을 둔다.
② 간사는 위원회에서 호선하고 이를 본회의에 보고한다.
③ 위원장이 사고가 있을 때에는 위원장이 지정하는 간사가 위원장의 직무를 대리한다.
④ 위원장이 궐위된 때에는 소속의원수가 많은 교섭단체소속인 간사의 순으로 위원장의 직무를 대리한다.
⑤ 위원장이 위원회의 개회 또는 의사진행을 거부·기피하거나 제3항의 규정에 의한 직무대리자를 지정하지 아니하여 위원회가 활동하기 어려운 때에는 위원장이 소속하지 아니하는 교섭단체소속의 간사중에서 소속의원수가 많은 교섭단체소속인 간사의 순으로 위원장의 직무를 대행한다. 〈신설 1990.6.29〉
[제48조에서 이동, 종전 제50조는 제52조로 이동 〈1991.5.31〉]

제51조(위원회의 제안) ① 위원회는 그 소관에 속하는 사항에 관하여 법률안 기타 의안을제출할 수 있다.
② 제1항의 의안은 위원장이 제출자가 된다.
[제49조에서 이동, 종전 제51조는 제54조로 이동 〈1991.5.31〉]

제52조(위원회의 개회) 위원회는 본회의의 의결이 있거나 의장 또는 위원장이 필요하다고 인정할 때, 재적위원 4분의 1 이상의 요구가 있을 때에 개회한다. [전문개정 1994.6.28]

제53조(폐회중 상임위원회의 정례회의) ① 상임위원회(국회운영위원회를 제외한다. 이하 이 조에서 같다)는 폐회중 최소한 월 2회 정례적으로 개회(이하 "정례회의"라 한다)한다. 다만, 정보위원회는 최소한 월 1회로 한다.
② 상임위원회는 정례회의의 개회일을 위원회의 의결로 정하되, 1회는 미리 그 개회 주·요일을 지정하여 자동 개회한다. 〈개정 1997.1.13〉
③ 정례회의는 당해 상임위원회에 계류중인 법률안 및 청원 기타 안건과 주요현안등을 심사한다.

○ **법 령**

④ 상임위원회가 정례회의 당일의 의사일정을 마치지 못한 경우에는 위원장이 간사와 협의하거나 위원회의 의결로 회의를 연장할 수 있다. [전문개정 1994.6.28]

제54조(위원회의 의사·의결정족수) 위원회는 재적위원 5분의 1 이상의 출석으로 개회하고, 재적위원 과반수의 출석과 출석위원 과반수의 찬성으로 의결한다. 〈개정 1997.1.13〉

[제51조에서 이동, 종전 제54조는 제57조로 이동 〈1991.5.31〉]

제54조의2(정보위원회에 대한 특례) ① 정보위원회의 회의는 공개하지 아니한다. 다만, 공청회 또는 제65조의2의 규정에 의한 인사청문회를 실시하는 경우에는 위원회의 의결로 이를 공개할 수 있다. 〈개정 2005.7.28〉

② 정보위원회의 위원 및 소속공무원(의원보조직원을 포함한다. 이하 이 조에서 같다)은 직무수행상 알게 된 국가기밀에 속하는 사항을 공개하거나 타인에게 누설하여서는 아니된다.

③ 정보위원회의 활동을 보좌하는 소속공무원에 대하여는 국가정보원장에게 신원조사를 의뢰하여야 한다. 〈개정 2000.2.16〉

④ 이 법에 정한 외에 정보위원회의 구성과 운영등에 관하여 필요한 사항은 국회규칙으로 정한다.

[본조신설 1994.6.28]

제55조(위원회에서의 방청등) ① 위원회에서는 의원이 아닌 자는 위원장의 허가를 받아 방청할 수 있다.

② 위원장은 질서를 유지하기 위하여 필요한 때에는 방청인의 퇴장을 명할 수 있다.

[제52조에서 이동, 종전 제55조는 제58조로 이동 〈1991.5.31〉]

제56조(본회의중 위원회의 개회) 위원회는 본회의의 의결이 있거나 의장이 필요하다고 인정하여 각 교섭단체대표의원과 협의한 경우를 제외하고는 본회의중에는 개회할 수 없다. 다만, 국회운영위원회는 그러하지 아니하다.

[제53조에서 이동, 종전 제56조는 제60조로 이동 〈1991.5.31〉]

제57조(소위원회) ① 위원회는 특정한 안건의 심사를 위하여 소위원회를 둘 수 있다.

② 상임위원회(정보위원회를 제외한다)는 그 소관사항을 분담·심사하기 위하여 상설소위원회를 둘 수 있다. 이 경우 상설소위원회에 대하여 국회규칙으로 정하는 바에 따라 필요한 인원 및 예산 등을 지원할 수 있다. 〈개정 2000.2.16, 2005.7.28, 2012.5.25〉

③ 상설소위원회의 위원장은 위원회에서 소위원회의 위원중에서 선출하고 이를 본회의에 보고하며, 소위원회의 위원장이 사고가 있을 때에는 소위원회의 위원장이 소위원회의 위원중에서 지정하는 위원이 그 직무를 대리한다.

④ 소위원회의 활동은 위원회가 의결로 정하는 범위에 한한다.

⑤ 소위원회의 회의는 공개한다. 다만, 소위원회의 의결로 공개하지 아니할 수 있다. 〈신설 2000.2.16〉

⑥ 소위원회는 폐회중에도 활동할 수 있으며 그 의결로 의안의 심사와 직접 관련된 보고 또는 서류의 제출을 정부·행정기관 기타에 대하여 요구할 수 있고, 증인·감정인·참고인의 출석을 요구할 수 있다. 이 경우 그 요구는 위원장의 명의로 한다.

⑦ 소위원회에 관하여는 이 법에서 다르게 정하거나 성질에 반하지 아니하는 한 위원회에 관한 규정이 적용된다. 다만, 소위원회는 축조심사를 생략하여서는 아니된다. 〈개정 2000.2.16〉

⑧ 예산결산특별위원회는 제1항의 소위원회외에 그 심사의 필요에 의하여 이를 수개의 분과위원회로 나눌 수 있다. [전문개정 1991.5.31]

[제54조에서 이동, 종전 제57조는 제61조로 이동 〈1991.5.31〉]

제57조의2(안건조정위원회) ① 위원회는 이견을 조정할 필요가 있는 안건(예산안, 기금운용계획안, 임대형

민자사업 한도액안 및 체계·자구심사를 위하여 법제사법위원회에 회부된 법률안은 제외한다. 이하 이 조에서 같다)을 심사하기 위하여 재적위원 3분의 1 이상의 요구로 안건조정위원회(이하 이 조에서 "조정위원회"라 한다)를 구성하고 해당 안건을 제58조제1항에 따른 대체토론이 끝난 후 조정위원회에 회부한다. 다만, 조정위원회를 거친 안건에 대하여는 그 심사를 위한 조정위원회를 구성하지 못한다.
② 조정위원회의 활동기한은 그 구성일부터 90일로 한다. 다만, 위원장은 조정위원회를 구성할 때 간사와 합의하여 90일을 넘지 아니하는 범위에서 따로 정할 수 있다.
③ 조정위원회는 조정위원회의 위원장(이하 이 조에서 "조정위원장"이라 한다) 1명을 포함한 6명의 조정위원회의 위원(이하 이 조에서 "조정위원"이라 한다)으로 구성한다.
④ 제3항에 따라 조정위원회를 구성하는 경우에는 소속 의원수가 가장 많은 교섭단체(이하 이 조에서 "제1교섭단체"라 한다)에 속하는 조정위원의 수와 제1교섭단체에 속하지 아니하는 조정위원의 수를 같게 한다. 다만, 제1교섭단체가 둘 이상인 경우에는 각 교섭단체에 속하는 조정위원 및 어느 교섭단체에도 속하지 아니하는 조정위원의 수를 위원장이 간사와 합의하여 정한다.
⑤ 조정위원은 소속 위원 중에서 위원장이 간사와 협의하여 선임하고, 조정위원장은 조정위원회에서 제1교섭단체 소속 조정위원 중에서 선출하여 위원장이 이를 의장에게 보고한다.
⑥ 조정위원회는 제1항에 따라 회부된 안건에 대한 조정안을 재적 조정위원 3분의 2 이상의 찬성으로 의결한다. 이 경우 조정위원장은 의결된 조정안을 지체 없이 위원회에 보고한다.
⑦ 조정위원회에서 조정안을 의결한 안건에 대하여는 소위원회의 심사를 거친 것으로 보며, 위원회는 조정위원회의 조정안이 의결된 날부터 30일 이내에 그 안건을 표결한다.
⑧ 조정위원회에서 그 활동기한 내에 안건이 조정되지 아니하거나 조정안이 부결된 경우에는 조정위원장은 심사경과를 위원회에 보고하여야 한다. 이 경우 위원장은 해당 안건(소위원회의 심사를 마친 안건은 제외한다)을 소위원회에 회부한다.
⑨ 제85조의2제2항에 따른 신속처리대상안건을 심사하는 조정위원회는 그 안건이 같은 조 제4항 또는 제5항에 따라 법제사법위원회에 회부되거나 바로 본회의에 부의된 것으로 보는 때에는 제2항에 따른 활동기한에도 불구하고 그 활동을 종료한다.
⑩ 조정위원회에 관하여는 이 법에서 다르게 정하거나 성질에 반하지 아니하는 한 위원회 또는 소위원회에 관한 규정을 준용한다. [본조신설 2012.5.25]

제58조(위원회의 심사) ① 위원회는 안건을 심사함에 있어서 먼저 그 취지의 설명과 전문위원의 검토보고를 듣고 대체토론(안건 전체에 대한 문제점과 당부에 관한 일반적 토론을 말하며 제안자와의 질의·답변을 포함한다)과 축조심사 및 찬반토론을 거쳐 표결한다. 〈개정 2000.2.16〉
② 상임위원회는 안건을 심사함에 있어서 제57조제2항의 규정에 의한 상설소위원회에 회부하여 이를 심사·보고하도록 한다. 다만, 필요한 경우 제57조제1항의 규정에 의한 소위원회에 이를 회부할 수 있다. 〈신설 2000.2.16〉
③ 위원회가 안건을 소위원회에 회부하고자 하는 때에는 제1항의 규정에 의한 대체토론이 끝난 후가 아니면 회부할 수 없다.
④ 제1항 및 제3항의 규정에 불구하고 소위원회에 회부되어 심사 중인 안건과 직접 관련된 안건이 위원회에 새로이 회부된 경우 위원장이 간사와 협의를 거쳐 필요하다고 인정하는 때에는 이를 바로 해당 소위원회에 회부하여 함께 심사하게 할 수 있다. 〈신설 2005.7.28〉
⑤ 제1항의 규정에 의한 축조심사는 위원회의 의결로 이를 생략할 수 있다. 다만, 제정법률안 및 전부개정법률안에 대하여는 그러하지 아니하다. 〈신설 2000.2.16, 2005.7.28〉

◎ 법 령

⑥ 위원회는 제정법률안 및 전부개정법률안에 대하여는 공청회 또는 청문회를 개최하여야 한다. 다만, 위원회의 의결로 이를 생략할 수 있다. 〈신설 2000.2.16, 2005.7.28〉
⑦ 위원회는 안건이 예산상의 조치를 수반하는 경우에는 정부의 의견을 들어야 한다.
⑧ 제1항의 규정에 의한 전문위원의 검토보고서는 특별한 사정이 없는 한 당해 안건의 위원회상정일 48시간전까지 소속위원에게 배부되어야 한다.
⑨ 제5항 단서 및 제6항의 규정은 법제사법위원회의 체계·자구심사에 있어서는 이를 적용하지 아니한다. 〈신설 2000.2.16, 2005.7.28〉 [전문개정 1994.6.28]
제59조(의안의 상정시기) 위원회는 의안(예산안, 기금운용계획안 및 임대형 민자사업 한도액안은 제외한다. 이하 이 조에서 같다)이 그 위원회에 회부된 날부터 다음 각 호의 구분에 따른 기간이 경과하지 아니한 때에는 이를 상정할 수 없다. 다만, 긴급하고 불가피한 사유로 위원회의 의결이 있는 경우에는 그러하지 아니하다.
1. 일부개정법률안 : 15일
2. 제정법률안, 전부개정법률안 및 폐지법률안 : 20일
3. 체계·자구심사를 위하여 법제사법위원회에 회부된 법률안 : 5일
4. 법률안 외의 의안 : 20일 [전문개정 2012.5.25]
제59조의2(의안의 자동상정) 위원회에 회부되어 상정되지 아니한 의안(예산안, 기금운용계획안 및 임대형 민자사업 한도액안은 제외한다)은 제59조 각 호의 구분에 따른 기간이 경과한 후 30일이 경과한 날 이후 처음으로 개회하는 위원회에 상정된 것으로 본다. 다만, 위원장이 간사와 합의하는 경우에는 그러하지 아니하다. [본조신설 2012.5.25]
제60조(위원의 발언) ① 위원은 위원회에서 동일의제에 대하여 회수 및 시간등에 제한없이 발언할 수 있다. 다만, 위원장은 발언을 원하는 위원이 2인 이상일 경우에는 간사와 협의하여 15분의 범위안에서 각 위원의 첫번째 발언시간을 균등하게 정하여야 한다. 〈개정 1994.6.28〉
② 위원회에서의 질의는 일문일답의 방식으로 한다. 다만, 위원회의 의결이 있는 경우 일괄질의의 방식으로 할 수 있다. 〈개정 1997.1.13〉
[제56조에서 이동, 종전 제60조는 제64조로 이동 〈1991.5.31〉]
제61조(위원 아닌 의원의 발언청취) 위원회는 안건에 관하여 위원 아닌 의원의 발언을 들을 수 있다.
[제57조에서 이동, 종전 제61조는 제65조로 이동 〈1991.5.31〉]
제62조(비공개회의록등의 열람과 대출금지) 위원장은 의원으로부터 비공개회의록 기타 비밀참고자료의 열람의 요구가 있을 때에는 심사·감사 또는 조사에 지장이 없는 한 이를 허용하여야 한다. 그러나 국회 밖으로는 대출하지 못한다.
[제58조에서 이동, 종전 제62조는 제66조로 이동 〈1991.5.31〉]
제63조(연석회의) ① 소관위원회는 다른 위원회와 협의하여 연석회의를 열고 의견을 교환할 수 있다. 그러나 표결은 할 수 없다.
② 연석회의를 열고자 하는 위원회는 위원장이 부의할 안건명과 이유를 서면으로 제시하여 다른 위원회의 위원장에게 요구하여야 한다.
③ 연석회의는 안건의 소관위원회의 회의로 한다.
④ 세입예산과 관련있는 법안을 회부받은 위원회는 예산결산특별위원회위원장의 요청이 있을 때에는 연석회의를 열어야 한다.
[제59조에서 이동, 종전 제63조는 제67조로 이동 〈1991.5.31〉]

제63조의2(전원위원회) ① 국회는 위원회의 심사를 거치거나 위원회가 제안한 의안중 정부조직에 관한 법률안, 조세 또는 국민에게 부담을 주는 법률안등 주요의안의 본회의상정전이나 본회의상정후에 재적의원 4분의 1 이상의 요구가 있는 때에는 그 심사를 위하여 의원전원으로 구성되는 전원위원회를 개회할 수 있다. 다만, 의장은 주요의안의 심의등 필요하다고 인정하는 경우 각 교섭단체대표의원의 동의를 얻어 전원위원회를 개회하지 아니할 수 있다.
② 전원위원회는 제1항의 규정에 의한 의안에 대한 수정안을 제출할 수 있다. 이 경우 당해수정안은 전원위원장이 제출자가 된다.
③ 전원위원회에 위원장 1인을 두되 의장이 지명하는 부의장으로 한다.
④ 전원위원회는 제54조의 규정에 불구하고 재적위원 5분의 1 이상의 출석으로 개회하고, 재적위원 4분의 1 이상의 출석과 출석위원 과반수의 찬성으로 의결한다.
⑤ 삭제 〈2005.7.28〉
⑥ 기타 전원위원회운영에 관하여 필요한 사항은 국회규칙으로 정한다.
[본조신설 2000.2.16]

제64조(공청회) ① 위원회(소위원회를 포함한다. 이하 이 조에서 같다)는 중요한 안건 또는 전문지식을 요하는 안건을 심사하기 위하여 그 의결 또는 재적위원 3분의 1 이상의 요구로 공청회를 열고 이해관계자 또는 학식·경험이 있는 자등(이하 "진술인"이라 한다)으로부터 의견을 들을 수 있다. 다만, 제정법률안 및 전부개정법률안의 경우에는 제58조제6항의 규정에 의한다. 〈개정 2000.2.16, 2005.7.28〉
② 위원회에서 공청회를 열 때에는 안건·일시·장소·진술인·경비 기타 참고사항을 기재한 문서로 의장에게 보고하여야 한다.
③ 진술인의 선정과 진술인 및 위원의 발언시간은 위원회에서 정하며, 진술인의 발언은 그 의견을 듣고자 하는 안건의 범위를 넘어서는 아니된다. 〈개정 1994.6.28〉
④ 위원회가 주관하는 공청회는 그 위원회의 회의로 한다.
⑤ 기타 공청회운영에 필요한 사항은 국회규칙으로 정한다.
[제60조에서 이동, 종전 제64조는 제68조로 이동 〈1991.5.31〉]

제65조(청문회) ① 위원회(소위원회를 포함한다. 이하 이 조에서 같다)는 중요한 안건의 심사와 국정감사 및 국정조사에 필요한 경우 증인·감정인·참고인으로부터 증언·진술의 청취와 증거의 채택을 위하여 그 의결로 청문회를 열 수 있다. 〈개정 2000.2.16, 2011.5.19〉
② 제1항의 규정에 불구하고 법률안의 심사를 위한 청문회의 경우에는 재적위원 3분의 1 이상의 요구로 개회할 수 있다. 다만, 제정법률안 및 전부개정법률안의 경우에는 제58조제6항의 규정에 의한다. 〈개정 2000.2.16, 2005.7.28〉
③ 위원회는 청문회개회 5일전에 안건·일시·장소·증인등 필요한 사항을 공고하여야 한다. 〈개정 2000.2.16〉
④ 청문회는 공개한다. 다만, 위원회의 의결로 청문회의 전부 또는 일부를 공개하지 아니할 수 있다.
⑤ 위원회는 필요한 경우 국회사무처, 국회예산정책처 또는 국회입법조사처 소속 공무원이나 교섭단체의 정책연구위원을 지정하거나 전문가를 위촉하여 청문회에 필요한 사전조사를 실시하게 할 수 있다. 〈신설 2000.2.16, 2011.5.19〉
⑥ 청문회에서의 발언·감정 등에 대하여 이 법에서 정한 것을 제외하고는 국회에서의 증언·감정등에관한법률에 따른다.
⑦ 제64조제2항 내지 제4항의 규정은 청문회에 준용한다.

○ 법 령

⑧ 기타 청문회운영에 필요한 사항은 국회규칙으로 정한다.
[제61조에서 이동, 종전 제65조는 제69조로 이동 〈1991.5.31〉]
제65조의2(인사청문회) ① 제46조의3의 규정에 의한 심사 또는 인사청문을 위하여 인사에 관한 청문회(이하 "인사청문회"라 한다)를 연다. 〈개정 2003.2.4〉
② 상임위원회는 다른 법률에 따라 다음 각 호의 어느 하나에 해당하는 공직후보자에 대한 인사청문 요청이 있는 경우 인사청문을 실시하기 위하여 각각 인사청문회를 연다. 〈개정 2007.12.14, 2008.2.29, 2012.3.21〉
 1. 대통령이 각각 임명하는 헌법재판소 재판관·중앙선거관리위원회 위원·국무위원·방송통신위원회 위원장·국가정보원장·공정거래위원회 위원장·금융위원회 위원장·국가인권위원회 위원장·국세청장·검찰총장·경찰청장·합동참모의장 또는 한국은행 총재의 후보자
 2. 대통령당선인이「대통령직인수에 관한 법률」제5조제1항에 따라 지명하는 국무위원후보자
 3. 대법원장이 각각 지명하는 헌법재판소 재판관 또는 중앙선거관리위원회 위원의 후보자
③ 상임위원회가 구성되기 전(국회의원총선거 후 또는 상임위원장의 임기만료 후에 제41조제2항에 따라 상임위원장이 선출되기 전을 말한다)에 제2항 각 호의 어느 하나에 해당하는 공직후보자에 대한 인사청문 요청이 있는 경우에는 제44조제1항에 따라 구성되는 특별위원회에서 인사청문을 실시할 수 있다. 이 경우 특별위원회의 설치·구성은 의장이 각 교섭단체대표의원과 협의하여 제의하며, 위원의 선임에 관하여는 제48조제4항을 적용하지 아니하고「인사청문회법」제3조제3항 및 제4항을 준용한다. 〈신설 2010.5.28〉
④ 제3항에 따라 실시한 인사청문은 소관 상임위원회의 인사청문회로 본다. 〈신설 2010.5.28〉
⑤ 헌법재판소 재판관 후보자가 헌법재판소장 후보자를 겸하는 경우 제2항제1호의 규정에 불구하고 제1항의 규정에 따른 인사청문특별위원회의 인사청문회를 연다. 이 경우 제2항의 규정에 따른 소관상임위원회의 인사청문회를 겸하는 것으로 본다. 〈신설 2006.12.30, 2007.12.14, 2010.5.28〉
⑥ 인사청문회의 절차 및 운영등에 관하여 필요한 사항은 따로 법률로 정한다.
〈개정 2006.12.30, 2010.5.28〉 [본조신설 2000.2.16]
제66조(심사보고서의 제출) ① 위원회는 안건의 심사를 마친 때에는 심사경과와 결과 기타 필요한 사항을 서면으로 의장에게 보고하여야 한다.
② 제1항의 보고서에는 소수의견의 요지 및 관련위원회의 의견요지를 기재하여야 한다. 〈개정 1991.5.31〉
③ 의장은 보고서가 제출된 때에는 본회의에서 의제가 되기 전에 인쇄하거나 전산망에 입력하는 방법으로 의원에게 배부한다. 다만, 긴급을 요할 때에는 이를 생략할 수 있다. 〈개정 2011.5.19〉
[제62조에서 이동, 종전 제66조는 제71조로 이동 〈1991.5.31〉]
제67조(위원장의 보고) ① 위원장은 소관위원회에서 심사를 마친 안건이 본회의에서 의제가 된 때에는 위원회의 심사경과 및 결과와 소수의견 및 관련위원회의 의견등 필요한 사항을 본회의에 보고한다.
〈개정 1991.5.31〉
② 위원장은 다른 위원으로 하여금 제1항의 보고를 하게 할 수 있다.
③ 위원장은 소위원회의 위원장 또는 간사로 하여금 보충보고를 하게 할 수 있다.
④ 위원장이 제1항의 보고를 할 때에는 자기의 의견을 가할 수 없다.
[제63조에서 이동, 종전 제67조는 제72조로 이동 〈1991.5.31〉]
제68조(소위원회위원장의 보고) 소위원회에서 심사를 마친 때에는 소위원회의 위원장은 그 심사경과와 결과를 위원회에 보고한다. 이 경우 소위원회의 위원장은 심사보고서에 소위원회의 회의록 또는 그 요지

를 첨부하여야 한다. 〈개정 1994.6.28〉
[제64조에서 이동, 종전 제68조는 제73조로 이동 〈1991.5.31〉]
제69조(위원회회의록) ① 위원회는 위원회회의록을 작성하고 다음 사항을 기재한다. 〈개정 2005.7.28〉
1. 개의·회의중지와 산회의 일시
2. 의사일정
3. 출석위원의 수 및 성명
4. 출석한 위원 아닌 의원의 성명
5. 출석한 국무위원·정부위원 또는 증인·감정인·참고인·진술인의 성명
6. 심사안건명
7. 의사
8. 표결수
9. 위원장의 보고
10. 위원회에서 종결되거나 본회의에 부의할 필요가 없다고 결정된 안건명과 그 내용
11. 기타 위원회 또는 위원장이 필요하다고 인정하는 사항
② 위원회의 의사는 속기방법으로 이를 기록한다. 〈개정 2000.2.16〉
③ 위원회회의록에는 위원장 또는 위원장을 대리한 간사가 서명·날인한다.
④ 소위원회의 회의록에 관하여는 제1항 내지 제3항의 규정을 준용한다. 〈개정 1991.5.31, 2000.2.16, 2005.7.28〉
[제65조에서 이동, 종전 제69조는 제74조로 이동 〈1991.5.31〉]
제70조(위원회의 문서관리와 발간) ① 위원회에 제출된 보고서 또는 서류등은 당해 위원회의 문서로 한다.
② 위원장은 문서의 종류 기타 성질등을 고려하여 다른 서류와 분리하여 이를 보관하여야 한다.
③ 위원은 당해 위원회의 문서를 열람하거나 비밀이 아닌 문서를 복사할 수 있다. 다만, 위원장의 허가가 있는 경우에는 위원 아닌 의원도 또한 같다.
④ 위원장이 필요하다고 인정하거나 위원회의 의결이 있는 경우에는 당해 위원회의 공청회 또는 청문회 등의 경과 및 결과나 보관중인 문서를 발간하여 의원에게 배부하고 일반에게 반포할 수 있다.
⑤ 위원회에서 생산되거나 위원회에 제출된 비밀문건의 보안관리에 관하여 이 법에서 정한 사항외에는 국회운영위원회의 동의를 얻어 의장이 이를 정한다. 〈신설 1994.6.28〉
⑥ 기타 위원회의 문서보관에 필요한 사항은 위원장이 정한다. [본조신설 1991.5.31]
[종전 제70조는 제75조로 이동 〈1991.5.31〉]
제71조(준용규정) 위원회에 관하여는 이 장에 규정한 외에 제6장 및 제7장의 규정을 준용한다. 그러나 위원회에서의 동의는 특별히 다수의 찬성자를 요하는 규정에 불구하고 동의자외 1인이상의 찬성으로 의제가 될 수 있으며 표결에 있어서는 거수로 표결할 수 있다.
[제66조에서 이동, 종전 제71조는 제76조로 이동 〈1991.5.31〉]

제6장 회 의
제1절 개의·산회와 의사일정

제72조(개의) 본회의는 오후 2시(토요일은 오전 10시)에 개의한다. 다만, 의장은 각 교섭단체대표의원과 협의하여 그 개의시를 변경할 수 있다. [전문개정 1994.6.28]
제73조(의사정족수) ① 본회의는 재적의원 5분의 1 이상의 출석으로 개의한다. 〈개정 1997.1.13〉

○ **법 령**

② 의장은 제72조의 규정에 의한 개의시로부터 1시간이 경과할 때까지 제1항의 정족수에 달하지 못할 때에는 유회를 선포할 수 있다. 〈개정 1991.5.31〉
③ 회의중 제1항의 정족수에 달하지 못할 때에는 의장은 회의의 중지 또는 산회를 선포한다. 다만, 의장은 교섭단체대표의원이 의사정족수의 충족을 요청하는 경우외에는 효율적인 의사진행을 위하여 회의를 계속할 수 있다. 〈개정 2000.2.16〉
[제68조에서 이동, 종전 제73조는 제78조로 이동 〈1991.5.31〉]

제74조(산회) ① 의사일정에 올린 안건의 의사가 끝났을 때에는 의장은 산회를 선포한다. 〈개정 2010.5.28〉
② 산회를 선포한 당일에는 회의를 다시 개의할 수 없다. 다만, 내우·외환·천재·지변 또는 중대한 재정·경제상의 위기, 국가의 안위에 관계되는 중대한 교전상태나 전시·사변 또는 이에 준하는 국가비상사태의 경우로서 의장이 각 교섭단체대표의원과 합의한 때에는 그러하지 아니하다. 〈신설 2010.5.28〉
[제69조에서 이동, 종전 제74조는 제79조로 이동 〈1991.5.31〉]

제75조(회의의 공개) ① 본회의는 공개한다. 다만, 의장의 제의 또는 의원 10인 이상의 연서에 의한 동의로 본회의의 의결이 있거나 의장이 각 교섭단체대표의원과 협의하여 국가의 안전보장을 위하여 필요하다고 인정할 때에는 공개하지 아니할 수 있다.
② 제1항 단서에 의한 제의나 동의에 대하여는 토론을 하지 아니하고 표결한다.
[제70조에서 이동, 종전 제75조는 제81조로 이동 〈1991.5.31〉]

제76조(의사일정의 작성) ① 의장은 본회의에 부의요청된 안건의 목록을 그 순서에 따라 작성하고 이를 매주 공표하여야 한다. 〈신설 2000.2.16〉
② 의장은 회기 중 본회의 개의일시 및 심의대상 안건의 대강을 기재한 회기 전체 의사일정과 본회의 개의시간 및 심의대상 안건의 순서를 기재한 당일 의사일정을 작성한다. 〈개정 2005.7.28〉
③ 제2항의 규정에 따른 의사일정 중 회기 전체 의사일정의 작성에 있어서는 국회운영위원회와 협의하되, 협의가 이루어지지 아니할 때에는 의장이 이를 결정한다. 〈개정 2005.7.28〉
④ 의장은 제2항 및 제3항의 규정에 의하여 작성한 의사일정을 지체 없이 의원에게 통지하고 전산망 등을 통하여 공표한다. 〈신설 2005.7.28〉
⑤ 의장은 특히 긴급을 요한다고 인정할 때에는 회의의 일시만을 의원에게 통지하고 개의할 수 있다.
[제71조에서 이동, 종전 제76조는 제82조로 이동 〈1991.5.31〉]

제77조(의사일정의 변경) 의원 20인 이상의 연서에 의한 동의로 본회의의 의결이 있거나의장이 각 교섭단체대표의원과 협의하여 필요하다고 인정할 때에는 의장은 회기 전체 의사일정의 일부를 변경하거나 당일 의사일정의 안건 추가 및 순서 변경을 할 수 있다. 이 경우 의원의 동의에는 이유서를 첨부하여야 하며, 그 동의에 대하여는 토론을 하지 아니하고 표결한다. 〈개정 2005.7.28〉
[제72조에서 이동, 종전 제77조는 제84조로 이동 〈1991.5.31〉]

제78조(의사일정의 미료안건) 의장은 의사일정에 올린 안건에 대하여 회의를 열지 못하였거나 회의를 마치지 못한 때에는 다시 그 일정을 정한다.
[제73조에서 이동, 종전 제78조는 제85조로 이동 〈1991.5.31〉]

제2절 발의·위원회회부·철회와 번안

제79조(의안의 발의 또는 제출) ① 의원은 10인 이상의 찬성으로 의안을 발의할 수 있다. 〈개정 2003.2.4〉
② 의안을 발의하는 의원은 그 안을 갖추고 이유를 붙여 소정의 찬성자와 연서하여 이를 의장에게 제출하여야 한다. 〈개정 2005.7.28〉

③ 의원이 법률안을 발의하는 때에는 발의의원과 찬성의원을 구분하되, 당해 법률안에 대하여 그 제명의 부제로 발의의원의 성명을 기재한다. 다만, 발의의원이 2인 이상인 경우에는 대표발의의원 1인을 명시하여야 한다. 〈신설 2000.2.16〉
④ 의원이 발의한 법률안중 국회에서 의결된 제정법률안 또는 전부개정법률안을 공표 또는 홍보하는 경우에는 당해 법률안의 부제를 함께 표기할 수 있다. 〈신설 2000.2.16, 2005.7.28〉
[제74조에서 이동, 종전 제79조는 제86조로 이동 〈1991.5.31〉]

제79조의2(의안에 대한 비용추계 자료 등의 제출) ① 의원 또는 위원회가 예산 또는 기금상의 조치를 수반하는 의안을 발의 또는 제안하는 경우에는 그 의안의 시행에 수반될 것으로 예상되는 비용에 대한 추계서를 아울러 제출하여야 한다.
② 정부가 예산 또는 기금상의 조치를 수반하는 의안을 제출하는 경우에는 그 의안의 시행에 수반될 것으로 예상되는 비용에 대한 추계서와 이에 상응하는 재원조달방안에 관한 자료를 의안에 첨부하여야 한다.
③ 제1항 또는 제2항의 규정에 의한 비용추계 및 재원조달방안에 대한 자료의 작성 및 제출절차 등에 관하여 필요한 사항은 국회규칙으로 정한다. [본조신설 2005.7.28]

제80조(국회공보의 발간) ① 의장은 본회의 또는 위원회의 운영 및 의사일정, 발의 또는 제출되거나 심사 예정인 의안목록, 국회의 주요행사 기타 필요한 사항을 기재한 국회공보를 발간하여 의원에게 배부한다.
② 제1항의 국회공보는 특별한 사정이 없는 한 회기중 매일 발간한다.
③ 삭제 〈2005.7.28〉
④ 국회공보의 발간 및 배부 기타 필요한 사항은 의장이 정한다. 〈개정 2005.7.28〉
[본조신설 1991.5.31]
[종전 제80조는 제87조로 이동 〈1991.5.31〉]
[제목개정 2005.7.28]

제81조(상임위원회 회부) ① 의장은 의안이 발의 또는 제출된 때에는 이를 인쇄하거나 전산망에 입력하는 방법으로 의원에게 배부하고 본회의에 보고하며, 소관상임위원회에 회부하여 그 심사가 끝난 후 본회의에 부의한다. 다만, 폐회 또는 휴회등으로 본회의에 보고할 수 없을 때에는 이를 생략하고 회부할 수 있다. 〈개정 2000.2.16, 2011.5.19〉
② 의장은 안건이 어느 상임위원회의 소관에 속하는지 명백하지 아니할 때에는 국회운영위원회와 협의하여 상임위원회에 회부하되 협의가 이루어지지 아니할 때에는 의장이 소관상임위원회를 결정한다.
③ 의장은 발의 또는 제출된 의안과 직접적인 이해관계를 가지는 위원이 소관상임위원회 재적위원 과반수로 해당 의안의 심사에 공정을 기할 수 없다고 인정하는 경우에는 제1항의 규정에 불구하고 그 의안을 국회운영위원회와 협의하여 다른 위원회에 회부하여 심사하게 할 수 있다. 〈신설 2005.7.28〉
④ 의장은 제1항의 규정에 의하여 의안을 의원에게 배부할 때에는 이를 전산망에 입력하여 의원이 이용할 수 있도록 하여야 한다. 〈신설 1994.6.28〉
[제75조에서 이동, 종전 제81조는 제88조로 이동 〈1991.5.31〉]

제82조(특별위원회 회부) ① 의장은 특히 필요하다고 인정하는 안건에 대하여는 본회의의 의결을 얻어 이를 특별위원회에 회부한다.
② 의장은 특별위원회에 회부된 안건에 관련이 있는 다른 안건을 그 특별위원회에 회부할 수 있다.
[제76조에서 이동, 종전 제82조는 제89조로 이동 〈1991.5.31〉]

제82조의2(입법예고) ① 위원장은 간사와 협의하여 회부된 법률안(체계·자구심사를 위하여 법제사법위원회에 회부된 법률안은 제외한다)에 대하여 그 입법 취지와 주요 내용 등을 국회공보 또는 국회 인터넷

○ **법 령**

홈페이지 등에 게재하는 방법 등으로 입법예고하여야 한다. 다만, 다음 각 호의 어느 하나에 해당하는 경우에는 위원장이 간사와 협의하여 입법예고를 하지 아니할 수 있다.
1. 입법이 긴급을 요하는 경우
2. 입법내용의 성질 또는 그 밖의 사유로 입법예고를 할 필요가 없거나 곤란하다고 판단되는 경우
② 입법예고기간은 10일 이상으로 한다. 다만, 특별한 사정이 있는 경우에는 단축할 수 있다.
③ 입법예고의 시기·방법·절차, 그 밖에 필요한 사항은 국회규칙으로 정한다. [전문개정 2011.5.19]

제83조(관련위원회회부) ① 의장은 소관위원회에 안건을 회부하는 경우에 그 안건이 다른 위원회의 소관사항과 관련이 있다고 인정할 때에는 관련위원회에 이를 회부하되, 소관위원회와 관련위원회를 명시하여야 한다. 안건이 소관위원회에 회부된 후 다른 위원회로부터 회부요청이 있는 경우 필요하다고 인정한 때에도 또한 같다.
② 의장이 제1항의 규정에 의하여 관련위원회에 안건을 회부할 때에는 관련위원회가 소관위원회에 그 의견을 제시할 기간을 정하여야 하며, 필요한 경우 그 기간을 연장할 수 있다.
③ 소관위원회는 관련위원회로부터 특별한 이유없이 제2항의 기간내에 의견의 제시가 없는 경우 바로 심사보고를 할 수 있다.
④ 소관위원회는 관련위원회가 제2항에 따라 제시한 의견을 존중하여야 한다. 〈신설 2010.3.12〉
⑤ 소관위원회는 제2항에 따라 관련위원회가 의견을 제시한 경우 해당 안건에 대한 심사를 마친 때에는 의장에게 심사보고서를 제출하기 전에 해당 관련위원회에 그 내용을 송부하여야 한다.
〈신설 2010.3.12〉 [본조신설 1991.5.31]
[종전 제83조는 제90조로 이동 〈1991.5.31〉]

제83조의2(예산 관련 법률안에 대한 예산결산특별위원회와의 협의) ① 기획재정부 소관에 속하는 재정관련 법률안과 상당한 규모의 예산 또는 기금상의 조치를 수반하는 법률안을 심사하는 소관위원회는 미리 예산결산특별위원회와의 협의를 거쳐야 한다. 〈개정 2010.3.12〉
② 소관위원회의 위원장은 제1항의 규정에 따른 법률안을 심사함에 있어 20일의 범위 이내에서 협의기간을 정하여 예산결산특별위원회에 협의를 요청하여야 한다. 다만, 예산결산특별위원장의 요청에 따라 그 기간을 연장할 수 있다.
③ 소관위원회는 기획재정부 소관에 속하는 재정관련 법률안을 예산결산특별위원회와 협의하여 심사함에 있어서 예산결산특별위원장의 요청이 있는 때에는 연석회의를 열어야 한다. 〈개정 2010.3.12〉
④ 소관위원회는 제1항 내지 제3항의 규정에 따른 협의가 이루어지지 아니하는 경우에는 바로 심사보고를 할 수 있다.
⑤ 제1항의 규정에 따른 상당한 규모의 예산 또는 기금상의 조치를 수반하는 법률안의 범위 등에 관하여 필요한 사항은 국회규칙으로 정한다. [본조신설 2005.7.28]

제84조(예산안·결산의 회부 및 심사) ① 예산안과 결산은 소관상임위원회에 회부하고, 소관상임위원회는 예비심사를 하여 그 결과를 의장에게 보고한다. 이 경우 예산안에 대하여는 본회의에서 정부의 시정연설을 듣는다. 〈개정 1994.6.28〉
② 의장은 예산안과 결산에 제1항의 보고서를 첨부하여 이를 예산결산특별위원회에 회부하고 그 심사가 끝난 후 본회의에 부의한다. 결산의 심사결과 위법 또는 부당한 사항이 있는 때에 국회는 본회의 의결후 정부 또는 해당기관에 변상 및 징계조치 등 그 시정을 요구하고, 정부 또는 해당기관은 시정요구를 받은 사항을 지체없이 처리하여 그 결과를 국회에 보고하여야 한다. 〈개정 2003.2.4〉
③ 예산결산특별위원회의 예산안 및 결산의 심사는 제안설명과 전문위원의 검토보고를 듣고 종합정책질

의, 부별심사 또는 분과위원회심사 및 찬반토론을 거쳐 표결한다. 이 경우 위원장은 종합정책질의를 함에 있어서 간사와 협의하여 각 교섭단체별 대표질의 또는 교섭단체별 질의시간할당등의 방법으로 그 기간을 정한다. 〈신설 1994.6.28〉

④ 정보위원회는 제1항 및 제2항의 규정에 불구하고 국가정보원소관예산안과 결산, 국가정보원법 제3조제1항제5호에 규정된 정보 및 보안업무의 기획·조정 대상부처소관의 정보예산안과 결산에 대한 심사를 하여 그 결과를 해당 부처별 총액으로 하여 의장에게 보고하고, 의장은 정보위원회에서 심사한 예산안과 결산에 대하여 총액으로 예산결산특별위원회에 통보한다. 이 경우 정보위원회의 심사는 예산결산특별위원회의 심사로 본다. 〈신설 1994.6.28, 2000.2.16〉

⑤ 예산결산특별위원회는 소관상임위원회의 예비심사내용을 존중하여야 하며, 소관상임위원회에서 삭감한 세출예산 각항의 금액을 증가하게 하거나 새 비목을 설치할 경우에는 소관상임위원회의 동의를 얻어야 한다. 다만, 새 비목의 설치에 대한 동의요청이 소관상임위원회에 회부되어 그 회부된 때부터 72시간 이내에 동의여부가 예산결산특별위원회에 통지되지 아니한 경우에는 소관상임위원회의 동의가 있는 것으로 본다. 〈신설 1991.5.31, 2002.3.7, 2003.2.4〉

⑥ 의장은 예산안과 결산을 소관상임위원회에 회부할 때에는 심사기간을 정할 수 있으며, 상임위원회가 이유없이 그 기간내에 심사를 마치지 아니한 때에는 이를 바로 예산결산특별위원회에 회부할 수 있다.

⑦ 삭제 〈2003.2.4〉

⑧ 위원회는 세목 또는 세율과 관계있는 법률의 제정 또는 개정을 전제로 하여 미리 제출된 세입예산안은 이를 심사할 수 없다.

[제77조에서 이동, 종전 제84조는 제91조로 이동 〈1991.5.31〉]
[제목개정 1994.6.28]

제84조의2(기금운용계획안의 회부 등) ① 국회는 「국가재정법」 제68조제1항의 규정에 의하여 제출된 기금운용계획안을 회계연도개시 30일전까지 심의·확정한다. 〈개정 2006.10.4〉

② 제1항에 따른 기금운용계획안 및 「국가재정법」 제70조제2항에 따른 기금운용계획변경안의 회부 등에 관하여는 제84조 중 예산안 관련 규정을 준용한다. 〈개정 2010.5.28〉

③ 제2항에 따라 상임위원회가 기금운용계획안 등에 대한 예비심사를 하는 경우(제84조제1항에 따라 결산에 대한 예비심사를 하는 경우를 포함한다) 기금을 운용·관리하는 부처의 소관 상임위원회와 기금사업을 수행하는 부처의 소관 상임위원회가 다를 때에는 기금을 운용·관리하는 부처의 소관 상임위원회는 기금사업을 수행하는 부처의 소관 상임위원회로부터 기금사업에 대한 의견을 들어야 한다. 다만, 기금을 운용·관리하는 부처의 소관 상임위원회의 의결일 전일까지 의견을 제시하지 아니할 경우에는 그러하지 아니하다. 〈신설 2010.3.12, 2010.5.28〉

④ 제3항에 따른 기금사업을 수행하는 부처의 소관 상임위원회는 기금사업에 대한 업무보고를 들은 후 의견을 제시할 수 있다. 〈신설 2010.3.12〉 [본조신설 2001.12.31] [제목개정 2010.5.28]

제84조의3(예산안·기금운용계획안 및 결산에 대한 공청회) 예산결산특별위원회는 예산안·기금운용계획안 및 결산에 대하여 공청회를 개최하여야 한다. 다만, 추가경정예산안·기금운용계획변경안 또는 결산의 경우에는 위원회의 의결로 이를 생략할 수 있다. 〈개정 2011.5.19〉 [본조신설 2005.7.28] [제목개정 2011.5.19]

제84조의4(임대형 민자사업 한도액안의 회부 등) ① 국회는 「사회기반시설에 대한 민간투자법」 제7조의2제1항에 따라 국회에 제출되는 임대형 민자사업 한도액안을 회계연도 개시 30일 전까지 심의·확정한다.

② 제1항에 따른 임대형 민자사업 한도액안의 회부 등에 관하여는 제84조 중 예산안 관련 규정을 준용한다. [본조신설 2010.5.28]

● **법 령**

제85조(심사기간) ① 의장은 다음 각 호의 어느 하나에 해당하는 경우에는 위원회에 회부하는 안건 또는 회부된 안건에 대하여 심사기간을 지정할 수 있다. 이 경우 제1호 또는 제2호에 해당하는 때에는 의장이 각 교섭단체대표의원과 협의하여 해당 호와 관련된 안건에 대하여만 심사기간을 지정할 수 있다. 〈개정 2012.5.25〉
 1. 천재지변의 경우
 2. 전시·사변 또는 이에 준하는 국가비상사태의 경우
 3. 의장이 각 교섭단체대표의원과 합의하는 경우
② 제1항의 경우 위원회가 이유없이 그 기간내에 심사를 마치지 아니한 때에는 의장은 중간보고를 들은 후 다른 위원회에 회부하거나 바로 본회의에 부의할 수 있다.
[제78조에서 이동, 종전 제85조는 제92조로 이동 〈1991.5.31〉]

제85조의2(안건의 신속처리) ① 위원회에 회부된 안건(체계·자구심사를 위하여 법제사법위원회에 회부된 안건을 포함한다)을 제2항에 따른 신속처리대상안건으로 지정하고자 하는 경우 의원은 재적의원 과반수가 서명한 신속처리대상안건 지정요구 동의(이하 이 조에서 "신속처리안건지정동의"라 한다)를 의장에게, 안건의 소관 위원회 소속 위원은 소관 위원회 재적위원 과반수가 서명한 신속처리안건지정동의를 소관 위원회 위원장에게 제출하여야 한다. 이 경우 의장 또는 안건의 소관 위원회 위원장은 지체 없이 신속처리안건지정동의를 무기명투표로 표결하되 재적의원 5분의 3 이상 또는 안건의 소관 위원회 재적위원 5분의 3 이상의 찬성으로 의결한다.
② 의장은 제1항 후단에 따라 신속처리안건지정동의가 가결된 때에는 해당 안건을 제3항의 기간 내에 심사를 마쳐야 하는 안건으로 지정하여야 한다. 이 경우 위원회가 전단에 따라 지정된 안건(이하 "신속처리대상안건"이라 한다)에 대한 대안(代案)을 입안한 경우 그 대안을 신속처리대상안건으로 본다.
③ 위원회는 신속처리대상안건에 대한 심사를 그 지정일부터 180일 이내에 마쳐야 한다. 다만, 법제사법위원회는 신속처리대상안건에 대한 체계·자구심사를 그 지정일, 제4항에 따라 회부된 것으로 보는 날 또는 제86조제1항에 따라 회부된 날부터 90일 이내에 마쳐야 한다.
④ 위원회(법제사법위원회는 제외한다)가 신속처리대상안건에 대하여 제3항 본문에 따른 기간 내에 신속처리대상안건의 심사를 마치지 아니한 때에는 그 기간이 종료된 다음 날에 소관 위원회에서 심사를 마치고 체계·자구심사를 위하여 법제사법위원회로 회부된 것으로 본다. 다만, 법률안 및 국회규칙안이 아닌 안건은 바로 본회의에 부의된 것으로 본다.
⑤ 법제사법위원회가 신속처리대상안건(체계·자구심사를 위하여 법제사법위원회에 회부되었거나 제4항 본문에 따라 회부된 것으로 보는 신속처리대상안건을 포함한다)에 대하여 제3항에 따른 기간 내에 심사를 마치지 아니한 때에는 그 기간이 종료한 다음 날에 법제사법위원회에서 심사를 마치고 바로 본회의에 부의된 것으로 본다.
⑥ 제4항 단서 또는 제5항에 따른 신속처리대상안건은 본회의에 부의된 것으로 보는 날부터 60일 이내에 본회의에 상정되어야 한다.
⑦ 제6항에 따라 신속처리대상안건이 60일 이내에 본회의에 상정되지 아니한 때에는 그 기간이 경과한 후 처음으로 개의되는 본회의에 상정된다.
⑧ 의장이 각 교섭단체대표의원과 합의한 경우에는 신속처리대상안건에 대하여 제2항부터 제7항까지를 적용하지 아니한다. [본조신설 2012.5.25]

제85조의3(예산안등 본회의 자동부의 등) ① 위원회는 예산안, 기금운용계획안, 임대형 민자사업 한도액안(이하 "예산안등"이라 한다)과 제4항에 따라 지정된 세입예산안 부수 법률안의 심사를 매년 11월 30일까지 마쳐야 한다.

② 위원회가 예산안등과 제4항에 따라 지정된 세입예산안 부수 법률안(체계·자구심사를 위하여 법제사법위원회에 회부된 법률안을 포함한다)에 대하여 제1항에 따른 기한 내에 심사를 마치지 아니한 때에는 그 다음 날에 위원회에서 심사를 마치고 바로 본회의에 부의된 것으로 본다. 다만, 의장이 각 교섭단체대표의원과 합의한 경우에는 그러하지 아니하다.
③ 의장은 제2항 본문에 따른 법률안 중에 동일 제명의 법률안이 둘 이상일 경우에는 제2항 본문에도 불구하고 소관 위원회 위원장의 의견을 들어 일부 법률안만을 본회의에 부의할 수 있다.
④ 의원 또는 정부가 세입예산안에 부수하는 법률안을 발의 또는 제출하는 경우 세입예산안 부수 법률안 여부를 표시하여야 하고, 의장은 국회예산정책처의 의견을 들어 세입예산안 부수 법률안으로 지정한다.
⑤ 위원회가 제4항에 따라 지정된 세입예산안 부수 법률안에 대하여 대안을 입안한 경우에는 그 대안을 제4항에 따라 세입예산안 부수 법률안으로 지정된 것으로 본다. [본조신설 2012.5.25]
[시행일 : 2014.5.30]

제86조(체계·자구의 심사) ① 위원회에서 법률안의 심사를 마치거나 입안한 때에는 법제사법위원회에 회부하여 체계와 자구에 대한 심사를 거쳐야 한다. 이 경우 법제사법위원장은 간사와 협의하여 그 심사에 있어서 제안자의 취지설명과 토론을 생략할 수 있다.
② 의장은 제1항의 심사에 대하여 다음 각 호의 어느 하나에 해당하는 경우에는 심사기간을 지정할 수 있으며, 법제사법위원회가 이유 없이 그 기간 내에 심사를 마치지 아니한 때에는 바로 본회의에 부의할 수 있다. 이 경우 제1호 또는 제2호에 해당하는 경우에는 의장이 각 교섭단체대표의원과 협의하여 해당 호와 관련된 안건에 대하여만 심사기간을 지정할 수 있다. 〈개정 2012.5.25〉
1. 천재지변의 경우
2. 전시·사변 또는 이에 준하는 국가비상사태의 경우
3. 의장이 각 교섭단체대표의원과 합의하는 경우
③ 제1항의 심사에 대하여 법제사법위원회가 이유 없이 회부된 날부터 120일 이내에 심사를 마치지 아니한 때에는 심사 대상 법률안의 소관 위원회 위원장은 간사와 협의하여 이의가 없는 경우에는 의장에게 해당 법률안의 본회의 부의를 서면으로 요구한다. 다만, 이의가 있는 경우 해당 법률안에 대한 본회의 부의요구 여부를 무기명투표로 표결하되 해당 위원회 재적위원 5분의 3 이상의 찬성으로 의결한다. 〈신설 2012.5.25〉
④ 의장은 제3항에 따른 본회의 부의요구가 있는 때에는 해당 법률안을 각 교섭단체대표의원과 합의하여 바로 본회의에 부의한다. 다만, 제3항에 따른 본회의 부의요구가 있은 날부터 30일 이내에 합의가 이루어지지 아니한 때에는 그 기간이 경과한 후 처음으로 개의되는 본회의에서 해당 법률안에 대한 본회의 부의 여부를 무기명투표로 표결한다. 〈신설 2012.5.25〉
[제79조에서 이동, 종전 제86조는 제93조로 이동 〈1991.5.31〉]

제87조(위원회에서 폐기된 의안) ① 위원회에서 본회의에 부의할 필요가 없다고 결정된 의안은 본회의에 부의하지 아니한다. 그러나 위원회의 결정이 본회의에 보고된 날로부터 폐회 또는 휴회중의 기간을 제외한 7일 이내에 의원 30인 이상의 요구가 있을 때에는 그 의안을 본회의에 부의하여야 한다.
② 제1항 단서의 요구가 없을 때에는 그 의안은 폐기된다.
[제80조에서 이동, 종전 제87조는 제94조로 이동 〈1991.5.31〉]

제88조(위원회의 제출의안) 위원회에서 제출한 의안은 그 위원회에 회부하지 아니한다. 다만, 의장은 국회운영위원회의 의결에 따라 이를 다른 위원회에 회부할 수 있다.
[제81조에서 이동, 종전 제88조는 제95조로 이동 〈1991.5.31〉]

○ 법 령

제89조(동의) 이 법에 다른 규정이 있는 경우를 제외하고 동의는 동의자외 1인 이상의 찬성으로 의제가 된다.
[제82조에서 이동, 종전 제89조는 제96조로 이동 〈1991.5.31〉]

제90조(의안·동의의 철회) ① 의원은 그가 발의한 의안 또는 동의를 철회할 수 있다. 다만, 2인 이상의 의원이 공동으로 발의한 의안 또는 동의에 대하여는 발의의원 2분의 1 이상이 철회의사를 표시하는 때에 철회할 수 있다. 〈개정 2010.3.12〉
② 제1항에도 불구하고 의원이 본회의 또는 위원회에서 의제가 된 의안 또는 동의를 철회할 때에는 본회의 또는 위원회의 동의를 얻어야 한다. 〈신설 2010.3.12〉
③ 정부가 본회의 또는 위원회에서 의제가 된 정부제출의 의안을 수정 또는 철회할 때에는 본회의 또는 위원회의 동의를 얻어야 한다. 〈개정 2010.3.12〉
[제83조에서 이동, 종전 제90조는 제97조로 이동 〈1991.5.31〉]

제91조(번안) ① 본회의에 있어서의 번안동의는 의안을 발의한 의원이 그 의안을 발의할 때의 발의의원 및 찬성의원 3분의 2 이상의 동의로, 정부 또는 위원회가 제출한 의안은 소관위원회의 의결로, 각각 그 안을 갖춘 서면으로 제출하되 재적의원 과반수의 출석과 출석의원 3분의 2 이상의 찬성으로 의결한다. 그러나 의안이 정부에 이송된 후에는 번안할 수 없다.
② 위원회에 있어서의 번안동의는 위원의 동의로 그 안을 갖춘 서면으로 제출하되, 재적위원 과반수의 출석과 출석위원 3분의 2 이상의 찬성으로 의결한다. 그러나, 본회의에 의제가 된 후에는 번안할 수 없다. [전문개정 2000.2.16]

제92조(일사부재의) 부결된 안건은 같은 회기중에 다시 발의 또는 제출하지 못한다.
[제85조에서 이동, 종전 제92조는 제99조로 이동 〈1991.5.31〉]

제3절 의사와 수정

제93조(안건심의) 본회의는 안건을 심의함에 있어서 그 안건을 심사한 위원장의 심사보고를 듣고 질의·토론을 거쳐 표결한다. 다만, 위원회의 심사를 거치지 아니한 안건에 대하여는 제안자가 그 취지를 설명하여야 하고, 위원회의 심사를 거친 안건에 대하여는 의결로 질의와 토론 또는 그중의 하나를 생략할 수 있다.
[제86조에서 이동, 종전 제93조는 제100조로 이동 〈1991.5.31〉]

제93조의2(법률안의 본회의 상정시기) 본회의는 위원회가 법률안에 대한 심사를 마치고 의장에게 그 보고서를 제출한 후 1일을 경과하지 아니한 때에는 이를 의사일정으로 상정할 수 없다. 다만, 의장이 특별한 사유로 각 교섭단체대표의원과의 협의를 거쳐 이를 정한 경우에는 그러하지 아니하다.
〈개정 2012.5.25〉 [본조신설 2002.3.7]

제94조(재회부) 본회의는 위원장의 보고를 받은 후 필요하다고 인정할 때에는 그 의결로 다시 그 안건을 같은 위원회 또는 다른 위원회에 회부할 수 있다.
[제87조에서 이동, 종전 제94조는 제101조로 이동 〈1991.5.31〉]

제95조(수정동의) ① 의안에 대한 수정동의는 그 안을 갖추고 이유를 붙여 의원 30인이상의 찬성자와 연서하여 미리 의장에게 제출하여야 한다. 그러나 예산안에 대한 수정동의는 의원 50인이상의 찬성이 있어야 한다.
② 위원회에서 심사보고한 수정안은 찬성없이 의제가 된다.
③ 위원회는 소관사항외의 안건에 대하여는 수정안을 제출할 수 없다.

국 회 법

④ 의안에 대한 대안은 위원회에서 그 원안을 심사하는 동안에 제출하여야 하며, 의장은 이를 그 위원회에 회부한다.
⑤ 제1항에 따른 수정동의는 원안 또는 위원회에서 심사보고(제51조에 따라 위원회에서 제안하는 경우를 포함한다)한 안의 취지 및 내용과 직접 관련성이 있어야 한다. 다만, 의장이 각 교섭단체대표의원과 합의를 하는 경우에는 그러하지 아니하다. 〈신설 2010.3.12〉
[제88조에서 이동, 종전 제95조는 제102조로 이동 〈1991.5.31〉]

제96조(수정안의 표결순서) ① 동일의제에 대하여 수개의 수정안이 제출된 때에는 의장은 다음 각호에 의하여 표결의 순서를 정한다.
1. 최후로 제출된 수정안부터 먼저 표결한다.
2. 의원의 수정안은 위원회의 수정안보다 먼저 표결한다.
3. 의원의 수정안이 수개 있을 때에는 원안과 차이가 많은 것부터 먼저 표결한다.
② 수정안이 전부 부결된 때에는 원안을 표결한다.
[제89조에서 이동, 종전 제96조는 제103조로 이동 〈1991.5.31〉]

제97조(의안의 정리) 본회의는 의안의 의결이 있은 후 서로 저촉되는 조항·자구·수자 기타의 정리를 필요로 할 때에는 이를 의장 또는 위원회에 위임할 수 있다.
[제90조에서 이동, 종전 제97조는 제104조로 이동 〈1991.5.31〉]

제98조(의안의 이송) ① 국회에서 의결된 의안은 의장이 이를 정부에 이송한다.
② 정부는 대통령이 법률안을 공포한 경우에는 이를 지체없이 국회에 통지하여야 한다. 〈신설 2002.3.7〉
③ 헌법 제53조제6항의 규정에 의하여 대통령이 공포를 하지 아니한 때에는 그 공포기일이 경과한 날로부터 5일이내에 의장이 이를 공포한다. 이 경우에는 대통령에게 통지하여야 한다.
[제91조에서 이동, 종전 제98조는 제105조로 이동 〈1991.5.31〉]

제98조의2(대통령령등의 제출등) ① 중앙행정기관의 장은 법률에서 위임한 사항이나 법률을 집행하기 위하여 필요한 사항을 규정한 대통령령·총리령·부령·훈령·예규·고시등이 제정·개정 또는 폐지된 때에는 10일 이내에 이를 국회 소관상임위원회에 제출하여야 한다. 다만, 대통령령의 경우에는 입법예고를 하는 때(입법예고를 생략하는 경우에는 법제처장에게 심사를 요청하는 때를 말한다)에도 그 입법예고안을 10일 이내에 제출하여야 한다. 〈개정 2002.3.7, 2005.7.28〉
② 제1항의 기간 이내에 이를 제출하지 못한 경우에는 그 이유를 소관상임위원회에 통지하여야 한다. 〈신설 2005.7.28〉
③ 상임위원회는 위원회 또는 상설소위원회를 정기적으로 개회하여 그 소관중앙행정기관이 제출한 대통령령·총리령 및 부령(이하 이 조에서 "대통령령등"이라 한다)에 대하여 법률에의 위반여부등을 검토하여 당해대통령령등이 법률의 취지 또는 내용에 합치되지 아니하다고 판단되는 경우에는 소관중앙행정기관의 장에게 그 내용을 통보할 수 있다. 이 경우 중앙행정기관의 장은 통보받은 내용에 대한 처리계획과 그 결과를 지체 없이 소관상임위원회에 보고하여야 한다. 〈개정 2005.7.28〉
④ 전문위원은 제3항의 규정에 의한 대통령령등을 검토하여 그 결과를 당해위원회 위원에게 제공한다. 〈개정 2005.7.28〉[전문개정 2000.2.16]

제4절 발 언

제99조(발언의 허가) ① 의원이 발언하려고 할 때에는 미리 의장에게 통지하여 허가를 받아야 한다.
② 발언통지를 하지 아니한 의원은 통지를 한 의원의 발언이 끝난 다음 의장의 허가를 받아 발언할 수 있다.

◉ 법 령

③ 의사진행에 관한 발언은 발언요지를 의장에게 미리 통지하여야 하며, 의장은 의제에 직접 관계가 있거나 긴급히 처리할 필요가 있다고 인정되는 것은 즉시 허가하고, 그외의 것은 의장이 그 허가의 시기를 정한다.
[제92조에서 이동, 종전 제99조는 제106조로 이동 〈1991.5.31〉]

제100조(발언의 계속) 발언은 그 도중에 다른 의원의 발언에 의하여 정지되지 아니하며, 산회 또는 회의의 중지로 발언을 마치지 못한 때에는 다시 그 의사가 개시되면 의장은 먼저 발언을 계속하게 한다.
[제93조에서 이동, 종전 제100조는 제107조로 이동 〈1991.5.31〉]

제101조(보충보고) 의장은 위원장 또는 위원장이 지명한 소수의견자가 위원회의 보고를 보충하기 위하여 발언하려고 할 때에는 다른 발언에 우선하여 발언하게 할 수 있다.
[제94조에서 이동, 종전 제101조는 제108조로 이동 〈1991.5.31〉]

제102조(의제외 발언의 금지) 모든 발언은 의제외에 미치거나 허가받은 발언의 성질에 반하여서는 아니된다.
[제95조에서 이동, 종전 제102조는 제109조로 이동 〈1991.5.31〉]

제103조(발언회수의 제한) 의원은 동일의제에 대하여 2회에 한하여 발언할 수 있다. 그러나 질의에 대하여 답변할 때와 위원장·발의자 또는 동의자가 그 취지를 설명할 때에는 그러하지 아니하다.
[제96조에서 이동, 종전 제103조는 제110조로 이동 〈1991.5.31〉]

제104조(발언원칙) ① 정부에 대한 질문외의 의원의 발언시간은 15분을 초과하지 아니하는 범위안에서 의장이 정한다. 다만, 의사진행발언·신상발언 및 보충발언은 5분을, 다른 의원의 발언에 대한 반론발언은 3분을 초과할 수 없다. 〈개정 2000.2.16〉
② 교섭단체를 가진 정당을 대표하는 의원이나 교섭단체의 대표의원이 정당 또는 교섭단체를 대표하여 연설(이하 "교섭단체대표연설"이라 한다) 기타 발언을 할 때에는 40분까지 발언할 수 있다. 이 경우 교섭단체대표연설은 매년 첫번째 임시회와 정기회에서 각 1회 실시하되, 전·후반기 원구성을 위한 임시회의 경우와 의장이 각 교섭단체대표의원과 합의를 하는 경우에는 추가로 각 1회 실시할 수 있다. 〈개정 2003.2.4〉
③ 의장은 각 교섭단체대표의원과 협의하여 동일의제에 대한 총발언시간을 정하여 이를 교섭단체별로 그 소속의원수의 비율에 따라 할당한다. 이 경우 각 교섭단체대표의원은 할당된 시간내에서 발언자수 및 발언자별 발언시간을 정하여 미리 의장에게 통보하여야 한다.
④ 의장은 필요한 경우 제3항의 규정에 불구하고 각 교섭단체대표의원과 협의하여 동일의제에 대하여 교섭단체별로 그 소속의원수의 비율에 따라 발언자수를 정할 수 있다.
⑤ 교섭단체에 속하지 아니하는 의원의 발언시간 및 발언자수는 의장이 각 교섭단체대표의원과 협의하여 정한다.
⑥ 의원이 시간제한으로 발언을 마치지 못한 부분에 대하여는 의장이 인정하는 범위안에서 이를 회의록에 게재할 수 있다. [전문개정 1994.6.28]

제105조(5분자유발언) ① 의장은 본회의가 개의되는 경우 그 개의시부터 1시간을 초과하지 아니하는 범위내에서 의원에게 국회가 심의중인 의안과 청원 기타 중요한 관심사안에 대한 의견을 발표할 수 있도록 하기 위하여 5분 이내의 발언(이하 "5분자유발언"이라 한다)을 허가할 수 있다. 다만, 의장은 당일 본회의에서 심의할 의안이 다수 있는 등 효율적인 의사진행을 위하여 필요하다고 인정하는 경우에는 각 교섭단체대표의원과 협의하여 개의중에 이를 허가할 수 있다. 〈개정 1997.1.13, 2000.2.16〉
② 5분자유발언을 하고자 하는 의원은 늦어도 본회의개의 4시간전까지 그 발언취지를 간략히 기재하여 의장에게 신청하여야 한다. 〈개정 1997.1.13, 2000.2.16〉

③ 5분자유발언의 발언자수와 발언순서는 교섭단체별 소속의원수의 비율을 고려하여 의장이 각 교섭단체대표의원과 협의하여 정한다. 〈개정 1997.1.13〉 [전문개정 1994.6.28]
[제목개정 1997.1.13]

제106조(토론의 통지) ① 의사일정에 올린 안건에 대하여 토론하고자 하는 의원은 미리 반대 또는 찬성의 뜻을 의장에게 통지하여야 한다.
② 의장은 제1항의 통지를 받은 순서와 그 소속교섭단체를 고려하여 반대자와 찬성자를 교대로 발언하게 하되 반대자에게 먼저 발언하게 한다.
[제99조에서 이동, 종전 제106조는 제113조로 이동 〈1991.5.31〉]

제106조의2(무제한 토론의 실시 등) ① 의원이 본회의에 부의된 안건에 대하여 이 법의 다른 규정에도 불구하고 시간의 제한을 받지 아니하는 토론(이하 이 조에서 "무제한 토론"이라 한다)을 하려는 경우 재적의원 3분의 1 이상이 서명한 요구서를 의장에게 제출하여야 한다. 이 경우 의장은 해당 안건에 대하여 무제한 토론을 실시하여야 한다.
② 제1항에 따른 요구서는 요구 대상 안건별로 제출하되 그 안건이 의사일정에 기재된 본회의 개의 전까지 제출하여야 한다. 다만, 본회의 개의 중 당일 의사일정에 안건이 추가된 경우에는 해당 안건의 토론 종결 선포 전까지 요구서를 제출할 수 있다.
③ 의원은 제1항에 따른 요구서가 제출된 때에는 해당 안건에 대하여 무제한 토론을 할 수 있다. 이 경우 의원 1인당 1회에 한정하여 토론할 수 있다.
④ 무제한 토론을 실시하는 본회의는 제7항에 따른 무제한 토론 종결 선포 전까지 산회하지 아니하고 회의를 계속한다. 이 경우 회의 중 재적의원 5분의 1 이상이 출석하지 아니한 때에도 제73조제3항 본문에도 불구하고 회의를 계속한다.
⑤ 의원은 무제한 토론을 실시하는 안건에 대하여 재적의원 3분의 1 이상의 서명으로 무제한 토론의 종결동의를 의장에게 제출할 수 있다.
⑥ 제5항에 따른 무제한 토론의 종결동의는 동의가 제출된 때부터 24시간이 경과한 후에 무기명투표로 표결하되 재적의원 5분의 3 이상의 찬성으로 의결한다. 이 경우 무제한 토론의 종결동의에 대하여는 토론을 하지 아니하고 표결한다.
⑦ 무제한 토론을 실시하는 안건에 대하여 무제한 토론을 할 의원이 더 이상 없거나 제6항에 따라 무제한 토론의 종결동의가 가결되는 경우 의장은 무제한 토론의 종결 선포 후 해당 안건을 지체 없이 표결하여야 한다.
⑧ 무제한 토론을 실시하는 중에 해당 회기가 종료되는 때에는 무제한 토론은 종결 선포된 것으로 본다. 이 경우 해당 안건은 바로 다음 회기에서 지체 없이 표결하여야 한다.
⑨ 제7항 또는 제8항에 따라 무제한 토론의 종결이 선포되었거나 선포된 것으로 보는 안건에 대하여는 무제한 토론을 요구할 수 없다.
⑩ 예산안등 및 제85조의3제4항에 따라 지정된 세입예산안 부수 법률안에 대하여는 제1항부터 제9항까지의 규정을 매년 12월 1일까지 적용하고, 같은 항에 따라 실시 중인 무제한 토론, 계속 중인 본회의, 제출된 무제한 토론의 종결동의에 대한 심의절차 등은 12월 1일 자정에 종료한다.
[본조신설 2012.5.25] [시행일 : 2014.5.30]

제107조(의장의 토론참가) 의장이 토론에 참가할 때에는 의장석에서 물러나야 하며, 그 안건에 대한 표결이 끝날 때까지 의장석에 돌아갈 수 없다.
[제100조에서 이동, 종전 제107조는 제114조로 이동 〈1991.5.31〉]

◎ 법 령

제108조(질의 또는 토론의 종결) ① 질의 또는 토론이 끝났을 때에는 의장은 그 종결을 선포한다.
② 각 교섭단체에서 1인 이상의 발언이 있은 후에는 본회의의 의결로 의장은 질의나 토론의 종결을 선포한다. 그러나 질의 또는 토론에 참가한 의원은 질의나 토론의 종결을 동의할 수 없다.
③ 제2항의 동의는 토론을 하지 아니하고 표결한다.
[제101조에서 이동, 종전 제108조는 제115조로 이동 〈1991.5.31〉]

제5절 표 결

제109조(의결정족수) 의사는 헌법 또는 이 법에 특별한 규정이 없는 한 재적의원 과반수의 출석과 출석의원 과반수의 찬성으로 의결한다.
[제102조에서 이동, 종전 제109조는 제116조로 이동 〈1991.5.31〉]

제110조(표결의 선포) ① 표결할 때에는 의장이 표결할 안건의 제목을 의장석에서 선포하여야 한다. 〈개정 2002.3.7〉
② 의장이 표결을 선포한 때에는 누구든지 그 안건에 관하여 발언할 수 없다.
[제103조에서 이동, 종전 제110조는 제117조로 이동 〈1991.5.31〉]

제111조(표결의 참가와 의사변경의 금지) ① 표결을 할 때에는 회의장에 있지 아니한 의원은 표결에 참가할 수 없다. 그러나 기명·무기명투표에 의하여 표결할 때에는 투표함이 폐쇄될 때까지 표결에 참가할 수 있다. 〈개정 2000.2.16〉
② 의원은 표결에 있어서 표시한 의사를 변경할 수 없다.
[제104조에서 이동, 종전 제111조는 제118조로 이동 〈1991.5.31〉]

제112조(표결방법) ① 표결할 때에는 전자투표에 의한 기록표결로 가부를 결정한다. 다만, 투표기기의 고장등 특별한 사정이 있을 때에는 기립표결로 가부를 결정할 수 있다. 〈개정 2000.2.16〉
② 중요한 안건으로서 의장의 제의 또는 의원의 동의로 본회의의 의결이 있거나 재적의원 5분의 1 이상의 요구가 있을 때에는 기명·호명 또는 무기명투표로 표결한다. 〈개정 1994.6.28, 2000.2.16〉
③ 의장은 안건에 대한 이의의 유무를 물어서 이의가 없다고 인정한 때에는 가결되었음을 선포할 수 있다. 그러나 이의가 있을 때에는 제1항 또는 제2항의 방법으로 표결하여야 한다.
④ 헌법개정안은 기명투표로 표결한다.
⑤ 대통령으로부터 환부된 법률안과 기타 인사에 관한 안건은 무기명투표로 표결한다. 다만, 겸직으로 인한 의원사직과 위원장사임에 대하여 의장이 각 교섭단체대표의원과 협의한 경우에는 그러하지 아니하다. 〈개정 1994.6.28〉
⑥ 국회에서 실시하는 각종 선거는 법률에 특별한 규정이 없는 한 무기명투표로 한다. 투표의 결과 당선자가 없을 때에는 최고득표자와 차점자에 대하여 결선투표를 함으로써 다수득표자를 당선자로 한다. 다만, 득표수가 같을 때에는 연장자를 당선자로 한다.
⑦ 국무총리 또는 국무위원의 해임건의안이 발의된 때에는 의장은 그 해임건의안이 발의된 후 처음 개의하는 본회의에 이를 보고하고, 본회의에 보고된 때로부터 24시간이후 72시간이내에 무기명투표로 표결한다. 이 기간내에 표결하지 아니한 때에는 그 해임건의안은 폐기된 것으로 본다. 〈개정 2003.2.4〉
⑧ 제1항 본문에 따라 투표를 하는 경우 재적의원 5분의 1 이상의 요구가 있을 때에는 전자적인 방법 등을 통하여 정당한 투표권자임을 확인한 후 실시한다. 〈신설 2010.5.28〉
⑨ 의장이 각 교섭단체대표의원과 합의를 하는 경우에는 제2항, 제4항부터 제7항까지에 따른 기명 또는 무기명투표를 전자장치를 이용하여 실시할 수 있다. 〈신설 2010.5.28〉

[제105조에서 이동, 종전 제112조는 제119조로 이동 〈1991.5.31〉]

제113조(표결결과선포) 표결이 끝났을 때에는 의장은 그 결과를 의장석에서 선포한다. 〈개정 2002.3.7〉

[제106조에서 이동, 종전 제113조는 제120조로 이동 〈1991.5.31〉]

제114조(기명·무기명투표절차) ① 기명·무기명투표할 때에는 각 의원은 먼저 명패를 명패함에, 다음에 투표용지를 투표함에 투입한다. 〈개정 2000.2.16〉

② 기명·무기명투표할 때에는 의장은 의원중에서 약간인의 감표위원을 지명하고 그 위원의 참여하에 직원으로 하여금 명패와 기명·무기명투표의 수를 점검·계산하게 한다. 이 경우 감표위원으로 지명된 의원이 이에 응하지 아니하는 때에는 당해 의원을 제외하거나 다른 의원을 감표위원으로 지명할 수 있다. 〈개정 2000.2.16, 2002.3.7〉

③ 투표의 수가 명패의 수보다 많을 때에는 재투표를 한다. 다만, 투표의 결과에 영향을 미치지 아니할 때에는 그러하지 아니하다.

[제107조에서 이동, 종전 제114조는 제121조로 이동 〈1991.5.31〉]

[제목개정 2000.2.16]

제114조의2(자유투표) 의원은 국민의 대표자로서 소속정당의 의사에 기속되지 아니하고 양심에 따라 투표한다. [본조신설 2002.3.7]

제7장 회의록

제115조(회의록) ① 국회는 회의록을 작성하고 다음 사항을 기재한다. 〈개정 1994.6.28, 2005.7.28〉
1. 개의·회의중지와 산회의 일시
2. 의사일정
3. 출석의원의 수 및 성명
4. 개회식에 관한 사항
5. 의원의 이동
6. 의석의 배정과 변동
7. 의안의 발의·제출·회부·환부·이송과 철회에 관한 사항
8. 출석한 국무위원과 정부위원의 성명
9. 부의안건과 그 내용
10. 의장의 보고
11. 위원회의 보고서
12. 의사
13. 표결수
14. 기명·전자·호명투표의 투표자 및 찬반의원 성명
15. 의원의 발언보충서
16. 서면질문과 답변서
17. 정부의 청원처리결과보고서
18. 정부의 국정감사 또는 조사결과처리보고서
19. 기타 본회의 또는 의장이 필요하다고 인정하는 사항

② 본회의의 의사는 속기방법으로 이를 기록한다.

③ 회의록에는 의장, 의장을 대리한 부의장, 임시의장과 사무총장 또는 그 대리자가 서명·날인하여 국

● 법 령

회에 보존한다.
[제108조에서 이동, 종전 제115조는 제122조로 이동 〈1991.5.31〉]

제116조(참고문서의 게재) 의원이 그 발언에 참고되는 간단한 문서를 회의록에 게재하려고 할 때에는 의장의 허가를 받아야 한다.
[제109조에서 이동, 종전 제116조는 제123조로 이동 〈1991.5.31〉]

제117조(자구의 정정과 이의의 결정) ①발언한 의원은 회의록이 배부된 날의 다음날 오후 5시까지 그 자구의 정정을 의장에게 요구할 수 있다. 그러나 발언의 취지를 변경할 수 없다.
② 회의에서 발언한 국무총리·국무위원 및 정부위원 기타 발언자에 있어서도 제1항과 같다.
③ 속기방법에 의하여 작성한 회의록의 내용은 삭제할 수 없으며, 발언을 통하여 자구정정 또는 취소의 발언을 한 경우에는 그 발언을 회의록에 기재한다. 〈신설 2003.2.4〉
④ 의원이 회의록에 기재한 사항과 회의록의 정정에 관하여 이의를 신청한 때에는 토론을 하지 아니하고 본회의의 의결로 이를 결정한다.
[제110조에서 이동, 종전 제117조는 제124조로 이동 〈1991.5.31〉]

제118조(회의록의 배부·반포) ① 회의록은 의원에게 배부하고 일반에게 반포한다. 그러나 의장이 비밀을 요하거나 국가안전보장을 위하여 필요하다고 인정한 부분에 관하여는 발언자 또는 그 소속교섭단체대표의원과 협의하여 이를 게재하지 아니할 수 있다.
② 의원이 제1항의 규정에 의하여 게재되지 아니한 회의록부분에 관하여 열람·복사등을 신청한 때에는 정당한 사유가 없는 한 의장은 이를 거절하여서는 아니된다.
③ 제2항에 의하여 허가받은 의원은 타인에게 이를 열람하게 하거나 전재·복사하게 하여서는 아니된다.
④ 공개하지 아니한 회의의 내용은 공표되어서는 아니된다. 다만, 본회의의 의결 또는 의장의 결정으로 제1항 단서의 사유가 소멸되었다고 판단되는 경우에는 이를 공표할 수 있다.
⑤ 공표할 수 있는 회의록은 일반에게 유상으로 반포할 수 있다.
⑥ 회의록의 공표에 관한 기간·절차 기타 필요한 사항은 국회규칙으로 정한다.
[제111조에서 이동, 종전 제118조는 제125조로 이동 〈1991.5.31〉]

제8장 국무총리·국무위원·정부위원과 질문

제119조(국무총리·국무위원 및 정부위원의 임면통지) 정부는 국무총리와 국무위원 및 정부위원인 공무원을 임면한 때에는 이를 국회에 통지한다.
[제112조에서 이동, 종전 제119조는 제126조로 이동 〈1991.5.31〉]

제120조(국무위원등의 발언) ① 국무총리·국무위원 또는 정부위원은 본회의나 위원회에서 발언하려고 할 때에는 미리 의장 또는 위원장의 허가를 받아야 한다.
② 법원행정처장·헌법재판소사무처장·중앙선거관리위원회사무총장은 의장 또는 위원장의 허가를 받아 본회의나 위원회에서 그 소관사무에 관하여 발언할 수 있다. 〈신설 1991.5.31, 1998.3.18〉
[제113조에서 이동, 종전 제120조는 제127조로 이동 〈1991.5.31〉]

제121조(국무위원등의 출석요구) ① 본회의는 그 의결로 국무총리·국무위원 또는 정부위원의 출석을 요구할 수 있다. 이 경우 그 발의는 의원 20인 이상이 이유를 명시한 서면으로 하여야 한다.
② 위원회는 그 의결로 국무총리·국무위원 또는 정부위원의 출석을 요구할 수 있다. 이 경우 위원장은 의장에게 이를 보고하여야 한다. 〈개정 1994.6.28〉
③ 제1항 또는 제2항의 요구가 있을 때에는 국무총리·국무위원 또는 정부위원은 출석·답변하여야 하

며, 국무총리 또는 국무위원이 출석요구를 받은 때에는 의장 또는 위원장의 승인을 얻어 국무총리는 국무위원으로 하여금, 국무위원은 정부위원으로 하여금 대리하여 출석·답변하게 할 수 있다. 이 경우 의장은 각 교섭단체대표의원과, 위원장은 간사와 협의하여야 한다.
④ 본회의 또는 위원회는 특정한 사안에 대하여 질문하기 위하여 대법원장·헌법재판소장·중앙선거관리위원회위원장·감사원장 또는 그 대리인의 출석을 요구할 수 있다. 이 경우 위원장은 의장에게 이를 보고하여야 한다. 〈개정 1994.6.28〉
[제114조에서 이동, 종전 제121조는 제128조로 이동 〈1991.5.31〉]

제122조(정부에 대한 서면질문) ① 의원이 정부에 서면으로 질문하려고 할 때에는 질문서를 의장에게 제출하여야 한다.
② 의장은 제1항의 질문서가 제출된 때에는 지체없이 이를 정부에 이송한다.
③ 정부는 질문서를 받은 날로부터 10일 이내에 서면으로 답변하여야 한다. 그 기간내에 답변하지 못할 때에는 그 이유와 답변할 수 있는 기한을 국회에 통지하여야 한다.
④ 정부는 서면질문에 대하여 답변할 때 회의록에 게재할 답변서와 기타 답변관계자료를 구분하여 국회에 제출하여야 한다. 〈신설 1994.6.28〉
⑤ 제3항의 답변에 대하여 보충하여 질문하고자 하는 의원은 서면으로 다시 질문할 수 있다.
[제115조에서 이동, 종전 제122조는 제129조로 이동 〈1991.5.31〉]

제122조의2(정부에 대한 질문) ① 본회의는 회기중 기간을 정하여 국정전반 또는 국정의 특정분야를 대상으로 정부에 대하여 질문(이하 "대정부질문"이라 한다)을 할 수 있다.
② 대정부질문은 일문일답의 방식으로 하되, 의원의 질문시간은 20분을 초과할 수 없다. 이 경우 질문시간에는 답변시간이 포함되지 아니한다. 〈개정 2003.2.4〉
③ 제2항의 규정에 불구하고 시각장애 등 신체장애를 가진 의원이 대정부질문을 하는 경우, 의장은 각 교섭단체 대표의원과 협의하여 별도의 추가 질문시간을 허가할 수 있다. 〈신설 2005.7.28〉
④ 의제별 질문의원수는 의장이 각 교섭단체대표의원과 협의하여 정한다. 〈개정 2003.2.4〉
⑤ 의장은 제4항에서 규정한 의제별 질문의원수를 교섭단체별로 그 소속의원수의 비율에 따라 배정한다. 이 경우 교섭단체에 속하지 아니하는 의원의 질문자수는 의장이 각 교섭단체대표의원과 협의하여 정한다. 〈개정 2003.2.4, 2005.7.28〉
⑥ 의장은 의원의 질문과 정부의 답변이 교대로 균형있게 유지되도록 하여야 한다.
⑦ 질문을 하고자 하는 의원은 미리 질문의 요지를 기재한 질문요지서를 구체적으로 작성하여 의장에게 제출하여야 하며, 의장은 늦어도 질문시간 48시간전까지 질문요지서가 정부에 도달되도록 송부하여야 한다. 〈개정 2000.2.16, 2003.2.4〉
⑧ 각 교섭단체대표의원은 질문의원과 질문순서를 질문일전일까지 의장에게 통지하여야 한다. 이 경우 의장은 각 교섭단체대표의원의 통지내용에 따라 질문순서를 정한 후 이를 본회의개의전에 각 교섭단체대표의원과 정부에 통지하여야 한다. 〈개정 2003.2.4〉 [본조신설 1994.6.28]

제122조의3(긴급현안질문) ① 의원은 20인이상의 찬성으로 회기중 현안이 되고 있는 중요한 사항을 대상으로 정부에 대하여 질문(이하 이 조에서 "긴급현안질문"이라 한다)을 할 것을 의장에게 요구할 수 있다. 〈개정 2000.2.16〉
② 제1항의 규정에 의한 긴급현안질문을 요구하는 의원은 그 이유와 질문요지 및 출석을 요구하는 국무총리 또는 국무위원을 기재한 질문요구서를 본회의개의 24시간전까지 의장에게 제출하여야 한다. 〈개정 2000.2.16〉

◉ 법 령

③ 의장은 질문요구서가 접수된 때에는 그 실시여부와 의사일정을 국회운영위원회와 협의하여 정한다. 다만, 의장은 필요한 경우 본회의에서 그 실시여부를 표결에 부쳐 정할 수 있다.
④ 제3항의 규정에 의한 의장의 결정 또는 본회의의 의결이 있은 때에는 해당 국무총리 또는 국무위원에 대한 출석요구의 의결이 있은 것으로 본다. 〈개정 2000.2.16〉
⑤ 긴급현안질문시간은 총 120분으로 한다. 다만, 의장은 각 교섭단체대표의원과 협의하여 이를 연장할 수 있다. 〈개정 2000.2.16〉
⑥ 긴급현안질문을 할 때의 의원의 질문은 10분을 초과할 수 없다. 다만, 보충질문은 5분을 초과할 수 없다.
⑦ 긴급현안질문의 절차등에 관하여 이 조에서 정한 것을 제외하고는 제122조의2의 규정을 준용한다.
[본조신설 1994.6.28]

제9장 청 원

제123조(청원서의 제출) ① 국회에 청원을 하려고 하는 자는 의원의 소개를 얻어 청원서를 제출하여야 한다.
② 청원서에는 청원자의 주소·성명(법인의 경우에는 그 명칭과 대표자의 성명)을 기재하고 서명·날인하여야 한다.
③ 재판에 간섭하거나 국가기관을 모독하는 내용의 청원은 이를 접수하지 아니한다.
[제116조에서 이동, 종전 제123조는 제130조로 이동 〈1991.5.31〉]

제124조(청원요지서의 작성과 회부) ① 의장은 청원을 접수한 때에는 청원요지서를 작성하여 각 의원에게 인쇄하거나 전산망에 입력하는 방법으로 배부하는 동시에 그 청원서를 소관위원회에 회부하여 심사를 하게 한다. 〈개정 2011.5.19〉
② 청원요지서에는 청원자의 주소·성명·청원의 요지·소개의원의 성명과 접수연월일을 기재한다.
[제117조에서 이동, 종전 제124조는 제131조로 이동 〈1991.5.31〉]

제125조(청원심사·보고등) ① 위원회는 청원심사를 위하여 청원심사소위원회를 둔다.
② 위원장은 폐회중이거나 기타 필요한 경우 청원을 바로 청원심사소위원회에 회부하여 심사보고하게 할 수 있다.
③ 청원을 소개한 의원은 소관위원회 또는 청원심사소위원회의 요구가 있을 때에는 청원의 취지를 설명하여야 한다.
④ 위원회는 그 의결로 위원 또는 전문위원을 현장이나 관계기관등에 파견하여 필요한 사항을 파악하여 보고하게 할 수 있다. 〈신설 1991.5.31〉
⑤ 위원회에서 본회의에 부의하기로 결정한 청원은 의견서를 첨부하여 의장에게 보고한다.
⑥ 위원회에서 본회의에 부의할 필요가 없다고 결정한 청원은 그 처리결과를 의장에게 보고하고, 의장은 청원인에게 통지하여야 한다. 다만, 폐회 또는 휴회기간을 제외한 7일 이내에 의원 30인 이상의 요구가 있을 때에는 이를 본회의에 부의한다.
⑦ 청원심사에 관하여 기타 필요한 사항은 국회규칙으로 정한다.
[제118조에서 이동, 종전 제125조는 제132조로 이동 〈1991.5.31〉]

제126조(정부이송과 처리보고) ① 국회가 채택한 청원으로서 정부에서 처리함이 타당하다고 인정되는 청원은 의견서를 첨부하여 정부에 이송한다.
② 정부는 제1항의 청원을 처리하고 그 처리결과를 지체없이 국회에 보고하여야 한다.
[제119조에서 이동, 종전 제126조는 제133조로 이동 〈1991.5.31〉]

국 회 법

제10장 국회와 국민 또는 행정기관과의 관계

제127조(국정감사와 국정조사) 국회의 국정감사와 국정조사에 관하여 이 법이 정한 것을 제외하고는 국정감사및조사에관한법률이 정하는 바에 따른다.
[제120조에서 이동, 종전 제127조는 제134조로 이동 〈1991.5.31〉]

제127조의2(감사원에 대한 감사요구 등) ① 국회는 그 의결로 감사원에 대하여 감사원법에 의한 감사원의 직무범위에 속하는 사항중 사안을 특정하여 감사를 요구할 수 있다. 이 경우 감사원은 감사요구를 받은 날부터 3월 이내에 감사결과를 국회에 보고하여야 한다. 〈개정 2010.3.12〉
② 감사원은 특별한 사유로 제1항에 규정된 기간 이내에 감사를 마치지 못하였을 때에는 중간보고를 하고 감사기간의 연장을 요청할 수 있다. 이 경우 의장은 2월의 범위 이내에서 감사기간을 연장할 수 있다. [본조신설 2003.2.4] [제목개정 2010.3.12]

제128조(보고·서류제출요구) ① 본회의·위원회 또는 소위원회는 그 의결로 안건의 심의 또는 국정감사나 국정조사와 직접 관련된 보고 또는 서류의 제출을 정부·행정기관 기타에 대하여 요구할 수 있다. 다만, 위원회가 청문회, 국정감사 또는 국정조사와 관련된 서류제출요구를 하는 경우에는 그 의결 또는 재적위원 3분의 1 이상의 요구로 할 수 있다. 〈개정 2000.2.16, 2011.5.19〉
② 제1항의 규정에 의한 서류제출은 서면, 전자문서 또는 컴퓨터의 자기테이프·자기디스크 그밖에 이와 유사한 매체에 기록된 상태나 전산망에 입력된 상태로 제출할 것을 요구할 수 있다. 〈신설 2002.3.7〉
③ 제1항의 규정에 불구하고 폐회중에 의원으로부터 서류제출요구가 있는 때에는 의장 또는 위원장은 교섭단체대표의원 또는 간사와 협의하여 이를 요구할 수 있다. 〈신설 2000.2.16〉
④ 위원회(소위원회를 포함한다. 이하 이 장에서 같다)가 제1항의 요구를 할 때에는 의장에게 이를 보고하여야 한다. 〈개정 2000.2.16〉
⑤ 제1항의 요구를 받은 때에는 기간을 따로 정하는 경우를 제외하고는 요구를 받은 날부터 10일 이내에 보고 또는 서류를 제출하여야 한다. 다만, 특별한 사유가 있을 때에는 의장 또는 위원장에게 그 사유를 보고하고 그 기간을 연장할수 있다. 이 경우 의장 또는 위원장은 제1항의 요구를 한 의원에게 그 사실을 통보한다. 〈신설 1997.1.13〉
⑥ 제1항의 보고·서류제출요구등에 관하여 기타 필요한 절차는 다른 법률이 정하는 바에 따른다. 〈개정 1997.1.13〉 [전문개정 1994.6.28]

제128조의2(결산의 심의기한) 국회는 결산에 대한 심의·의결을 정기회 개회 전까지 완료하여야 한다. [전문개정 2010.5.28]

제129조(증인·감정인 또는 참고인의 출석요구) ① 본회의 또는 위원회는 그 의결로 안건의 심의 또는 국정감사나 국정조사를 위하여 증인·감정인 또는 참고인의 출석을 요구할 수 있다.
② 위원회가 제1항의 요구를 할 때에는 의장에게 이를 보고하여야 한다. 〈개정 1994.6.28〉
③ 제1항의 증언·감정등에 관한 절차는 다른 법률이 정하는 바에 따른다.
[제122조에서 이동, 종전 제129조는 제136조로 이동 〈1991.5.31〉]

제11장 탄핵소추

제130조(탄핵소추의 발의) ① 탄핵소추의 발의가 있은 때에는 의장은 발의된 후 처음 개의하는 본회의에 보고하고, 본회의는 의결로 법제사법위원회에 회부하여 조사하게 할 수 있다. 〈개정 2003.2.4〉
② 본회의가 제1항에 의하여 법제사법위원회에 회부하기로 의결하지 아니한 때에는 본회의에 보고된 때로부터 24시간이후 72시간 이내에 탄핵소추의 여부를 무기명투표로 표결한다. 이 기간내에 표결하지

○ **법 령**

아니한 때에는 그 탄핵소추안은 폐기된 것으로 본다. 〈개정 2000.2.16〉
③ 탄핵소추의 발의에는 피소추자의 성명·직위와 탄핵소추의 사유·증거 기타 조사상 참고가 될만한 자료를 제시하여야 한다.
[제123조에서 이동, 종전 제130조는 제137조로 이동 〈1991.5.31〉]

제131조(회부된 탄핵소추사건의 조사) ① 법제사법위원회가 제130조의 발의를 회부받았을 때에는 지체없이 조사·보고하여야 한다. 〈개정 1991.5.31〉
② 제1항의 조사에 있어서는 국정감사및조사에관한법률이 규정하는 조사의 방법 및 조사상의 주의의무 규정을 준용한다.
[제124조에서 이동, 종전 제131조는 제138조로 이동 〈1991.5.31〉]

제132조(조사의 협조) 조사를 받는 국가기관은 그 조사를 신속히 완료시키기 위하여 충분한 협조를 하여야 한다.
[제125조에서 이동, 종전 제132조는 제139조로 이동 〈1991.5.31〉]

제133조(탄핵소추의 의결) 본회의의 탄핵소추의 의결은 피소추자의 성명·직위 및 탄핵소추의 사유를 표시한 문서(이하 "소추의결서"라 한다)로 하여야 한다.
[제126조에서 이동, 종전 제133조는 제140조로 이동 〈1991.5.31〉]

제134조(소추의결서의 송달과 효과) ① 탄핵소추의 의결이 있은 때에는 의장은 지체없이소추의결서의 정본을 법제사법위원장인 소추위원에게, 그 등본을 헌법재판소·피소추자와 그 소속기관의 장에게 송달한다.
② 소추의결서가 송달된 때에는 피소추자의 권한행사는 정지되며, 임명권자는 피소추자의 사직원을 접수하거나 해임할 수 없다.
[제127조에서 이동, 종전 제134조는 제141조로 이동 〈1991.5.31〉]

제12장 사직·퇴직·궐원과 자격심사

제135조(사직) ① 국회는 그 의결로 의원의 사직을 허가할 수 있다. 다만, 폐회중에는 의장이 이를 허가할 수 있다.
② 의원이 사직하고자 할 때에는 본인이 서명·날인한 사직서를 의장에게 제출하여야 한다.
③ 사직의 허가여부는 토론을 하지 아니하고 표결한다.
[제128조에서 이동, 종전 제135조는 제142조로 이동 〈1991.5.31〉]

제136조(퇴직) ① 의원이 「공직선거법」 제53조의 규정에 의하여 사직원을 제출하여 공직선거후보자로 등록된 때에는 의원의 직에서 퇴직된다. 〈개정 2003.2.4, 2011.5.19, 2013.8.13〉
② 의원이 법률에 규정된 피선거권이 없게 된 때에는 퇴직된다.
③ 의원에 대하여 제2항의 피선거권이 없게 되는 사유에 해당하는 형을 선고한 법원은 그 판결이 확정된 때에 이를 지체없이 국회에 통지하여야 한다. 〈신설 1994.6.28〉
[제129조에서 이동, 종전 제136조는 제143조로 이동 〈1991.5.31〉] [시행일 : 2014.2.14]

제137조(궐원통지) 의원이 궐원된 때에는 의장은 15일이내에 대통령과 중앙선거관리위원회에 이를 통지하여야 한다.
[제130조에서 이동, 종전 제137조는 제144조로 이동 〈1991.5.31〉]

제138조(자격심사의 청구) 의원이 다른 의원의 자격에 대하여 이의가 있을 때에는 30인이상의 연서로 자격심사를 의장에게 청구할 수 있다.
[제131조에서 이동, 종전 제138조는 제145조로 이동 〈1991.5.31〉]

제139조(청구서의 위원회회부와 답변서의 제출) ① 의장은 제138조의 청구서를 윤리특별위원회에 회부하고 그 부본을 피심의원에게 송달하여 기일을 정하여 답변서를 제출하게 한다. 〈개정 1991.5.31〉
② 피심의원이 천재·지변 또는 질병 기타 사고에 의하여 기일내에 답변서를 제출하지 못함을 증명한 때에는 의장은 다시 기일을 정하여 답변서를 제출하게 할 수 있다.
[제132조에서 이동, 종전 제139조는 제146조로 이동 〈1991.5.31〉]

제140조(답변서의 위원회심사) ① 의장이 답변서를 접수한 때에는 이를 윤리특별위원회에 회부한다. 〈개정 1991.5.31〉
② 윤리특별위원회는 청구서와 답변서에 의하여 심사한다. 〈개정 1991.5.31〉
③ 기일내에 답변서를 제출하지 아니한 때에는 윤리특별위원회는 청구서만으로 심사를 할 수 있다. 〈개정 1991.5.31〉
[제133조에서 이동, 종전 제140조는 제147조로 이동 〈1991.5.31〉]

제141조(당사자의 심문과 발언) ① 윤리특별위원회는 필요한 때에는 청구의원과 피심의원을 출석하게 하여 심문할 수 있다. 〈개정 1991.5.31〉
② 청구의원과 피심의원은 위원회의 허가를 받아 출석하여 발언할 수 있다. 이 경우 피심의원은 다른 의원으로 하여금 출석하여 발언하게 할 수 있다.
[제134조에서 이동, 종전 제141조는 제148조로 이동 〈1991.5.31〉]

제142조(의결) ① 윤리특별위원회에서 심사보고서를 의장에게 제출한 때에는 의장은 본회의에 부의하여야 한다. 〈개정 1991.5.31〉
② 피심의원은 본회의에서 스스로 변명하거나 다른 의원으로 하여금 변명하게 할 수 있다.
③ 본회의는 피심의원의 자격의 유무를 의결로 결정하되 그 자격이 없는 것을 의결함에는 재적의원 3분의 2이상의 찬성이 있어야 한다.
④ 제3항의 결정이 있을 때에는 의장은 그 결과를 서면으로 청구의원과 피심의원에게 송부한다.
[제135조에서 이동, 종전 제142조는 제149조로 이동 〈1991.5.31〉]

제13장 질서와 경호

제143조(의장의 경호권) 회기중 국회의 질서를 유지하기 위하여 의장은 국회안에서 경호권을 행한다.
[제136조에서 이동, 종전 제143조는 제150조로 이동 〈1991.5.31〉]

제144조(경위와 경찰관) ① 국회의 경호를 위하여 국회에 경위를 둔다.
② 의장은 국회의 경호를 위하여 필요한 때에는 국회운영위원회의 동의를 얻어 일정한 기간을 정하여 정부에 대하여 필요한 국가경찰공무원의 파견을 요구할 수 있다. 〈개정 2006.2.21〉
③ 경위와 파견된 국가경찰공무원은 의장의 지휘를 받아 경위는 회의장건물안에서, 국가경찰공무원은 회의장건물밖에서 경호한다. 〈개정 2006.2.21〉
[제137조에서 이동, 종전 제144조는 제151조로 이동 〈1991.5.31〉]

제145조(회의의 질서유지) ① 의원이 본회의 또는 위원회의 회의장에서 이 법 또는 국회규칙에 위배하여 회의장의 질서를 문란하게 한 때에는 의장 또는 위원장은 이를 경고 또는 제지할 수 있다.
② 제1항의 조치에 응하지 아니한 의원이 있을 때에는 의장 또는 위원장은 당일의 회의에서 발언함을 금지하거나 퇴장시킬 수 있다.
③ 의장 또는 위원장은 회의장이 소란하여 질서를 유지하기 곤란하다고 인정할 때에는 회의를 중지하거나 산회를 선포할 수 있다.

○ **법 령**

[제138조에서 이동, 종전 제145조는 제152조로 이동 〈1991.5.31〉]
제146조(모욕등 발언의 금지) 의원은 본회의 또는 위원회에서 다른 사람을 모욕하거나 다른 사람의 사생활에 대한 발언을 할 수 없다.
[제139조에서 이동, 종전 제146조는 제153조로 이동 〈1991.5.31〉]
제147조(발언방해등의 금지) 의원은 폭력을 행사하거나 회의중 함부로 발언 또는 소란한행위를 하여 다른 사람의 발언을 방해할 수 없다.
[제140조에서 이동, 종전 제147조는 제154조로 이동 〈1991.5.31〉]
제148조(회의진행 방해 물건 등의 반입 금지) 의원은 본회의 또는 위원회의 회의장 안에 회의진행에 방해가 되는 물건 또는 음식물을 반입하여서는 아니 된다. [전문개정 2005.7.28]
제148조의2(의장석 또는 위원장석의 점거 금지) 의원은 본회의장 의장석 또는 위원회 회의장 위원장석을 점거하여서는 아니 된다. [본조신설 2012.5.25]
제148조의3(회의장 출입의 방해 금지) 누구든지 의원이 본회의 또는 위원회에 출석하기 위하여 본회의장 또는 위원회 회의장에 출입하는 것을 방해하여서는 아니 된다. [본조신설 2012.5.25]
제149조(국회에 의한 방송) ① 국회는 방송채널을 확보하여 본회의 또는 위원회의 회의 그 밖의 국회 및 의원의 입법활동 등을 음성 또는 영상으로 방송하는 제도를 마련하여 운용하여야 한다.
② 제1항의 방송은 공정하고 객관적이어야 하며, 정치적·상업적 목적으로 사용되어서는 아니 된다.
③ 국회운영위원회는 제1항의 방송에 대한 기본원칙의 수립 및 관리 등 필요한 사항을 심의하며, 이를 위하여 국회방송심의소위원회를 둔다.
④ 제1항의 방송에 관한 절차, 대상 그 밖에 필요한 사항은 국회규칙으로 정한다. [전문개정 2005.7.28]
제149조의2(중계방송의 허용 등) ① 본회의 또는 위원회의 의결로 공개하지 아니하기로 한 경우를 제외하고는 의장 또는 위원장은 회의장안(본회의장은 방청석에 한한다)에서의 녹음·녹화·촬영 및 중계방송을 국회규칙이 정하는 바에 따라 허용할 수 있다.
② 제1항의 녹음·녹화·촬영 및 중계방송을 하는 자는 회의장의 질서를 문란하게 하여서는 아니 된다.
[본조신설 2005.7.28]
제150조(현행범인의 체포) 국회안에 현행범인이 있을 때에는 경위 또는 국가경찰공무원이 이를 체포한 후 의장의 지시를 받아야 한다. 다만, 의원은 회의장안에 있어서는 의장의 명령없이 이를 체포할 수 없다.
〈개정 2006.2.21〉
[제143조에서 이동, 종전 제150조는 제157조로 이동 〈1991.5.31〉]
제151조(회의장출입의 제한) 회의장안에는 의원·국무총리·국무위원 또는 정부위원 기타 의안심의에 필요한 자와 의장이 허가한 자 외에는 출입할 수 없다.
[제144조에서 이동, 종전 제151조는 제158조로 이동 〈1991.5.31〉]
제152조(방청의 허가) ① 의장은 방청권을 발행하여 방청을 허가한다.
② 의장은 질서를 유지하기 위하여 필요한 때에는 방청인수를 제한할 수 있다.
[제145조에서 이동, 종전 제152조는 제159조로 이동 〈1991.5.31〉]
제153조(방청의 금지와 신체검사) ①흉기를 휴대한 자, 주기가 있는 자, 정신에 이상이 있는 자 기타 행동이 수상하다고 인정되는 자는 방청을 허가하지 아니한다.
② 의장은 필요한 때에는 경위 또는 국가경찰공무원으로 하여금 방청인의 신체를 검사하게 할 수 있다.
〈개정 2006.2.21〉
[제146조에서 이동, 종전 제153조는 제160조로 이동 〈1991.5.31〉]

제154조(방청인에 대한 퇴장명령) ① 의장은 회의장안의 질서를 방해하는 방청인의 퇴장을 명할 수 있으며 필요한 때에는 국가경찰관서에 인도할 수 있다. 〈개정 2006.2.21〉
② 방청석이 소란할 때에는 의장은 모든 방청인을 퇴장시킬 수 있다.
[제147조에서 이동, 종전 제154조는 제161조로 이동〈1991.5.31〉]

제14장 징 계
〈개정 2010.5.28〉

제155조(징계) 국회는 의원이 다음 각 호의 어느 하나에 해당하는 행위를 한 때에는 윤리특별위원회의 심사를 거쳐 그 의결로써 이를 징계할 수 있다. 다만, 의원이 제7호의2에 해당하는 행위를 한 때에는 윤리특별위원회의 심사를 거치지 아니하고 그 의결로써 이를 징계할 수 있다. 〈개정 2012.5.25, 2013.8.13〉
1. 「대한민국헌법」 제46조제1항 또는 제3항을 위반하는 행위를 한 때
1의2. 제29조의 겸직 금지 규정을 위반한 때
1의3. 제29조의2의 영리업무 종사 금지 규정을 위반한 때
2. 제54조의2제2항을 위반한 때
3. 제102조를 위반하여 의제 외 또는 허가받은 발언의 성질에 반하는 발언을 하거나 이 법에서 정한 발언시간의 제한규정을 위반하여 의사진행을 현저히 방해한 때
4. 제118조제3항을 위반하여 불게재부분을 다른 사람에게 열람하게 하거나 이를 전재(轉載) 또는 복사하게 한 때
5. 제118조제4항을 위반하여 공표금지 내용을 공표한 때
6. 제145조제1항에 해당되는 회의장의 질서문란행위를 하거나 이에 대한 의장 또는 위원장의 조치에 불응한 때
7. 제146조를 위반하여 본회의 또는 위원회에서 다른 사람을 모욕하거나 다른 사람의 사생활에 대한 발언을 한 때
7의2. 제148조의2를 위반하여 의장석 또는 위원장석을 점거하고 점거 해제를 위한 제145조에 따른 의장 또는 위원장의 조치에 불응한 때
7의3. 제148조의3을 위반하여 의원의 본회의장 또는 위원회 회의장 출입을 방해한 때
8. 정당한 이유 없이 국회집회일부터 7일 이내에 본회의 또는 위원회에 출석하지 아니하거나 의장 또는 위원장의 출석요구서를 받은 후 5일 이내에 출석하지 아니한 때
9. 탄핵소추사건의 조사를 함에 있어서 「국정감사 및 조사에 관한 법률」에 따른 조사상의 주의의무를 위반하는 행위를 한 때
10. 「국정감사 및 조사에 관한 법률」 제17조에 따른 징계사유에 해당한 때
11. 「공직자윤리법」 제22조에 따른 징계사유에 해당한 때
12. 「국회의원윤리강령」이나 「국회의원윤리실천규범」을 위반한 때
[전문개정 2010.5.28] [시행일 : 2014.2.14]

제156조(징계의 요구와 회부) ① 의장은 제155조 각 호의 어느 하나에 해당하는 징계대상의원(이하 "징계대상자"라 한다)이 있을 때에는 이를 윤리특별위원회에 회부하고 본회의에 보고한다. 〈개정 2010.5.28〉
② 위원장은 소속위원중에서 징계대상자가 있을 때에는 의장에게 이를 보고한다. 이 경우 의장은 이를 윤리특별위원회에 회부하고 본회의에 보고한다. 〈개정 2010.5.28〉
③ 의원이 징계대상자에 대한 징계를 요구하고자 할 때에는 의원 20인 이상의 찬성으로 그 사유를 기

◎ **법 령**

재한 요구서를 의장에게 제출하여야 한다. 〈개정 2010.5.28〉
④ 징계대상자에 대하여 모욕을 당한 의원이 징계를 요구할 때에는 찬성의원을 요하지 아니하며, 그 사유를 기재한 요구서를 의장에게 제출한다. 〈개정 2010.5.28〉
⑤ 제3항과 제4항의 징계요구가 있을 때에는 의장은 이를 윤리특별위원회에 회부하고 본회의에 보고한다. 〈개정 2010.5.28〉
⑥ 윤리특별위원회의 위원장 또는 위원 5인 이상이 징계대상자에 대한 징계의 요구를 한 때에는 윤리특별위원회는 이를 의장에게 보고하고 심사할 수 있다. 〈신설 1994.6.28, 2010.5.28〉
⑦ 제155조제7호의2에 해당하여 징계가 요구되는 경우에는 의장은 제1항, 제2항 후단, 제5항 및 제6항에도 불구하고 해당 의원에 대한 징계안을 바로 본회의에 부의하여 지체 없이 의결하여야 한다. 〈신설 2012.5.25〉 [전문개정 1991.5.31]
[제149조에서 이동, 종전 제156조는 제163조로 이동 〈1991.5.31〉]
[제목개정 2010.5.28]

제157조(징계의 요구 또는 회부의 시한 등) ① 의장은 다음 각 호에 해당하는 날부터 폐회 또는 휴회기간을 제외한 3일 이내에 윤리특별위원회에 징계(제155조제7호의2에 해당하여 요구되는 징계는 제외한다)를 회부하여야 한다. 〈개정 2012.5.25〉
1. 제156조제1항의 경우 그 사유가 발생한 날 또는 그 징계대상자가 있는 것을 알게 된 날
2. 제156조제2항의 경우 위원장의 보고를 받은 날
3. 제156조제5항의 경우 징계요구서를 제출받은 날
② 제156조제2항에 따른 위원장의 징계대상자 보고와 같은 조 제3항·제4항 및 제6항에 따른 징계요구는 그 사유가 발생한 날, 그 징계대상자가 있는 것을 알게 된 날부터 10일 이내에 하여야 한다. 다만, 폐회기간 중에 그 징계대상자가 있을 경우에는 차회국회(次回國會)의 집회일부터 3일 이내에 하여야 한다.
[전문개정 2010.5.28]

제158조(징계의 의사) 징계에 관한 회의는 공개하지 아니한다. 다만, 본회의 또는 위원회의 의결이 있을 때에는 그러하지 아니하다. 〈개정 1994.6.28, 2010.5.28〉 [전문개정 1991.5.31]
[제151조에서 이동, 종전 제158조는 제166조로 이동 〈1991.5.31〉]
[제목개정 2010.5.28]

제159조(심문) 윤리특별위원회는 징계대상자와 관계의원을 출석하게 하여 심문할 수 있다. 〈개정 2010.5.28〉 [전문개정 1991.5.31]
[제152조에서 이동 〈1991.5.31〉]

제160조(변명) 의원은 자기의 징계안에 관한 본회의 또는 위원회에 출석하여 변명하거나 다른 의원으로 하여금 변명하게 할 수 있다. 이 경우 의원은 변명이 끝난 후 회의장에서 퇴장하여야 한다. 〈개정 2010.5.28〉 [전문개정 2005.7.28]

제161조 삭제 〈2010.5.28〉

제162조(징계의 의결) 의장은 윤리특별위원회로부터 징계에 대한 심사보고서를 접수한 때에는 이를 지체 없이 본회의에 부의하여 의결하여야 한다. 다만, 의장은 윤리특별위원회로부터 징계를 하지 아니하기로 의결하였다는 심사보고서를 접수한 때에는 이를 지체 없이 본회의에 보고하여야 한다.
[전문개정 2010.5.28]

제163조(징계의 종류와 그 선포) ① 제155조에 따른 징계의 종류는 다음과 같다.
〈개정 1991.5.31, 2010.5.28, 2012.5.25, 2013.8.13〉

국 회 법

1. 공개회의에서의 경고
2. 공개회의에서의 사과
3. 30일(제155조제1호의2 및 제1호의3에 해당하는 의원에 대한 징계의 경우에는 90일)이내의 출석정지. 이 경우 출석정지기간에 해당하는 「국회의원수당 등에 관한 법률」에 따른 수당·입법활동비 및 특별활동비(이하 "수당등"이라 한다)는 그 2분의 1을 감액한다.
4. 제명

② 제1항에도 불구하고 제155조제6호·제7호의2 또는 제7호의3에 해당하는 행위를 한 의원에 대한 징계의 종류는 다음과 같다. 〈신설 2012.5.25〉
1. 공개회의에서의 경고 또는 사과. 이 경우 수당등 월액의 2분의 1을 징계 의결을 받은 달과 다음 달의 수당등에서 감액하되 이미 수당등을 지급한 경우에는 감액분을 환수한다.
2. 30일 이내의 출석정지. 이 경우 징계 의결을 받은 달을 포함한 3개월간의 수당등을 지급하지 아니하되 이미 수당등을 지급한 경우에는 이를 전액 환수한다.
3. 제명

③ 제1항제1호·제2호 및 제2항제1호의 경우에는 윤리특별위원회에서 그 문안을 작성하여 보고서와 함께 이를 의장에게 제출하여야 한다. 다만, 제155조제7호의2에 해당하여 바로 본회의에 부의하는 징계안의 경우에는 그러하지 아니하다. 〈개정 1991.5.31, 2012.5.25〉
④ 제명이 의결되지 아니한 때에는 본회의는 다른 징계의 종류를 의결할 수 있다. 〈개정 2012.5.25〉
⑤ 징계를 의결한 때에는 의장은 공개회의에서 이를 선포한다. 〈개정 2012.5.25〉
[제155조에서 이동 〈1991.5.31〉] [시행일 : 2014.2.14]

제164조(제명된 자의 입후보제한) 제163조의 규정에 의한 징계로 제명된 자는 그로 인하여 궐원된 의원의 보궐선거에 있어서는 후보자가 될 수 없다. 〈개정 1991.5.31〉
[제156조에서 이동 〈1991.5.31〉]

제15장 국회 회의 방해 금지
〈신설 2013.8.13〉

제165조(국회 회의 방해 금지) 누구든지 국회의 회의(본회의·위원회 또는 소위원회의 각종 회의를 말하며, 국정감사 및 국정조사를 포함한다. 이하 이 장에서 같다)를 방해할 목적으로 회의장 또는 그 부근에서 폭력행위 등을 하여서는 아니 된다. [본조신설 2013.8.13]
[종전 제165조는 제168조로 이동 〈2013.8.13〉]

제166조(국회 회의 방해죄) ① 제165조를 위반하여 국회의 회의를 방해할 목적으로 회의장 또는 그 부근에서 폭행, 체포·감금, 협박, 주거침입·퇴거불응, 재물손괴의 폭력행위를 하거나 이러한 행위로 의원의 회의장 출입 또는 공무의 집행을 방해한 자는 5년 이하의 징역 또는 1천만원 이하의 벌금에 처한다.
② 제165조를 위반하여 국회의 회의를 방해할 목적으로 회의장 또는 그 부근에서 사람을 상해하거나, 폭행으로 상해에 이르게 하거나, 단체 또는 다중의 위력을 보이거나 위험한 물건을 휴대하여 사람을 폭행 또는 재물을 손괴하거나, 공무소에서 사용하는 서류 기타 물건 또는 전자기록 등 특수매체기록을 손상·은닉 기타 방법으로 그 효용을 해한 자는 7년 이하의 징역 또는 2천만원 이하의 벌금에 처한다.
[본조신설 2013.8.13]
[종전 제166조는 제169조로 이동 〈2013.8.13〉]

제167조(확정판결 통보) 제166조의 죄를 범한 자가 유죄의 확정판결을 받은 경우 법원은 확정판결 내용

을 확정판결을 받은 자의 소속 기관 등에 통보하여야 한다. [본조신설 2013.8.13]

제16장 보 칙
〈개정 2013.8.13〉

제168조(기간의 기산일) 이 법에 의한 기간의 계산에는 초일을 산입한다.
[제165조에서 이동 〈2013.8.13〉]

제169조(규칙제정) ① 국회는 헌법 및 법률에 저촉되지 아니하는 범위안에서 의사와 내부규율에 관한 규칙을 제정할 수 있다.
② 위원회는 이 법 및 제1항의 규칙에 저촉되지 아니하는 범위 안에서 국회운영위원회와 협의하여 회의 및 안건심사 등에 관한 위원회의 운영규칙을 정할 수 있다. 〈신설 2005.7.28〉
[제166조에서 이동 〈2013.8.13〉]

부 칙
〈제12108호, 2013.8.13〉

제1조(시행일) 이 법은 공포한 날부터 시행한다. 다만, 제29조, 제29조의2, 제46조의2, 제48조, 제136조, 제155조, 제163조의 개정규정은 공포 후 6개월이 경과한 날부터 시행한다.

제2조(겸직 금지에 관한 적용례) ① 제29조의 개정규정 시행 당시 의원이 같은 개정규정 제1항 각 호의 직 이외의 직(국무총리 또는 국무위원의 직은 제외하며, 제29조의 개정규정 제2항 각 호 중 제3호의 직을 포함한다)을 겸하고 있는 경우에는 같은 개정규정 시행 후 3개월 이내에 그 직을 휴직 또는 사직하여야 한다. 다만, 제29조의 개정규정 시행 당시 의원이 같은 개정규정 제2항 각 호 중 제1호 또는 제2호의 직을 겸하고 있는 경우에는 같은 개정규정 시행 후 3개월 이내에 그 직을 사직하여야 한다.
② 제29조의 개정규정 시행 당시 의원이 같은 개정규정 제1항 각 호의 직(제3호의 직은 제외한다)을 겸하고 있는 경우에는 같은 개정규정 시행 후 1개월 이내에 의장에게 그 직을 신고하여야 하며, 이 신고는 같은 개정규정 제3항에 따른 신고로 본다.

제3조(영리업무 종사 금지에 관한 적용례) ① 제29조의2의 개정규정 시행 당시 의원이 같은 개정규정 제1항 단서의 영리업무 이외의 영리업무에 종사하는 경우에는 같은 개정규정 시행 후 6개월 이내에 그 영리업무를 휴업 또는 폐업하여야 한다.
② 제29조의2의 개정규정 시행 당시 의원이 같은 개정규정 제1항 단서의 영리업무에 종사하고 있는 경우에는 같은 개정규정 시행 후 1개월 이내에 의장에게 그 영리업무를 신고하여야 하며, 이 신고는 같은 개정규정 제3항에 따른 신고로 본다.

지방의회 관계법령집

국정감사 및 조사에 관한 법률

국정감사 및 조사에 관한 법률

[시행 2012.5.30] [법률 제11414호, 2012.3.21, 일부개정]

제1조(목적) 이 법은 국정감사(이하 "감사"라 한다)와 국정조사(이하 "조사"라 한다)에 관한 절차 기타 필요한 사항을 규정함을 목적으로 한다.

제2조(감사) ① 국회는 국정전반에 관하여 소관 상임위원회별로 매년 정기회 집회일 이전에 감사시작일부터 30일 이내의 기간을 정하여 감사를 실시한다. 다만, 본회의 의결로 정기회 기간 중에 감사를 실시할 수 있다. 〈개정 2012.3.21〉
② 제1항의 감사는 상임위원장이 국회운영위원회와 협의하여 작성한 감사계획서에 의하여 행한다. 국회운영위원회는 상임위원회간에 감사대상기관이나 감사일정의 중복등 특별한 사정이 있는 때에는 이를 조정할 수 있다. 〈개정 2000.2.16, 2006.9.22, 2012.3.21〉
③ 제2항의 감사계획서에는 감사반의 편성·감사일정·감사요령등 감사에 필요한 사항을 기재하여야 한다. 〈개정 2006.9.22, 2012.3.21〉
④ 제2항의 감사계획서는 매년 처음 집회되는 임시회에서 작성하고 감사대상기관에 이를 통지하여야 한다. 다만, 국회의원총선거가 실시되는 연도에는 국회의원총선거 후 새로 구성되는 국회의 임시회 또는 정기회에서 감사계획서를 작성·통지할 수 있다. 〈신설 2012.3.21〉
⑤ 제4항에 따른 감사계획서의 감사대상기관이나 감사일정 등을 변경하는 경우에는 그 내용을 감사실시일 7일 전까지 감사대상기관에 통지하여야 한다. 〈신설 2012.3.21〉

제3조(조사) ① 국회는 재적의원 4분의 1이상의 요구가 있는 때에는 특별위원회 또는 상임위원회로 하여금 국정의 특정사안에 관하여 조사를 시행하게 한다. 〈개정 2000.2.16〉
② 제1항의 조사요구는 조사의 목적, 조사할 사안의 범위와 조사를 시행할 위원회등을 기재하여 요구한 원이 연서한 서면(이하 "조사요구서"라 한다)으로 하여야 한다.
③ 의장은 제2항의 조사요구서가 제출되면 지체없이 본회의에 보고하고 교섭단체대표의원들과 협의하여 조사를 시행할 특별위원회를 구성하거나 해당 상임위원회(이하 "조사위원회"라 한다)에 회부하여 조사를 시행할 위원회를 확정한다. 이 경우 국회가 폐회 또는 휴회중일 때에는 제2항의 조사요구서에 의하여 국회의 집회 또는 재개의 요구가 있는 것으로 본다.
④ 조사위원회는 조사의 목적, 조사할 사안의 범위와 조사방법, 조사에 필요한 기간 및 소요경비등을 기재한 조사계획서를 본회의에 제출하여 승인을 얻어 조사를 시행한다.
⑤ 본회의는 제4항의 조사계획서를 검토한 다음 의결로써 이를 승인하거나 반려한다.
⑥ 조사위원회는 본회의로부터 조사계획서가 반려된 경우에는 이를 그대로는 본회의에 다시 제출할 수 없다.

제4조(조사위원회) ① 제3조제3항의 특별위원회는 교섭단체의원수의 비율에 따라 구성하여야 한다. 다만, 조사에 참여하기를 거부하는 교섭단체의 의원은 제외할 수 있다.
② 제1항의 특별위원회는 위원장 1인과 각 교섭단체별로 간사 1인을 호선하고 본회의에 보고한다.
③ 조사위원회의 위원장이 사고가 있거나 그 직무를 수행하기를 거부 또는 기피하여 조사위원회가 활동하기 어려운 때에는 위원장이 소속하지 아니하는 교섭단체소속의 간사중에서 소속의원수가 많은 교섭단체 소속인 간사의 순으로 위원장의 직무를 대행한다. 〈개정 2002.3.7〉
④ 조사위원회는 의결로써 국회의 폐회중에도 활동할 수 있으며 조사와 관련한 보고 또는 서류의 제출을 요구하거나 조사를 위한 증인·감정인·참고인의 출석을 요구하는 경우에는 의장을 경유하지 아니할 수 있다.

◉ 법 령

제5조(소위원회등) ① 감사 또는 조사를 행하는 위원회(이하 "위원회"라 한다)는 위원회의 의결로 필요한 경우 2인이상의 위원으로 별도의 소위원회나 반을 구성하여 감사 또는 조사를 시행하게 할 수 있다. 위원회가 상임위원회인 경우에는 국회법 제57조제2항의 규정에 의한 상설소위원회로 하여금 감사 또는 조사를 시행하게 할 수 있다. 〈개정 2000.2.16〉
② 제1항의 소위원회나 반은 같은 교섭단체소속 의원만으로 구성할 수 없다.
③ 제1항의 소위원회나 반에 관하여는 성질에 반하지 아니하는 한 국회법 또는 이 법의 위원회에 관한 규정을 준용한다.

제6조(사무보조자) ① 감사 또는 조사에는 사무보조자의 보조를 받을 수 있다.
② 사무보조자는 전문위원 등 국회사무처 소속 공무원, 국회예산정책처 및 국회입법조사처 소속 공무원과 교섭단체소속의 정책연구위원으로 한다. 다만, 특히 필요한 경우에는 감사 또는 조사의 대상기관의 소속이 아닌 전문가등을 사무보조자로 위촉할 수 있다. 〈개정 2010.3.12〉

제7조(감사의 대상) 감사의 대상기관은 다음 각호와 같다. 〈개정 1997.12.13, 2002.3.7, 2003.2.4, 2010.3.12〉
  1. 정부조직법 기타 법률에 의하여 설치된 국가기관
  2. 지방자치단체중 특별시·광역시·도. 다만, 그 감사범위는 국가위임사무와 국가가 보조금 등 예산을 지원하는 사업으로 한다.
  3. 「공공기관의 운영에 관한 법률」제4조에 따른 공공기관, 한국은행, 농업협동조합중앙회, 수산업협동조합중앙회
  4. 제1호 내지 제3호외의 지방행정기관·지방자치단체·감사원법에 의한 감사원의 감사대상기관. 다만, 이 경우 본회의가 특히 필요하다고 의결한 경우에 한한다.

제7조의2(지방자치단체에 대한 감사) 지방자치단체에 대한 감사는 2이상의 위원회가 합동으로 반을 구성하여 이를 행할 수 있다. [본조신설 2000.2.16]

제8조(감사 또는 조사의 한계) 감사 또는 조사는 개인의 사생활을 침해하거나 계속중인 재판 또는 수사중인 사건의 소추에 관여할 목적으로 행사되어서는 아니된다.

제9조(조사위원회의 활동기간) ① 본회의는 의결로써 조사위원회의 활동기간을 연장할 수 있다.
② 본회의는 조사위원회의 중간보고를 받고 조사를 장기간 계속할 필요가 없다고 인정되는 경우에는 의결로써 조사위원회의 활동기간을 단축할 수 있다.
③ 조사계획서에 조사위원회의 활동기간이 확정되지 아니한 경우에는 그 활동기간은 조사위원회의 조사결과가 본회의에서 의결될 때까지로 한다.

제9조의2(예비조사) 위원회는 국정조사를 하기 전에 전문위원 기타 국회사무처 소속직원이나 조사대상기관의 소속이 아닌 전문가등으로 하여금 예비조사를 하게 할 수 있다. [본조신설 2000.2.16]

제10조(감사 또는 조사의 방법) ① 위원회·제5조의 소위원회 또는 반은 감사 또는 조사를 위하여 그 의결로 감사 또는 조사와 관련된 보고 또는 서류의 제출을 관계인 또는 기관 기타에 요구하고, 증인·감정인·참고인의 출석을 요구하고 검증을 행할 수 있다. 다만, 위원가 감사 또는 조사와 관련된 서류제출 요구를 하는 경우에는 재적위원 3분의 1이상의 요구로 할 수 있다. 〈개정 2000.2.16〉
② 제1항의 규정에 의한 서류제출은 서면, 전자문서 또는 컴퓨터의 자기테이프·자기디스크 그밖에 이와 유사한 매체에 기록된 상태나 전산망에 입력된 상태로 제출할 것을 요구할 수 있다. 〈신설 2002.3.7〉
③ 위원회(제5조의 소위원회 또는 반을 포함한다. 이하 같다)는 제1항의 증거의 채택 또는 증거의 조사를 위하여 청문회를 열 수 있다. 〈개정 2000.2.16〉

④ 제1항의 요구를 받은 자 또는 기관은 국회에서의증언·감정등에관한법률에서 특별히 규정한 경우를 제외하고는 누구든지 이에 응하여야 하며, 위원회의 검증 기타의 활동에 협조하여야 한다.
⑤ 감사 또는 조사를 위한 증인·감정인·참고인의 증언·감정등에 관한 절차는 국회에서의증언·감정등에관한법률이 정하는 바에 의한다.

제11조(감사 또는 조사의 장소) 감사 또는 조사는 위원회에서 정하는 바에 따라 국회 또는 감사·조사대상 현장이나 기타의 장소에서 할 수 있다.

제12조(공개원칙) 감사 및 조사는 공개로 한다. 다만, 위원회의 의결로 달리 정할 수 있다. 〈개정 2000.2.16〉

제13조(제척과 회피) ① 의원은 직접 이해관계가 있거나, 공정을 기할 수 없는 현저한 사유가 있는 경우에는 그 사안에 한하여 감사 또는 조사에 참여할 수 없다.
② 본회의 또는 위원회는 제1항의 사유가 있다고 인정할 때에는 그 의결로 당해 의원의 감사 또는 조사를 중지시키고 다른 의원으로 하여금 감사 또는 조사하게 하여야 한다.
③ 제2항의 조치에 대하여 당해 의원의 이의가 있는 때에는 본회의가 의결한다.
④ 제1항의 사유가 있는 의원은 그 사안에 한하여 위원회의 허가를 받아 감사 또는 조사를 회피할 수 있다.

제14조(주의의무) ① 감사 또는 조사를 할 때에는 그 대상기관의 기능과 활동이 현저히 저해되거나 기밀이 누설되지 아니하도록 주의하여야 한다.
② 의원 및 사무보조자는 감사 또는 조사를 통하여 알게 된 비밀을 정당한 사유없이 누설하여서는 아니된다.

제15조(감사 또는 조사결과의 보고) ① 감사 또는 조사를 마친 때에는 위원회는 지체없이 그 감사 또는 조사보고서를 작성하여 의장에게 제출하여야 한다.
② 제1항의 보고서에는 감사 또는 조사의 경과와 결과 및 처리의견을 기재하고 그 중요근거서류를 첨부하여야 한다.
③ 제1항의 보고서를 제출받은 의장은 이를 지체없이 본회의에 보고하여야 한다.
④ 의장은 위원회로 하여금 중간보고를 하게 할 수 있다.

제15조의2(관계행정기관에 대한 지원요청) 본회의 또는 위원회는 국정조사기간 및 자료의 부족 등으로 인하여 조사가 추가로 필요하다고 인정되는 경우나 사전조사가 필요한 경우에는 그 의결로 감사원등 관계행정기관의 장에게 인력, 시설, 장비등의 지원을 요청할 수 있다. 이 경우 관계행정기관의 장은 특별한 사유가 없는 한 이에 응하여야 한다. [본조신설 2000.2.16]

제16조(감사 또는 조사결과에 대한 처리) ① 국회는 본회의의 의결로 감사 또는 조사결과를 처리한다.
② 국회는 감사 또는 조사 결과 위법하거나 부당한 사항이 있을 때에는 그 정도에 따라 정부 또는 해당 기관에 변상, 징계조치, 제도개선, 예산조정 등 시정을 요구하고, 정부 또는 해당 기관에서 처리함이 타당하다고 인정되는 사항은 정부 또는 해당 기관에 이송한다. 〈개정 2011.5.19〉
③ 정부 또는 해당기관은 제2항의 시정요구를 받거나 이송받은 사항을 지체없이 처리하고 그 결과를 국회에 보고하여야 한다.
④ 국회는 제3항의 처리결과보고에 대하여 적절한 조치를 취할 수 있다.

제17조(징계) 감사 또는 조사를 하는 의원이 제13조의 규정에 의한 제척사유가 있음을 알면서 이를 회피하지 아니하거나, 제14조의 규정에 의한 주의의무에 위반한 때에는 국회법이 정하는 바에 따라 징계할 수 있다.

제18조(국회규칙) 이 법 시행에 관하여 필요한 사항은 국회규칙으로 정한다.

부 칙

〈제11414호, 2012.3.21〉

이 법은 2012년 5월 30일부터 시행한다.

지방의회 관계법령집

지방교육자치에 관한 법률

지방교육자치에 관한 법률

[시행 2013.7.6] [법률 제11724호, 2013.4.5, 일부개정]

제1장 총 칙

제1조(목적) 이 법은 교육의 자주성 및 전문성과 지방교육의 특수성을 살리기 위하여 지방자치단체의 교육·과학·기술·체육 그 밖의 학예에 관한 사무를 관장하는 기관의 설치와 그 조직 및 운영 등에 관한 사항을 규정함으로써 지방교육의 발전에 이바지함을 목적으로 한다.

제2조(교육·학예사무의 관장) 지방자치단체의 교육·과학·기술·체육 그 밖의 학예(이하 "교육·학예"라 한다)에 관한 사무는 특별시·광역시 및 도(이하 "시·도"라 한다)의 사무로 한다.

제3조(「지방자치법」과의 관계) 지방자치단체의 교육·학예에 관한 사무를 관장하는 기관의 설치와 그 조직 및 운영 등에 관하여 이 법에서 규정한 사항을 제외하고는 그 성질에 반하지 않는 한 「지방자치법」의 관련 규정을 준용한다. 이 경우 "지방자치단체의 장" 또는 "시·도지사"는 "교육감"으로, "지방자치단체의 사무"는 "지방자치단체의 교육·학예에 관한 사무"로, "자치사무"는 "교육·학예에 관한 자치사무"로, "안전행정부장관"·"주무부장관" 및 "중앙행정기관의 장"은 "교육부장관"으로 본다. 〈개정 2008.2.29, 2013.3.23〉

제2장 교육위원회
제1절 설치 및 구성

제4조(교육위원회의 설치) 시·도의회에 교육·학예에 관한 의안과 청원 등을 심사·의결하기 위하여 상임위원회(이하 "교육위원회"라 한다)를 둔다.
[법률 제10046호(2010.2.26) 부칙 제2조제1항의 규정에 의하여 이 조는 2014년 6월 30일까지 유효함]

제5조(교육위원회의 구성 등) 교육위원회는 시·도의회의원과 제10조제2항에 따른 경력을 가진 사람으로서 제7장에 따라 별도로 선출된 의원(이하 "교육의원"이라 한다)으로 구성하되, 교육의원이 과반수가 되도록 구성한다(교육의원이 궐원되어 과반수에 미달하게 된 경우는 제외한다). 이 경우 교육위원회 위원 및 교육의원 정수는 별표 1과 같다. [전문개정 2010.2.26]
[법률 제10046호(2010.2.26) 부칙 제2조제1항의 규정에 의하여 이 조는 2014년 6월 30일까지 유효함]

제2절 교육의원

제6조(교육의원의 지위와 권한) ① 교육의원은 시·도의회의원의 지위와 권한을 갖는다.
② 교육의원에 관하여 이 법에 규정된 것을 제외하고는 「지방자치법」의 시·도의회의원에 관한 규정을 적용한다.
[법률 제10046호(2010.2.26) 부칙 제2조제1항의 규정에 의하여 이 조는 2014년 6월 30일까지 유효함]

제7조(교육의원의 임기) 교육의원의 임기는 4년으로 한다.
[법률 제10046호(2010.2.26) 부칙 제2조제1항의 규정에 의하여 이 조는 2014년 6월 30일까지 유효함]

제8조(교육의원의 선거) 교육의원의 선거에 관하여는 제7장에서 따로 정한다. [전문개정 2010.2.26]
[법률 제10046호(2010.2.26) 부칙 제2조제1항의 규정에 의하여 이 조는 2014년 6월 30일까지 유효함]

제9조(겸직 등의 금지) ① 교육의원은 다음 각 호의 어느 하나에 해당하는 직을 겸할 수 없다. 〈개정 2007.5.11, 2010.2.26, 2011.7.21〉
1. 「지방자치법」 제35조제1항제1호부터 제6호까지, 제8호 및 제9호에 규정된 직

◉ 법령

2. 「사립학교법」 제2조의 규정에 따른 사립학교(이와 동등한 학력이 인정되는 교육기관 또는 평생교육시설로서 다른 법령에 따라 설립된 교육기관 또는 평생교육시설을 포함한다. 이하 같다)의 교원. 다만, 「고등교육법」 제2조의 규정에 따른 학교(이와 동등 이상의 학력이 인정되는 교육기관 또는 평생교육시설로서 다른 법령에 따라 설립된 교육기관 또는 평생교육시설을 포함한다. 이하 같다)의 조교수 이상의 교원을 제외한다.
3. 사립학교경영자 또는 사립학교를 설치·경영하는 법인(이와 동등한 학력이 인정되는 교육기관 또는 평생교육시설로서 다른 법령에 따라 설립된 교육기관 또는 평생교육시설을 설치·경영하는 자를 포함한다. 이하 같다)의 임·직원
② 교육의원은 당해지방자치단체의 교육기관(교육행정기관, 교육연구기관, 교육연수·수련기관, 도서관, 교원·학생복지후생기관 등을 포함한다)과 영리를 목적으로 하는 거래를 할 수 없으며, 이와 관련된 재산의 양수인 또는 관리인이 될 수 없다.
③ 제1항제2호 단서의 규정에 따른 교원이 교육의원으로 당선된 때에는 임기 중 그 교원의 직은 휴직된다.
④ 제1항 및 제2항은 교육위원회 위원으로 선임되는 시·도의회의원에 대해서도 적용한다.
[법률 제10046호(2010.2.26) 부칙 제2조제1항의 규정에 의하여 이 조는 2014년 6월 30일까지 유효함]

제9조(겸직 등의 금지) ① 교육의원은 다음 각 호의 어느 하나에 해당하는 직을 겸할 수 없다. 〈개정 2007.5.11, 2010.2.26, 2011.7.21, 2012.1.26〉

1. 「지방자치법」 제35조제1항제1호부터 제6호까지, 제8호 및 제9호에 규정된 직
2. 「사립학교법」 제2조의 규정에 따른 사립학교(이와 동등한 학력이 인정되는 교육기관 또는 평생교육시설로서 다른 법령에 따라 설립된 교육기관 또는 평생교육시설을 포함한다. 이하 같다)의 교원. 다만, 「고등교육법」 제2조에 따른 학교(이와 동등 이상의 학력이 인정되는 교육기관 또는 평생교육시설로서 다른 법령에 따라 설립된 교육기관 또는 평생교육시설을 포함한다. 이하 같다)에 소속된 같은 법 제14조제1항·제2항에 따른 교원은 제외한다.
3. 사립학교경영자 또는 사립학교를 설치·경영하는 법인(이와 동등한 학력이 인정되는 교육기관 또는 평생교육시설로서 다른 법령에 따라 설립된 교육기관 또는 평생교육시설을 설치·경영하는 자를 포함한다. 이하 같다)의 임·직원
② 교육의원은 당해지방자치단체의 교육기관(교육행정기관, 교육연구기관, 교육연수·수련기관, 도서관, 교원·학생복지후생기관 등을 포함한다)과 영리를 목적으로 하는 거래를 할 수 없으며, 이와 관련된 재산의 양수인 또는 관리인이 될 수 없다.
③ 제1항제2호 단서의 규정에 따른 교원이 교육의원으로 당선된 때에는 임기 중 그 교원의 직은 휴직된다.
④ 제1항 및 제2항은 교육위원회 위원으로 선임되는 시·도의회의원에 대해서도 적용한다.
[법률 제10046호(2010.2.26) 부칙 제2조제1항의 규정에 의하여 이 조는 2014년 6월 30일까지 유효함]
[시행일 : 2014.1.1] 제9조

제10조(교육의원후보자의 자격 등) ① 교육의원후보자가 되려는 사람은 시·도의회의원의 피선거권이 있는 사람으로서 후보자등록신청개시일부터 과거 1년 동안 정당의 당원이 아닌 사람이어야 한다. 〈개정 2010.2.26〉
② 교육의원후보자가 되려는 사람은 후보자등록신청개시일을 기준으로 다음 각 호의 어느 하나에 해당하는 경력이 5년 이상 있거나 다음 각 호의 어느 하나에 해당하는 경력을 합한 경력이 5년 이상 있는 사람이어야 한다. 〈개정 2010.2.26〉

1. 교육경력 : 「유아교육법」 제2조제2호의 규정에 따른 유치원, 「초·중등교육법」 제2조 및 「고등교육법」 제2조의 규정에 따른 학교(이와 동등한 학력이 인정되는 교육기관 또는 평생교육시설로서 다른 법률에 따라 설치된 교육기관 또는 평생교육시설을 포함한다)에서 교원으로 근무한 경력
2. 교육행정경력 : 국가 또는 지방자치단체의 교육기관에서 국가공무원 또는 지방공무원으로 교육·학예에 관한 사무에 종사한 경력과 「교육공무원법」 제2조제1항제2호 또는 제3호의 규정에 따른 교육공무원으로 근무한 경력

[법률 제10046호(2010.2.26) 부칙 제2조제1항의 규정에 의하여 이 조는 2014년 6월 30일까지 유효함]

제10조의2(교육의원의 소환) ① 주민은 교육의원을 소환할 권리를 가진다.
② 교육의원에 대한 주민소환투표사무는 제52조에 따른 선거관리위원회가 관리한다.
③ 교육의원의 주민소환에 관하여는 이 법에서 규정한 사항을 제외하고는 그 성질에 반하지 아니하는 범위에서 「주민소환에 관한 법률」의 지역선거구시·도의회의원에 관한 규정을 준용한다. 다만, 이 법에서 「공직선거법」을 준용할 때 「주민소환에 관한 법률」에서 준용하는 「공직선거법」의 해당 규정과 다르게 정하고 있는 경우에는 이 법에서 준용하는 「공직선거법」의 해당 규정을 인용한 것으로 본다.
[본조신설 2010.2.26]
[법률 제10046호(2010.2.26) 부칙 제2조제1항의 규정에 의하여 이 조는 2014년 6월 30일까지 유효함]

제10조의3(교육의원의 퇴직) 교육의원이 다음 각 호의 어느 하나에 해당된 때에는 그 직에서 퇴직된다.
1. 교육의원이 제9조제1항의 겸임할 수 없는 직에 취임한 때
2. 피선거권이 없게 된 때(지방자치단체의 구역이 변경되거나, 지방자치단체가 없어지거나 합쳐진 경우 외의 다른 사유로 교육의원이 그 지방자치단체의 구역 밖으로 주민등록을 이전함으로써 피선거권이 없게 된 때를 포함한다)
3. 정당의 당원이 된 때
4. 징계에 따라 제명된 때 [본조신설 2010.2.26]
[법률 제10046호(2010.2.26) 부칙 제2조제1항의 규정에 의하여 이 조는 2014년 6월 30일까지 유효함]

제3절 권 한

제11조(교육위원회의 의결사항) ①교육위원회는 당해 시·도의 교육·학예에 관한 다음 각 호의 사항을 심사·의결한다.
1. 조례안
2. 예산안 및 결산
3. 특별부과금·사용료·수수료·분담금 및 가입금의 부과와 징수에 관한 사항
4. 기채안(起債案)
5. 기금의 설치·운용에 관한 사항
6. 대통령령으로 정하는 중요재산의 취득·처분에 관한 사항
7. 대통령령으로 정하는 공공시설의 설치·관리 및 처분에 관한 사항
8. 법령과 조례에 규정된 것을 제외한 예산 외의 의무부담이나 권리의 포기에 관한 사항
9. 청원의 수리와 처리
10. 외국 지방자치단체와의 교류·협력에 관한 사항
11. 그 밖에 법령과 시·도 조례에 따라 그 권한에 속하는 사항
② 제1항제5호 내지 제11호에 규정된 사항에 대하여 행한 교육위원회의 의결은 시·도의회 본회의의 의결로 본다.

◎ 법 령

③ 교육위원회 위원장은 교육위원회가 다음 각 호의 어느 하나에 해당하는 의안을 의결할 때에는 의결하기 전에 미리 특별시장·광역시장·도지사(이하 "시·도지사"라 한다)의 의견을 들어야 한다.
1. 주민의 재정적 부담이나 의무부과에 관한 조례안
2. 지방자치단체의 일반회계와 관련되는 사항
[법률 제10046호(2010.2.26) 부칙 제2조제1항의 규정에 의하여 이 조는 2014년 6월 30일까지 유효함]

제4절 회의 및 사무직원

제12조(의사정족수 및 의결정족수) 교육위원회의 의사정족수 및 의결정족수에 관하여는 「지방자치법」 제63조와 제64조의 규정을 준용한다. 이 경우 "지방의회"는 "교육위원회"로, "의원"은 "위원"으로, "의장"은 "교육위원회 위원장"으로 본다. 〈개정 2007.5.11〉
[법률 제10046호(2010.2.26) 부칙 제2조제1항의 규정에 의하여 이 조는 2014년 6월 30일까지 유효함]
제13조(의안의 발의 및 제출) ① 교육위원회에서 심사·의결할 의안은 교육감이 제출하거나 시·도의회 재적의원 5분의 1이상 또는 의원 10인 이상의 연서로 발의한다.
② 제1항의 의안은 문서로써 시·도의회의장에게 제출하여야 한다.
③ 교육감은 교육·학예에 관한 의안 중 제11조제3항 각 호의 어느 하나에 해당하는 의안을 시·도의회에 제출하고자 할 때에는 미리 시·도지사와 협의하여야 한다.
[법률 제10046호(2010.2.26) 부칙 제2조제1항의 규정에 의하여 이 조는 2014년 6월 30일까지 유효함]
제14조(의안의 이송 등) ① 교육위원회에서 의결된 의안 중 제11조제2항의 규정에 따라 본회의의 의결로 보는 의안은 교육위원회 위원장이 이를 5일 이내에 교육감에게 이송하고 동시에 시·도의회의장에게 보고하여야 한다.
② 시·도의회의장은 제11조제1항제1호 내지 제4호에 규정된 본회의의 의결을 필요로 하는 사항에 관한 의안이 교육위원회의 심사를 거쳐 본회의에서 의결된 때에는 이를 의결된 날로부터 5일 이내에 교육감에게 이송하여야 한다.
③ 제2항의 규정에 따라 이송된 의안 중 조례안은 「지방자치법」 제26조제2항의 규정에 불구하고 교육감이 대통령령이 정하는 절차와 방식에 따라 20일 이내에 이를 공포하여야 한다. 〈개정 2007.5.11〉
④ 조례안의 재의요구 및 공포에 관하여는 「지방자치법」 제26조제3항부터 제7항까지의 규정을 준용한다. 이 경우 같은 조제3항·제5항 및 제6항 중 "지방자치단체의 장"은 "교육감"으로 본다. 〈개정 2007.5.11〉
[법률 제10046호(2010.2.26) 부칙 제2조제1항의 규정에 의하여 이 조는 2014년 6월 30일까지 유효함]
제15조(청원의 이송과 처리보고) ① 교육위원회가 채택한 청원으로서 교육감이 처리함이 타당하다고 인정되는 청원은 의견서를 첨부하여 교육감에게 이송한다.
② 교육감은 제1항의 청원을 처리하고 그 처리결과를 지체 없이 교육위원회에 보고하여야 한다.
[법률 제10046호(2010.2.26) 부칙 제2조제1항의 규정에 의하여 이 조는 2014년 6월 30일까지 유효함]
제16조 삭제 〈2010.2.26〉
제17조(교육위원회 사무에 대한 지원) ① 교육위원회 및 시·도의회의 교육·학예에 관한 사무를 처리하기 위하여 조례로 정하는 바에 따라 시·도의회의 사무처에 지원조직과 사무직원을 둔다.
② 제1항의 규정에 따라 두는 사무직원은 지방공무원으로 보한다.
③ 제1항의 규정에 따라 두는 사무직원은 교육위원회 위원장의 추천에 따라 교육감이 임명한다.
[법률 제10046호(2010.2.26) 부칙 제2조제1항의 규정에 의하여 이 조는 2014년 6월 30일까지 유효함]

제3장 교육감
제1절 지위와 권한 등

제18조(교육감) ① 시·도의 교육·학예에 관한 사무의 집행기관으로 시·도에 교육감을 둔다.
② 교육감은 교육·학예에 관한 소관 사무로 인한 소송이나 재산의 등기 등에 대하여 당해 시·도를 대표한다.

제19조(국가행정사무의 위임) 국가행정사무 중 시·도에 위임하여 시행하는 사무로서 교육·학예에 관한 사무는 교육감에게 위임하여 행한다. 다만, 법령에 다른 규정이 있는 경우에는 그러하지 아니하다.

제20조(관장사무) 교육감은 교육·학예에 관한 다음 각 호의 사항에 관한 사무를 관장한다.
1. 조례안의 작성 및 제출에 관한 사항
2. 예산안의 편성 및 제출에 관한 사항
3. 결산서의 작성 및 제출에 관한 사항
4. 교육규칙의 제정에 관한 사항
5. 학교, 그 밖의 교육기관의 설치·이전 및 폐지에 관한 사항
6. 교육과정의 운영에 관한 사항
7. 과학·기술교육의 진흥에 관한 사항
8. 평생교육, 그 밖의 교육·학예진흥에 관한 사항
9. 학교체육·보건 및 학교환경정화에 관한 사항
10. 학생통학구역에 관한 사항
11. 교육·학예의 시설·설비 및 교구(敎具)에 관한 사항
12. 재산의 취득·처분에 관한 사항
13. 특별부과금·사용료·수수료·분담금 및 가입금에 관한 사항
14. 기채(起債)·차입금 또는 예산 외의 의무부담에 관한 사항
15. 기금의 설치·운용에 관한 사항
16. 소속 국가공무원 및 지방공무원의 인사관리에 관한 사항
17. 그 밖에 당해 시·도의 교육·학예에 관한 사항과 위임된 사항

제21조(교육감의 임기) 교육감의 임기는 4년으로 하며, 교육감의 계속 재임은 3기에 한한다.

제22조(교육감의 선거) 교육감의 선거에 관하여는 제6장에서 따로 정한다. [전문개정 2010.2.26]

제23조(겸직의 제한) ①교육감은 다음 각 호의 어느 하나에 해당하는 직을 겸할 수 없다.
1. 국회의원·지방의회의원·교육의원
2. 「국가공무원법」 제2조에 규정된 국가공무원과 「지방공무원법」 제2조에 규정된 지방공무원 및 「사립학교법」 제2조의 규정에 따른 사립학교의 교원
3. 사립학교경영자 또는 사립학교를 설치·경영하는 법인의 임·직원
② 교육감이 당선 전부터 제1항의 겸직이 금지된 직을 가진 경우에는 임기개시일 전일에 그 직에서 당연 퇴직된다.

제24조(교육감후보자의 자격) ① 교육감후보자가 되려는 사람은 당해 시·도지사의 피선거권이 있는 사람으로서 후보자등록신청개시일부터 과거 1년 동안 정당의 당원이 아닌 사람이어야 한다. 〈개정 2010.2.26〉
② 교육감후보자가 되려는 사람은 후보자등록신청개시일을 기준으로 제10조제2항에 따른 교육경력 또는 교육행정경력이 5년 이상 있거나 양 경력을 합한 경력이 5년 이상 있는 사람이어야 한다. 〈개정 2010.2.26〉

○ **법 령**

[법률 제10046호(2010.2.26) 부칙 제2조제1항의 규정에 의하여 이 조 제2항은 2014년 6월 30일까지 유효함]

제24조의2(교육감의 소환) ① 주민은 교육감을 소환할 권리를 가진다.
② 교육감에 대한 주민소환투표사무는 제44조에 따른 선거관리위원회가 관리한다.
③ 교육감의 주민소환에 관하여는 이 법에서 규정한 사항을 제외하고는 그 성질에 반하지 아니하는 범위에서 「주민소환에 관한 법률」의 시·도지사에 관한 규정을 준용한다. 다만, 이 법에서 「공직선거법」을 준용할 때 「주민소환에 관한 법률」에서 준용하는 「공직선거법」의 해당 규정과 다르게 정하고 있는 경우에는 이 법에서 준용하는 「공직선거법」의 해당 규정을 인용한 것으로 본다. [본조신설 2010.2.26]

제24조의3(교육감의 퇴직) 교육감이 다음 각 호의 어느 하나에 해당된 때에는 그 직에서 퇴직된다.
1. 교육감이 제23조제1항의 겸임할 수 없는 직에 취임한 때
2. 피선거권이 없게 된 때(지방자치단체의 구역이 변경되거나, 지방자치단체가 없어지거나 합쳐진 경우 외의 다른 사유로 교육감이 그 지방자치단체의 구역 밖으로 주민등록을 이전함으로써 피선거권이 없게 된 때를 포함한다)
3. 정당의 당원이 된 때
4. 제3조에서 준용하는 「지방자치법」 제97조에 따라 교육감의 직을 상실할 때 [본조신설 2010.2.26]

제25조(교육규칙의 제정) ① 교육감은 법령 또는 조례의 범위 안에서 그 권한에 속하는 사무에 관하여 교육규칙을 제정할 수 있다.
② 교육감은 대통령령이 정하는 절차와 방식에 따라 교육규칙을 공포하여야 하며, 교육규칙은 특별한 규정이 없는 한 공포한 날부터 20일이 경과함으로써 효력을 발생한다.

제26조(사무의 위임·위탁 등) ① 교육감은 조례 또는 교육규칙이 정하는 바에 따라 그 권한에 속하는 사무의 일부를 보조기관, 소속교육기관 또는 하급교육행정기관에 위임할 수 있다.
② 교육감은 교육규칙이 정하는 바에 따라 그 권한에 속하는 사무의 일부를 당해지방자치단체의 장과 협의하여 구·출장소 또는 읍·면·동(특별시·광역시 및 시의 동을 말한다. 이하 이 조에서 같다)의 장에게 위임할 수 있다. 이 경우 교육감은 당해사무의 집행에 관하여 구·출장소 또는 읍·면·동의 장을 지휘·감독할 수 있다.
③ 교육감은 조례 또는 교육규칙이 정하는 바에 따라 그 권한에 속하는 사무 중 조사·검사·검정·관리 등 주민의 권리·의무와 직접 관계되지 아니하는 사무를 법인·단체 또는 그 기관이나 개인에게 위탁할 수 있다.
④ 교육감이 위임 또는 위탁받은 사무의 일부를 제1항 내지 제3항의 규정에 따라 다시 위임 또는 위탁하고자 하는 경우에는 미리 당해사무를 위임 또는 위탁한 기관의 장의 승인을 얻어야 한다.

제27조(직원의 임용 등) 교육감은 소속 공무원을 지휘·감독하고 법령과 조례·교육규칙이 정하는 바에 따라 그 임용·교육훈련·복무·징계 등에 관한 사항을 처리한다.

제28조(시·도의회 등의 의결에 대한 재의와 제소) ① 교육감은 제11조제2항의 규정에 따른 교육위원회의 의결 또는 교육·학예에 관한 시·도의회의 의결이 법령에 위반되거나 공익을 현저히 저해한다고 판단될 때에는 그 의결사항을 이송받은 날부터 20일 이내에 이유를 붙여 재의를 요구할 수 있다. 교육감이 교육부장관으로부터 재의요구를 하도록 요청받은 경우에는 교육위원회 또는 시·도의회에 재의를 요구하여야 한다. 〈개정 2008.2.29, 2013.3.23〉
② 제1항의 규정에 따른 재의요구가 있을 때에는 재의요구를 받은 교육위원회 또는 시·도의회는 재의에 붙이고 교육위원회 재적위원 또는 시·도의회 재적의원 과반수의 출석과 교육위원회 출석위원 또는

시·도의회 출석의원 3분의 2이상의 찬성으로 전과 같은 의결을 하면 그 의결사항은 확정된다.
③ 제2항의 규정에 따라 재의결된 사항이 법령에 위반된다고 판단될 때에는 교육감은 재의결된 날부터 20일 이내에 대법원에 제소할 수 있다.
④ 교육부장관은 재의결된 사항이 법령에 위반된다고 판단됨에도 해당교육감이 소를 제기하지 않은 때에는 해당교육감에게 제소를 지시하거나 직접 제소할 수 있다. 〈개정 2008.2.29, 2013.3.23〉
⑤ 제4항의 규정에 따른 제소의 지시는 제3항의 기간이 경과한 날부터 7일 이내에 하고, 해당교육감은 제소 지시를 받은 날부터 7일 이내에 제소하여야 한다.
⑥ 교육부장관은 제5항의 기간이 경과한 날부터 7일 이내에 직접 제소할 수 있다.
〈개정 2008.2.29, 2013.3.23〉
⑦ 제3항 및 제4항의 규정에 따라 재의결된 사항을 대법원에 제소한 경우 제소를 한 교육부장관 또는 교육감은 그 의결의 집행을 정지하게 하는 집행정지결정을 신청할 수 있다. 〈개정 2008.2.29, 2013.3.23〉

제28조(시·도의회 등의 의결에 대한 재의와 제소) ① 교육감은 교육·학예에 관한 시·도의회의 의결이 법령에 위반되거나 공익을 현저히 저해한다고 판단될 때에는 그 의결사항을 이송받은 날부터 20일 이내에 이유를 붙여 재의를 요구할 수 있다. 교육감이 교육부장관으로부터 재의요구를 하도록 요청받은 경우에는 시·도의회에 재의를 요구하여야 한다. 〈개정 2008.2.29, 2013.3.23, 2010.2.26〉
② 제1항의 규정에 따른 재의요구가 있을 때에는 재의요구를 받은 시·도의회는 재의에 붙이고 시·도의회 재적의원 과반수의 출석과 시·도의회 출석의원 3분의 2이상의 찬성으로 전과 같은 의결을 하면 그 의결사항은 확정된다. 〈개정 2010.2.26〉
③ 제2항의 규정에 따라 재의결된 사항이 법령에 위반된다고 판단될 때에는 교육감은 재의결된 날부터 20일 이내에 대법원에 제소할 수 있다.
④ 교육부장관은 재의결된 사항이 법령에 위반된다고 판단됨에도 해당교육감이 소를 제기하지 않은 때에는 해당교육감에게 제소를 지시하거나 직접 제소할 수 있다. 〈개정 2008.2.29, 2013.3.23〉
⑤ 제4항의 규정에 따른 제소의 지시는 제3항의 기간이 경과한 날부터 7일 이내에 하고, 해당교육감은 제소 지시를 받은 날부터 7일 이내에 제소하여야 한다.
⑥ 교육부장관은 제5항의 기간이 경과한 날부터 7일 이내에 직접 제소할 수 있다.
〈개정 2008.2.29, 2013.3.23〉
⑦ 제3항 및 제4항의 규정에 따라 재의결된 사항을 대법원에 제소한 경우 제소를 한 교육부장관 또는 교육감은 그 의결의 집행을 정지하게 하는 집행정지결정을 신청할 수 있다. 〈개정 2008.2.29, 2013.3.23〉 [시행일 : 2014.7.1] 제28조

제29조(교육감의 선결처분) ① 교육감은 소관 사무 중 교육위원회 또는 시·도의회의 의결을 요하는 사항에 대하여 다음 각 호의 어느 하나에 해당하는 경우에는 선결처분을 할 수 있다. 〈개정 2007.5.11〉
 1. 교육위원회 또는 시·도의회가 성립되지 아니한 때(교육위원회 위원 또는 시·도의회의원의 구속 등의 사유로 제12조에서 준용하는 「지방자치법」 제64조의 규정에 따른 의결정족수에 미달하게 된 때를 말한다)
 2. 학생의 안전과 교육기관 등의 재산보호를 위하여 긴급하게 필요한 사항으로서 교육위원회 또는 시·도의회가 소집될 시간적 여유가 없거나 교육위원회 또는 시·도의회에서 의결이 지체되어 의결되지 아니한 때
② 제1항의 규정에 따른 선결처분은 지체 없이 교육위원회 또는 시·도의회에 보고하여 승인을 얻어야 한다.
③ 교육위원회 또는 시·도의회에서 제2항의 승인을 얻지 못한 때에는 그 선결처분은 그 때부터 효력을 상실한다.

◎ 법 령

④ 교육감은 제2항 및 제3항에 관한 사항을 지체 없이 공고하여야 한다.
제29조(교육감의 선결처분) ① 교육감은 소관 사무 중 시·도의회의 의결을 요하는 사항에 대하여 다음 각 호의 어느 하나에 해당하는 경우에는 선결처분을 할 수 있다. 〈개정 2007.5.11, 2010.2.26〉
 1. 시·도의회가 성립되지 아니한 때(시·도의회의원의 구속 등의 사유로 「지방자치법」 제64조의 규정에 따른 의결정족수에 미달하게 된 때를 말한다)
 2. 학생의 안전과 교육기관 등의 재산보호를 위하여 긴급하게 필요한 사항으로서 시·도의회가 소집될 시간적 여유가 없거나 시·도의회에서 의결이 지체되어 의결되지 아니한 때
② 제1항의 규정에 따른 선결처분은 지체 없이 시·도의회에 보고하여 승인을 얻어야 한다. 〈개정 2010.2.26〉
③ 시·도의회에서 제2항의 승인을 얻지 못한 때에는 그 선결처분은 그 때부터 효력을 상실한다. 〈개정 2010.2.26〉
④ 교육감은 제2항 및 제3항에 관한 사항을 지체 없이 공고하여야 한다. [시행일 : 2014.7.1] 제29조

제2절 보조기관 및 소속교육기관

제30조(보조기관) ① 교육감 소속하에 국가공무원으로 보하는 부교육감 1인(인구 800만명 이상이고 학생 170만명 이상인 시·도는 2인)을 두되, 대통령령이 정하는 바에 따라 「국가공무원법」 제2조의2의 규정에 따른 고위공무원단에 속하는 일반직공무원 또는 장학관으로 보한다.
② 부교육감은 당해 시·도의 교육감이 추천한 자를 교육부장관의 제청으로 국무총리를 거쳐 대통령이 임명한다. 〈개정 2008.2.29, 2013.3.23〉
③ 부교육감은 교육감을 보좌하여 사무를 처리한다.
④ 제1항의 규정에 따라 부교육감 2인을 두는 경우에 그 사무 분장에 관한 사항은 대통령령으로 정한다. 이 경우 그중 1인으로 하여금 특정 지역의 사무를 담당하게 할 수 있다.
⑤ 교육감 소속하에 보조기관을 두되, 그 설치·운영 등에 관하여 필요한 사항은 대통령령이 정한 범위 안에서 조례로 정한다.
⑥ 교육감은 제5항의 규정에 따른 보조기관의 설치·운영에 있어서 합리화를 도모하고 다른 시·도와의 균형을 유지하여야 한다.
제31조(교육감의 권한대행·직무대리) 교육감의 권한대행·직무대리에 관하여는 「지방자치법」 제111조의 규정을 준용한다. 이 경우 "부지사·부시장·부군수·부구청장"은 "부교육감"으로, "지방자치단체의 규칙"은 "교육규칙"으로 본다. 〈개정 2007.5.11〉
제32조(교육기관의 설치) 교육감은 그 소관 사무의 범위 안에서 필요한 때에는 대통령령 또는 조례가 정하는 바에 따라 교육기관을 설치할 수 있다.
제33조(공무원의 배치) ① 제30조제5항의 보조기관과 제32조의 교육기관 및 제34조의 하급교육행정기관에는 제38조의 규정에 따른 해당 시·도의 교육비특별회계가 부담하는 경비로써 지방공무원을 두되, 그 정원은 법령이 정한 기준에 따라 조례로 정한다.
② 제30조제5항의 보조기관과 제32조의 교육기관 및 제34조의 하급교육행정기관에는 제1항 및 「지방자치단체에 두는 국가공무원의 정원에 관한 법률」에 불구하고 대통령령이 정하는 바에 따라 국가공무원을 둘 수 있다.

제3절 하급교육행정기관

제34조(하급교육행정기관의 설치) ① 시·도의 교육·학예에 관한 사무를 분장하기 위하여 1개 또는 2개 이상의 시·군 및 자치구를 관할구역으로 하는 하급교육행정기관(이하 "지역교육청"이라 한다)을 둔다.

② 지역교육청의 관할구역과 명칭은 대통령령으로 정한다.
③ 지역교육청에 교육장을 두되 장학관으로 보하고, 그 임용에 관하여 필요한 사항은 대통령령으로 정한다.
④ 지역교육청의 조직과 운영 등에 관하여 필요한 사항은 대통령령으로 정한다.

제35조(교육장의 분장 사무) 교육장은 시·도의 교육·학예에 관한 사무 중 다음 각 호의 사무를 위임받아 분장한다.
 1. 공·사립의 유치원·초등학교·중학교·공민학교·고등공민학교 및 이에 준하는 각종학교의 운영·관리에 관한 지도·감독
 2. 그 밖에 조례로 정하는 사무

제4장 교육재정

제36조(교육·학예에 관한 경비) 교육·학예에 관한 경비는 다음 각 호의 재원(財源)으로 충당한다.
 1. 교육에 관한 특별부과금·수수료 및 사용료
 2. 지방교육재정교부금
 3. 해당지방자치단체의 일반회계로부터의 전입금
 4. 제1호 내지 제3호 외의 수입으로서 교육·학예에 속하는 수입

제37조(의무교육경비 등) ① 의무교육에 종사하는 교원의 보수와 그 밖의 의무교육에 관련되는 경비는 「지방교육재정교부금법」이 정하는 바에 따라 국가 및 지방자치단체가 부담한다.
② 제1항의 규정에 따른 의무교육 외의 교육에 관련되는 경비는 「지방교육재정교부금법」이 정하는 바에 따라 국가·지방자치단체 및 학부모 등이 부담한다.

제38조(교육비특별회계) 시·도의 교육·학예에 관한 경비를 따로 경리하기 위하여 당해지방자치단체에 교육비특별회계를 둔다.

제39조(교육비의 보조) ① 국가는 예산의 범위 안에서 시·도의 교육비를 보조한다.
② 국가의 교육비보조에 관한 사무는 교육부장관이 관장한다. 〈개정 2008.2.29, 2013.3.23〉

제40조(특별부과금의 부과·징수) ① 제36조의 규정에 따른 특별부과금은 특별한 재정수요가 있는 때에 조례가 정하는 바에 따라 부과·징수한다.
② 제1항의 규정에 따른 특별부과금은 특별부과를 필요로 하는 경비의 총액을 초과하여 부과할 수 없다.

제5장 지방교육에 관한 협의

제41조(지방교육행정협의회의 설치) ① 지방자치단체의 교육·학예에 관한 사무를 효율적으로 처리하기 위하여 지방교육행정협의회를 둔다.
② 제1항의 규정에 따른 지방교육행정협의회의 구성·운영에 관하여 필요한 사항은 교육감과 시·도지사가 협의하여 조례로 정한다.

제42조(교육감 협의체) ① 교육감은 상호 간의 교류와 협력을 증진하고, 공동의 문제를 협의하기 위하여 전국적인 협의체를 설립할 수 있다.
② 제1항의 규정에 따른 협의체를 설립한 때에는 당해협의체의 대표자는 이를 지체 없이 교육부장관에게 신고하여야 한다. 〈개정 2008.2.29, 2013.3.23〉
③ 제1항의 규정에 따른 협의체는 지방교육자치에 직접적 영향을 미치는 법령 등에 관하여 교육부장관을 거쳐 정부에 의견을 제출할 수 있다. 〈개정 2008.2.29, 2013.3.23〉
④ 제1항의 규정에 따른 협의체의 설립신고와 운영 그 밖의 필요한 사항은 대통령령으로 정한다.

○ 법 령

제6장 교육감선거
〈신설 2010.2.26〉

제43조(선출) 교육감은 주민의 보통·평등·직접·비밀선거에 따라 선출한다.
[본조신설 2010.2.26]

제44조(선거구선거관리) ① 교육감선거에 관한 사무 중 선거구선거사무를 수행할 선거관리위원회(이하 "선거구선거관리위원회"라 한다)는 「선거관리위원회법」에 따른 시·도선거관리위원회로 한다.
② 교육감선거의 선거구선거관리 등에 관하여는 「공직선거법」 제13조제2항부터 제6항까지의 규정을 준용한다. [본조신설 2010.2.26]

제45조(선거구) 교육감은 시·도를 단위로 하여 선출한다. [본조신설 2010.2.26]

제46조(정당의 선거관여행위 금지 등) ① 정당은 교육감선거에 후보자를 추천할 수 없다.
② 정당의 대표자·간부(「정당법」 제12조부터 제14조까지의 규정에 따라 등록된 대표자·간부를 말한다) 및 유급사무직원은 특정 후보자(후보자가 되려는 사람을 포함한다. 이하 이 조에서 같다)를 지지·반대하는 등 선거에 영향을 미치게 하기 위하여 선거에 관여하는 행위(이하 이 항에서 "선거관여행위"라 한다)를 할 수 없으며, 그 밖의 당원은 소속 정당의 명칭을 밝히거나 추정할 수 있는 방법으로 선거관여행위를 할 수 없다.
③ 후보자는 특정 정당을 지지·반대하거나 특정 정당으로부터 지지·추천받고 있음을 표방(당원경력의 표시를 포함한다)하여서는 아니 된다. [본조신설 2010.2.26]

제47조(공무원 등의 입후보) ① 「공직선거법」 제53조제1항 각 호의 어느 하나에 해당하는 사람 중 후보자가 되려는 사람은 선거일 전 90일(제49조제1항에서 준용되는 「공직선거법」 제35조제4항의 보궐선거등의 경우에는 후보자등록신청 전을 말한다)까지 그 직을 그만두어야 한다. 다만, 교육감선거에서 해당 지방자치단체의 교육의원이나 교육감이 그 직을 가지고 입후보하는 경우에는 그러하지 아니하다.
② 제1항을 적용하는 경우 그 소속 기관·단체의 장 또는 소속 위원회에 사직원이 접수된 때에 그 직을 그만둔 것으로 본다. [본조신설 2010.2.26]

제48조(투표용지의 후보자 게재순위 등) ① 투표용지에는 후보자의 성명을 표시하여야 하며, 후보자의 성명은 한글로 기재한다. 다만, 한글로 표시된 성명이 같은 후보자가 있는 경우에는 괄호 안에 한자를 함께 기재한다.
② 선거구선거관리위원회는 후보자등록마감 후에 후보자나 그 대리인을 현장에 출석시켜 추첨으로 후보자의 투표용지 게재순위를 결정하되, 그 추첨을 시작하는 시각까지 후보자나 그 대리인이 현장에 출석하지 아니한 경우에는 해당 선거구선거관리위원회 위원장이나 그가 지명한 사람이 해당 후보자를 대리하여 추첨한다.
③ 후보자등록기간이 지난 후에 후보자가 사퇴·사망하거나 등록이 무효로 된 때라도 투표용지에 해당 후보자의 성명은 그대로 둔다.
④ 투표용지에는 일련번호를 인쇄하여야 한다. [본조신설 2010.2.26]

제49조(「공직선거법」의 준용) ① 교육감선거에 관하여 이 법에서 규정한 사항을 제외하고는 「공직선거법」 제3조부터 제8조까지, 제8조의2부터 제8조의4까지, 제8조의6, 제9조, 제10조, 제10조의2, 제10조의3, 제11조, 제12조, 제14조, 제15조, 제17조부터 제19조까지, 제30조부터 제46조까지, 제48조부터 제50조까지, 제52조, 제54조부터 제57조까지, 제58조부터 제60조까지, 제60조의2부터 제60조의4까지, 제61조, 제62조부터 제74조까지, 제79조부터 제82조까지, 제82조의2, 제82조의4부터 제82조의7까지, 제85조, 제86조(제2항제2호 단서·제3호 및 제6항 단서는 제외한다), 제87조부터 제108조까지, 제108조의2, 제

109조부터 제122조까지, 제122조의2, 제135조(제1항 단서는 제외한다), 제135조의2, 제146조, 제146조의2, 제147조부터 제149조까지, 제149조의2, 제151조부터 제159조까지, 제161조부터 제166조까지, 제166조의2, 제167조부터 제186조까지, 제191조부터 제206조까지, 제211조부터 제217조까지, 제219조부터 제262조까지, 제262조의2, 제262조의3, 제263조부터 제265조까지, 제265조의2, 제266조부터 제270조까지, 제270조의2, 제271조, 제271조의2, 제272조, 제272조의2, 제272조의3, 제273조부터 제277조까지, 제277조의2, 제278조, 제279조 중 시·도지사 및 시·도지사선거에 관한 규정을 준용한다. 이 경우 정당추천후보자와 무소속후보자에게 적용되는 규정이 다른 경우에는 무소속후보자에 관한 규정을 준용한다.
② 교육감선거와 관련하여 「공직선거법」의 벌칙(과태료를 포함한다. 이하 이 항에서 같다)을 준용하는 경우 「공직선거법」의 벌칙 외의 규정 중 이 법에서 준용하고 있지 아니한 규정에 대한 벌칙은 준용하지 아니한다.
③ 제1항에 따라 「공직선거법」을 준용하는 경우 다음 각 호에 따른다.
1. 「공직선거법」 제49조제4항제5호 중 "증명서류"는 "증명서류 및 「지방교육자치에 관한 법률」 제24조제2항에 따른 경력에 관한 증명서류"로 본다.
2. 「공직선거법」 제52조제1항제5호 중 "제53조제1항부터 제3항까지 또는 제5항을 위반하여 등록된 것이 발견된 때"는 "「지방교육자치에 관한 법률」 제47조제1항을 위반하여 등록된 것이 발견된 때"로 본다.
3. 「공직선거법」 제60조제1항제4호 단서 중 "정당의 당원이 될 수 있는 공무원(국회의원과 지방의회의원 외의 정무직공무원을 제외한다)"은 "정당의 당원이 될 수 있는 공무원(정무직공무원, 국회의원의 보좌관·비서관·비서, 국회 교섭단체의 정책연구위원은 제외한다)"으로 본다.
4. 「공직선거법」 제60조의2제2항제2호·제3항 전단 및 제4항제1호의2 중 "증명서류"는 각각 "증명서류 및 「지방교육자치에 관한 법률」 제24조제2항에 따른 경력에 관한 증명서류"로 본다.
5. 「공직선거법」 제60조의2제4항제2호 중 "제53조제1항부터 제3항까지 또는 제5항"은 "「지방교육자치에 관한 법률」 제47조제1항"으로 본다.
6. 「공직선거법」 제61조제5항 중 "공중위생영업소"는 "공중위생영업소, 국회의원 및 지방의회의원의 사무소와 「정치자금법」에 따른 국회의원후원회의 사무소"로 본다.
7. 「공직선거법」 제65조제9항 중 "제150조(투표용지의 정당·후보자의 게재순위등)의 규정에 따라 투표용지에 게재할 후보자의 기호순"은 "「지방교육자치에 관한 법률」 제48조에 따른 후보자의 투표용지 게재순"으로 본다.
8. 「공직선거법」 제86조제1항 각 호 외의 부분 중 "공무원(국회의원과 그 보좌관·비서관·비서 및 지방의회의원을 제외한다)"은 "공무원"으로 본다.
9. 「공직선거법」 제111조제1항을 준용하는 경우 국회의원 또는 지방의회의원은 교육감선거의 선거기간 중에 직무상의 행위, 그 밖의 어떤 명목으로도 인터넷에 의정활동보고서를 게재하는 방법 외의 방법으로 의정활동을 보고할 수 없다.
10. 「공직선거법」 제112조제2항제2호자목 본문 중 "상장(부상은 제외한다. 이하 이 목에서 같다)"은 "상장(부상은 제외하되, 각급 학교의 졸업식 등 학생을 대상으로 하는 행사에서 부상을 수여하는 행위를 포함한다. 이하 이 목에서 같다)"으로 본다.
11. 「공직선거법」 제14장의 해당 규정을 준용하는 경우 같은 법 제202조제1항에 따른 구역에서 교육감선거와 「공직선거법」에 따른 공직선거를 동시에 실시하는 경우에는 그 교육감선거와 공직선거를 동시선거로 본다.
12. 「공직선거법」 제11조제2항·제3항, 제135조의2제2항·제4항, 제262조의2제1항, 제264조, 제266조

◎ 법 령

제1항, 제267조제2항, 제268조제1항 본문, 제272조제1항·제5항 전단·제7항 전단, 제273조제1항의 "죄" 또는 "범죄"에는 「「지방교육자치에 관한 법률」 제59조에 규정된 죄」를 각각 포함하며, 「공직선거법」 제260조제1항 중 "제259조"는 "제259조, 「지방교육자치에 관한 법률」 제59조"로 본다.
13. 「공직선거법」 제18조제2항, 제269조 본문, 제270조, 제270조의2제1항의 "선거범"에는 「「지방교육자치에 관한 법률」 제59조에 규정된 죄를 범한 자」를 포함한다.
14. 「공직선거법」 제271조제1항 전단, 제271조의2제1항, 제272조의2제5항, 제272조의3제1항·제2항·제4항의 "이 법"에는 「「지방교육자치에 관한 법률」의 교육감선거에 관한 규정」을 포함한다.
[본조신설 2010.2.26]

제50조(「정치자금법」의 준용) 교육감선거에 관하여는 「정치자금법」의 시·도지사선거에 적용되는 규정을 준용한다. [본조신설 2010.2.26]

제50조의2(교육감직인수위원회의 설치) ① 이 법에 따라 교육감으로 당선된 사람을 보좌하여 교육감직의 인수와 관련된 업무를 담당하기 위하여 해당 시·도 교육청에 교육감직인수위원회(이하 이 조에서 "인수위원회"라 한다)를 둘 수 있다.
② 인수위원회는 교육감의 임기개시일 이후 30일의 범위까지 존속할 수 있다.
③ 인수위원회는 다음 각 호의 업무를 수행한다.
1. 해당 시·도의 교육·학예에 관한 사무의 현황 파악
2. 해당 시·도의 교육기조를 설정하기 위한 준비
3. 그 밖에 교육감직의 인수에 필요한 사항
④ 인수위원회는 위원장 1명, 부위원장 1명 및 10명 이내의 위원으로 구성한다.
⑤ 교육감은 교육감당선인이 추천하는 사람을 제4항에 따른 위원장·부위원장 및 위원으로 임명하거나 위촉한다.
⑥ 그 밖에 인수위원회의 조직과 운영 등에 필요한 사항은 대통령령으로 정하는 바에 따라 해당 지방자치단체의 조례로 정한다.
⑦ 인수위원회의 위원장·부위원장·위원과 그 직에 있었던 사람 중 공무원이 아닌 사람에 대하여 인수위원회의 업무와 관련하여 「형법」이나 그 밖의 법률에 따른 벌칙을 적용할 때에는 공무원으로 본다.
[본조신설 2013.4.5]

제7장 교육의원선거
〈신설 2010.2.26〉

제51조(선출) 교육의원은 주민의 보통·평등·직접·비밀선거에 따라 선출한다.
[본조신설 2010.2.26]
[법률 제10046호(2010.2.26) 부칙 제2조제1항의 규정에 의하여 이 조는 2014년 6월 30일까지 유효함]

제52조(선거구선거관리) ① 교육의원선거에 관한 선거구선거관리위원회는 그 선거구역을 관할하는 구·시·군선거관리위원회로 하되, 1개의 선거구의 구역 안에 2개 이상의 구·시·군선거관리위원회가 있는 때에는 「선거관리위원회법」 제2조제6항에 따라 중앙선거관리위원회가 지정한 구·시·군선거관리위원회로 한다.
② 교육의원선거의 선거구선거관리 등에 관하여는 「공직선거법」 제13조제2항부터 제6항까지의 규정을 준용한다. [본조신설 2010.2.26]
[법률 제10046호(2010.2.26) 부칙 제2조제1항의 규정에 의하여 이 조는 2014년 6월 30일까지 유효함]

제53조(선거구 및 그 정수) ① 교육의원은 교육의원의 선거구단위로 각 1명씩 선출한다.

② 교육의원의 선거구는 인구·행정구역·지세·교통과 그 밖의 조건을 고려하여 획정하되,「지방자치법」제2조제1항제2호에 따른 하나의 자치구·시·군을 분할하여 다른 선거구에 속하게 할 수 없다. 다만,「지방자치법」제3조제3항에 따른 특별시 또는 광역시가 아닌 인구 50만 이상의 시는 구단위로 분할하여 다른 선거구에 속하게 할 수 있다.
③ 교육의원의 선거구 명칭 및 구역은 별표 2와 같다. [본조신설 2010.2.26]
[법률 제10046호(2010.2.26) 부칙 제2조제1항의 규정에 의하여 이 조는 2014년 6월 30일까지 유효함]
제54조(정당의 선거관여행위 금지 등) 교육의원선거에서 정당의 선거관여행위에 관하여는 제46조를 준용한다. 이 경우 "교육감선거"는 "교육의원선거"로 본다. [본조신설 2010.2.26]
[법률 제10046호(2010.2.26) 부칙 제2조제1항의 규정에 의하여 이 조는 2014년 6월 30일까지 유효함]
제55조(공무원 등의 입후보) 교육의원선거에서「공직선거법」제53조제1항 각 호의 어느 하나에 해당하는 사람 중 후보자가 되려는 사람의 입후보에 관하여는 제47조를 준용한다. 이 경우 "교육감선거"는 "교육의원선거"로 본다. [본조신설 2010.2.26]
[법률 제10046호(2010.2.26) 부칙 제2조제1항의 규정에 의하여 이 조는 2014년 6월 30일까지 유효함]
제56조(투표용지의 후보자 게재순위 등) 교육의원선거에서 투표용지의 후보자 게재순위 등에 관하여는 제48조를 준용한다. [본조신설 2010.2.26]
[법률 제10046호(2010.2.26) 부칙 제2조제1항의 규정에 의하여 이 조는 2014년 6월 30일까지 유효함]
제57조(「공직선거법」의 준용) ① 교육의원선거에 관하여 이 법에서 규정한 사항을 제외하고는「공직선거법」제3조부터 제8조까지, 제8조의2부터 제8조의4까지, 제8조의6, 제9조, 제10조, 제10조의2, 제10조의3, 제11조, 제12조, 제14조, 제15조, 제17조부터 제19조까지, 제28조(단서 및 각 호는 제외한다), 제31조부터 제46조까지, 제48조부터 제50조까지, 제52조, 제54조부터 제57조까지, 제58조부터 제60조까지, 제60조의2, 제60조의3, 제61조, 제62조부터 제65조까지, 제67조, 제68조, 제72조, 제74조, 제79조부터 제82조까지, 제82조의4부터 제82조의7까지, 제85조, 제86조제1항, 제87조부터 제108조까지, 제108조의2, 제109조부터 제122조까지, 제122조의2, 제135조(제1항 단서는 제외한다), 제135조의2, 제146조, 제146조의2, 제147조부터 제149조까지, 제149조의2, 제151조부터 제159조까지, 제161조부터 제166조까지, 제166조의2, 제167조부터 제186조까지, 제190조, 제192조부터 제194조까지, 제196조부터 제199조까지, 제201조부터 제206조까지, 제211조부터 제217조까지, 제219조부터 제262조까지, 제262조의2, 제262조의3, 제263조부터 제265조까지, 제265조의2, 제266조부터 제270조까지, 제270조의2, 제271조, 제271조의2, 제272조, 제272조의2, 제272조의3, 제273조부터 제277조까지, 제277조의2, 제278조, 제279조 중 지역구시·도의원 및 지역구시·도의원선거에 관한 규정을 준용한다. 이 경우 정당추천후보자와 무소속후보자에게 적용되는 규정이 다른 경우에는 무소속후보자에 관한 규정을 준용한다.
② 교육의원선거에 관하여 제1항 외에「공직선거법」제71조 중 지역구국회의원선거에 관한 규정을 준용한다.
③ 교육의원선거와 관련하여「공직선거법」의 벌칙(과태료를 포함한다. 이하 이 항에서 같다)을 준용하는 경우「공직선거법」의 벌칙 외의 규정 중 이 법에서 준용하고 있지 아니한 규정에 대한 벌칙은 준용하지 아니한다.
④ 제1항에 따라「공직선거법」을 준용하는 경우 다음 각 호에 따른다.
1.「공직선거법」제28조 각 호 외의 부분 본문 중 "지방의회의 의원정수·선거구"는 "교육의원의 선거구"로 본다.
2.「공직선거법」제32조제2항 중 "별표 1·별표 2·별표 3 및 제26조(지방의회의원선거구의 획정)제2항

◎ 법 령

의 규정에 의한 시·도조례 중 국회의원지역구명·선거구명 및 그 구역의 행정구역명"은 "「지방교육자치에 관한 법률」 별표 1 및 별표 2 중 지방자치단체명이나 선거구명 및 그 구역의 행정구역명"으로 본다.
3. 「공직선거법」 제49조제4항제5호 중 "증명서류"는 "증명서류 및 「지방교육자치에 관한 법률」 제10조제2항에 따른 경력에 관한 증명서류"로 본다.
4. 「공직선거법」 제52조제1항제5호 중 "제53조제1항부터 제3항까지 또는 제5항을 위반하여 등록된 것이 발견된 때"는 "「지방교육자치에 관한 법률」 제55조를 위반하여 등록된 것이 발견된 때"로 본다.
5. 「공직선거법」 제60조제1항제4호 단서 중 "정당의 당원이 될 수 있는 공무원(국회의원과 지방의회의 원외의 정무직공무원을 제외한다)"은 "정당의 당원이 될 수 있는 공무원(정무직공무원, 국회의원의 보좌관·비서관·비서, 국회 교섭단체의 정책연구위원은 제외한다)"으로 본다.
6. 「공직선거법」 제60조의2제2항제2호·제3항 전단 및 제4항제1호의2 중 "증명서류"는 각각 "증명서류 및 「지방교육자치에 관한 법률」 제10조제2항에 따른 경력에 관한 증명서류"로 본다.
7. 「공직선거법」 제60조의2제2항제2호 중 "제53조제1항부터 제3항까지 또는 제5항"은 "「지방교육자치에 관한 법률」 제55조"로 본다.
8. 「공직선거법」 제61조제1항제4호 중 "당해 선거구안에 선거사무소 1개소"는 "해당 선거구 안에 선거사무소 1개소와 선거사무소를 두지 아니하는 자치구·시(하나의 시가 분할되어 2개의 선거구에 속하게 된 때에는 해당 선거구 안의 구를 말한다)·군마다 선거연락소 1개소"로 보고, 같은 조 제5항 중 "공중위생영업소"는 "공중위생영업소, 국회의원 및 지방의회의원의 사무소와 「정치자금법」에 따른 국회의원후원회의 사무소"로 본다.
9. 「공직선거법」 제62조제2항제4호 중 "10인 이내"는 "10인 이내와 선거연락소마다 각 5인 이내"로 본다.
10. 「공직선거법」 제65조제9항 중 "제150조(투표용지의 정당·후보자의 게재순위등)의 규정에 따라 투표용지에 게재할 후보자의 기호순"은 "「지방교육자치에 관한 법률」 제56조에 따른 후보자의 투표용지 게재순"으로 본다.
11. 「공직선거법」 제86조제1항 각 호 외의 부분 중 "공무원(국회의원과 그 보좌관·비서관·비서 및 지방의회의원을 제외한다)"은 "공무원"으로 본다.
12. 「공직선거법」 제91조제4항제3호 중 "각 2대·2척 이내"는 "각 5대·5척 이내"로 본다.
13. 「공직선거법」 제111조제1항을 준용하는 경우 국회의원 또는 지방의회의원은 교육의원선거의 선거기간 중에, 교육의원은 대통령선거·국회의원선거·지방의회의원선거 및 지방자치단체의 장선거의 선거기간과 교육의원선거 및 교육감선거의 선거일 전 90일부터 선거일까지 직무상의 행위, 그 밖의 어떤 명목으로도 인터넷에 의정활동보고서를 게재하는 방법 외의 방법으로 의정활동을 보고할 수 없다.
14. 「공직선거법」 제112조제2항제2호자목 본문 중 "상장(부상은 제외한다. 이하 이 목에서 같다)"은 "상장(부상은 제외하되, 각급 학교의 졸업식 등 학생을 대상으로 하는 행사에서 부상을 수여하는 행위를 포함한다. 이하 이 목에서 같다)"으로 본다.
15. 「공직선거법」 제121조제1항제4호 중 "4천만원"은 "1억원(선거연락소를 설치할 수 있는 경우 그 수가 2개 이하인 경우에는 5천만원을, 3개 이상 4개 이하인 경우에는 1억원을, 5개 이상인 경우에는 1억5천만원을 더한 금액을 말한다)"으로 본다.
16. 「공직선거법」 제14장의 해당 규정을 준용하는 경우 같은 법 제202조제1항에 따른 구역에서 교육의원선거와 「공직선거법」에 따른 공직선거를 동시에 실시하는 경우에는 그 교육의원선거와 공직선거를 동시선거로 본다.

17. 「공직선거법」 제11조제2항·제3항, 제135조의2제2항·제4항, 제262조의2제1항, 제264조, 제266조제1항, 제267조제2항, 제268조제1항 본문, 제272조제1항·제5항 전단·제7항 전단, 제273조제1항의 "죄" 또는 "범죄"에는 "「지방교육자치에 관한 법률」 제59조에 규정된 죄"를 각각 포함하며, 「공직선거법」 제260조제1항 중 "제259조"는 "제259조, 「지방교육자치에 관한 법률」 제59조"로 본다.
18. 「공직선거법」 제18조제2항, 제269조 본문, 제270조, 제270조의2제1항의 "선거범"에는 "「지방교육자치에 관한 법률」 제59조에 규정된 죄를 범한 자"를 포함한다.
19. 「공직선거법」 제271조제1항 전단, 제271조의2제1항, 제272조의2제5항, 제272조의3제1항·제2항·제4항의 "이 법"에는 "「지방교육자치에 관한 법률」의 교육의원선거에 관한 규정"을 포함한다.
⑤ 제1항에도 불구하고 교육의원의 보궐선거, 재선거(「공직선거법」 제197조에 따른 선거의 일부무효로 인한 재선거는 제외한다), 증원선거는 실시하지 아니한다. [본조신설 2010.2.26]

[법률 제10046호(2010.2.26) 부칙 제2조제1항의 규정에 의하여 이 조는 2014년 6월 30일까지 유효함]

제58조(「정치자금법」의 준용) 교육의원선거에 관하여는 「정치자금법」의 지역구시·도의회의원선거에 적용되는 규정을 준용한다. 다만, 제57조제4항제8호의 선거연락소에 관하여는 「정치자금법」의 자치구·시·군의 장선거에 적용되는 규정을 준용한다. [본조신설 2010.2.26]

[법률 제10046호(2010.2.26) 부칙 제2조제1항의 규정에 의하여 이 조는 2014년 6월 30일까지 유효함]

제8장 벌 칙

〈신설 2010.2.26〉

제59조(벌칙) 제46조 및 제54조를 위반한 자는 2년 이하의 징역 또는 400만원 이하의 벌금에 처한다.
[본조신설 2010.2.26]

부 칙

〈제11724호, 2013.4.5〉

이 법은 공포 후 3개월이 경과한 날부터 시행한다.

지방의회 관계법령집

지방자치단체의 행정기구와 정원기준 등에 관한 규정

지방자치단체의 행정기구와 정원기준 등에 관한 규정

[시행 2013.3.23] [대통령령 제24425호, 2013.3.23, 타법개정]

제1장 총 칙

제1조(목적) 이 영은 「지방자치법」 제59조·제90조와 제112조에 따라 지방자치단체의 행정기구의 조직과 운영에 관한 대강과 지방공무원의 정원의 기준 등에 관하여 필요한 사항을 규정함을 목적으로 한다.

제2조(정의) 이 영에서 사용하는 용어의 뜻은 다음과 같다.
1. "지방행정기관"이란 지방자치단체의 행정사무를 담당하기 위하여 설치된 행정기관으로서 그 관할권이 미치는 범위가 일정지역에 한정되는 기관을 말한다.
2. "의회사무기구"란 지방의회의 사무를 처리하기 위하여 설치된 의회사무처·의회사무국와 의회사무과 등의 기구를 말한다.
3. "본청"이란 지방자치단체장을 직접 보조하는 기관(의회사무기구·소속기관·합의제행정기관과 하부행정기관은 제외한다)을 말한다.
4. "소속기관"이란 직속기관·사업소와 출장소를 말한다.
5. "직속기관"이란 「지방자치법」(이하 "법"이라 한다) 제113조에 따른 직속기관으로 지방농촌진흥기구·지방공무원교육훈련기관·보건환경연구원·보건소·지방소방학교·소방서와 공립의 대학·전문대학을 말한다.
6. "사업소"란 법 제114조에 따른 사업소를 말한다.
7. "출장소"란 법 제115조에 따른 출장소를 말한다.
8. "보조기관"이란 지방행정기관의 의사 또는 판단의 결정이나 표시를 보조함으로써 행정기관의 목적달성에 공헌하는 기관을 말한다.
9. "보좌기관"이란 지방행정기관이 그 기능을 원활하게 수행할 수 있도록 그 기관장이나 보조기관을 보좌함으로써 행정기관의 목적달성에 공헌하는 기관을 말한다.
10. "합의제행정기관"이란 법 제116조에 따른 합의제행정기관을 말한다.

제3조(기구와 정원의 관리목표) ① 지방자치단체의 장은 지방자치단체의 행정기구(이하 "기구"라 한다)와 지방공무원의 정원(이하 "정원"이라 한다)을 관리할 때 다음 각 호의 기준에 따라야 한다.
1. 소관 행정사무를 효율적으로 수행할 수 있도록 지역여건·업무의 성질과 양 등에 따라 정원을 적정하게 관리하여야 한다.
2. 지방행정기관의 조직은 서로 기능상의 중복이 없도록 하여야 하며, 종합적이고 체계적으로 편성하여야 한다.
3. 지방행정기관의 기능과 업무량이 변경될 경우에는 그에 따라 지방행정기관의 조직과 정원도 조정하여야 한다.

② 지방자치단체의 장은 1명의 연간 사무량이 250일 이상인 사무의 경우에는 정원으로 책정되지 아니한 인력을 배치하여 이를 처리하게 할 수 없다. 다만, 청소·경비 등 단순노무와 관련된 사무인 경우에는 그러하지 아니하다.

제4조(총액인건비제 운영) ① 지방자치단체는 기구와 정원을 총액인건비를 기준으로 자율성과 책임성이 조화되도록 운영하여야 한다.
② 안전행정부장관은 지방자치단체의 행정수요, 인건비 등을 고려하여 매년 총액인건비를 산정하고 전년도 12월 31일까지 각 지방자치단체의 장에게 통보하여야 한다. 〈개정 2008.2.29, 2013.3.23〉

◎ 법 령

③ 제2항의 총액인건비의 구성요소, 산정방법 등 총액인건비 산정에 관한 구체적인 사항은 안전행정부장관이 정하는 바에 따른다. 〈개정 2008.2.29, 2013.3.23〉
④ 안전행정부장관은 지방자치단체의 총액인건비 운영에 대한 분석을 실시하고 그 결과를 다음 연도 총액인건비에 반영하는 등 필요한 조치를 할 수 있다. 〈개정 2008.2.29, 2013.3.23〉

제5조(기구의 설치시 고려사항) ① 지방자치단체의 장이 기구를 설치하거나 개편하려는 때에는 다음 각 호의 사항을 고려하여야 한다.
1. 기구의 목적과 기능의 명확성·독자성·계속성
2. 기구가 수행하여야 할 사무 또는 사업의 성질과 양에 따른 규모의 적정성
3. 규모와 기능이 유사한 다른 기관과의 균형성
4. 주민편의, 행정능률 등을 고려한 효율성
5. 통솔범위, 기능의 중복유무 등 기구의 능률성
6. 사무의 위탁가능성

② 지방자치단체는 위탁이 가능한 사무나 지방공사·지방공단·지방자치단체조합이나 행정협의회의 설립을 통하여 보다 효율적으로 추진할 수 있는 사무에 대하여는 기구를 설치하여서는 아니 된다.
③ 「지방자치법 시행령」 제80조에 따라 설치되는 자문기관에는 상설의 사무처나 사무국·과·담당관을 둘 수 없다.

제6조(기구설치의 일반요건) ① 국은 특별한 경우 외에는 소관 업무의 성질이나 양이 4개 과 이상의 하부조직이 필요한 경우에 설치한다.
② 실·본부[본부는 특별시·광역시·특별자치시·도나 특별자치도(이하 "시·도"라 한다)에 한한다]는 업무의 성질상 국이나 과로서는 그 목적달성이 곤란하다고 인정되는 경우에 설치한다. 〈개정 2012.6.29〉
③ 담당관은 전문적 지식을 활용하여 정책의 기획이나 계획의 입안·조사·분석·평가와 행정개선 등에 관하여 기관장이나 보조기관(국장은 제외한다)을 보좌하기 위하여 필요한 경우에 설치하되, 특별한 경우를 제외하고는 기획업무를 담당하는 실장 밑에 설치하며, 담당관 밑에는 과를 둘 수 없다.
④ 과는 다음 각 호의 요건을 갖춘 경우로서 특별한 경우 외에는 12명[시·도는 5급 4명 이상, 시·군·자치구(이하 "시·군·구"라 한다)는 6급 4명 이상 포함] 이상의 정원이 필요한 업무량이 있는 경우에 한하여 설치한다.
1. 국의 소관 업무(국이 설치되지 아니한 시·군·구의 경우에는 그 소관 사무를 말한다)를 업무의 양이나 성질에 따라 수 개로 분담하여 수행할 필요가 있을 것
2. 업무의 한계가 분명하고 업무의 독자성과 계속성이 있을 것

⑤ 지방자치단체의 본청에 설치하는 실·국과 실·과·담당관은 그 행정사무를 총괄하는 부단체장(시의 경우에는 행정부시장을, 도의 경우에는 행정부지사를 말한다)의 지휘·감독 하에 둔다. 다만, 지방자치단체의 장을 직접 보좌하는 공보기능 등 그 특수성이 인정되는 경우에는 예외로 한다.
⑥ 지방자치단체는 정책기획기능과 집행기능을 함께 수행하는 보조·보좌기관인 실·국과 실·과·담당관을 폐지하고 그 폐지된 기관과 같은 기능을 수행하는 별도의 사업소를 신설하여서는 아니 된다.
⑦ 실·국 및 과·담당관의 명칭은 제1항부터 제4항까지의 규정에도 불구하고 실·국은 본부·단·부로, 과·담당관은 팀으로 각각 달리 정할 수 있다. 이 경우 명칭을 달리 정한 보조기관 또는 보좌기관은 이 영을 적용함에 있어서 실·국 또는 과·담당관으로 본다.

제7조(기구설치기준의 적용) ① 지방자치단체를 폐지하거나 설치하거나 나누거나 합치는 등 행정구역의 개편으로 기구를 설치하는 경우와 지방자치단체의 인구수가 증가하여 기구를 증설하는 경우 제9조에

지방자치단체의 행정기구와 정원기준 등에 관한 규정

따른 시·도의 기구설치기준과 제13조에 따른 시·군·구의 기구설치기준을 적용할 때 그 인구수는 전년도말 현재 해당 지방자치단체에 주민등록이 되어 있는 주민수를 기준으로 한다. 다만, 지방자치단체를 폐지하거나 설치하거나 나누거나 합치는 등 행정구역의 개편으로 기구를 설치하는 경우에는 그 행정구역 개편 예정일의 바로 앞 분기말 현재 해당 지방자치단체에 주민등록이 되어 있는 주민수를 기준으로 할 수 있다.
② 지방자치단체는 인구수가 별표 1이나 별표 3의 기구설치기준을 2년간 연속하여 미달하는 때에는 다음 각 호의 구분에 따라 그 다음 해 1월 1일부터 6월 30일까지 그 기구를 감축하여야 한다. 이 경우 인구수는 전년도 각 분기말 현재 해당 지방자치단체에 주민등록이 되어 있는 주민수의 평균을 기준으로 한다.
1. 실·국·본부
 인구수가 별표 1 또는 별표 3의 기구설치기준을 2년간 연속하여 매년 100분의 10 이상을 미달하는 경우에는 별표 1 또는 별표 3의 기구설치기준에 합치되게 감축하여야 한다.
2. 인구 10만 이상의 시·군·구의 실·과·담당관
 인구수가 별표 3의 기구설치기준을 2년간 연속하여 100분의 5 이상 미달하는 경우에는 별표 3의 기구설치기준에 합치되게 감축하여야 하며, 그 밖의 경우에는 1개 과를 감축하여야 한다.
3. 인구 10만 미만의 시·군·구의 실·과·담당관
 인구수가 별표 3의 기구설치기준을 2년간 연속하여 매년 100분의 10 이상 미달하는 경우에는 별표 3의 기구설치기준에 합치되게 감축하여야 한다.

제8조(한시기구의 설치운영) ① 지방자치단체의 장은 긴급히 발생하는 한시적 행정수요에 대처하거나 일정기간 후에 끝나는 사업을 수행하기 위하여 부득이한 경우에는 한시기구를 설치·운영할 수 있다. 이 경우 한시기구 설치시에는 기존의 인력을 최대한 활용하여야 한다.
② 본청에 한시기구를 설치할 경우에는 기존의 보조기관과 담당관으로는 그 목적을 달성할 수 없을 정도의 업무의 중요성과 업무량이 있어야 한다.
③ 한시기구를 설치하는 경우에는 최소한 1년 이상의 업무량이 있어야 한다.
④ 한시기구의 존속기한은 3년의 범위에서 그 지방자치단체의 조례로 정한다.
⑤ 한시기구의 존속기한의 연장은 사업추진의 지연 등 불가피한 사유가 있는 경우를 제외하고는 1회에 한한다.

제2장 시·도의 기구

제9조(시·도의 기구설치기준) ① 시·도 본청에 두는 실·국·본부의 설치와 그 분장사무는 해당 지방자치단체의 조례로 정하되, 실·국·본부의 설치기준은 별표 1과 같다.
② 지방자치단체의 장은 실·국·본부의 개편, 명칭변경과 사무분장을 할 때 중앙행정조직과 지방행정조직간의 연계성 등을 고려하여 합리적으로 정하여야 한다.

제10조(시·도의 실장·국장·본부장·담당관·과장 등의 직급기준 등) ① 시·도 본청에 두는 실장·국장·본부장·담당관과 과장 등 보조·보좌기관의 직급기준 등은 별표 2와 같다.
② 제1항에 따른 시·도 본청에 두는 보조·보좌기관의 직급은 해당 지방자치단체의 규칙으로 정한다.

제11조(시·도의 과·담당관 등의 설치) 시·도 본청에 두는 과·담당관의 설치와 사무분장 등에 관한 사항은 해당 지방자치단체의 규칙으로 정한다.

제12조(제주특별자치도의 행정기구에 두는 실장·국장·본부장·담당관·과장 등의 직급기준 등) ① 제주특별

○ 법 령

자치도의 본청, 소속 행정기관과 하부 행정기관 등에 두는 실장·국장·본부장(소방본부장·사업본부장에 한한다)·담당관·과장 등 보조·보좌기관의 직급기준은 별표 7과 같다.
② 제1항에 따라 제주특별자치도의 행정기구에 두는 보조·보좌기관의 직급은 제주특별자치도의 규칙으로 정한다.
③ 제1항에도 불구하고 실장·국장의 명칭은 본부장·단장·부장으로, 담당관·과장은 팀장으로 각각 달리 정할 수 있다. 이 경우, 명칭을 달리 정한 보조·보좌기관은 이 영을 적용할 때 실장·국장이나 담당관·과장으로 본다.

제3장 시·군·구의 기구

제13조(시·군·구의 기구설치기준) ① 시·군·구 본청의 실·국이나 과·담당관과 자치구가 아닌 구의 과·담당관의 설치에 관한 사항은 해당 지방자치단체의 조례로 정하되, 시·군·구 본청에 두는 실·국이나 실·과·담당관의 설치기준은 별표 3과 같다.
② 시·군·구 본청의 실장·국장과 과장·담당관의 직급과 실·과·담당관의 사무분장 등에 관한 사항은 해당 지방자치단체의 규칙으로 정한다.
③ 특별시장·광역시장·도지사는 관할 시·군·구 조직간의 균형을 유지하기 위하여 기구의 설치·운영에 관한 지침을 작성하여 시장·군수·구청장에게 시달할 수 있다. 〈개정 2012.6.29〉
④ 시장·군수·구청장은 실·국과 실·과·담당관의 명칭과 사무분장을 시·도와 시·군·구간 사무의 연계성과 그 기능을 고려하여 합리적으로 정하여야 한다.
제14조(시·군·구의 실장·국장·담당관·과장 등의 직급기준) 시·군·구 본청에 두는 실장·국장·담당관과 과장 등 보조·보좌기관 등의 직급기준은 별표 3과 같다.

제4장 시·도, 시·군·구의 의회사무기구 및 직속기관 등

제15조(의회사무기구의 설치기준 등) ① 법 제90조에 따라 설치하는 시·도의 의회사무처, 시·군·구의 의회사무국이나 의회사무과의 설치기준과 의회사무처장·의회사무국장·의회사무과장 등 의회사무기구 공무원의 직급기준은 별표 4와 같다.
② 시·도 의회사무처와 2개 이상의 지방자치단체가 하나로 합쳐져 관할 인구가 100만 명 이상이 된 시 의회사무국에 하부조직으로 담당관을 설치할 수 있으며, 시·도와 시·군·구의 위원회에 두는 전문위원의 직급과 정수(定數)는 별표 5와 같다. 〈개정 2011.8.22〉
③ 제2항에 따른 전문위원은 소속위원회의 사무를 처리할 때 소속위원회 위원장의 지휘를 받으며, 그 외의 일반적인 사무는 의회사무처장이나 의회사무국장·의회사무과장의 지휘·감독을 받는다.
④ 시·도와 시·군·구의 의회사무기구에 두는 담당관과 전문위원의 사무분장 등에 관한 사항은 해당 지방자치단체의 규칙으로 정한다. 이 경우 미리 지방의회 의장의 의견을 들어야 한다.
제16조(지방농촌진흥기구) ① 농사에 관한 지역적인 시험연구사업·농촌지도사업·농민교육훈련에 관한 사업을 분장하기 위하여 도지사·특별자치도지사 소속으로 농업기술원을 두되, 지역별 특화작목에 관한 시험·연구를 행하기 위하여 농업기술원장 소속으로 특화작목시험장을 둘 수 있다. 〈개정 2012.6.29〉
② 지방자치단체의 농촌지도사업·농민교육훈련사업 등을 분장하게 하기 위하여 특별시장·광역시장·특별자치시장과 시장·군수 소속으로 농업기술센터를 둘 수 있으며, 농업기술센터의 사무를 효율적으로 수행하기 위하여 필요한 지역에 지소를 둘 수 있다. 〈개정 2012.6.29〉
③ 농업기술원에는 원장(농업기술센터에는 소장을 말한다)을 두며, 원장은 도지사·특별자치도지사의 명

을 받아(소장은 특별시장·광역시장·특별자치시장·시장과 군수의 명을 받는다) 소관 사무를 총괄하고 소속공무원을 지휘·감독한다. 〈개정 2012.6.29〉
④ 이 영에서 정한 사항 외에 농업기술원·농업기술센터와 특화작목시험장의 설치에 관한 사항은 해당 지방자치단체의 조례로 정한다.
⑤ 농업기술원에 국이나 부와 그 하부조직으로 과를, 농업기술센터에 과나 담당관을 둘 수 있으며, 국·과와 그 하부조직과 분장사무에 관한 사항은 해당 지방자치단체의 규칙으로 정한다.
⑥ 지방자치단체의 장은 농업기술센터를 폐지하려는 경우에는 미리 안전행정부장관과 협의하여야 한다. 이 경우 시장·군수는 광역시장·도지사를 거쳐야 한다. 〈개정 2008.2.29, 2013.3.23〉
⑦ 제6항 전단에 따라 협의요청을 받은 안전행정부장관은 지역농업의 균형적인 발전과 효율적인 농촌진흥사업의 추진 등 국가와 지방자치단체의 농촌진흥사업의 연계성을 고려하여 관계 중앙행정기관의 의견을 들어야 한다. 〈개정 2008.2.29, 2013.3.23〉
⑧ 농업기술원과 농업기술센터에 두는 원장, 소장, 국장·부장과 과장·담당관 등의 직급은 별표 2와 같다.

제17조(지방공립대학 등) ① 특별시장·광역시장·특별자치시장·도지사·특별자치도지사(이하 "시·도지사"라 한다) 소속으로 두는 대학과 전문대학 등(이하 "지방공립대학"이라 한다)의 조직과 분장사무는 시·도 조례로 정하는 바에 따라 시·도 규칙으로 정한다. 〈개정 2012.6.29〉
② 지방공립대학의 하부조직으로 대학에 교무처·학생처·기획처 등과 사무처나 사무국을, 전문대학에 교무과·학생과 등과 사무국이나 서무과를 둘 수 있다. 〈개정 2012.4.10〉
③ 대학의 사무처장이나 사무국장은 일반직 3급 지방공무원으로, 과장은 일반직 4급이나 5급 지방공무원으로 임명하며, 사무처장 외의 처장 등은 교수나 부교수로 겸하여 임명한다.
④ 전문대학의 사무국장은 일반직 4급 지방공무원으로, 서무과장은 일반직 5급 지방공무원으로 임명하며, 서무과장 외의 과장은 교수·부교수나 조교수로 겸하여 임명한다.
⑤ 대학과 전문대학 외의 공립대학(「근로자직업능력 개발법」에 따른 기능대학 등을 포함한다)의 기구와 정원의 책정에 대하여는 해당 공립대학의 학과수·학생수·학력인정 등을 종합적으로 고려하여 제2항부터 제4항까지의 규정을 준용한다. 〈개정 2010.8.25〉
⑥ 지방자치단체의 장은 지방공립대학에 두는 다음 각 호의 교육공무원 정원을 책정하고자 하는 경우에는 「대학설립·운영 규정」 제6조제1항의 교원확보기준과 다른 국·공립대학의 정원확보 상황 등을 종합적으로 고려하여야 한다. 〈개정 2012.2.29〉
1. 총장·학장
2. 교수·부교수·조교수
3. 조교

제18조(지방공무원교육훈련기관) ① 시·도지사 소속으로 두는 지방공무원교육원 등(이하 "지방공무원교육훈련기관"이라 한다)에는 원장을 두며, 원장은 시·도지사의 명을 받아 소관 사무를 총괄하고 소속공무원을 지휘·감독한다.
② 지방공무원교육훈련기관에 과를 둘 수 있으며, 그 분장사무와 하부조직에 관하여는 해당 지방자치단체의 규칙으로 정한다.
③ 지방공무원교육훈련기관에 두는 원장·과장 등의 직급은 별표 2와 같다.

제19조(보건환경연구원 등) ① 시·도지사 소속으로 두는 보건환경연구원에 원장을 두고, 그 하부조직으로 부와 과(科)를 둘 수 있다.
② 보건환경연구원의 원장과 부장·과장(科長)은 지방보건연구관·지방환경연구관이나 지방수의연구관으

◎ **법 령**

로 임명하되, 필요한 경우에는 해당 직위에 보직되는 계급에 상당하는 지방수의 직렬의 공무원으로 임명할 수 있다.
③ 「지역보건법」 제12조에 따라 임용하는 보건소장은 4급이나 5급의 일반직지방공무원으로 임명한다.
제20조(사업소와 출장소 등) ① 사업소와 출장소의 조직과 공무원의 직급은 지방자치단체간의 균형을 유지하여야 한다.
② 사업소는 5명 이상의 정원이 필요한 경우에 한하여 설치할 수 있으며, 유사한 기능을 수행하는 사업소를 중복하여 설치할 수 없다.
③ 사업소와 출장소의 장과 그 보조·보좌기관의 직급, 하부조직과 그 분장사무에 관하여는 해당 지방자치단체의 규칙으로 정한다.
④ 시·도는 상수도·도시철도 등 각종 사업의 집행과 관련하여 관할 구역 안에 여러 사업장·지구·지소 형태의 지역사업소를 유지하고 있어 지휘체계가 필요할 때 효율적 사업의 집행과 시설관리를 위하여 사업본부를 설치·운영할 수 있다. 〈개정 2008.7.3〉
⑤ 사업본부·사업소와 출장소의 장과 그 보조·보좌기관의 직급기준 등은 별표 6과 같다. 다만, 출장소 중 경제자유구역청(「경제자유구역의 지정 및 운영에 관한 특별법」 제27조의2제1항에 따라 설치되는 행정기구를 말한다. 이하 같다)의 장과 보조·보좌기관의 직급은 당해 시·도의 규칙으로 정한다.
〈개정 2009.7.30, 2012.4.10〉
제21조(한시기구 등 설치시 직급책정 협의) 한시기구와 소속기관을 설치할 경우 소속 공무원(장과 보조·보좌기관을 포함한다)의 직급이 시·도에서는 3급 이상인 경우에는 미리 안전행정부장관과 협의해야 하고, 시·군·구에서는 5급 이상(제13조제1항에 따라 실·국을 둘 수 있는 시·군·구는 4급 이상을 말한다)인 경우에는 미리 시·도지사(특별자치시장 및 특별자치도지사는 제외한다)와 협의하여야 한다.
〈개정 2008.2.29, 2008.7.3, 2012.6.29, 2013.3.23〉

제5장 지방공무원의 정원

제22조(정원책정의 일반기준) ① 정원은 정원의 관리기관별로 직급을 정하여 책정하되, 다음 각 호의 기준에 따라야 한다. 〈개정 2012.4.10〉
1. 지방자치단체는 인구수 및 다른 지방자치단체와의 균형 등을 고려하여 정원을 책정하여야 한다.
2. 지방자치단체는 업무의 성질·난이도·책임도 등을 고려하여 직급별 정원을 책정하여야 한다.
3. 1개의 직위에는 1개의 직급을 부여한다. 다만, 업무의 성질상 일반관리업무가 전체업무의 100분의 50을 넘는 직위는 동일계급 내에서 행정직과 다른 일반직의 복수의 직렬로 할 수 있으며, 업무의 성격이 특수하거나 1개의 직위에 2개 이상의 이질적인 업무가 복합되어 있는 경우에는 4개의 직렬을 초과하지 아니하는 범위에서 복수의 직렬로 할 수 있다.
4. 1개의 직위에 대하여는 일반직과 별정직의 복수직을 부여할 수 없다. 다만, 해당분야의 직렬이 없어 일반직으로 충원하기 어려운 경우로서 시험·연구·조사·교육·상담(사회복지분야의 상담업무는 제외한다) 등 전문지식이 필요한 분야의 직위는 그러하지 아니하다.
5. 1개의 직위에 전임계약직공무원을 채용하는 경우에는 그 전임계약직공무원의 채용기간 동안 그 직위에 상응하는 직급의 정원을 결원으로 유지하여야 한다.
6. 경제자유구역청이 법 제159조에 따른 지방자치단체조합으로 설치된 경우에는 계약직공무원으로 한정하여 정원을 책정한다.
② 제1항에 따른 정원의 관리기관은 다음 각 호와 같다. 〈개정 2012.4.10〉

1. 시·도의 경우 : 본청, 의회사무처, 합의제행정기관, 직속기관, 출장소, 사업소, 경제자유구역청
2. 시·군·구의 경우 : 본청, 의회사무국·사무과, 합의제행정기관, 직속기관, 출장소, 사업소, 자치구가 아닌 구, 읍·면·동과 그 출장소

제23조(인력운용계획의 수립·시행) ① 지방자치단체의 장은 계획적이고 효율적인 인력운영을 위하여 중기 기본인력운용계획(이하 "기본인력계획"이라 한다)을 수립·시행하여야 한다.
② 기본인력계획은 매년 1월 1일을 기준으로 하여 5년간의 연간계획으로 수립하되, 「지방재정법」 제33조에 따른 중기지방재정계획과 연계되도록 하여야 한다.
③ 기본인력계획을 수립할 때 시·도지사는 안전행정부장관과, 시장·군수·구청장은 시·도지사(특별자치시장 및 특별자치도지사는 제외한다. 이하 이 항에서 같다)와 협의하여야 하며, 시·도지사는 시·군·구와의 협의결과를 안전행정부장관에게 보고하여야 한다. 〈개정 2012.6.29, 2013.3.23〉
④ 시·도지사나 시장·군수·구청장은 제3항에 따른 협의를 하기 이전에 기본인력계획을 해당 지방의회에 보고하여야 한다.
⑤ 제3항의 경우 안전행정부장관과 시·도지사(특별자치시장 및 특별자치도지사는 제외한다)는 기본인력계획의 적정성 등을 검토하고 보완사항 등 협의결과를 알려야 하며, 협의결과를 통보받은 지방자치단체의 장은 협의결과에 따라 기본인력계획을 보완·운영하여야 한다. 〈개정 2008.2.29, 2012.6.29, 2013.3.23〉
⑥ 기본인력계획에 포함할 사항은 안전행정부령으로 정한다. 〈개정 2008.2.29, 2013.3.23〉

제24조(정원의 관리) ① 지방자치단체의 장은 조직간의 균형있고 합리적인 정원관리를 위하여 지방공무원 종류별로 정원책정기준에 따라 정원을 책정하여야 한다. 이 경우 공무원종류별 정원책정기준은 해당 지방자치단체의 조례로 정한다. 〈개정 2008.2.29, 2008.7.3〉
② 지방자치단체의 장은 매년 6월 30일과 12월 31일을 기준으로 정원의 적정 여부와 정원의 증원과 감축현황을 조사·확인하여야 하고, 시·도지사는 그 조사·확인결과를 지방자치단체별, 기관별, 직급별, 직렬별로 종합 작성한 후 다음 달 말일까지 안전행정부장관에게 보고하여야 한다. 〈개정 2008.2.29, 2013.3.23〉
③ 지방자치단체의 장은 새로운 증원수요가 발생한 경우에는 지방재정의 건전한 운영과 효율적인 인력관리를 위하여 우선적으로 해당 지방자치단체의 정원의 범위에서 자체조정을 통하여 이에 대처하여야 한다. 이 경우 조정대상의 우선순위는 다음 각 호의 순서와 같다.
1. 여건의 변화로 인하여 업무의 필요성이 감소된 분야의 인력
2. 유사·중복되거나 지나치게 세분화된 기구에 소속된 인력
3. 업무의 성질상 법인, 그 밖의 단체 등에 위탁할 수 있는 업무분야의 인력
④ 시·도지사(특별자치시장 및 특별자치도지사는 제외한다)는 해당 시·도와 관할 시·군·구간 또는 관할 시·군·구 상호간의 지방공무원 정원을 조정할 필요가 있다고 인정하는 경우에는 그 지방자치단체의 장과 협의를 거쳐 정원을 조정할 수 있다. 이 경우 다른 지방자치단체로 조정되는 정원에 해당하는 현원은 가능한 한 그 정원이 조정되는 지방자치단체로 함께 이관하여야 한다. 〈개정 2012.6.29〉
⑤ 지방자치단체의 장은 효율적인 정원관리를 위하여 필요하다고 인정되는 경우에는 정원의 관리기관별 지방공무원의 정원을 조정할 수 있다.

제25조(별정직 정원) ① 별정직지방공무원의 정원은 「지방공무원법」 제2조제3항제2호에 해당하는 경우에만 책정할 수 있다.
② 지방자치단체의 장이 제1항의 별정직지방공무원의 정원을 책정할 경우에는 직무의 성격상 일반직지방공무원으로 임용하기 곤란한 경우에 한하되, 미리 각 직무분야별·상당계급별로 책정하되, 그 수는 해당

◎ **법 령**

지방자치단체의 조례로 정하는 정원책정기준에 따라 최소한의 범위에 그쳐야 한다. 〈개정 2008.2.29, 2008.7.3〉

제26조(우대승진에 따른 정원관리) ① 시장·군수·구청장은 읍·면·동에 근무하는 일반직 9급 지방공무원을 우대하기 위하여 필요한 경우에는 일반직 8급과 9급 지방공무원의 정원을 통합·운영할 수 있다.

② 제1항에 따른 정원을 통합·운영함에 따라 9급 지방공무원을 8급으로 승진임용하는 경우에는 그 승진된 자가 근무하는 기간동안에는 그에 해당하는 8급 지방공무원의 정원이 따로 있는 것으로 보고, 9급 지방공무원의 정원은 감축된 것으로 본다.

제27조(근속승진에 따른 정원관리) ① 지방자치단체의 장은 직무의 종류·곤란성과 책임도를 고려하여 업무수행상 문제가 없다고 판단되는 경우에는 다음 각 호의 어느 하나에 해당하는 공무원 정원을 각각 통합·운영할 수 있다. 〈개정 2011.3.7, 2011.8.22, 2011.12.21, 2012.9.21〉

1. 일반직지방공무원의 6급·7급·8급·9급
2. 기능직지방공무원의 기능6급·기능7급·기능8급·기능9급
3. 소방공무원의 지방소방경·지방소방위·지방소방장·지방소방교·지방소방사

② 제1항에 따른 정원을 통합·운영함에 따라 공무원을 승진 임용하는 경우에는 그 승진된 자가 근무하는 기간동안에는 그에 해당하는 직급의 정원이 따로 있는 것으로 보고, 종전 직급의 정원은 감축된 것으로 본다.

제28조(한시정원) ① 지방자치단체의 장은 긴급히 발생하는 한시적 행정수요에 대처하거나 일정기간 후에 종료되는 사업을 수행하기 위하여 제8조제1항에 따라 한시기구를 설치하는 경우에 그 한시기구에 따른 한시정원을 두거나 한시기구를 설치하지 아니하고 한시정원만을 둘 수 있다.

② 제1항에 따른 한시정원은 존속기한이 끝나는 날부터 그 정원은 소멸된다.

③ 한시정원은 한시정원이 아닌 정원으로 상계(相計) 조정할 수 없다.

④ 한시정원의 정수와 직급별 정원은 해당 지방자치단체의 조례로 정한다.

⑤ 한시기구를 설치하지 아니하고 한시정원만을 두는 경우에는 최소한 1년 이상의 업무량이 있어야 한시정원을 책정할 수 있다.

⑥ 제5항에 따른 한시정원의 존속기한은 3년의 범위에서 그 지방자치단체의 조례로 정한다.

⑦ 제6항에 따른 한시정원의 존속기한의 연장은 사업추진의 지연 등 불가피한 사유가 있는 경우를 제외하고는 1회에 한한다.

제29조(직급별 정원) 지방자치단체의 지방공무원의 직급별 정원은 합리적인 직급체제를 이룰 수 있도록 하여야 한다. 이 경우 직급별 정원책정기준은 해당 지방자치단체의 조례로 정한다. 〈개정 2008.2.29, 2008.7.3〉

제30조(정원의 규정) ① 지방자치단체에 두는 지방공무원 정원의 총수는 다음 각 호의 구분에 따라 해당 지방자치단체의 조례로 정한다.

1. 집행기관의 정원(제2호와 제3호에 따른 공무원의 정원은 제외한다)
2. 본청·소방학교와 소방서에 두는 소방공무원의 정원
3. 지방공립대학에 두는 교육공무원의 정원
4. 의회사무기구의 정원
5. 합의제행정기관의 정원

② 지방공무원의 직급별 정원은 제1항에 따른 정원의 총수 범위에서 제22조제2항에 따른 정원관리기관별로 해당 지방자치단체의 조례로 정한다. 다만, 시·도의 5급 이하(시·군·구는 6급 이하) 직급별 정원

은 조례로 그 총수만 정하고 그 범위에서 제22조제2항에 따른 정원의 관리기관별로 해당 지방자치단체의 규칙으로 정한다. 〈개정 2008.7.3〉
③ 지방공무원의 직렬별 정원은 제1항에 따른 정원의 총수 범위에서 제22조제2항에 따른 정원관리기관별로 해당 지방자치단체의 규칙으로 정한다.
④ 지방자치단체의 장은 제2항에 따른 정원의 범위에서 공무원을 임용하거나 임용제청하여야 한다. 다만, 상위직급에 결원이 있을 경우에는 그 결원의 범위에서 동일 직렬의 직근 하위직급을 임용하거나 임용제청할 수 있다.
⑤ 「지방공무원법」에 따른 겸임의 경우에는 제4항을 적용하지 아니한다.

제31조(개방형직위운영에 따른 직급기준의 특례) ① 시·도지사는 「지방공무원법」 제29조의4에 따른 개방형직위로 지정된 실·국장과 과장·담당관 등 보조·보좌기관의 직위와 소속기관의 장이나 그 보조·보좌기관의 직위는 이 영에서 규정된 직급기준에도 불구하고 계약직공무원으로 임명할 수 있다.
② 「지방자치단체의 개방형직위의 운영 등에 관한 규정」에 따라 계약직공무원이나 경력직공무원으로 임용되는 개방형직위는 시·도의 규칙으로 정한다.

제32조(통합시 설치 등에 따른 한시기구 등에 대한 특례) ① 법 제7조제2항제1호에 해당하는 도농복합형태의 시와 자치구가 아닌 구를 폐지한 시와 2개 이상의 지방자치단체가 하나로 합쳐져 관할 인구가 100만 명 이상이 된 시에는 제13조제1항에 따른 설치기준을 초과하여 한시기구를 설치할 수 있다. 〈개정 2010.6.30〉
② 제1항에 따른 한시기구와 한시기구에 두는 한시정원의 존속기한은 8년의 범위에서 그 지방자치단체의 조례로 정한다. 다만, 2개 이상의 지방자치단체가 하나로 합쳐져 관할 인구가 100만 명 이상이 된 시의 경우에는 10년의 범위에서 그 지방자치단체의 조례로 정한다. 〈개정 2010.6.30〉
③ 지방자치단체의 장은 제2항에 따른 한시기구의 존속기한 이전이라도 한시기구나 한시정원의 감축요인이 발생한 경우에는 한시기구나 한시정원을 감축하여야 한다. [제목개정 2010.6.30]

제6장 보 칙

제33조(시정요구) ① 지방자치단체의 장이 이 영과 이 영에 따른 안전행정부령에서 정한 기준과 다르게 기구나 정원을 책정한 경우에는 안전행정부장관은 시·도지사에게, 시·도지사(특별자치시장 및 특별자치도지사는 제외한다)는 시장·군수·구청장에게 시정을 요구할 수 있다. 〈개정 2012.6.29, 2013.3.23〉
② 제1항과 제34조제4항에 따른 시정요구를 받은 지방자치단체의 장은 지체 없이 이를 시정하고 그 결과를 시정요구를 받은 날부터 30일(조례를 개정하여야 할 경우에는 조례개정일부터 30일) 이내에 보고하여야 한다. 이 경우 시장·군수·구청장은 시·도지사(특별자치시장 및 특별자치도지사는 제외한다)를 거쳐야 한다. 〈개정 2012.6.29〉

제34조(조직분석·진단 등) ① 안전행정부장관은 안전행정부령으로 정하는 바에 따라 지방자치단체의 기구와 정원의 관리·운영 상황을 분석하고, 그 결과 조직운용의 효율성이 지나치게 낮은 지방자치단체에 대하여는 조직진단을 실시하여야 한다. 〈개정 2008.2.29, 2013.3.23〉
② 안전행정부장관은 제1항의 조직분석·진단 결과를 공개할 수 있다. 〈개정 2008.2.29, 2013.3.23〉
③ 안전행정부장관은 제1항에 따른 조직분석·진단 결과 필요하다고 인정하는 경우에는 해당 지방자치단체에 대하여 조직개편 등이 포함된 조직관리개선계획을 수립하여 시행하도록 할 수 있다. 〈개정 2008.2.29, 2013.3.23〉
④ 안전행정부장관과 시·도지사(특별자치시장 및 특별자치도지사는 제외한다)는 기구와 정원이 효율적

○ 법 령

으로 관리·운영되도록 하기 위하여 필요한 경우에는 지방자치단체 기관의 행정수요와 업무량 분석, 기능배분과 정원배정의 적정성 분석·평가 등 정원관리실태에 관한 감사를 실시할 수 있으며, 그 결과에 따라 시정할 필요가 있다고 판단되는 경우에는 해당 지방자치단체에 대하여 즉시 시정조치를 명하여야 한다. 〈개정 2008.2.29, 2012.6.29, 2013.3.23〉
⑤ 삭제 〈2011.12.6〉
⑥ 안전행정부장관은 재정의 건전화를 꾀하고 조직의 효율적 운용을 기한 지방자치단체에 대하여는 행정적·재정적인 우대를 할 수 있다. 〈개정 2008.2.29, 2013.3.23〉
제35조(조직관리지침의 시달) 안전행정부장관은 필요한 경우 지방자치단체간의 조직이 균형되고 규모가 적정하여지도록 하거나 정부의 조직관리 방향을 고려하여 지방자치단체가 지방행정환경에 능동적으로 대처해 나갈 수 있도록 조직관리 방향 등 그 지침을 시달할 수 있으며, 지방자치단체의 장은 안전행정부장관이 시달한 조직관리 방향과 그 취지에 따라 지방자치단체의 지역특성에 맞는 조직으로 관리하여야 한다. 〈개정 2008.2.29, 2013.3.23〉
제36조(기구와 정원조례의 제안과 의결) ① 지방자치단체의 장은 기구와 정원에 관한 조례안을 해당 지방의회에 제안하는 때에는 안전행정부장관이 정하는 바에 따라 기구와 정원의 조정으로 인하여 추가로 드는 경비를 나타내야 한다. 〈개정 2008.2.29, 2013.3.23〉
② 지방의회는 지방자치단체의 장이 제안한 기구와 정원에 관한 조례안을 의결할 때 지방행정조직의 합리적 운용과 건전한 재정운영을 위하여 기구를 축소하거나 기구를 하나로 묶어서 합치거나 폐지하여 합치는 것, 정원을 감축하는 것을 의결할 수 있다. 이 경우 미리 지방자치단체의 장의 의견을 들어야 한다.
③ 지방의회는 제1항에 따라 제안된 기구와 정원에 관한 조례안에 대하여는 행정조직의 안정적 운용과 행정의 원활한 수행을 위하여 될 수 있는 대로 빠른 시일내에 처리하도록 노력하여야 한다.
제37조(기구와 정원규칙의 제출) 지방자치단체의 장은 기구와 정원에 관한 규칙을 제정·개정하거나 폐지한 경우에는 이를 공포한 날부터 10일 이내에 해당 지방의회에 제출하여야 한다.
제38조(기구와 정원에 관한 조례·규칙의 입법예고) ① 지방자치단체의 장은 기구나 정원의 조정을 내용으로 하는 조례·규칙의 제정·개정안을 마련한 경우에는 입법예고를 하여야 한다. 다만, 추가적인 경비가 소요되지 아니하거나 기구·정원의 감축 또는 하위직으로의 직급 조정을 내용으로 하는 경우(추가적인 경비가 소요되지 아니하지만 상위직으로의 직급 조정을 내용으로 하는 경우는 제외한다)에는 입법예고 절차를 생략할 수 있다. 〈개정 2008.7.3〉
② 지방자치단체의 장은 기구와 정원의 조정으로 추가로 경비가 드는 조례안을 제1항에 따라 입법예고 하는 경우 그 추가로 드는 경비를 나타내야 한다.
제39조(조직관리위원회의 설치 등) ① 지방자치단체의 기구와 정원의 효율적인 관리에 관한 다음 각 호의 사항을 심의하기 위하여 조례로 정하는 바에 따라 지방자치단체의 장 소속으로 조직관리위원회(이하 "위원회"라 한다)를 둘 수 있다.
1. 정부정책과 연계한 해당 지방자치단체의 조직운영정책 수립
2. 기본인력계획의 수립
3. 해당 지방자치단체의 조직진단
4. 그 밖에 해당 지방자치단체의 조직운영에 관한 주요사항
② 위원회는 위원장을 포함한 10명 이내의 위원으로 구성한다.
③ 위원회의 위원장은 해당 지방자치단체의 부단체장으로 하며, 위원은 관계 공무원과 지방행정조직에 관한 학식과 경험이 풍부한 자 중에서 지방자치단체의 장이 지명하거나 위촉하되, 위촉위원의 임기는 2년으로 한다.

④ 위원회는 재적위원 과반수의 출석으로 개의하고, 출석위원 과반수의 찬성으로 의결한다.
⑤ 위원회에는 위원장의 명을 받아 위원회의 사무를 처리하기 위하여 해당 지방자치단체의 소속 공무원 중에서 간사와 서기를 둔다.
⑥ 위원회에 출석한 위원에게는 예산의 범위에서 출석수당과 업무수행에 필요한 실비를 지급할 수 있다. 다만, 공무원인 위원이 그 업무와 직접 관련하여 회의에 출석하는 경우에는 그러하지 아니하다.

부 칙

〈제24425호, 2013.3.23〉 (안전행정부와 그 소속기관 직제)

제1조(시행일) 이 영은 공포한 날부터 시행한다. 다만, 부칙 제6조에 따라 개정되는 대통령령 중 이 영 시행 진에 공포되었으나 시행일이 도래하지 아니한 대통령령을 개정한 부분은 각각 해당 대통령령의 시행일부터 시행한다.

제2조부터 **제6조**까지 생략

◎ 법 령

[별표 4] 〈개정 2012.6.29〉

의회사무기구의 설치기준 및 직급기준(제15조제1항 관련)

○ 의회사무기구의 설치기준

의회사무기구명	설치대상
의회사무처	특별시·광역시·특별자치시·도·특별자치도
의회사무국	지방의원의 정수가 10명 이상인 시·자치구
의회사무과	군 및 지방의원의 정수가 10명 미만인 시·자치구

○ 의회사무기구 공무원의 직급기준

구분		의회사무처장	의회사무국장	의회사무과장	과장 또는 담당관
시·도	서울특별시	1급 일반직 지방공무원			4급 일반직 지방공무원
	부산광역시	2급 일반직 지방공무원			4급 일반직 지방공무원
	그밖의 광역시·도	2급 일반직 지방공무원 또는 3급 일반직 지방공무원			4급 일반직 지방공무원
	세종특별자치시	3급 일반직 지방공무원			4급 일반직 지방공무원
시·군·구			4급 일반직 지방공무원	5급 일반직 지방공무원	

비 고
1. 제6조제7항에 따라 위 표의 과장 또는 담당관의 명칭을 달리 정하는 경우에는 위 표에 의한 직급기준의 직근 하위직급 공무원으로 임명할 수 있다.
2. 위 직급기준에도 불구하고, 2개 이상의 지방자치단체가 하나로 합쳐져 관할 인구가 100만 명 이상이 된 시의 경우에는 의회사무국장을 3급 또는 4급 일반직지방공무원으로 임명할 수 있으며, 담당관을 5급 일반직지방공무원으로 임명할 수 있다.

[별표 5] 〈개정 2010.6.30〉 [유효기간 : 2014.6.30, 제1호 비고의 제4호]

위원회에 두는 전문위원의 직급 및 정수기준(제15조제2항 관련)

1. 시·도

지방의원의 정수	전문위원		
	총 정수	4급	5급 이하
20명 이하	5명 이내	4명	1명
30명 이하	6명 이내	5명	1명
40명 이하	8명 이내	6명	2명
50명 이하	10명 이내	6명	4명
60명 이하	12명 이내	7명	5명
80명 이하	15명 이내	7명	8명
100명 이하	17명 이내	8명	9명
110명 이하	20명 이내	10명	10명
120명 이하	21명 이내	11명	10명
130명 이하	22명 이내	11명	11명
131명 이상	23명 이내	12명	11명

비고
1. 위 표 중 총 정수는 해당 지방의회의 위원회에 두는 전문위원의 수를 합산한 것을 말한다.
2. 전문위원은 일반직의 직급에 해당하는 상당계급의 별정직지방공무원으로 임명할 수 있다.
3. 전문위원의 직급별 정원은 총 정수의 범위에서 직급간 상호 조정이 가능하나, 4급의 정원은 위 표의 정수를 초과할 수 없다.
4. 위 표의 지방의원의 정수는 2014년 6월 30일까지는「지방교육자치에 관한 법률」별표 1의 교육의원 정수를 제외한 수이며, 교육의원 정수가 6명 이상인 시·도는 위 표에도 불구하고 4급 1명과 5급 1명의 전문위원을 추가로 둘 수 있고, 교육의원 정수가 6명 미만인 시·도는 4급 1명의 전문위원을 추가로 둘 수 있다. 이 경우 추가로 두는 전문위원은「지방교육자치에 관한 법률」제17조에 따라 교육위원회 위원장의 추천에 따라 교육감이 임명한다.

○ 법 령

2. 시·군·자치구

지방의원의 정수	전문위원		
	총 정수	5급	6급 이하
7명	2명 이내	1명	1명
9명 이하	2명 이내	2명	
15명 이하	3명 이내	2명	1명
20명 이하	4명 이내	2명	2명
25명 이하	5명 이내	3명	2명
30명 이하	6명 이내	3명	3명
35명 이하	7명 이내	4명	3명
40명 이하	8명 이내	4명	4명
45명 이하	9명 이내	5명	4명
50명 이하	10명 이내	5명	5명
51명 이상	11명 이내	6명	5명

비고
1. 위 표 중 총 정수는 해당 지방의회의 위원회에 두는 전문위원의 수를 합산한 것을 말한다.
2. 전문위원은 일반직의 직급에 해당하는 상당계급의 별정직지방공무원으로 임명할 수 있다.
3. 전문위원의 직급별 정원은 총 정수의 범위에서 직급간 상호 조정이 가능하나, 5급의 정원은 위 표의 정수를 초과할 수 없다.

지방의회 관계법령집

법제업무 운영규정

법제업무 운영규정

[시행 2013.10.10] [대통령령 제24792호, 2013.10.10, 일부개정]

제1장 총 칙

제1조(목적) 이 영은 법령의 제정·개정 또는 폐지 등 정부입법활동과 그 밖의 정부의 법제업무에 관하여 필요한 사항을 규정함으로써 국민이 입법에 참여할 기회를 확대하고 법령의 실효성을 높여 국가정책의 효율적인 수행을 도모하며 나아가 국민의 권익을 증진하는 데에 이바지함을 목적으로 한다.
[전문개정 2010.10.5]

제2조(정의) 이 영에서 "법령"이란 법률·대통령령·총리령 및 부령을 말한다. [전문개정 2010.10.5]

제3조(입법활동의 기준) 모든 입법활동은 헌법과 법령에서 정한 절차에 따라 이루어져야 하며, 입법에 관련된 정부기관 간에 충분한 협의를 거쳐 책임 있게 추진되어야 한다. [전문개정 2010.10.5]

제2장 정부입법계획의 수립·시행

제4조(입법계획의 총괄·조정) 법제처장은 정부에서 추진하는 법령안의 입법계획을 총괄·조정한다.

제5조(부처입법계획의 수립) ① 법제처장은 매년 각 중앙행정기관이 해당 연도에 추진할 법령안 입법계획의 작성방법, 제출 시기, 그 밖의 협조사항 등을 마련하여 전년도 10월 31일까지 중앙행정기관의 장에게 통보하여야 한다.
② 법령안의 입법을 추진하려는 중앙행정기관의 장(이하 "법령안 주관기관의 장"이라 한다)은 제1항에 따른 통보 내용에 따라 해당 연도 주요 업무계획 등의 추진에 필요한 법령안의 연간 입법계획을 수립하여야 한다. [전문개정 2010.10.5]

제6조(부처입법계획의 내용) ① 제5조제2항의 입법계획에는 법령안별로 입법의 필요성, 내용 요지, 추진일정, 입법에 따라 예상되는 문제점 등이 포함되어야 한다.
② 제1항에 따른 입법의 필요성에는 종전의 제도 운영실태, 입법 추진배경, 입법으로 얻어지는 효과와 관련 단체 등의 입법에 관한 의견이 있는 경우에는 그 의견을 명시하여야 한다.
③ 제1항에 따른 추진일정에는 입안 시기, 관계 기관과의 협의 계획, 입법예고 및 공청회 계획이 있는 경우에는 그 계획, 법제처 제출 시기, 국회 제출 시기 및 시행 예정일을 명시하여야 한다.
[전문개정 2010.10.5]

제7조(부처입법계획 수립 시 유의사항) ① 법령안 주관기관의 장은 입법계획을 수립할 때 관계 기관과의 충분한 협의기간을 두도록 하고, 법제처와 국회의 충분한 법령안 심의기간이 확보될 수 있도록 하여야 한다.
② 법률안의 국회 제출은 연중 고루 안배되도록 하고, 「국회법」 제93조의2제2항 본문의 취지를 고려하여 예산이 수반되는 법률안은 정기국회에서, 그 밖의 법률안은 임시국회에서 심의가 이루어지도록 유의하여야 한다. [전문개정 2010.10.5]

제8조(정부입법계획의 수립 등) ① 법령안 주관기관의 장은 제5조에 따라 수립한 입법계획을 전년도 11월 30일까지 법제처장에게 제출하여야 한다. 이 경우 부처에 소속된 기관의 장은 그 소속 부처의 장을 거쳐 제출하여야 한다.
② 법제처장은 제1항에 따른 입법계획을 받으면 지체 없이 이를 종합하여 해당 연도에 정부에서 추진할 정부입법계획을 수립하되, 정부입법의 효율적 수행을 위하여 필요한 경우에는 해당 법령안 주관기관의 장과 협의하여 제1항에 따라 제출된 입법계획 중 입법 추진일정, 중복·상충되는 사항 등을 조정할 수 있다.

◎ **법 령**

③ 법제처장은 제2항에 따라 수립한 정부입법계획을 국무회의에 보고한 후 그 내용을 관보에 고시하고 인터넷 등을 이용하여 국민에게 알려야 한다. [전문개정 2010.10.5]
제9조(정부입법계획의 시행·수정) ① 법령안 주관기관의 장은 정부입법계획에 따라 입법을 추진하여야 한다.
② 법령안 주관기관의 장은 다음 각 호의 어느 하나에 해당하는 경우에는 법제처장에게 정부입법계획의 수정을 요청하여야 한다. 이 경우 제8조제1항 후단을 준용한다.
1. 정부입법계획에 포함된 법률의 입법 추진을 철회하여야 할 사유가 발생한 경우
2. 정부입법계획에 포함되지 않은 법률의 입법을 추진하여야 할 사유가 발생한 경우
3. 정부입법계획상 임시국회 제출 예정 법률안을 정기국회 제출 예정 법률안으로 일정을 변경하여야 할 사유가 발생한 경우
③ 법제처장은 제2항에 따라 정부입법계획의 수정 요청을 받았을 때에는 수정 요청에 따라 정부입법계획을 수정하고, 그 결과를 해당 기관의 장에게 통보하여야 한다. 다만, 정부입법계획의 수정 내용 중 법률안의 국회 제출 시기를 정기국회로 변경하거나 추가되는 법률안의 국회 제출 시기를 정기국회로 하는 내용에 대해서는 해당 기관의 장과 협의하여 해당 법률안의 입법 추진 일정을 조정할 수 있다.
[전문개정 2010.10.5]
제10조(정부입법 추진상황의 국무회의 보고 등) ① 법제처장은 정부입법계획의 원활한 수행을 위하여 필요한 경우 또는 제9조제3항에 따라 정부입법계획을 수정한 경우에는 수정된 정부입법계획의 내용 또는 정부입법 추진상황을 국무회의에 보고할 수 있다.
② 법제처장은 제1항에 따라 수정된 정부입법계획을 국무회의에 보고하였을 때에는 그 내용을 관보에 고시하고 인터넷 등을 이용하여 국민에게 알려야 한다. [전문개정 2010.10.5]
제10조의2(중·장기 입법계획) 법제처장은 국가정책의 중·장기 예측가능성의 향상 등을 위하여 필요하다고 인정할 때에는 법령안 주관기관의 장과 협의하여 중·장기 입법계획을 수립·시행할 수 있다.
[전문개정 2010.10.5]

제3장 입법과정에서의 협조

제11조(입법과정에서의 기관 간 협조) ① 법령안 주관기관의 장은 법령안의 입안 초기단계부터 관계 기관의 장(법령에 따른 협의대상기관의 장을 포함한다)과 협의하여야 하며, 법령안을 입안하였을 때에는 해당 법령안의 내용을 관계 기관의 장(법령에 따른 협의대상기관의 장을 포함하며, 지방자치단체의 행정 및 재정 등에 영향을 미치는 법령안의 경우에는 「지방자치법」 제165조에 따른 지방자치단체의 장 등의 협의체 또는 관계 지방자치단체의 장을 포함한다. 이하 이 조에서 같다)에게 보내 그 의견을 들어야 한다. 〈개정 2013.10.10〉
② 법령안 주관기관의 장은 제1항에 따라 관계 기관의 장과의 협의를 거친 법령안에 관하여 다음 각 호의 어느 하나에 해당하는 사유가 발생한 경우에는 그 법령안의 내용을 관계 기관의 장에게 다시 보내 그 의견을 들어야 한다. 〈개정 2013.1.22〉
1. 국민의 권리·의무 또는 국민생활과 직접 관련되는 내용이 추가되는 경우
2. 그 밖에 법령안의 취지 또는 주요 내용 등이 변경되어 다시 협의할 필요가 있는 경우
③ 법령안 주관기관의 장은 재정부담이 수반되는 법률안 또는 대통령령안을 입안할 때에는 총리령으로 정하는 바에 따라 해당 법령안의 시행으로 인하여 예상되는 재정소요비용에 관한 추계서(推計書)를 작성하여 국무회의 상정안에 첨부하여야 한다.
④ 제1항과 제2항에 따른 법령안에 대한 의견회신기간은 10일 이상이 되도록 하여야 한다. 다만, 법령

안을 긴급하게 추진하여야 할 사유가 발생하는 등 특별한 사정으로 인하여 의견회신기간을 10일 미만으로 하려는 경우에는 법제처장과 협의하여 의견회신기간을 줄일 수 있다.
⑤ 법령안 주관기관의 장 및 법제처장은 법령안의 입안과 심사 및 공포 등 입법과정 전반에 걸쳐 정부입법에 관한 협의, 의견 조정, 그 밖에 정부기관 간의 효율적인 업무조화가 이루어지도록 하여야 한다.
⑥ 법령안 주관기관의 장은 「부패방지 및 국민권익위원회의 설치와 운영에 관한 법률」 제28조 및 같은 법 시행령 제30조에 따른 부패영향평가 및 「통계법」 제12조의2에 따른 통계기반정책평가를 요청할 때에는 제1항 및 제2항에 따라 관계 기관의 장에게 법령안을 보내면서 함께 요청하여야 한다. 이 경우 국민권익위원회와 통계청장은 특별한 사정이 없으면 입법예고기간(「행정절차법」 제41조제4항에 따라 입법예고를 다시 하는 경우 그 입법예고기간을 포함한다)이 끝나기 전까지 그 결과를 법령안 주관기관의 장에게 통보하여야 한다. 〈개정 2013.1.22, 2013.10.10〉 [전문개정 2010.10.5]

제11조의2(법령안에 대한 기관 간 이견의 해소) ① 법령안 주관기관의 장 또는 관계 기관의 장(법령에 따른 협의대상기관의 장을 포함한다. 이하 같다)은 제11조제1항 및 제2항에 따른 협의 과정에서 법리적 이견으로 입법이 지연되는 경우에는 법제처장에게 그 사안을 제12조의2에 따른 정부입법정책협의회에 상정하여 줄 것을 요청할 수 있다. 〈개정 2009.12.31, 2013.10.10〉
② 법제처장은 제1항에 따른 요청 사안 중 정부입법정책협의회에서 처리하기 어려운 사안은 지체 없이 국무조정실장 등 관련조정기관에 통보하여 조정하여 줄 것을 요청하여야 한다. 〈개정 2013.3.23〉
[본조신설 2009.6.9]

제12조(법률안 국회 심의과정의 협조 등) ① 법령안 주관기관의 장 및 법제처장은 법률안의 국회 심의 시 그 심의과정을 상세하게 파악하고 상호 협조하여 정부의 입법정책이 일관성 있게 추진될 수 있도록 노력하여야 한다.
② 법령안 주관기관의 장은 국회에서 심의 중인 법률안의 충분한 검토와 효율적인 입법 추진을 위하여 필요한 관련 자료를 제공하는 등 법률안의 국회 심의에 적극적으로 협조하여야 한다.
③ 법령안 주관기관의 장(국회의원이 발의한 법률안(이하 "의원발의법률안"이라 한다)의 경우에는 법률안 소관 중앙행정기관의 장을 말한다) 및 법제처장은 정부가 국회에 제출한 법률안이 국회의 심의과정에서 수정·변경되거나 의원발의법률안이 예산·조직 등과 관련하여 부처 간 협조가 필요한 경우로서 총리령으로 정하는 경우에는 관계 기관의 장과 협의하여 필요한 대책을 마련하여야 한다.
〈개정 2011.10.27〉 [전문개정 2010.10.5]

제12조의2(정부입법정책협의회 및 실무협의회) ① 제11조의2에 따른 법령안에 대한 관계 기관 간 이견의 해소와 제12조에 따른 국회 심의과정에서 정부입법정책의 일관성 있는 추진을 위하여 법제처에 정부입법정책협의회(이하 "협의회"라 한다)를 둔다.
② 협의회는 다음 각 호의 사항을 협의한다.
1. 정부 입법과정에서 법령안의 내용에 대하여 법령안 주관기관의 장과 관계 기관의 장 사이에 법리적 쟁점으로 견해 차이가 발생한 사항
2. 국회에서 심의 중인 법률안에 대한 정부의 통일적 의견 제시에 관한 사항
3. 대통령훈령안, 국무총리훈령안의 내용에 대하여 해당 중앙행정기관의 장과 관계 기관의 장 사이에 법리적 쟁점으로 견해 차이가 발생한 사항
4. 「대한민국 헌법」 제53조제2항에 따른 재의(再議) 요구와 관련한 부처 간 협조 및 대책에 관한 사항
③ 협의회는 다음 각 호의 위원으로 구성한다. 〈개정 2013.3.23〉
1. 기획재정부, 법무부, 안전행정부, 국무조정실, 공정거래위원회 및 법제처 소속의 고위공무원단에 속

○ 법 령

하는 일반직공무원(이에 상당하는 특정직·별정직공무원을 포함한다. 이하 이 조에서 같다)
2. 법령안 주관기관 및 관계 기관 소속의 고위공무원단에 속하는 일반직공무원
④ 협의회의 의장은 법제처차장으로 한다.
⑤ 협의회는 필요할 때마다 협의회의 의장이 소집한다.
⑥ 제2항에 따른 협의의 대상이 되는 안건에 대한 사전 검토나 1차 협의를 위하여 법령안 주관기관, 관계 기관 및 법제처 소속 공무원으로 구성되는 실무협의회를 거칠 수 있다. [전문개정 2010.10.5]
제13조(정부 이송 법률안의 통보 등) ① 법제처장은 국회에서 의결된 법률안이 정부로 이송되면 관계 부처의 장에게 지체 없이 그 사실을 통보하고, 「대한민국 헌법」 제53조제2항에 따른 재의 요구에 관한 관계 부처의 의견을 들어야 한다.
② 법령안 주관기관의 장은 국회에서 의결되어 정부로 이송된 법률안 중 재의 요구가 필요하다고 판단되는 법률안에 대해서는 그 이유를 붙여 법제처장에게 심사를 의뢰하여야 한다.
③ 법제처장은 법률안에 대한 재의 요구 여부 및 이유를 심사·검토하고, 부처 간 협조 및 대책 등을 마련하기 위하여 필요한 경우에는 협의회에 부의하여야 한다. [전문개정 2010.10.5]

제4장 국민의 입법의견 수렴

제14조(법령안 입법예고) ① 법령안 주관기관의 장은 법령을 제정·개정 또는 폐지하려면 입법예고를 하여야 하며, 부처에 소속된 기관의 장은 그 소속 부처의 장의 승인을 받아 입법예고를 하여야 한다.
② 법령안 주관기관의 장은 「행정절차법」 제41조제1항 각 호 외의 부분 단서 및 같은 조 제4항 단서에 따라 입법예고를 생략하려고 하거나 특별한 사정이 있어 입법예고기간을 같은 법 제43조에서 정한 법령의 최단 입법예고기간 미만으로 줄이려는 경우에는 법제처장과 협의하여야 한다. 〈개정 2011.10.27, 2013.1.22〉
③ 「행정절차법」 제41조제4항 본문에서 "대통령령으로 정하는 중요한 변경이 발생하는 경우"란 다음 각 호의 어느 하나에 해당하는 경우를 말한다. 〈개정 2013.1.22〉
1. 국민의 권리·의무 또는 국민생활과 직접 관련되는 내용이 추가되는 경우
2. 그 밖에 법령안의 취지 또는 주요 내용 등이 변경되어 다시 의견을 수렴할 필요가 있는 경우
[전문개정 2010.10.5]
제15조(예고방법) ① 법령안 주관기관의 장은 관보 외에도 신문, 인터넷, 방송, 이해관계가 있는 단체 또는 기관의 간행물 등을 활용하여 입법할 내용을 널리 알리기 위하여 필요한 조치를 마련하여야 한다.
② 법령안 주관기관의 장은 해당 법령안의 내용에 관하여 관계 지방자치단체에 예고사항을 통지하여야 하며, 직접적인 이해관계가 있다고 인정되는 단체 또는 그 밖의 자에게 직권으로 또는 신청에 의하여 예고사항을 통지할 수 있다. 〈개정 2013.10.10〉
③ 법령안 주관기관의 장은 입법예고를 하는 경우 법령안의 주요 내용, 의견제출기관, 의견제출기간, 인터넷 홈페이지 주소 등을 명시하고, 인터넷 홈페이지에는 예고할 내용의 전문(신·구조문대비표를 포함한다)을 게재하여야 한다.
④ 법제처장은 법령안의 내용이 국가의 중요 정책사항이나 국민생활에 중대한 영향을 미치는 사항을 포함하고 있어 국민에게 널리 예고할 필요가 있는 경우에는 예산의 범위에서 인터넷, 일간신문 등에 유료광고를 게재하거나 그 밖의 방법으로 예고할 수 있다. [전문개정 2010.10.5]
제16조 삭제 〈2004.1.9〉
제17조(법령안의 복사비용) 「행정절차법」 제42조제5항에 따른 법령안 복사에 드는 비용에 관하여는 「공

공기관의 정보공개에 관한 법률 시행령」 제17조제1항 및 제6항을 준용한다. [전문개정 2010.10.5]
제18조(제출의견의 처리) ① 법령안 주관기관의 장은 입법예고 결과 제출된 의견(전자문서를 활용하여 제출된 의견을 포함한다)을 검토하여 법령안에의 반영 여부를 결정하고, 그 처리 결과 및 처리 이유 등을 지체 없이 의견제출자에게 통지하여야 한다.
② 법령안 주관기관의 장은 입법예고 결과 제출된 의견 중 중요한 사항에 대해서는 그 처리 결과를 법률안 또는 대통령령안의 경우에는 국무회의 상정안에 첨부하고, 총리령안 또는 부령안의 경우에는 법제처장에게 제출하여야 한다. [전문개정 2010.10.5]
제19조(입법예고제도 운영의 확인·점검 등) ① 법제처장은 법령안 주관기관의 장이 실시하는 입법예고제도의 운영실적을 확인하고 개선이 필요한 사항이 있을 때에는 이를 개선하도록 권고하여야 한다.
② 법제처장은 법령안 심사 시 입법예고 결과 제출된 의견을 검토하고, 법령안 주관기관의 장이 법령안에 반영하지 아니한 의견 중 법리적인 사항 또는 입법체계적인 사항으로서 입법에 반영하는 것이 바람직하다고 판단되는 의견에 대해서는 이를 반영하도록 권고할 수 있다. [전문개정 2010.10.5]
제19조의2(국민참여입법시스템의 구축) ① 법제처장은 국민의 입법 참여를 활성화하고 국민의 다양한 입법의견을 수렴하기 위하여 정부입법 과정에서 입법 단계(입법예고부터 법령안 공포까지의 단계를 말한다)별 법령안 정보 및 법령 제정·개정 이유서를 공개하는 시스템(이하 "국민참여입법시스템"이라 한다)을 구축하여야 한다.
② 법제처장은 국민참여입법시스템을 통하여 누구나 법령이나 법령안에 대한 의견을 쉽고 편리하게 제출할 수 있도록 하여야 한다. [본조신설 2011.10.27]
제20조(자치법규안 입법예고) ① 자치법규안의 입법예고에 관하여는 제18조제1항을 준용한다.
② 제1항에서 규정한 것 외에 자치법규안의 입법예고에 관하여는 지방자치단체의 조례로 정한다.
[전문개정 2010.10.5]

제5장 법령안등의 심사

제21조(법령안 등의 심사 요청) ① 각부 장관 및 대통령 또는 국무총리 소속의 법령안 주관기관의 장은 법령안에 관하여 다음 각 호에 따른 입법절차를 거친 후 법제처장에게 그 법령안의 심사를 요청하여야 한다.
1. 제11조제1항 및 제2항에 따른 관계 기관의 장과의 협의
2. 「행정절차법」 제41조에 따른 입법예고
3. 「행정규제기본법」 제10조제1항에 따른 규제심사
② 각부 장관 및 대통령 또는 국무총리 소속의 법령안 주관기관의 장은 제1항에 따라 법제처장에게 법령안 심사를 요청할 때에는 지체 없이 그 법령안의 내용을 관계 기관의 장에게도 보내야 한다. 다만, 법제처장에게 심사를 요청한 법령안과 제11조제1항 및 제2항에 따라 관계 기관의 장에게 보낸 법령안의 내용이 같은 경우에는 보내지 아니할 수 있다.
③ 외교부장관은 조약안에 관하여 관계 기관의 장과의 협의를 거친 후 해당 조약안의 내용이 확정되기 전에 법제처장에게 심사를 요청하여야 한다. 〈개정 2013.3.23〉
④ 법제처장은 다음 각 호의 어느 하나에 해당하는 법령안 또는 조약안이 심사 요청되었을 때에는 그 사유를 명시하여 이를 반려할 수 있다. 이 경우 제3호부터 제5호까지의 규정에 해당하는 경우에는 법령안 주관기관의 장과 협의하여야 한다.
1. 제1항 및 제3항에 따른 관계 기관의 장과의 협의, 입법예고절차 또는 규제심사를 거치지 아니한 법령안 또는 조약안

◎ **법 령**

  2. 정부입법계획에 포함되지 아니한 법령안
  3. 헌법에 위반될 소지가 있거나 법리적으로 명백한 문제가 있다고 인정되는 법령안 또는 조약안
  4. 정부정책의 변경 등 사정변경으로 인하여 심사 요청된 법령안의 내용이 재검토될 필요가 있다고 인정되는 법령안
  5. 그 밖에 입법 추진일정을 재검토할 필요가 있는 등 특별한 사유가 있는 법령안 또는 조약안
  ⑤ 각부 장관 및 대통령 또는 국무총리 소속의 법령안 주관기관의 장은 제1항에 따라 법제처장에게 법령안 심사를 요청할 때에는 특별한 사유가 있는 경우가 아니면 법제처장이 지정하는 정보시스템을 활용하여야 한다.
  ⑥ 법령안 주관기관의 장은 입법을 긴급히 추진하여야 할 사유가 있는 경우에는 제1항에 따른 입법절차 중에도 법령안에 대한 사전 심사를 법제처장에게 요청할 수 있다. 〈개정 2011.10.27〉 [전문개정 2010.10.5]

제22조(하위법령의 제때 마련) ① 법령안 주관기관의 장은 해당 법률의 시행을 위한 대통령령·총리령 또는 부령(이하 "하위법령"이라 한다)의 제정·개정·폐지가 필요한 법률안을 입안할 때에는 특별한 사유가 없으면 그 법률이 공포된 후 6개월 이상이 지난 후 시행되도록 시행유예기간을 두어야 한다.
  ② 법령안 주관기관의 장은 하위법령의 제정안·개정안·폐지안을 입안할 때에는 부처 협의, 입법예고, 법제처 심사, 공포 등의 입법절차를 고려하여 해당 법률의 시행에 지장이 없도록 하위법령안을 입안하여야 한다.
  ③ 법령안 주관기관의 장은 법률의 시행을 위하여 하위법령을 제정·개정·폐지할 필요가 있는 경우에는 특별한 사유가 없으면 그 법률의 시행일 45일 전까지 법제처장에게 해당 하위법령안의 심사를 요청하여야 한다.
  ④ 법제처장은 하위법령을 제때 마련하기 위하여 필요한 경우에는 수시로 하위법령의 마련 상황을 국무회의에 보고할 수 있다. [전문개정 2010.10.5]

제23조(대통령훈령안 등의 심사) ① 중앙행정기관의 장은 대통령훈령 또는 국무총리훈령의 발령을 추진하려는 경우에는 법제처장에게 해당 훈령안의 심사를 요청하여야 한다.
  ② 법제처장은 제1항에 따라 대통령훈령안 또는 국무총리훈령안의 심사 요청을 받았을 때에는 해당 훈령안이 법령에 저촉되는지 여부 등을 심사하여 그 결과를 해당 중앙행정기관의 장에게 통보하여야 한다.
  ③ 중앙행정기관의 장은 제2항에 따라 심사결과를 통보받은 훈령을 발령하기 위하여 안전행정부장관에게 관보 게재를 의뢰할 때에는 제2항에 따라 법제처장이 통보한 심사결과 공문의 사본을 첨부하여야 한다. 〈개정 2013.3.23〉 [전문개정 2010.10.5]

제23조의2(대통령령 등의 국회제출 안내 및 확인) ① 법제처장은 「국회법」 제98조의2제1항에 따라 국회에 제출하여야 할 대통령령을 공포하거나 총리령안·부령안·대통령훈령안·국무총리훈령안의 심사를 완료하였을 때에는 소관 중앙행정기관의 장에게 공포 또는 발령한 날부터 10일 이내에 이를 국회 소관상임위원회에 제출하도록 안내하여야 한다.
  ② 법제처장은 중앙행정기관의 장이 「국회법」 제98조의2제1항에 따라 대통령령·총리령·부령·훈령·예규·고시 등을 국회에 제출하였는지를 확인할 수 있다. [본조신설 2011.10.27]

제6장 법제의 정비·개선 등
〈개정 2007.2.2〉

제24조(법제정비의 추진) ① 법제처장은 현행 법령이 다음 각 호의 어느 하나에 해당하는 경우에는 해당 법령을 검토·정비하도록 조치하여야 한다. 〈개정 2011.10.27〉

1. 제정되거나 개정된 후 오랜 기간 동안 법령의 주요 부분이 수정·보완되지 아니하여 해당 법령을 현실에 맞게 정비할 필요가 있는 경우
2. 국민의 일상생활과 기업·영업 활동에 지나친 부담을 주거나 불합리한 법령을 정비할 필요가 있는 경우
3. 국내외의 여건 변화에 대응하여 중요한 국가정책을 효율적으로 수행하기 위하여 법령의 검토·정비가 필요한 경우
3의2. 국민이 알기 쉽도록 법령을 정비할 필요가 있는 경우
4. 그 밖에 현행 법령에 대한 검토·정비가 필요하다고 인정되는 경우

② 법제처장은 제1항에 따른 법령정비를 위하여 필요할 때에는 법령정비의 대상·기준·절차·방법과 그 밖의 협조사항 등을 마련하여 소관 중앙행정기관의 장에게 통보하여야 한다.
③ 제2항에 따른 통보를 받은 중앙행정기관의 장은 대상 법령을 검토한 후 정비의 필요성이 인정되는 경우에는 그 소관 법령에 대한 정비계획을 수립하여 법제처장에게 통보하고 정비계획에 따라 법령정비를 추진하여야 한다.
④ 법제처장은 제1항에 따른 법령정비를 위하여 일반 국민, 지방자치단체 또는 민간단체 등으로부터 의견을 듣고 이를 검토하여야 한다.
⑤ 누구든지 법령의 정비·개선과 관련되는 입법의견을 법제처장에게 제출할 수 있다.
⑥ 법제처장은 법령 등의 정비·개선과 그 밖의 법제업무를 효율적으로 수행하기 위하여 필요한 경우에는 학계·민간단체 또는 그 밖의 관련 분야의 전문가에게 자문할 수 있다. [전문개정 2010.10.5]

제24조의2(하위법령의 신속한 정비체계 마련 등) ① 중앙행정기관의 장은 국무회의 등에서 제도 개선을 추진하는 것으로 확정된 사항(이하 "제도개선사항"이라 한다) 중 법령의 제정·개정·폐지가 필요한 경우에는 관계 기관의 장과 협의하여 해당 법령을 신속하게 정비하여야 한다.
② 중앙행정기관의 장은 제1항에 따라 정비하여야 할 법령 중 하위법령에 대해서는 정비 대상 법령과 그 추진 일정 등이 포함된 하위법령 정비계획을 수립하여 추진하여야 한다.
③ 국무조정실 등 제도개선사항을 총괄적으로 발굴·관리하는 행정기관의 장은 중앙행정기관의 장이 제2항에 따라 수립한 하위법령 정비계획의 소관별 추진 실적을 분기별로 점검·관리하여야 하고, 그 결과 제도개선사항을 일괄하여 정비할 필요가 있다고 인정하면 각 중앙행정기관의 장에게 소관 하위법령의 일괄정비를 요청하는 동시에 법제처장에게 그 지원을 요청할 수 있다. 〈개정 2013.3.23〉
④ 제3항에 따라 일괄정비를 요청받은 각 중앙행정기관의 장은 법제처장의 지원을 받아 신속하게 입법절차를 진행하여야 한다. [본조신설 2011.10.27]

제25조(훈령·예규등의 적법성 확보) ① 각급 행정기관의 훈령·예규·고시(그 명칭에 상관없이 법령의 시행과 직접 관련하여 발령하는 규정·규칙·지시·지침·통첩 등을 포함하며, 이하 "훈령·예규등"이라 한다)는 그 내용이 적법하고 현실에 적합하게 발령·유지·관리되어야 한다.
② 각 중앙행정기관의 장(중앙행정기관에 준하는 위원회 등으로서 총리령으로 정하는 위원회를 포함한다. 이하 이 조에서 같다)은 훈령·예규등이 제정·개정 또는 폐지되었을 때에는 발령 후 10일 이내에 해당 훈령·예규등을 법제처장이 정하는 정부입법 관련 전산시스템에 등재하여야 한다. 다만,「공공기관의 정보공개에 관한 법률」제9조제1항 각 호의 어느 하나에 해당되어 전산시스템에 등재할 수 없는 경우에는 발령 후 10일 이내에 법제처장에게 해당 훈령·예규등의 제명(題名)과 비공개 사유를 통보하되, 법제처장이 요청하는 경우에는 해당 훈령·예규등을 문서로 보내야 한다.
③ 법제처장은 제2항에 따라 등재된 훈령·예규등을 수시로 심사·검토하고, 법령으로 정하여야 할 사항을 훈령·예규등으로 정하고 있거나 법령에 저촉되는 사항 또는 불합리한 사항을 정한 훈령·예규등이

◎ **법 령**

있는 경우에는 심사의견을 작성하여 소관 중앙행정기관의 장에게 통보하여야 한다.
④ 제3항에 따라 심사의견을 통보받은 중앙행정기관의 장은 특별한 사유가 없으면 이를 관련 법령 또는 해당 훈령·예규등에 반영하여야 한다.
⑤ 제3항에 따라 심사의견을 통보받은 중앙행정기관의 장은 다음 각 호의 구분에 따른 관련 사항을 통보받은 날부터 1개월 이내에 법제처장에게 통보하여야 한다. 다만, 다른 법령에 따라 훈령·예규등의 제정 또는 개정과 관련하여 위원회의 심의 등 특별한 절차를 거쳐야 하는 경우에는 그 절차가 끝난 후 지체 없이 법제처장에게 통보하여야 한다.
1. 심사의견을 반영한 경우에는 그 내용
2. 정비할 계획인 경우에는 그 정비계획
3. 심사의견을 반영할 수 없는 특별한 사유가 있는 경우에는 그 사유
⑥ 각 중앙행정기관의 장은 제2항부터 제5항까지의 규정에도 불구하고 훈령·예규등의 적법성을 확보하기 위하여 필요하다고 인정될 때에는 훈령·예규등을 발령하기 전에 법제처장에게 검토를 요청할 수 있다.
[전문개정 2010.10.5]

제7장 법령해석
〈개정 1999.10.30〉

제26조(법령해석의 요청) ① 중앙행정기관의 장은 지방자치단체의 장 또는 민원인으로부터 법률적 판단이 필요한 질의를 받는 등 법령을 운영·집행하는 과정에서 해석상 의문이 있는 경우에는 행정운영의 적법성과 타당성을 보장하기 위하여 법령해석업무를 관장하는 기관(민사·상사·형사, 행정소송, 국가배상 관계 법령 및 법무부 소관 법령과 다른 법령의 벌칙조항에 대한 해석인 경우에는 법무부를 말하고, 그 밖의 모든 행정 관계 법령의 해석인 경우에는 법제처를 말한다. 이하 "법령해석기관"이라 한다)에 법령해석을 요청하여야 한다.
② 중앙행정기관의 장은 다른 중앙행정기관 소관 법령에 대하여 제1항에 따른 해석 요청을 하려는 경우에는 해당 법령 소관 중앙행정기관의 장의 의견을 먼저 들어야 한다.
③ 지방자치단체의 장은 법령해석기관에 법령해석을 요청하려면 그 법령 소관 중앙행정기관의 장에게 법령해석을 요청하여 그 회신을 받아야 한다.
④ 지방자치단체의 장은 제3항의 회신 내용이 불명확(회신은 있으나 사실상 의견이 없는 경우를 포함한다)하거나 잘못되었다고 판단되는 경우에 그 회신 내용을 첨부하여 법령해석기관에 법령해석을 요청할 수 있다. 다만, 중앙행정기관의 장이 제3항에 따라 법령해석을 요청받고도 1개월 이내(특별한 사유가 있는 경우에는 그 지연 사유를 통보함으로써 1개월 이내의 기간을 정하여 한 차례만 연장할 수 있다)에 회신을 하지 아니하는 경우에는 법령 소관 중앙행정기관의 장의 회신 내용을 첨부하지 아니할 수 있다.
⑤ 제4항 본문에 따라 사실상 의견이 없는 중앙행정기관의 장의 회신 내용을 첨부한 법령해석 요청을 받거나 같은 항 단서에 따라 중앙행정기관의 장의 회신 내용을 첨부하지 않은 법령해석 요청을 받은 법령해석기관은 법령 소관 중앙행정기관의 장에게 해당 법령에 대한 의견을 요청하여야 하고, 그 요청을 받은 법령 소관 중앙행정기관의 장은 요청을 받은 날부터 10일 이내(특별한 사유가 있는 경우에는 그 지연 사유를 통보함으로써 10일 이내의 기간을 정하여 한 차례만 연장할 수 있다)에 법령해석기관으로 요청에 따른 회신을 하여야 한다.
⑥ 중앙행정기관의 장 또는 지방자치단체의 장은 제2항 또는 제4항에 따라 법령해석을 요청한 경우에는 그 사실을 법령 소관 중앙행정기관의 장에게 통보하여야 한다.

⑦ 민원인은 법령 소관 중앙행정기관의 장의 법령해석이 법령에 위반된다고 판단되는 경우에는 총리령으로 정하는 바에 따라 해당 법령 소관 중앙행정기관의 장에게 법령해석기관에 법령해석을 요청하도록 의뢰할 수 있다. 다만, 법무부장관이 민사·상사·형사, 행정소송, 국가배상 관계 법령 및 법무부 소관 법령에 대하여 법령해석을 한 경우는 제외한다.
⑧ 법령 소관 중앙행정기관의 장은 제7항에 따라 민원인으로부터 법령해석의 요청을 의뢰받으면 민원인에게 회신한 내용(민원인의 법령 질의사항을 포함한다)에 추가할 의견이 있는 경우 그 의견을 첨부하여 지체 없이 법령해석기관에 법령해석을 요청하여야 한다. 다만, 법령해석의 요청을 의뢰받은 사안이 다음 각 호의 어느 하나에 해당되는 경우에는 법령해석을 요청하지 않을 수 있으며, 해당 민원인에게 그 사유를 명시하여 통지하여야 한다.
1. 제7항에 따른 법령해석 요청 기준에 맞지 않는 경우
2. 정립된 판례나 법령해석기관의 법령해석이 있는 경우
3. 구체적 사실인정에 관한 사항인 경우
4. 해당 민원인이 당사자인 행정심판 또는 행정소송이 계속 중이거나 그 절차가 끝난 경우
5. 이미 행해진 구체적인 처분의 위법·부당 여부에 관한 사항인 경우
6. 법령이 헌법 또는 상위 법령에 위반되는지에 관한 사항인 경우
7. 그 밖에 제1호부터 제6호까지의 규정과 유사한 사유로서 명백히 법령해석이 필요하지 않다고 인정되는 경우
⑨ 제7항에 따라 법령해석 요청을 의뢰한 민원인은 법령 소관 중앙행정기관의 장이 1개월 이내에 법령해석기관에 법령해석을 요청하지 않거나, 제8항 각 호에 해당하지 않음에도 불구하고 법령해석을 요청하지 않을 것을 통지한 경우에는 직접 법령해석기관에 법령해석을 요청할 수 있다. 이 경우 법령해석기관은 법령해석 요청을 받은 때에 그 사실을 법령 소관 중앙행정기관의 장에게 통보하여야 한다.
⑩ 법령해석기관은 법령해석을 요청받은 경우 그 사안이 제1항부터 제4항까지, 제7항 및 제9항에 규정된 법령해석 요청 기준에 맞지 않거나 제8항제2호부터 제7호까지의 규정에 해당하는 때에는 이를 반려한다. [전문개정 2010.10.5]

제27조(법령해석 시 유의사항 및 회신) ① 법령해석기관은 법령을 해석할 때 법령해석에 관한 정부 견해의 통일을 꾀하고 일관성 있는 법집행을 위하여 다음 각 호의 사항을 유의하여야 한다.
1. 해당 법령의 입법 배경·취지 및 운영 실태를 명확하게 파악할 것
2. 문제가 제기된 구체적 배경과 이유를 조사·확인할 것
3. 법령 소관 중앙행정기관 등 관계 기관의 의견을 충분히 들을 것
② 법령해석기관은 제1항제3호에 따라 의견을 듣기 위하여 필요하면 법령 소관 중앙행정기관 등 관계 행정기관에 불명확한 사항에 대하여 소명을 요청하거나 필요한 자료 제출을 요구할 수 있다. 이 경우 관계 행정기관의 장은 법령해석기관의 요구 등에 성실하게 응하고 협조하여야 한다.
③ 법령해석기관 중 법제처는 제1항에 따라 법령해석을 할 때에는 제27조의2에 따른 법령해석심의위원회의 심의를 거쳐야 한다.
④ 법령해석기관은 제26조에 따라 법령해석 요청을 받았을 때에는 법령해석 요청기관 또는 민원인에게 그 결과를 신속히 회신하여야 하며, 법령해석 결과를 회신할 때에는 법령 소관 중앙행정기관의 장과 관련 행정기관에 통보하여야 한다.
⑤ 법령 소관 중앙행정기관의 장은 제26조제8항에 따라 민원인이 요청을 의뢰한 법령해석 사안에 대하여 법령해석기관으로부터 회신을 받았을 때에는 지체 없이 그 사안에 대한 해당 기관의 의견을 민원인에게 회신하여야 한다.

○ 법 령

⑥ 법령해석기관은 제4항에 따라 법령해석 결과를 회신한 경우에는 관계 중앙행정기관의 장 또는 지방자치단체의 장에게 다음 각 호의 사항에 관한 자료의 제출을 요청할 수 있다.
1. 법령해석에 따라 관련 업무를 처리하였는지 여부
2. 법령해석에 따른 업무처리로 인하여 문제가 발생한 경우 그 내용
3. 법령해석에 따른 업무처리와 관련된 쟁송이 제기되었는지 여부 및 그 결과
4. 법령해석과 다르게 관련 업무를 처리하였을 경우 그 이유
5. 제1호부터 제4호까지에서 규정한 사항 외에 법령해석과 관련된 업무의 처리에 관한 사항
[전문개정 2010.10.5]

제27조의2(법령해석심의위원회의 설치 및 구성) ① 법령해석기관 중 법제처에 요청된 법령해석에 관한 사항을 심의하기 위하여 법제처장 소속으로 법령해석심의위원회(이하 "위원회"라 한다)를 둔다.
② 위원회는 위원장 1명, 제4항에 따른 위원(이하 "지명위원"이라 한다) 및 제5항에 따른 150명 내외의 위원(이하 "위촉위원"이라 한다)으로 구성한다. 〈개정 2011.10.27〉
③ 위원장은 법제처차장으로 하되, 필요한 경우에는 법제처 소속 지명위원에게 그 직무를 대행하게 할 수 있다.
④ 지명위원은 국무조정실을 포함하는 법령 소관 중앙행정기관의 고위공무원단에 속하는 일반직공무원 또는 이에 상당하는 사람이 근무하는 직위로서 해당 기관의 장이 추천하는 직위 중 법제처장이 지명하는 직위에 근무하는 사람으로 한다. 〈개정 2013.3.23〉
⑤ 위촉위원은 다음 각 호의 어느 하나에 해당하는 사람 중에서 법제처장이 위촉하는 사람으로 한다.
1. 변호사의 자격을 가진 사람으로서 그 자격과 관련된 업무에 10년 이상 종사한 경력이 있는 사람
2. 「고등교육법」제2조제1호 또는 제3호에 따른 학교에서 법학 등을 가르치는 부교수 이상의 직에 있거나 있었던 사람
3. 행정기관의 4급 이상 또는 이에 상당하는 공무원(고위공무원단에 속하는 공무원을 포함한다)으로 있었던 사람
4. 그 밖에 법령해석에 관한 지식과 경험이 풍부한 사람
⑥ 위촉위원의 임기는 2년으로 하되, 두 차례만 연임할 수 있다. [전문개정 2010.10.5]

제27조의3(위원회의 운영) ① 위원장은 위원회를 대표하고, 위원회의 업무를 총괄한다.
② 위원장은 위원회의 회의를 소집하고 그 의장이 된다.
③ 위원회의 회의는 위원장과 위원장이 회의 시마다 지정하는 위원을 포함하여 총 9명으로 구성한다.
④ 위원장은 위원회의 심의 안건과 관련하여 필요한 경우 관계 중앙행정기관 및 지방자치단체의 소속 직원을 위원회에 출석시켜 발언하게 할 수 있다.
⑤ 위원회는 제3항에 따른 구성원 과반수의 출석으로 개의(開議)하고, 출석위원 과반수의 찬성으로 의결한다. 다만, 다음 각 호의 어느 하나에 해당하는 경우에는 출석위원 6명 이상의 찬성으로 의결한다.
1. 제26조제4항 본문에 따라 지방자치단체의 장이 요청한 법령해석사안에 대한 법령 소관 중앙행정기관의 장의 당초 회신내용(법령해석이 불명확한 경우와 회신은 있으나 사실상 의견이 없는 경우는 제외한다)과 다른 해석을 하려는 경우
2. 제26조제5항에 따라 법제처가 받은 중앙행정기관의 장의 법령해석 내용(법령해석이 불명확한 경우는 제외한다)과 다른 해석을 하려는 경우
3. 제26조제7항·제8항 및 제9항에 따라 민원인의 해석 요청 의뢰를 받은 중앙행정기관의 장이 법제처에 요청하거나 민원인이 직접 법제처에 요청한 법령해석 사안에 대하여 법령 소관 중앙행정기관의 장

의 당초 회신내용(법령해석이 불명확한 경우는 제외한다)과 다른 해석을 하려는 경우
⑥ 위원회는 회의를 효율적으로 운영하기 위하여 필요하다고 인정하는 경우에는 분야별 전문위원회 또는 소위원회를 둘 수 있다.
⑦ 위원회는 법령해석을 위하여 필요하다고 인정하면 국토·건축, 세제, 환경 및 노동 등 각 분야별로 전문가에게 자문할 수 있다. 〈신설 2011.10.27〉 [전문개정 2010.10.5]

제27조의4(위원의 제척·회피) ① 위원회(전문위원회와 소위원회를 포함한다. 이하 같다)의 위원 중 다음 각 호의 어느 하나에 해당하는 위원은 그 안건의 심의·의결에서 제척된다.
1. 위원이나 그 배우자 또는 그 배우자였던 사람이 해당 법령해석 안건의 기초사실이 되는 사건의 당사자이거나 그 사건에 관하여 공동권리자 또는 공동의무자의 관계에 있는 경우
2. 위원이 해당 법령해석 안건의 기초사실이 되는 사건의 당사자와 친족이거나 친족이었던 경우
3. 위원이 해당 법령해석 안건의 기초사실이 되는 사건에 관하여 증언이나 감정을 한 경우
4. 위원이 해당 법령해석 안건의 기초사실이 되는 사건의 당사자의 대리인으로서 관여하거나 관여하였던 경우
② 제1항 각 호의 어느 하나에 해당하는 위원은 스스로 그 안건의 심의·의결을 회피할 수 있다.
③ 제1항 및 제2항은 해당 법령해석 안건의 검토 사무에 관여하는 위원 아닌 직원에게 준용한다.
[전문개정 2010.10.5]

제27조의5(공무원의 파견 요청 등) ① 법제처장은 위원회의 업무 수행을 위하여 필요하다고 인정할 때에는 국가기관, 지방자치단체, 관련 법인 또는 단체에 공무원이나 직원의 파견을 요청할 수 있다.
② 법제처장은 제1항에 따라 공무원이나 직원을 파견한 국가기관, 지방자치단체, 관련 법인 또는 단체의 장에게 위원회에 파견된 사람의 인사·처우 등에 있어서 우대조치를 할 것을 권고할 수 있다.
[전문개정 2010.10.5]

제27조의6(수당 등) 회의에 출석한 위원과 관계인에게는 예산의 범위에서 수당과 여비를 지급할 수 있다. 다만, 공무원이 그 소관 업무와 직접적으로 관련되는 회의에 출석하는 경우에는 그러하지 아니하다.
[전문개정 2010.10.5]

제27조의7(운영세칙) 위원회의 조직과 운영에 관하여 이 영에서 규정한 사항 외에 필요한 사항은 위원회의 의결을 거쳐 위원장이 정한다. [전문개정 2010.10.5]

제27조의8(발언 내용 등의 비공개) 다음 각 호의 어느 하나에 해당하는 사항은 공개하지 아니한다.
1. 위원회의 회의에서 위원이 발언한 내용이 적힌 문서(전자적으로 기록된 문서를 포함한다)
2. 그 밖에 공개할 경우 위원회의 심의의 공정성을 해칠 우려가 있다고 인정되는 사항으로서 총리령으로 정하는 사항 [본조신설 2009.6.9]

제8장 법령운영의 전문성 확보 및 지원

제28조(법제업무의 전문성 확보) 중앙행정기관의 장은 법령의 입법·집행 등 법령 운영에서의 적법성·타당성을 확보하고 법제업무의 효율적 수행 및 전문성 향상을 도모하기 위하여 법제업무 담당 조직의 전문성이 확보될 수 있는 방안을 마련하고, 소속 법무 담당 공무원의 보직기준 등 필요한 인사관리기준을 정하여 시행하여야 한다. [전문개정 2010.10.5]

제29조(법제업무 지원) ① 법제처장은 중앙행정기관의 장이 요청하면 법령의 운영에 필요한 법제정보를 제공하거나 법제교육을 실시하여야 한다. 〈개정 2011.10.27〉
② 법제처장은 중앙행정기관의 장이 요청하거나 법령안의 입법을 원활하게 추진하기 위하여 필요하다고

○ 법 령

인정하면 중앙행정기관의 장과 협의하여 입법을 추진하려는 법령안에 대한 사전 검토와 자문에 응하는 등 필요한 법제지원을 하여야 한다. 〈신설 2011.10.27〉
③ 법제처장은 지방자치단체의 조례 등 자치법규의 법적합성을 확보하고, 지방자치단체 공무원의 전문성을 높이는 데 도움을 주기 위하여 법제교육 등 필요한 법제지원을 하여야 한다. 〈개정 2011.10.27〉
④ 법제처장은 제1항부터 제3항까지의 규정에 따른 법제지원을 하는 경우에는 법제교육 등을 수행하는 공무원에게 예산의 범위에서 수당을 지급할 수 있다. 〈개정 2011.10.27〉[전문개정 2008.12.31]
제30조(법제업무 관련 정부시스템의 구축·활용 등) ① 법제처장은 정부의 효율적인 입법추진, 의원발의법률안에 대한 정부 의견 통일, 법령정보(훈령·예규등, 자치법규, 법령해석례, 그 밖에 법령의 집행과 해석에 관한 정보를 포함한다. 이하 이 조에서 같다)의 종합관리 및 제공 등을 위하여 법제업무와 관련된 정보시스템(이하 이 조에서 "법제정보시스템"이라 한다)을 구축하여야 한다. 〈개정 2011.10.27〉
② 법제처장은 법제정보시스템의 구축 및 제공을 위하여 필요한 경우에는 중앙행정기관의 장에게 훈령·예규등을 법제정보시스템에 등재하거나 그 밖에 법제업무와 관련하여 필요한 정보를 제공하여 줄 것을 요청할 수 있다. 이 경우 요청을 받은 중앙행정기관의 장은 특별한 사유가 없으면 이에 따라야 한다.
③ 법제처장은 법제정보시스템과 법령정보가 원활하게 이용될 수 있도록 필요한 조치를 마련하여야 한다.
[전문개정 2010.10.5]

부 칙
〈제24792호, 2013.10.10〉

이 영은 공포한 날부터 시행한다.

지방의회 관계법령집

행정절차법(발췌)

행정절차법

[시행 2013.3.23] [법률 제11690호, 2013.3.23, 타법개정]

제1장 총 칙
제1절 목적, 정의 및 적용 범위 등
〈개정 2012.10.22〉

제1조(목적) 이 법은 행정절차에 관한 공통적인 사항을 규정하여 국민의 행정 참여를 도모함으로써 행정의 공정성·투명성 및 신뢰성을 확보하고 국민의 권익을 보호함을 목적으로 한다. [전문개정 2012.10.22]

제2조(정의) 이 법에서 사용하는 용어의 뜻은 다음과 같다.
1. "행정청"이란 다음 각 목의 자를 말한다.
   가. 행정에 관한 의사를 결정하여 표시하는 국가 또는 지방자치단체의 기관
   나. 그 밖에 법령 또는 자치법규(이하 "법령등"이라 한다)에 따라 행정권한을 가지고 있거나 위임 또는 위탁받은 공공단체 또는 그 기관이나 사인(私人)
2. "처분"이란 행정청이 행하는 구체적 사실에 관한 법 집행으로서의 공권력의 행사 또는 그 거부와 그 밖에 이에 준하는 행정작용(行政作用)을 말한다.
3. "행정지도"란 행정기관이 그 소관 사무의 범위에서 일정한 행정목적을 실현하기 위하여 특정인에게 일정한 행위를 하거나 하지 아니하도록 지도, 권고, 조언 등을 하는 행정작용을 말한다.
4. "당사자등"이란 다음 각 목의 자를 말한다.
   가. 행정청의 처분에 대하여 직접 그 상대가 되는 당사자
   나. 행정청이 직권으로 또는 신청에 따라 행정절차에 참여하게 한 이해관계인
5. "청문"이란 행정청이 어떠한 처분을 하기 전에 당사자등의 의견을 직접 듣고 증거를 조사하는 절차를 말한다.
6. "공청회"란 행정청이 공개적인 토론을 통하여 어떠한 행정작용에 대하여 당사자등, 전문지식과 경험을 가진 사람, 그 밖의 일반인으로부터 의견을 널리 수렴하는 절차를 말한다.
7. "의견제출"이란 행정청이 어떠한 행정작용을 하기 전에 당사자등이 의견을 제시하는 절차로서 청문이나 공청회에 해당하지 아니하는 절차를 말한다.
8. "전자문서"란 컴퓨터 등 정보처리능력을 가진 장치에 의하여 전자적인 형태로 작성되어 송신·수신 또는 저장된 정보를 말한다.
9. "정보통신망"이란 전기통신설비를 활용하거나 전기통신설비와 컴퓨터 및 컴퓨터 이용기술을 활용하여 정보를 수집·가공·저장·검색·송신 또는 수신하는 정보통신체제를 말한다. [전문개정 2012.10.22]

제3조(적용 범위) ① 처분, 신고, 행정상 입법예고, 행정예고 및 행정지도의 절차(이하 "행정절차"라 한다)에 관하여 다른 법률에 특별한 규정이 있는 경우를 제외하고는 이 법에서 정하는 바에 따른다.
② 이 법은 다음 각 호의 어느 하나에 해당하는 사항에 대하여는 적용하지 아니한다.
1. 국회 또는 지방의회의 의결을 거치거나 동의 또는 승인을 받아 행하는 사항
2. 법원 또는 군사법원의 재판에 의하거나 그 집행으로 행하는 사항
3. 헌법재판소의 심판을 거쳐 행하는 사항
4. 각급 선거관리위원회의 의결을 거쳐 행하는 사항
5. 감사원이 감사위원회의 결정을 거쳐 행하는 사항

○ 법 령

  6. 형사(刑事), 행형(行刑) 및 보안처분 관계 법령에 따라 행하는 사항
  7. 국가안전보장·국방·외교 또는 통일에 관한 사항 중 행정절차를 거칠 경우 국가의 중대한 이익을 현저히 해칠 우려가 있는 사항
  8. 심사청구, 해양안전심판, 조세심판, 특허심판, 행정심판, 그 밖의 불복절차에 따른 사항
  9. 「병역법」에 따른 징집·소집, 외국인의 출입국·난민인정·귀화, 공무원 인사 관계 법령에 따른 징계와 그 밖의 처분, 이해 조정을 목적으로 하는 법령에 따른 알선·조정·중재(仲裁)·재정(裁定) 또는 그 밖의 처분 등 해당 행정작용의 성질상 행정절차를 거치기 곤란하거나 거칠 필요가 없다고 인정되는 사항과 행정절차에 준하는 절차를 거친 사항으로서 대통령령으로 정하는 사항 [전문개정 2012.10.22]

제15조(송달의 효력 발생) ① 송달은 다른 법령등에 특별한 규정이 있는 경우를 제외하고는 해당 문서가 송달받을 자에게 도달됨으로써 그 효력이 발생한다.
② 제14조제3항에 따라 정보통신망을 이용하여 전자문서로 송달하는 경우에는 송달받을 자가 지정한 컴퓨터 등에 입력된 때에 도달된 것으로 본다.
③ 제14조제4항의 경우에는 다른 법령등에 특별한 규정이 있는 경우를 제외하고는 공고일부터 14일이 지난 때에 그 효력이 발생한다. 다만, 긴급히 시행하여야 할 특별한 사유가 있어 효력 발생 시기를 달리 정하여 공고한 경우에는 그에 따른다. [전문개정 2012.10.22]

제41조(행정상 입법예고) ① 법령등을 제정·개정 또는 폐지(이하 "입법"이라 한다)하려는 경우에는 해당 입법안을 마련한 행정청은 이를 예고하여야 한다. 다만, 다음 각 호의 어느 하나에 해당하는 경우에는 예고를 하지 아니할 수 있다. 〈개정 2012.10.22〉
  1. 신속한 국민의 권리 보호 또는 예측 곤란한 특별한 사정의 발생 등으로 입법이 긴급을 요하는 경우
  2. 상위 법령등의 단순한 집행을 위한 경우
  3. 입법내용이 국민의 권리·의무 또는 일상생활과 관련이 없는 경우
  4. 단순한 표현·자구를 변경하는 경우 등 입법내용의 성질상 예고의 필요가 없거나 곤란하다고 판단되는 경우
  5. 예고함이 공공의 안전 또는 복리를 현저히 해칠 우려가 있는 경우
② 삭제 〈2002.12.30〉
③ 법제처장은 입법예고를 하지 아니한 법령안의 심사 요청을 받은 경우에 입법예고를 하는 것이 적당하다고 판단할 때에는 해당 행정청에 입법예고를 권고하거나 직접 예고할 수 있다. 〈개정 2012.10.22〉
④ 입법안을 마련한 행정청은 입법예고 후 예고내용에 국민생활과 직접 관련된 내용이 추가되는 등 대통령령으로 정하는 중요한 변경이 발생하는 경우에는 해당 부분에 대한 입법예고를 다시 하여야 한다. 다만, 제1항 각 호의 어느 하나에 해당하는 경우에는 예고를 하지 아니할 수 있다. 〈신설 2012.10.22〉
⑤ 입법예고의 기준·절차 등에 관하여 필요한 사항은 대통령령으로 정한다. 〈개정 2012.10.22〉

제42조(예고방법) ① 행정청은 입법안의 취지, 주요 내용 또는 전문(全文)을 관보·공보나 인터넷·신문·방송 등을 통하여 널리 공고하여야 한다.
② 행정청은 대통령령을 입법예고하는 경우 국회 소관 상임위원회에 이를 제출하여야 한다.
③ 행정청은 입법예고를 할 때에 입법안과 관련이 있다고 인정되는 중앙행정기관, 지방자치단체, 그 밖의 단체 등이 예고사항을 알 수 있도록 예고사항을 통지하거나 그 밖의 방법으로 알려야 한다.
④ 행정청은 제1항에 따라 예고된 입법안에 대하여 전자공청회 등을 통하여 널리 의견을 수렴할 수 있다. 이 경우 제38조의2제2항부터 제4항까지의 규정을 준용한다.
⑤ 행정청은 예고된 입법안의 전문에 대한 열람 또는 복사를 요청받았을 때에는 특별한 사유가 없으면 그 요청에 따라야 한다.

⑥ 행정청은 제5항에 따른 복사에 드는 비용을 복사를 요청한 자에게 부담시킬 수 있다.
[전문개정 2012.10.22]

제43조(예고기간) 입법예고기간은 예고할 때 정하되, 특별한 사정이 없으면 40일(자치법규는 20일) 이상으로 한다. [전문개정 2012.10.22]

제44조(의견제출 및 처리) ① 누구든지 예고된 입법안에 대하여 의견을 제출할 수 있다.
② 행정청은 의견접수기관, 의견제출기간, 그 밖에 필요한 사항을 해당 입법안을 예고할 때 함께 공고하여야 한다.
③ 행정청은 해당 입법안에 대한 의견이 제출된 경우 특별한 사유가 없으면 이를 존중하여 처리하여야 한다.
④ 행정청은 의견을 제출한 자에게 그 제출된 의견의 처리결과를 통지하여야 한다.
⑤ 제출된 의견의 처리방법 및 처리결과의 통지에 관하여는 대통령령으로 정한다.
[전문개정 2012.10.22]

지방의회 관계법령집

공직선거법(발췌)

공직선거법

[시행 2013.8.13] [법률 제12111호, 2013.8.13, 일부개정]

제12조(選擧管理) ① 중앙선거관리위원회는 이 법에 특별한 규정이 있는 경우를 제외하고는 선거사무를 통할·관리하며, 하급선거관리위원회(투표관리관을 포함한다. 이하 이 조에서 같다) 및 제218조에 따른 재외선거관리위원회와 제218조의2에 따른 재외투표관리관의 위법·부당한 처분에 대하여 이를 취소하거나 변경할 수 있다. 〈개정 2005.8.4, 2009.2.12〉
② 시·도선거관리위원회는 지방의회의원 및 지방자치단체의 장의 선거에 관한 하급선거관리위원회의 위법·부당한 처분에 대하여 이를 취소하거나 변경할 수 있다. 〈개정 1995.4.1, 2005.8.4〉
③ 구·시·군선거관리위원회는 당해 선거에 관한 하급선거관리위원회의 위법·부당한 처분에 대하여 이를 취소하거나 변경할 수 있다.

제13조(選擧區選擧管理) ① 선거구선거사무를 행할 선거관리위원회(이하 "선거구선거관리위원회"라 한다)는 다음 각호와 같다. 〈개정 2000.2.16, 2005.8.4〉
1. 대통령선거 및 비례대표전국선거구국회의원(이하 "비례대표국회의원"이라 한다)선거의 선거구선거사무는 중앙선거관리위원회
2. 특별시장·광역시장·도지사(이하 "시·도지사"라 한다)선거와 비례대표선거구시·도의회의원(이하 "비례대표시·도의원"이라 한다)선거의 선거구선거사무는 시·도선거관리위원회
3. 지역선거구국회의원(이하 "지역구국회의원"이라 한다)선거, 지역선거구시·도의회의원(이하 "지역구시·도의원"이라 한다)선거, 지역선거구자치구·시·군의회의원(이하 "지역구자치구·시·군의원"이라 한다)선거, 비례대표선거구자치구·시·군의회의원(이하 "비례대표자치구·시·군의원"이라 한다)선거 및 자치구의 구청장·시장·군수(이하 "자치구·시·군의 장"이라 한다)선거의 선거구선거사무는 그 선거구역을 관할하는 구·시·군선거관리위원회[제29조(지방의회의원의 증원선거)제3항 또는 「선거관리위원회법」 제2조(設置)제6항의 규정에 의하여 선거구선거사무를 행할 구·시·군선거관리위원회가 지정된 경우에는 그 지정을 받은 구·시·군선거관리위원회를 말한다]

② 제1항에서 "선거구선거사무"라 함은 선거에 관한 사무중 후보자등록 및 당선인결정 등과 같이 당해 선거구를 단위로 행하여야 하는 선거사무를 말한다.
③ 선거구선거관리위원회 또는 직근 상급선거관리위원회는 선거관리를 위하여 특히 필요하다고 인정하는 때에는 중앙선거관리위원회가 정하는 바에 따라 당해 선거에 관하여 관할선거구안의 선거관리위원회가 행할 선거사무의 범위를 조정하거나 하급선거관리위원회 또는 그 위원으로 하여금 선거구선거관리위원회의 직무를 행하게 할 수 있다.
④ 제3항의 규정에 의하여 선거구선거사무를 행하는 하급선거관리위원회의 위원은 선거구선거관리위원회위원의 정수에 산입하지 아니하며, 선거구선거관리위원회의 의결에 참가할 수 없다.
⑤ 구·시·군선거관리위원회 또는 읍·면·동선거관리위원회가 천재·지변 기타 부득이한 사유로 그 기능을 수행할 수 없는 때에는 직근 상급선거관리위원회는 직접 또는 다른 선거관리위원회로 하여금 당해 선거관리위원회의 기능이 회복될 때까지 그 선거사무를 대행하거나 대행하게 할 수 있다. 다른 선거관리위원회로 하여금 대행하게 하는 경우에는 대행할 업무의 범위도 함께 정하여야 한다. 〈개정 2005.8.4〉
⑥ 제5항의 규정에 의하여 선거사무를 대행하거나 대행하게 한 때에는 대행할 선거관리위원회와 그 업무의 범위를 지체없이 공고하고, 상급선거관리위원회에 보고하여야 한다.

제14조(任期開始) ① 대통령의 임기는 전임대통령의 임기만료일의 다음날 0시부터 개시된다. 다만, 전임

○ **법 령**

자의 임기가 만료된 후에 실시하는 선거와 궐위로 인한 선거에 의한 대통령의 임기는 당선이 결정된 때부터 개시된다. 〈개정 2003.2.4〉
② 국회의원과 지방의회의원(이하 이 항에서 "의원"이라 한다)의 임기는 총선거에 의한 전임의원의 임기만료일의 다음 날부터 개시된다. 다만, 의원의 임기가 개시된 후에 실시하는 선거와 지방의회의원의 증원선거에 의한 의원의 임기는 당선이 결정된 때부터 개시되며 전임자 또는 같은 종류의 의원의 잔임기간으로 한다.
③ 지방자치단체의 장의 임기는 전임지방자치단체의 장의 임기만료일의 다음 날부터 개시된다. 다만, 전임지방자치단체의 장의 임기가 만료된 후에 실시하는 선거와 제30조(지방자치단체의 폐치·분합시의 선거 등)제1항제1호 내지 제3호에 의하여 새로 선거를 실시하는 지방자치단체의 장의 임기는 당선이 결정된 때부터 개시되며 전임자 또는 같은 종류의 지방자치단체의 장의 잔임기간으로 한다.

제15조(선거권) ① 19세 이상의 국민은 대통령 및 국회의원의 선거권이 있다. 다만, 지역구국회의원의 선거권은 19세 이상의 국민으로서 제37조제1항에 따른 선거인명부작성기준일 현재 다음 각 호의 어느 하나에 해당하는 사람에 한하여 인정된다. 〈개정 2011.11.7〉
1. 해당 국회의원지역선거구 안에 주민등록이 되어 있는 사람
2. 「재외동포의 출입국과 법적 지위에 관한 법률」제6조제1항에 따라 해당 국회의원지역선거구의 선거구역 안에 거소를 두고 그 국내거소신고인명부에 3개월 이상 계속하여 올라 있는 사람
② 19세 이상으로서 제37조제1항에 따른 선거인명부작성기준일 현재 다음 각 호의 어느 하나에 해당하는 사람은 그 구역에서 선거하는 지방자치단체의 의회의원 및 장의 선거권이 있다. 〈개정 2009.2.12, 2011.11.7〉
1. 해당 지방자치단체의 관할 구역에 주민등록이 되어 있는 사람
2. 「재외동포의 출입국과 법적 지위에 관한 법률」제6조제1항에 따라 해당 지방자치단체의 국내거소신고인명부(이하 이 장에서 "국내거소신고인명부"라 한다)에 3개월 이상 계속하여 올라 있는 국민
3. 「출입국관리법」제10조에 따른 영주의 체류자격 취득일 후 3년이 경과한 외국인으로서 같은 법 제34조에 따라 해당 지방자치단체의 외국인등록대장에 올라 있는 사람
[2009.2.12 법률 제9466호에 의하여 2007.6.28 헌법재판소에서 헌법불합치결정된 이 조 제2항제1호를 개정함.]
[제목개정 2011.11.7]

제16조(被選擧權) ① 선거일 현재 5년 이상 국내에 거주하고 있는 40세 이상의 국민은 대통령의 피선거권이 있다. 이 경우 공무로 외국에 파견된 기간과 국내에 주소를 두고 일정기간 외국에 체류한 기간은 국내거주기간으로 본다. 〈개정 1997.1.13〉
② 25세 이상의 국민은 국회의원의 피선거권이 있다.
③ 선거일 현재 계속하여 60일 이상(공무로 외국에 파견되어 선거일전 60일후에 귀국한 자는 선거인명부작성기준일부터 계속하여 선거일까지) 당해 지방자치단체의 관할구역안에 주민등록(국내거소신고인명부에 올라 있는 경우를 포함한다. 이하 이 조에서 같다)이 되어 있는 주민으로서 25세 이상의 국민은 그 지방의회의원 및 지방자치단체의 장의 피선거권이 있다. 이 경우 60일의 기간은 그 지방자치단체의 설치·폐지·분할·합병 또는 구역변경(제28조 각 호의 어느 하나에 따른 구역변경을 포함한다)에 의하여 중단되지 아니한다. 〈개정 1998.4.30, 2009.2.12〉
④ 제3항 전단의 경우에 지방자치단체의 사무소 소재지가 다른 지방자치단체의 관할 구역에 있어 해당 지방자치단체의 장의 주민등록이 다른 지방자치단체의 관할 구역에 있게 된 때에는 해당 지방자치단체

공직선거법(발췌)

의 관할 구역에 주민등록이 되어 있는 것으로 본다. 〈개정 2009.2.12〉
[2009.2.12 법률 제9466호에 의하여 2007.6.28 헌법재판소에서 헌법불합치결정된 이 조 제3항을 개정함.]

제17조(年齡算定基準) 선거권자와 피선거권자의 연령은 선거일 현재로 산정한다.

제18조(선거권이 없는 자) ① 선거일 현재 다음 각 호의 어느 하나에 해당하는 자는 선거권이 없다. 〈개정 2004.3.12, 2005.8.4〉
1. 금치산선고를 받은 자
2. 금고 이상의 형의 선고를 받고 그 집행이 종료되지 아니하거나 그 집행을 받지 아니하기로 확정되지 아니한 자
3. 선거범, 「정치자금법」 제45조(정치자금부정수수죄) 및 제49조(선거비용관련 위반행위에 관한 벌칙)에 규정된 죄를 범한 자 또는 대통령·국회의원·지방의회의원·지방자치단체의 장으로서 그 재임중의 직무와 관련하여 「형법」(「특정범죄가중처벌 등에 관한 법률」 제2조에 의하여 가중처벌되는 경우를 포함한다) 제129조(수뢰, 사전수뢰) 내지 제132조(알선수뢰)·「특정범죄가중처벌 등에 관한 법률」 제3조(알선수재)에 규정된 죄를 범한 자로서, 100만원이상의 벌금형의 선고를 받고 그 형이 확정된 후 5년 또는 형의 집행유예의 선고를 받고 그 형이 확정된 후 10년을 경과하지 아니하거나 징역형의 선고를 받고 그 집행을 받지 아니하기로 확정된 후 또는 그 형의 집행이 종료되거나 면제된 후 10년을 경과하지 아니한 자(형이 실효된 자도 포함한다)
4. 법원의 판결 또는 다른 법률에 의하여 선거권이 정지 또는 상실된 자

② 제1항제3호에서 "선거범"이라 함은 제16장 벌칙에 규정된 죄와 「국민투표법」 위반의 죄를 범한 자를 말한다. 〈개정 2005.8.4〉

③ 「형법」 제38조에도 불구하고 제1항제3호에 규정된 죄와 다른 죄의 경합범에 대하여는 이를 분리 선고하고, 선거사무장·선거사무소의 회계책임자(선거사무소의 회계책임자로 선임·신고되지 아니한 사람으로서 후보자와 통모(通謀)하여 해당 후보자의 선거비용으로 지출한 금액이 선거비용제한액의 3분의 1 이상에 해당하는 사람을 포함한다) 또는 후보자(후보자가 되려는 사람을 포함한다)의 직계존비속 및 배우자에게 제263조 및 제265조에 규정된 죄와 이 조 제1항제3호에 규정된 죄의 경합범으로 징역형 또는 300만원 이상의 벌금형을 선고하는 때(선거사무장, 선거사무소의 회계책임자에 대하여는 선임·신고되기 전의 행위로 인한 경우를 포함한다)에는 이를 분리 선고하여야 한다. 〈개정 2010.1.25〉

제19조(피선거권이 없는 자) 선거일 현재 다음 각호의 1에 해당하는 자는 피선거권이 없다.
1. 제18조(선거권이 없는 자)제1항제1호·제3호 또는 제4호에 해당하는 자
2. 금고 이상의 형의 선고를 받고 그 형이 실효되지 아니한 자
3. 법원의 판결 또는 다른 법률에 의하여 피선거권이 정지되거나 상실된 자

제20조(選擧區) ① 대통령 및 비례대표국회의원은 전국을 단위로 하여 선거한다. 〈개정 2000.2.16, 2005.8.4〉
② 비례대표시·도의원은 당해 시·도를 단위로 선거하며, 비례대표자치구·시·군의원은 당해 자치구·시·군을 단위로 선거한다. 〈신설 2005.8.4〉
③ 지역구국회의원, 지역구지방의회의원(지역구시·도의원 및 지역구자치구·시·군의원을 말한다. 이하 같다)은 당해 의원의 선거구를 단위로 하여 선거한다. 〈개정 2000.2.16, 2005.8.4〉
④ 지방자치단체의 장은 당해 지방자치단체의 관할구역을 단위로 하여 선거한다.

제21조(국회의 의원정수) ① 국회의 의원정수는 지역구국회의원과 비례대표국회의원을 합하여 299인으로 하되, 각 시·도의 지역구 국회의원 정수는 최소 3인으로 한다. 다만, 세종특별자치시의 지역구국회의원 정

○ 법령

수는 1인으로 한다. 〈개정 2000.2.16, 2004.3.12, 2012.2.29〉
② 하나의 국회의원지역선거구에서 선출할 국회의원의 정수는 1인으로 한다.
제22조(시·도의회의 의원정수) ① 시·도별 지역구시·도의원의 총 정수는 그 관할구역안의 자치구·시·군(하나의 자치구·시·군이 2 이상의 국회의원지역선거구로 된 경우에는 국회의원지역선거구를 말하며, 행정구역의 변경으로 국회의원지역선거구와 행정구역이 합치되지 아니하게 된 때에는 행정구역을 말한다) 수의 2배수로 하되, 인구·행정구역·지세·교통, 그 밖의 조건을 고려하여 100분의 11의 범위에서 조정할 수 있다. 다만, 자치구·시·군의 지역구시·도의원정수는 최소 1명으로 한다. 〈개정 1998.4.30, 2010.1.25, 2010.3.12〉
② 제1항에도 불구하고 「지방자치법」 제7조제2항에 따라 시와 군을 통합하여 도농복합형태의 시로 한 경우에는 시·군통합후 최초로 실시하는 임기만료에 의한 시·도의회의원선거에 한하여 해당 시를 관할하는 도의회의원의 정수 및 해당 시의 도의회의원의 정수는 통합 전의 수를 고려하여 이를 정한다. 〈개정 1998.4.30, 2005.8.4, 2010.1.25〉
③ 제1항 및 제2항의 기준에 의하여 산정된 의원정수가 19명 미만이 되는 광역시 및 도는 그 정수를 19명으로 한다. 〈개정 1998.4.30, 2002.3.7, 2010.1.25〉
④ 비례대표시·도의원정수는 제1항 내지 제3항의 규정에 의하여 산정된 지역구시·도의원정수의 100분의 10으로 한다. 이 경우 단수는 1로 본다. 다만, 산정된 비례대표시·도의원정수가 3인 미만인 때에는 3인으로 한다. 〈신설 1995.4.1〉
[2010.1.25 법률 제9974호에 의하여 2007. 3. 29. 헌법재판소에서 헌법불합치 결정된 이 조를 개정함]
제23조(자치구·시·군의회의 의원정수) ① 시·도별 자치구·시·군의회 의원의 총정수는 별표 3과 같이 하며, 자치구·시·군의회의 의원정수는 당해 시·도의 총정수 범위 내에서 제24조(선거구획정위원회)의 규정에 따른 당해 시·도의 자치구·시·군의원선거구획정위원회가 자치구·시·군의 인구와 지역대표성을 고려하여 중앙선거관리위원회규칙이 정하는 기준에 따라 정한다.
② 자치구·시·군의회의 최소정수는 7인으로 한다.
③ 비례대표자치구·시·군의원정수는 자치구·시·군의원 정수의 100분의 10으로 한다. 이 경우 단수는 1로 본다. [전문개정 2005.8.4]
제24조(選擧區劃定委員會) ① 국회의원지역선거구와 자치구·시·군의원지역선거구(이하 "자치구·시·군의원지역구"라 한다)의 공정한 획정을 위하여 국회에 국회의원선거구획정위원회를, 시·도에 자치구·시·군의원선거구획정위원회를 각각 둔다. 〈개정 2005.8.4〉
② 국회의원선거구획정위원회는 국회의장이 교섭단체대표의원과 협의하여 11인 이내의 위원으로 구성하되, 학계·법조계·언론계·시민단체 및 선거관리위원회가 추천하는 자중에서 위촉하여야 한다.
〈신설 2004.3.12, 2005.8.4〉
③ 자치구·시·군의원선거구획정위원회는 11인 이내의 위원으로 구성하되, 학계·법조계·언론계·시민단체 및 시·도의회 및 시·도선거관리위원회가 추천하는 자 중에서 시·도지사가 위촉하여야 한다.
〈신설 2005.8.4〉
④ 국회의원·지방의회의원 및 정당의 당원은 국회의원선거구획정위원회 및 자치구·시·군의원선거구획정위원회(이하 "선거구획정위원회"라 한다)의 위원이 될 수 없다. 〈개정 2005.8.4〉
⑤ 선거구획정위원회의 위원은 명예직으로 하되, 일비·여비 기타의 실비를 받을 수 있다.
⑥ 선거구획정위원회로부터 선거구획정업무에 필요한 자료의 요청을 받은 국가기관 및 지방자치단체는 지체없이 이에 따라야 한다.

⑦ 선거구획정위원회는 제25조제1항 및 제26조제2항에 규정된 기준에 따라 선거구획정안을 마련하고, 그 이유 그 밖의 필요한 사항을 기재한 보고서를 당해 국회의원 또는 자치구·시·군의원의 임기만료에 의한 선거의 선거일 전 6개월까지 국회의원선거구획정위원회는 국회의장에게, 자치구·시·군의원선거구획정위원회는 시·도지사에게 제출하여야 한다. 〈개정 2005.8.4, 2010.1.25〉
⑧ 국회의원선거구획정위원회는 선거구획정안을 마련함에 있어서 국회에 의석을 가진 정당에게 선거구획정에 대한 의견진술의 기회를 부여하여야 한다. 〈신설 2004.3.12, 2005.8.4〉
⑨ 자치구·시·군의원선거구획정위원회는 선거구획정안을 마련함에 있어서 국회에 의석을 가진 정당과 당해 자치구·시·군의 의회 및 장에 대하여 의견진술의 기회를 부여하여야 한다. 〈신설 2005.8.4〉
⑩ 국회가 국회의원지역선거구에 관한 규정을 개정하거나, 시·도의회가 자치구·시·군의원지역구에 관한 조례를 개정하는 때에는 선거구획정위원회의 선거구획정안을 존중하여야 한다. 〈개정 2005.8.4〉
⑪ 국회의원선거구획정위원회의 구성 및 운영 그 밖에 필요한 사항은 국회규칙으로 정하며, 자치구·시·군의원선거구획정위원회의 구성 및 운영 그 밖에 필요한 사항은 대통령령으로 정한다. 〈개정 2005.8.4.〉

제25조(국회의원지역구의 획정) ① 국회의원지역선거구(이하 "국회의원지역구"라 한다)는 시·도의 관할구역안에서 인구·행정구역·지세·교통 기타 조건을 고려하여 이를 획정하되, 자치구·시·군의 일부를 분할하여 다른 국회의원지역구에 속하게 하지 못한다. 다만, 제21조(국회의 의원정수)제1항 본문 후단의 요건을 갖추기 위하여 부득이한 경우에는 그러하지 아니하다. 〈개정 2004.3.12, 2012.2.29〉
② 국회의원지역구의 명칭과 그 구역은 별표 1과 같이 한다.
[2004.3.12 법률 제7189호에 의하여 2001.10.25 헌법재판소에서 헌법불합치 결정된 별표1을 개정함.]

제26조(지방의회의원선거구의 획정) ① 시·도의회의원지역선거구(이하 "시·도의원지역구"라 한다)는 인구·행정구역·지세·교통 그 밖의 조건을 고려하여 자치구·시·군(하나의 자치구·시·군이 2 이상의 국회의원지역구로 된 경우에는 국회의원지역구를 말하며, 행정구역의 변경으로 국회의원지역구와 행정구역이 합치되지 아니하게 된 때에는 행정구역을 말한다)을 구역으로 하거나 분할하여 이를 획정하되, 하나의 시·도의원지역구에서 선출할 지역구시·도의원정수는 1명으로 하며, 그 시·도의원지역구의 명칭과 관할구역은 별표 2와 같이 한다. 〈개정 1995.4.1, 2010.1.25〉
② 자치구·시·군의원지역구는 인구·행정구역·지세·교통 그 밖의 조건을 고려하여 획정하되, 하나의 자치구·시·군의원지역구에서 선출할 지역구자치구·시·군의원정수는 2인 이상 4인 이하로 하며, 그 자치구·시·군의원지역구의 명칭·구역 및 의원정수는 시·도조례로 정한다. 〈개정 2005.8.4〉
③ 제1항 또는 제2항의 규정에 따라 시·도의원지역구 또는 자치구·시·군의원지역구를 획정하는 경우 하나의 읍·면(「지방자치법」제4조의2제3항에 따라 행정면을 둔 경우에는 행정면을 말한다. 이하 같다)·동(「지방자치법」제4조의2제4항에 따라 행정동을 둔 경우에는 행정동을 말한다. 이하 같다)의 일부를 분할하여 다른 시·도의원지역구 또는 자치구·시·군의원지역구에 속하게 하지 못한다.
〈개정 1995.4.1, 2005.8.4, 2010.1.25〉
④ 자치구·시·군의원지역구는 하나의 시·도의원지역구 내에서 획정하여야 하며, 하나의 시·도의원지역구에서 지역구자치구·시·군의원을 4인 이상 선출하는 때에는 2개 이상의 지역선거구로 분할할 수 있다. 〈신설 2005.8.4〉

제27조(임기중 국회의원지역구를 변경한 때의 선거유예) 인구의 증감 또는 행정구역의 변경에 따라 별표 1의 개정에 의한 국회의원지역구의 변경이 있더라도 임기만료에 의한 총선거를 실시할 때까지는 그 증감된 국회의원지역구의 선거는 이를 실시하지 아니한다.

제28조(임기중 지방의회의 의원정수의 조정 등) 인구의 증감 또는 행정구역의 변경에 따라 지방의회의 의

◎ **법 령**

원정수·선거구 또는 그 구역의 변경이 있더라도 임기만료에 의한 총선거를 실시할 때까지는 그 증감된 선거구의 선거는 이를 실시하지 아니한다. 다만, 지방자치단체의 구역변경이나 설치·폐지·분할 또는 합병이 있는 때에는 다음 각호에 의하여 당해 지방의회의 의원정수를 조정하고, 제3호 단서·제5호 또는 제6호의 경우에는 증원선거를 실시한다. 〈개정 1995.4.1, 2005.8.4〉

1. 지방자치단체의 구역변경으로 선거구에 해당하는 구역의 전부가 다른 지방자치단체에 편입된 때에는 그 편입된 선거구에서 선출된 지방의회의원은 종전의 지방의회의원의 자격을 상실하고 새로운 지방의회의원의 자격을, 선거구에 해당하는 구역의 일부가 다른 지방자치단체에 편입된 때에는 그 편입된 구역이 속하게 된 선거구에서 선출된 지방의회의원은 그 구역이 변경된 날부터 14일 이내에 자신이 속할 지방의회를 선택하여 당해 지방의회에 서면으로 신고하여야 하며 그 선택한 지방의회가 종전의 지방의회가 아닌 때에는 종전의 지방의회의원의 자격을 상실하고 새로운 지방의회의원의 자격을 취득하되, 그 임기는 종전의 지방의회의원의 잔임기간으로 하며, 그 재임기간에는 제22조(시·도의회의 의원정수) 또는 제23조(자치구·시·군의회의 의원정수)의 규정에 불구하고 그 재직의원수를 각각 의원정수로 한다. 이 경우 새로운 지방의회의원의 자격을 취득한 지방의회의원의 주민등록이 종전의 지방자치단체의 관할구역안에 되어 있는 때에는 그 구역이 변경된 날부터 14일 이내에 새로운 지방자치단체의 관할구역으로 주민등록을 이전하여야 하며, 그 구역이 변경된 날부터 14일 이내에 자신이 속할 지방의회를 신고하지 아니한 때에는 그 구역이 변경된 날부터 14일이 되는 날 현재 당해 지방의회의원의 주민등록지를 관할하는 지방자치단체의 지방의회에 신고한 것으로 본다.
2. 2 이상의 지방자치단체가 합하여 새로운 지방자치단체가 설치된 때에는 종전의 지방의회의원은 같은 종류의 새로운 지방자치단체의 지방의회의원으로 되어 잔임기간 재임하며, 그 잔임기간에는 제22조 또는 제23조의 규정에 불구하고 그 재직의원수를 각각 의원정수로 한다.
3. 하나의 지방자치단체가 분할되어 2이상의 지방자치단체가 설치된 때에는 종전의 지방의회의원은 후보자등록당시의 선거구를 관할하게 되는 지방자치단체의 지방의회의원으로 되어 잔임기간 재임하며, 그 잔임기간에는 제22조 또는 제23조의 규정에 불구하고 그 재직의원수를 각각 의원정수로 한다. 이 경우 비례대표시·도의원은 당해 시·도가 분할·설치된 날부터 14일이내에 자신이 속할 시·도의회를 선택하여 당해 시·도의회에 서면으로 신고하여야 하고, 비례대표자치구·시·군의원은 당해 자치구·시·군이 분할·설치된 날부터 14일 이내에 자신이 속할 자치구·시·군의회를 선택하여 당해 자치구·시·군의회에 서면으로 신고하여야 한다. 다만, 재직의원수가 제22조 또는 제23조의 규정에 의한 새로운 의원정수의 3분의 2에 미달하는 때에는 의원정수에 미달하는 수만큼의 증원선거를 실시한다.
4. 시가 광역시로 된 때에는 종전의 시의회의원과 당해 지역에서 선출된 도의회의원은 종전의 지방의회의원의 자격을 각각 상실하고 광역시의회의원의 자격을 취득하되, 그 임기는 종전의 도의회의원의 잔임기간으로 하며, 그 잔임기간에는 제22조의 규정에 불구하고 그 재직의원수를 의원정수로 한다.
5. 읍 또는 면이 시로 된 때에는 시의회를 새로 구성하되, 최초로 선거하는 의원의 수는 당해 시·도의 자치구·시·군의원선거구획정위원회가 새로 정한 의원정수로부터 당해 지역에서 이미 선출된 군의회의원정수를 뺀 수로 하고, 종전의 당해 지역에서 선출된 군의회의원은 시의회의원이 된다. 이 경우 새로 선출된 의원정수를 합한 수를 제23조의 규정에 따른 시·도별 자치구·시·군의회의원의 총정수로 한다.
6. 제4호의 경우 자치구가 아닌 구가 자치구로 된 때에는 자치구의회를 새로 구성하며, 그 의원정수는 당해 시·도의 자치구·시·군의원선거구획정위원회가 새로 정한다. 이 경우 새로 정한 의원 정수를 합한 수를 제23조의 규정에 따른 시·도별자치구·시·군의회의원의 총정수로 한다.

제29조(지방의회의원의 증원선거) ① 제28조(임기중 지방의회의 의원정수의 조정 등)제3호 단서·제5호 또

공직선거법(발췌)

는 제6호의 규정에 의한 증원선거는 제22조(시·도의회의 의원정수)·제23조(자치구·시·군의회의 의원정수) 또는 제26조(지방의회의원선거구의 획정)의 규정에 의하여 새로 획정한 선거구에 의하되, 종전 지방의회의원이 없거나 종전 지방의회의원의 수가 그 선거구의 의원정수에 미달되는 선거구에 대하여 실시한다.

② 제1항의 선거구획정에 있어서 종전 지방의회의원의 선거구는 그 의원의 후보자등록 당시의 주소지를 관할하는 선거구로 하며, 새로 획정한 하나의 선거구안에 종전 지방의회의원의 수가 그 선거구의 새로 정한 의원정수를 넘는 때에는 임기만료에 의한 총선거를 실시할 때까지 제22조 또는 제23조의 규정에 불구하고 그 넘는 의원수를 합한 수를 당해 선거구의 의원정수로 한다.

③ 제1항의 증원선거에 관한 사무는 당해 구·시·군선거관리위원회가 설치되지 아니한 경우에는 시·도선거관리위원회가 지정하거나 그 구역을 관할하던 종전의 구·시·군선거관리위원회로 하여금 그 선거사무를 행하게 할 수 있다.

제30조(지방자치단체의 폐치·분합시의 선거 등) ① 지방자치단체의 설치·폐지·분할 또는 합병이 있는 때에는 다음 각호에 의하여 당해 지방자치단체의 장을 선거한다. 〈개정 1995.4.1〉

1. 시·자치구 또는 광역시가 새로 설치된 때에는 당해 지방자치단체의 장은 새로 선거를 실시한다.
2. 하나의 지방자치단체가 분할되어 2 이상의 같은 종류의 지방자치단체로 된 때에는 종전의 지방자치단체의 장은 새로 설치된 지방자치단체중 종전의 지방자치단체의 사무소가 위치한 지역을 관할하는 지방자치단체의 장으로 되며, 그 다른 지방자치단체의 장은 새로 선거를 실시한다. 이 경우 종전의 지방자치단체의 사무소가 다른 지방자치단체의 관할구역안에 있는 때에는 지방자치단체의 분할에 관한 법률제정시 새로 선거를 실시할 지방자치단체를 정하여야 한다.
3. 2 이상의 같은 종류의 지방자치단체가 합하여 새로운 지방자치단체가 설치된 때에는 종전의 지방자치단체의 장은 그 직을 상실하고, 새로운 지방자치단체의 장에 대해서는 새로 선거를 실시한다.
4. 지방자치단체가 다른 지방자치단체에 편입됨으로 인하여 폐지된 때에는 그 폐지된 지방자치단체의 장은 그 직을 상실한다.

② 지방자치단체의 명칭만 변경된 경우에는 종전의 지방자치단체의 장은 변경된 지방자치단체의 장이 되며, 변경 당시의 잔임기간 재임한다.

③ 이 법에서 "같은 종류의 지방자치단체"라 함은 「지방자치법」 제2조(지방자치단체의 종류)제1항에 의한 같은 종류의 지방자치단체를 말한다. 〈개정 2005.8.4.〉

지방의회 관계법령집

지방분권 및 지방행정체제 개편에 관한 특별법

지방분권 및 지방행정체제 개편에 관한 특별법

‖ 지방분권 및 지방행정체제 개편에 관한 특별법 ‖
[시행 2013.5.28] [법률 제11829호, 2013.5.28, 제정]

제1장 총 칙

제1조(목적) 이 법은 지방분권과 지방행정체제 개편을 종합적·체계적·계획적으로 추진하기 위하여 기본원칙·추진과제·추진체제 등을 규정함으로써 성숙한 지방자치를 구현하고 지방의 발전과 국가의 경쟁력 향상을 도모하며 궁극적으로는 국민의 삶의 질을 제고하는 것을 목적으로 한다.

제2조(정의) 이 법에서 사용하는 용어의 뜻은 다음과 같다.
 1. "지방분권"이란 국가 및 지방자치단체의 권한과 책임을 합리적으로 배분함으로써 국가 및 지방자치단체의 기능이 서로 조화를 이루도록 하는 것을 말한다.
 2. "지방행정체제"란 지방자치 및 지방행정의 계층구조, 지방자치단체의 관할구역, 특별시·광역시·도와 시·군·구 간의 기능배분 등과 관련한 일련의 체제를 말한다.
 3. "지방자치단체의 통합"이란 「지방자치법」 제2조제1항제2호에서 정한 지방자치단체 중에서 2개 이상의 지방자치단체가 통합하여 새로운 지방자치단체를 설치하는 것을 말한다.
 4. "통합 지방자치단체"란 「지방자치법」 제2조제1항제2호에서 정한 지방자치단체 중에서 2개 이상의 지방자치단체가 통합하여 설치된 지방자치단체를 말한다.

제3조(국가와 지방자치단체의 책무) ① 국가는 지방자치단체와 「지방자치법」 제165조에 따른 지방자치단체의 장 등의 협의체 및 각계각층의 의견을 수렴하여 지방분권 및 지방행정체제 개편에 필요한 법적·제도적인 조치를 마련하여야 하며, 지방분권정책을 수행하기 위한 법적 조치를 마련하는 때에는 포괄적·일괄적으로 하여야 한다.
 ② 지방자치단체는 국가가 추진하는 지방분권정책에 부응하여 행정 및 재정의 책임성과 효율성을 높이는 등의 개선조치를 마련하여야 한다.
 ③ 지방자치단체는 국가가 추진하는 지방행정체제 개편에 적극 협조하여야 한다.

제4조(다른 법률과의 관계) 지방분권과 지방행정체제 개편 등에 관하여 이 법에 규정이 있는 경우에는 다른 법률에 우선하여 적용한다.

제5조(지방자치발전 종합계획의 수립) ① 제44조에 따른 지방자치발전위원회(이하 "위원회"라 한다)는 지방분권 및 지방행정체제 개편을 효과적으로 추진하기 위하여 관계 중앙행정기관의 장과 협의하고 지방자치단체의 의견을 수렴하여 지방자치발전 종합계획을 수립하여야 한다.
 ② 지방자치발전 종합계획은 다음 각 호의 사항을 포함하여야 한다.
 1. 지방분권 및 지방행정체제 개편에 관한 기본방향과 추진목표
 2. 주요 추진과제 및 추진방법
 3. 재원조달방안
 4. 그 밖에 지방분권 및 지방행정체제 개편을 위하여 필요한 사항
 ③ 지방자치발전 종합계획은 국무회의의 심의를 거쳐 대통령에게 보고하여야 한다. 이미 수립된 지방자치발전 종합계획을 변경할 때에도 또한 같다.
 ④ 위원회는 수립된 지방자치발전 종합계획을 국회에 보고하여야 한다.

제6조(연도별 시행계획의 수립·시행) 위원회는 제5조에 따른 지방자치발전 종합계획을 시행하기 위하여 관계 중앙행정기관의 장과 협의를 거쳐 매년 지방자치발전 시행계획을 수립·시행하여야 한다.

○ 법 령

제2장 지방분권
제1절 지방분권의 기본원칙

제7조(지방분권의 기본이념) 지방분권은 주민의 자발적 참여를 통하여 지방자치단체가 그 지역에 관한 정책을 자율적으로 결정하고 자기의 책임하에 집행하도록 하며, 국가와 지방자치단체 간 또는 지방자치단체 상호간의 역할을 합리적으로 분담하도록 함으로써 지방의 창의성 및 다양성이 존중되는 내실 있는 지방자치를 실현함을 그 기본이념으로 한다.

제8조(지방자치와 관련되는 법령의 제정·개정) ① 중앙행정기관의 장은 지방자치와 관련되는 법령을 제정 또는 개정하는 경우에는 지방분권의 기본이념에 적합하도록 하여야 하며, 관련 현행 법령을 조속히 정비하여야 한다.
② 중앙행정기관의 장은 지방자치와 관련되는 법령을 제정하거나 개정하려는 경우 미리 위원회에 통지하여야 한다.
③ 위원회는 제2항에 따라 중앙행정기관의 장으로부터 통지를 받은 법령에 대하여 지방자치발전을 위하여 필요하다고 인정하는 경우 중앙행정기관의 장에게 의견을 제출할 수 있다.

제9조(사무배분의 원칙) ① 국가는 지방자치단체가 행정을 종합적·자율적으로 수행할 수 있도록 국가와 지방자치단체 간 또는 지방자치단체 상호간의 사무를 주민의 편익증진, 집행의 효과 등을 고려하여 서로 중복되지 아니하도록 배분하여야 한다.
② 국가는 제1항에 따라 사무를 배분하는 경우 지역주민생활과 밀접한 관련이 있는 사무는 원칙적으로 시·군 및 자치구(이하 "시·군·구"라 한다)의 사무로, 시·군·구가 처리하기 어려운 사무는 특별시·광역시·특별자치시·도 및 특별자치도(이하 "시·도"라 한다)의 사무로, 시·도가 처리하기 어려운 사무는 국가의 사무로 각각 배분하여야 한다.
③ 국가가 지방자치단체에 사무를 배분하거나 지방자치단체가 사무를 다른 지방자치단체에 재배분하는 때에는 사무를 배분 또는 재배분 받는 지방자치단체가 그 사무를 자기의 책임하에 종합적으로 처리할 수 있도록 관련 사무를 포괄적으로 배분하여야 한다.
④ 국가 및 지방자치단체는 제1항부터 제3항까지의 규정에 따라 사무를 배분하는 때에는 민간부문의 자율성을 존중하여 국가 또는 지방자치단체의 관여를 최소화하여야 하며, 민간의 행정참여기회를 확대하여야 한다.

제10조(지방분권정책의 시범실시) 국가는 지방분권정책을 추진함에 있어서 필요한 때에는 그 지방자치단체의 실정에 맞게 시범적·차등적으로 실시할 수 있다.

제2절 지방분권의 추진과제

제11조(권한이양 및 사무구분체계의 정비 등) ① 국가는 제9조에 따른 사무배분의 원칙에 따라 그 권한 및 사무를 적극적으로 지방자치단체에 이양하여야 하며, 그 과정에서 국가사무 또는 시·도의 사무로서 시·도 또는 시·군·구의 장에게 위임된 사무는 원칙적으로 폐지하고 자치사무와 국가사무로 이분화하여야 한다.
② 국가는 권한 및 사무를 지방자치단체에 포괄적·일괄적으로 이양하기 위하여 필요한 법적 조치를 마련하여야 한다.
③ 국가는 지방자치단체에 이양한 사무가 원활히 처리될 수 있도록 행정적·재정적 지원을 병행하여야 한다.

제12조(특별지방행정기관의 정비 등) ① 국가는 「정부조직법」 제3조에 따른 특별지방행정기관이 수행하고

지방분권 및 지방행정체제 개편에 관한 특별법

있는 사무 중 지방자치단체가 수행하는 것이 더 효율적인 사무는 지방자치단체가 담당하도록 하여야 하며, 새로운 특별지방행정기관을 설치하고자 하는 때에는 그 기능이 지방자치단체가 수행하고 있는 기능과 유사하거나 중복되지 아니하도록 하여야 한다.
② 국가는 교육자치와 지방자치의 통합을 위하여 노력하여야 한다.
③ 국가는 지방행정과 치안행정의 연계성을 확보하고 지역특성에 적합한 치안서비스를 제공하기 위하여 자치경찰제도를 도입하여야 한다.
④ 교육자치와 자치경찰제도의 실시에 관하여는 따로 법률로 정한다.

제13조(지방재정의 확충 및 건전성 강화) ① 국가는 지방세의 비율을 확대하도록 국세를 지방세로 전환하기 위한 새로운 세목을 확보하여야 하며, 낙후지역에 대한 재정조정책임을 강화하여야 한다.
② 지방자치단체는 자치사무를 원활히 수행할 수 있도록 자체세입을 확충하여 지방재정의 안정성을 도모하고 예산지출의 합리성을 확보하기 위하여 노력하여야 하며, 예산·회계제도를 합리적으로 개선하여 건전성을 강화하는 등 지방재정의 발전방안을 마련하여야 한다.

제14조(지방의회의 활성화와 지방선거제도의 개선) ① 국가는 지방자치단체의 자치입법권을 강화하기 위하여 조례제정범위를 확대하는 등 필요한 법적 조치를 하여야 한다.
② 국가 및 지방자치단체는 지방자치단체의 주요 정책사항에 관한 지방의회의 심의·의결권을 확대하는 등 지방의회의 권한을 강화하는 방안을 마련하여야 한다.
③ 국가 및 지방자치단체는 지방의회의원의 전문성을 높이고 지방의회 의장의 지방의회 소속 공무원 인사에 관한 독립적인 권한을 강화하도록 하는 방안을 마련하여야 한다.
④ 국가 및 지방자치단체는 지방자치단체의 장과 지방의회의원의 선출방법을 개선하고, 선거구를 합리적으로 조정하며, 선거공영제를 확대하는 등 지방선거제도의 개선방안을 마련하여야 한다.

제15조(주민참여의 확대) ① 국가 및 지방자치단체는 주민참여를 활성화하기 위하여 주민투표제도·주민소환제도·주민소송제도·주민발의제도를 보완하는 등 주민직접참여제도를 강화하여야 한다.
② 국가 및 지방자치단체는 주민의 자원봉사활동 등을 장려하고 지원함으로써 주민의 참여 의식을 높일 수 있는 방안을 마련하여야 한다.

제16조(자치행정역량의 강화) ① 지방자치단체는 행정의 공정성과 투명성을 확보하고 책임성과 효율성을 강화하여 행정서비스의 질을 제고하는 등 필요한 조치를 하여야 한다.
② 국가는 국정의 통일성과 지방행정의 책임성을 확보하기 위하여 지방자치단체의 행정 및 재정의 운영에 관한 합리적 평가기준을 마련하고 이에 따라 진단·평가를 실시할 수 있다.
③ 국가 및 지방자치단체는 지방공무원의 전문성을 높이고 역량을 강화하기 위하여 국가와 지방자치단체 간 또는 지방자치단체 상호간의 공무원 인사교류를 활성화하고 교육훈련제도를 개선하는 등의 필요한 조치를 하여야 한다.

제17조(국가와 지방자치단체의 협력체제 정립) ① 국가는 지방자치단체와의 상호협력관계를 공고히 하기 위하여 협의체의 운영을 적극 지원하여야 하며, 협의체와 관련 지방자치단체의 의견이 국정에 적극 반영될 수 있도록 한다.
② 국가 및 지방자치단체는 국가와 지방자치단체 간 또는 지방자치단체 상호간에 발생하는 분쟁을 효율적으로 해결하기 위하여 분쟁조정기구의 기능을 활성화하고, 분쟁조정체계를 정비하는 등 분쟁조정기능을 강화하여야 한다.
③ 국가 및 지방자치단체는 지방행정에 관한 제반 여건의 급격한 변화에 적극적으로 대응하고 지방자치를 다양한 형태로 구현하기 위하여 특별지방자치단체제도를 도입·활용하도록 노력하여야 한다.

◎ 법령

제3장 지방행정체제 개편
제1절 지방행정체제 개편의 기준과 과제

제18조(지방행정체제 개편의 기본방향) 지방행정체제 개편은 주민의 편익증진, 국가 및 지방의 경쟁력 강화를 위하여 다음 각 호의 사항이 반영되도록 추진하여야 한다.
1. 지방자치 및 지방행정계층의 적정화
2. 주민생활 편익증진을 위한 자치구역의 조정
3. 지방자치단체의 규모와 자치역량에 부합하는 역할과 기능의 부여
4. 주거단위의 근린자치 활성화

제19조(과소 구의 통합) 특별시 및 광역시는 지방자치단체로서 존치하되, 특별시 및 광역시의 관할구역 안에 두고 있는 구 중에서 인구 또는 면적이 과소한 구는 적정 규모로 통합한다.

제20조(특별시 및 광역시 관할구역 안에 두고 있는 구와 군의 지위 등) 위원회는 특별시 및 광역시의 관할구역 안에 두고 있는 구와 군의 지위, 기능 등에 관한 개편방안을 마련하여야 한다.

제21조(도의 지위 및 기능 재정립) ① 도는 지방자치단체로서 존치하되, 위원회는 이 법에 따른 시·군의 통합 등과 관련하여 도의 지위 및 기능 재정립 등을 포함한 도의 개편방안을 마련하여야 한다.
② 도의 지위 및 기능 재정립에 관하여는 따로 법률로 정한다.

제22조(시·군·구의 개편) ① 국가는 시·군·구의 인구, 지리적 여건, 생활권·경제권, 발전가능성, 지역의 특수성, 역사적·문화적 동질성 등을 종합적으로 고려하여 통합이 필요한 지역에 대하여는 지방자치단체 간 통합을 지원하여야 한다.
② 제1항에 따른 시·군·구의 통합에 있어서는 시·도 및 시·군·구 관할구역의 경계에 제한을 받지 아니한다.

제23조(통합 지방자치단체의 설치) ① 통합 지방자치단체는 「지방자치법」 제2조제1항제2호에서 정한 지방자치단체로 설치한다.
② 통합 지방자치단체는 통합으로 인하여 폐지되는 지방자치단체의 구역에 관계 법령으로 정하는 바에 따라 자치구가 아닌 구 또는 출장소 등을 둘 수 있다.
③ 통합 지방자치단체에는 도시의 형태를 갖춘 지역에는 동을 두고, 그 밖의 지역에는 읍·면을 두되, 「지방자치법」 제3조제3항에도 불구하고 자치구가 아닌 구에 읍·면·동을 둘 수 있다

제24조(시·군·구의 통합절차) ① 위원회는 시·군·구의 통합을 위한 기준에 따라 통합대상 지방자치단체를 발굴한다.
② 대통령령으로 정하는 바에 따라 지방자치단체의 장, 지방의회 또는 「주민투표법」 제5조에 따른 주민투표권자 총수의 100분의 1 이상 50분의 1 이하의 범위에서 대통령령으로 정하는 일정 수 이상의 주민은 인근 지방자치단체와의 통합을 위원회에 건의할 수 있다.
③ 위원회는 시·군·구 통합방안을 마련하되, 제2항에 따른 건의가 있는 경우에는 이를 참고하여야 한다.
④ 안전행정부장관은 제3항에 따른 시·군·구 통합방안에 따라 지방자치단체 간 통합을 해당 지방자치단체의 장에게 권고할 수 있다.
⑤ 안전행정부장관은 제4항에 따른 지방자치단체 간 통합 권고안에 관하여 해당 지방의회의 의견을 들어야 한다. 다만, 「주민투표법」 제8조에 따라 안전행정부장관이 필요하다고 인정하여 해당 지방자치단체의 장에게 주민투표를 요구하여 실시한 경우에는 그러하지 아니하다.
⑥ 지방자치단체의 장은 이 법에 따른 시·군·구 통합과 관련하여 주민투표의 실시 요구를 받은 때에는 「주민투표법」 제8조제2항·제3항 및 제13조제1항제1호에도 불구하고 지체 없이 이를 공표하고 주민투

표를 실시하여야 한다.
⑦ 제5항에 따른 주민투표에 관하여 이 법에서 규정한 사항을 제외하고는 「주민투표법」을 적용한다.

제25조(통합추진공동위원회) ① 제24조에 따른 지방의회 의견청취 또는 주민투표 등을 통하여 지방자치단체의 통합의사가 확인되면 관계 지방자치단체의 장은 명칭, 청사 소재지, 지방자치단체의 사무 등 통합에 관한 세부사항을 심의하기 위하여 공동으로 통합추진공동위원회를 설치하여야 한다.
② 제1항에 따른 통합추진공동위원회의 위원은 관계 지방자치단체의 장 및 그 지방의회가 추천하는 자로 구성하고, 위원은 관계 지방자치단체 간에 동수로 구성한다.
③ 위원은 관계 지방자치단체의 장이 공동으로 위촉하고, 위원장은 위원 중에서 호선한다.
④ 통합추진공동위원회는 사무를 처리하기 위하여 사무기구를 둘 수 있다.
⑤ 통합추진공동위원회의 구성, 심의사항, 운영 및 사무기구 등 필요한 사항은 대통령령으로 정한다.

제26조(통합 지방자치단체의 명칭 등) ① 제25조에 따른 통합추진공동위원회는 구성된 날부터 60일 이내에 통합 지방자치단체의 명칭 및 청사 소재지를 심의·의결하고 이를 안전행정부장관에게 제출하여야 한다.
② 통합추진공동위원회가 제1항에 따른 기간 내에 통합 지방자치단체의 명칭 및 청사 소재지를 의결하지 못할 경우 위원회는 이에 관한 권고안을 해당 통합추진공동위원회에 제시할 수 있다.
③ 제2항에 따라 통합추진공동위원회가 권고안을 제시받은 날부터 30일 이내에 통합 지방자치단체의 명칭 및 청사 소재지를 의결하지 못할 경우 위원회는 대통령령으로 정하는 기준에 따라 이를 조정할 수 있다.
④ 위원회의 권고와 조정의 기준 및 절차 등 필요한 사항은 대통령령으로 정한다.

제27조(주민자치회의 설치) 풀뿌리자치의 활성화와 민주적 참여의식 고양을 위하여 읍·면·동에 해당 행정구역의 주민으로 구성되는 주민자치회를 둘 수 있다.

제28조(주민자치회의 기능) ① 제27조에 따라 주민자치회가 설치되는 경우 관계 법령, 조례 또는 규칙으로 정하는 바에 따라 지방자치단체 사무의 일부를 주민자치회에 위임 또는 위탁할 수 있다.
② 주민자치회는 다음 각 호의 업무를 수행한다.
1. 주민자치회 구역 내의 주민화합 및 발전을 위한 사항
2. 지방자치단체가 위임 또는 위탁하는 사무의 처리에 관한 사항
3. 그 밖에 관계 법령, 조례 또는 규칙으로 위임 또는 위탁한 사항

제29조(주민자치회의 구성 등) ① 주민자치회의 위원은 조례로 정하는 바에 따라 지방자치단체의 장이 위촉한다.
② 제1항에 따라 위촉된 위원은 그 직무를 수행할 때에는 지역사회에 대한 봉사자로서 정치적 중립을 지켜야하며 권한을 남용하여서는 아니 된다.
③ 주민자치회의 설치 시기, 구성, 재정 등 주민자치회의 설치 및 운영에 필요한 사항은 따로 법률로 정한다.
④ 안전행정부장관은 주민자치회의 설치 및 운영에 참고하기 위하여 주민자치회를 시범적으로 설치·운영할 수 있으며, 이를 위한 행정적·재정적 지원을 할 수 있다.

제2절 통합 지방자치단체에 대한 특례

제30조(불이익배제의 원칙) 지방자치단체의 통합으로 인하여 종전의 지방자치단체 또는 특정 지역의 행정상·재정상 이익이 상실되거나 그 지역 주민에게 새로운 부담이 추가되어서는 아니 된다.

제31조(공무원에 대한 공정한 처우보장) ① 지방자치단체의 통합으로 초과되는 공무원 정원에 대하여는

◎ **법 령**

정원 외로 인정하되, 지방자치단체는 이의 조속한 해소를 위하여 적극 노력하여야 한다.
② 통합 지방자치단체는 폐지되는 지방자치단체 소속 공무원에 대하여 인사상 동등하게 처우하여야 한다.
제32조(예산에 관한 지원 및 특례) ① 국가는 지방자치단체의 통합에 직접 사용된 비용을 예산의 범위에서 통합 추진 과정에 있는 지방자치단체 또는 통합 지방자치단체에 지원할 수 있다.
② 국가는 지방자치단체의 통합에 따라 절감되는 운영경비 등(국가가 부담하는 예산에 한한다)의 일부를 통합 지방자치단체에 지원할 수 있다.
③ 통합 지방자치단체의 최초의 예산은 종전의 지방자치단체가 각각 편성·의결하여 성립한 예산을 회계별·예산항목별로 합친 것으로 한다.
제33조(통합 지방자치단체에 대한 특별지원) ① 중앙행정기관의 장 및 특별시장·광역시장·도지사(이하 "시·도지사"라 한다)는 대통령령으로 정하는 바에 따라 통합 지방자치단체에 대하여 보조금의 지급, 재정투·융자 등 재정상 특별한 지원을 할 수 있다.
② 중앙행정기관의 장은 「지역균형개발 및 지방중소기업 육성에 관한 법률」에 따른 개발촉진지구 및 「신발전지역 육성을 위한 투자촉진 특별법」에 따른 신발전지역발전촉진지구 및 신발전지역투자촉진지구 등 특정 지역의 개발을 위한 지구·지역 등의 지정에 있어서 통합 지방자치단체 또는 그 관할구역 안의 일부 지역을 대통령령으로 정하는 바에 따라 우선적으로 지정할 수 있다.
③ 중앙행정기관의 장 및 시·도지사는 각종 시책사업 등을 시행하는 경우 통합 지방자치단체를 대통령령으로 정하는 바에 따라 우선적으로 지원할 수 있다.
제34조(지방교부세 산정에 관한 특례) ① 통합 지방자치단체에 교부하는 보통교부세는 「지방교부세법」 제7조에도 불구하고 통합 지방자치단체가 설치된 해의 폐지되는 각 지방자치단체의 재정부족액(「지방교부세법」에 따라 산정한 기준재정수입액이 기준재정수요액에 미달하는 금액을 말한다)을 합한 금액보다 통합 지방자치단체의 재정부족액이 적을 때에는 그 차액을 통합 지방자치단체가 설치된 후 최초로 개시되는 회계연도(통합 지방자치단체가 1월 1일에 설치되는 경우에는 다음 연도를 말한다)부터 4년 동안 통합 지방자치단체의 기준재정수요액에 매년 보정할 수 있다.
② 제1항에 따른 기준재정수요액 보정의 요건·기간·기준과 그 밖에 필요한 사항은 안전행정부령으로 정한다.
제35조(통합 지방자치단체에 대한 재정지원) 국가는 「지방교부세법」 제4조제2항제1호에 따른 보통교부세액과 별도로 통합 지방자치단체가 설치된 해의 직전 연도의 폐지되는 각 지방자치단체의 보통교부세 총액의 100분의 6을 대통령령으로 정하는 바에 따라 10년간 매년 통합 지방자치단체에 추가로 지원하여야 한다.
제36조(예산에 관한 특례) 통합 지방자치단체는 통합 지방자치단체가 설치된 날부터 대통령령으로 정하는 일정 기간 동안 폐지되는 각 지방자치단체 간의 세출예산의 비율이 유지되도록 노력하여야 한다.
제37조(지방의회 부의장 정수 등에 관한 특례) ① 통합 지방자치단체를 설치하는 경우에는 해당 지방자치단체가 설치된 후 최초로 실시하는 임기만료에 의한 선거에 의하여 새로운 지방의회가 구성될 때까지 「지방자치법」 제48조제1항에도 불구하고 해당 지방의회에 의장 1명과 폐지 지방자치단체의 수만큼의 부의장을 무기명투표로 선거하여야 한다. 이 경우 부의장은 폐지 지방자치단체의 지방의회의원 중에서 폐지 지방자치단체별로 각 1명을 선출하여야 한다.
② 제1항에 따라 선출된 최초의 의장 및 부의장의 임기는 폐지 지방자치단체의 지방의회 의장 및 부의장의 남은 임기로 한다.
제38조(의원정수에 관한 특례) 통합 지방자치단체의 의회를 구성하기 위한 최초 선거에서 지역선거구를

획정함에 있어 폐지되는 각 지방자치단체의 관할구역에서 선출할 의원정수는 인구의 등가성이 반영될 수 있도록 정하여야 한다.

제39조(「여객자동차 운수사업법」에 관한 특례) ① 통합 지방자치단체의 여객자동차운송사업에 대하여 적용할 「여객자동차 운수사업법」 제8조에 따른 운임과 요금에 대한 기준 및 요율은 폐지 지방자치단체의 여객자동차운송사업에 대하여 적용한 기준 및 요율에 따른다. 다만, 통합 지방자치단체가 설치된 날부터 1년 이내에 이를 조정하여야 한다.
② 제1항에도 불구하고 통합 지방자치단체의 택시운송사업에 있어서 통합 전의 지방자치단체 간에 적용되던 시계외 할증요금은 통합 지방자치단체가 설치된 날부터 이를 폐지한다.
③ 폐지 지방자치단체의 군 지역에서 「여객자동차 운수사업법」 제4조에 따라 면허를 받거나 등록을 한 여객자동차운송사업자에 대하여 적용할 같은 법 제5조에 따른 면허 또는 등록의 기준은 통합 지방자치단체가 설치된 후에도 군 지역에 적용되는 기준으로 한다.
④ 통합 지방자치단체가 설치되기 전에 「여객자동차 운수사업법」 제4조에 따라 여객자동차운송사업의 면허를 받은 자가 통합 지방자치단체의 설치로 인하여 여객자동차운송사업의 세부업종을 변경하여야 하는 경우에는 같은 법 제7조에도 불구하고 통합 지방자치단체가 설치된 날에 그 업종이 변경된 것으로 본다. 이 경우 관할 관청은 통합 지방자치단체가 설치된 날부터 1개월 이내에 해당 여객자동차운송사업자에게 새로운 면허증을 교부하여야 한다.

제3절 대도시에 대한 특례

제40조(대도시에 대한 사무특례) ① 특별시와 광역시가 아닌 인구 50만 이상 대도시 및 100만 이상 대도시의 행정·재정 운영 및 지도·감독에 대하여는 그 특성을 고려하여 관계 법률에서 정하는 바에 따라 특례를 둘 수 있다. 다만, 인구 30만 이상인 지방자치단체로서 면적이 1천제곱킬로미터 이상인 경우 이를 인구 50만 이상 대도시로 본다.
② 위원회는 제1항에 따른 특례를 발굴하고 그 이행방안을 마련하여야 한다.

제41조(인구 100만 이상 대도시의 사무특례) 특별시와 광역시가 아닌 인구 100만 이상 대도시의 장은 관계 법률의 규정에도 불구하고 다음 각 호의 사무를 처리할 수 있다.
1. 「지방공기업법」 제19조제2항에 따른 지역개발채권의 발행. 이 경우 미리 지방의회의 승인을 받아야 한다.
2. 「건축법」 제11조제2항제1호에 따른 건축물에 대한 허가. 다만, 다음 각 목의 어느 하나에 해당하는 건축물의 경우에는 미리 도지사의 승인을 받아야 한다.
   가. 51층 이상인 건축물(연면적의 100분의 30 이상을 증축하여 층수가 51층 이상이 되는 경우를 포함한다)
   나. 연면적의 합계가 20만제곱미터 이상인 건축물(연면적의 100분의 30 이상을 증축하여 연면적 합계가 20만제곱미터 이상이 되는 경우를 포함한다)
3. 「택지개발촉진법」 제3조제1항에 따른 택지개발지구의 지정(도지사가 지정하는 경우에 한한다). 이 경우 미리 관할 도지사와 협의하여야 한다.
4. 「도시재정비 촉진을 위한 특별법」 제4조 및 제12조에 따른 재정비촉진지구의 지정 및 재정비촉진계획의 결정
5. 「박물관 및 미술관 진흥법」 제18조에 따른 사립 박물관 및 사립 미술관 설립 계획의 승인
6. 「소방기본법」 제3조 및 제6조에 따른 화재 예방·경계·진압 및 조사와 화재, 재난·재해, 그 밖의 위

◎ **법 령**

급한 상황에서의 구조·구급 등의 업무
7. 도지사를 경유하지 아니하고 「농지법」 제34조에 따른 농지전용허가 신청서의 제출
8. 「지방자치법」 제112조에 따라 지방자치단체별 정원의 범위에서 정하는 5급 이하 직급별·기관별 정원의 책정
9. 도지사를 경유하지 아니하고 「개발제한구역의 지정 및 관리에 관한 특별조치법」 제4조에 따른 개발제한구역의 지정 및 해제에 관한 도시·군관리계획 변경 결정 요청. 이 경우 미리 관할 도지사와 협의하여야 한다.

제42조(인구 100만 이상 대도시의 보조기관 등) ① 「지방자치법」 제110조제1항에도 불구하고 인구 100만 이상 대도시의 부시장은 2명으로 한다. 이 경우 부시장 1명은 「지방자치법」 제110조제4항에도 불구하고 일반직, 별정직 또는 임기제 지방공무원으로 보(補)할 수 있다.
② 제1항에 따라 부시장 2명을 두는 경우에 명칭은 각각 제1부시장 및 제2부시장으로 하고, 그 사무분장은 해당 지방자치단체의 조례로 정한다.
③ 「지방자치법」 제59조, 제90조 및 제112조에도 불구하고 인구 100만 이상 대도시의 행정기구 및 정원은 인구, 도시 특성, 면적 등을 고려하여 대통령령으로 정할 수 있다.

제43조(대도시에 대한 재정특례) ① 도지사는 「지방재정법」 제29조에 따라 배분되는 재정보전금과 별도로 제40조제1항에 따른 대도시의 경우에는 해당 시에서 징수하는 도세(원자력발전에 대한 지역자원시설세, 특정부동산에 대한 지역자원시설세 및 지방교육세는 제외한다) 중 100분의 10 이하의 범위에서 일정 비율을 추가로 확보하여 해당 시에 직접 교부하여야 한다.
② 제1항에 따라 대도시에 추가로 교부하는 도세의 비율은 사무이양 규모 및 내용 등을 고려하여 대통령령으로 정한다.
③ 인구 100만 이상 대도시의 경우 「지방세법」 제11장에 따라 소방시설에 충당하는 지역자원시설세는 「지방세기본법」 제8조제2항제2호가목에도 불구하고 시세로 한다.

제4장 추진기구 및 추진절차

제44조(지방자치발전위원회의 설치) 지방분권 및 지방행정체제 개편을 추진하기 위하여 대통령 소속으로 지방자치발전위원회를 둔다.

제45조(기능) 위원회는 다음 각 호의 사항을 심의·의결한다.
1. 지방자치발전 종합계획 및 연도별 시행계획 수립에 관한 사항
2. 제11조부터 제17조까지의 규정에 따른 과제의 추진에 관한 사항
3. 제1호 및 제2호에 규정된 사항의 점검 및 평가에 관한 사항
4. 지방자치단체 통합을 위한 기준·통합방안·조정에 관한 사항
5. 통합 지방자치단체에 대한 국가의 지원 및 특례에 관한 사항
6. 지방행정체제 개편 관련 지방자치단체 및 주민의 의견수렴에 관한 사항
7. 읍·면·동의 주민자치기구의 설치, 기능 및 운영에 관한 사항
8. 제8조에 따른 중앙행정기관의 장의 법령 제정 또는 개정 시 의견제출에 관한 사항
9. 그 밖에 지방분권 및 지방행정체제 개편 등 지방자치발전을 위하여 필요하다고 위원장이 인정하는 사항

제46조(위원회의 구성·운영) ① 위원회는 위원장 1명과 부위원장 2명을 포함한 27명의 위원으로 구성하며, 위원은 당연직위원과 위촉위원으로 구성한다.
② 당연직위원은 기획재정부장관, 안전행정부장관, 국무조정실장으로 한다.

③ 위촉위원은 학식과 경험이 풍부하고 국민의 신망이 두터운 사람 중에서 대통령이 추천하는 6명, 국회의장이 추천하는 10명 및 「지방자치법」 제165조에 따른 지방자치단체의 장 등의 협의체의 대표자가 각각 2명씩 추천하는 8명으로 하되, 대통령이 위촉한다.
④ 위원장 및 부위원장 1명은 위촉위원 중에서 대통령이 위촉하고, 부위원장 중 1명은 안전행정부장관으로 한다.
⑤ 위촉위원의 임기는 2년으로 하며 연임할 수 있다. 다만, 위원의 사임 등으로 인하여 새로 위촉된 위원의 임기는 전임위원 임기의 남은 기간으로 한다.
⑥ 위원회의 업무를 효율적으로 심의하기 위하여 위원회에 분과위원회를 둘 수 있다.
⑦ 위원회의 사무를 전문적으로 지원하기 위하여 위원회에 전문요원을 둘 수 있다.
⑧ 위원회의 회의, 분과위원회의 구성과 운영 등 위원회의 구성 및 운영에 필요한 사항은 대통령령으로 정한다.

제47조(지방자치발전위원회의 사무기구) ① 위원회의 사무를 효율적으로 처리하기 위하여 위원회에 사무기구를 둘 수 있다.
② 제1항에 따른 사무기구의 구성 및 운영에 필요한 사항은 대통령령으로 정한다.

제48조(추진상황의 보고 등) ① 위원회는 제45조에 따라 심의·의결한 사항과 지방분권 및 지방행정체제 개편과 관련된 정책의 추진사항에 관하여 정기적으로 대통령에게 보고하여야 한다.
② 위원회는 제1항에 따라 보고를 마친 때에는 관계 중앙행정기관의 장과 지방자치단체의 장에게 보고 내용을 지체 없이 통보하여야 한다.
③ 제2항에 따라 통보를 받은 관계 중앙행정기관의 장 및 지방자치단체의 장은 신속히 실천계획을 수립하여 위원회에 제출하고, 관련 법령을 제정 또는 개정하는 등 필요한 조치를 하여야 한다.

제49조(이행상황의 점검·평가 등) ① 위원회는 제48조제3항에 따라 수립한 실천계획이 차질 없이 이행될 수 있도록 관계 중앙행정기관 및 지방자치단체의 추진상황을 점검·평가하여 그 결과를 국무회의의 심의를 거쳐 대통령에게 보고하여야 한다.
② 위원회는 제1항에 따른 평가결과에 따라 관계 중앙행정기관 및 지방자치단체의 장에게 필요한 조치를 권고할 수 있다. 다만, 제11조 및 제45조에 따라 위원회가 의결한 중앙행정기관의 권한이양이 지연되었다고 판단되는 경우 기한을 정하여 필요한 조치를 권고할 수 있다.
③ 제2항 후단에 따라 권고를 받은 중앙행정기관의 장은 위원회가 정한 기한 내에 관계 법령 개정 등 필요한 조치를 취하여야 하며, 그 처리결과를 위원회에 통보하여야 한다.

제50조(지방자치단체 등과의 협조) ① 위원회는 그 업무를 수행하기 위하여 필요하면 해당 지방자치단체, 지역주민 등의 의견을 청취하거나, 관계 기관·법인·단체 등에 대하여 자료 및 의견의 제출 등 필요한 협조를 요청할 수 있다.
② 「지방자치법」 제165조에 따른 지방자치단체의 장 등의 협의체의 대표자 또는 지방자치단체의 장은 위원회 회의에 참석하여 의견을 개진하거나 서면으로 의견을 제출할 수 있다.
③ 위원회는 위원회의 업무를 수행하는 데 필요한 전문적 지식 또는 경험을 가지고 있다고 인정되는 사람에게 출석을 요구하여 그 진술을 들을 수 있다.
④ 제1항에 따른 의견청취, 자료제출 요구 등 협조요청을 받은 기관·법인·단체 등은 지체 없이 이에 응하여야 한다.

제51조(국회의 입법조치) 국회는 종전의 「지방행정체제 개편에 관한 특별법」 제9조에 따라 제출된 기본계획 및 제5조제4항에 따라 보고된 지방자치발전 종합계획을 토대로 관계 법률을 제정 또는 개정하되,

○ **법 령**

이 경우 위원회의 의견을 존중하여야 한다.
제52조(위원회의 존속기한) 위원회는 이 법 시행일부터 5년간 존속한다.

부 칙

〈제11829호, 2013.5.28〉

제1조(시행일) 이 법은 공포한 날부터 시행한다.
제2조(다른 법률의 폐지) 다음 각 호의 법률은 각각 폐지한다.
 1. 지방분권촉진에 관한 특별법
 2. 지방행정체제 개편에 관한 특별법
제3조(적용례) ① 제30조부터 제39조까지는 2010년 1월 1일 이후 설치된 통합 지방자치단체에 적용한다. 다만, 제35조는 2015년 1월 1일 이전에 설치되는 통합 지방자치단체에 한하여 적용한다.
 ② 제41조제6호 및 제43조제3항은 경상남도 창원시에 한하여 시범실시한다.
제4조(사무이관 등에 따른 경과조치) ① 이 법 시행 당시 종전의 지방분권촉진위원회와 지방행정체제 개편추진위원회(이하 "종전의 두 위원회"라 한다)의 소관 사무는 제44조에 따른 지방자치발전위원회가 승계한다.
 ② 이 법 시행 당시 종전의 두 위원회가 심의·의결한 사항은 제44조에 따른 지방자치발전위원회가 심의·의결한 것으로 본다.
 ③ 종전의 「지방행정체제 개편에 관한 특별법」 제9조에 따라 대통령과 국회에 제출한 기본계획은 유효한 것으로 본다.
제5조(사무정리를 위한 경과조치) 부칙 제2조에도 불구하고 종전의 「지방분권촉진에 관한 특별법」 제20조 및 「지방행정체제 개편에 관한 특별법」 제7조에 따라 설치된 전담지원기구는 이 법 시행일부터 3개월의 범위에서 종전의 두 위원회의 남은 사무처리에 필요한 기간까지 존속한다.

지방의회 관계법령집

제주특별자치도 설치 및 국제자유도시 조성을 위한 특별법(발췌)

제주특별자치도 설치 및 국제자유도시 조성을 위한 특별법(발췌)

제주특별자치도 설치 및 국제자유도시 조성을 위한 특별법

[시행 2013.12.12] [법률 제11898호, 2013.7.16, 일부개정]

제1조(목적) 이 법은 종전의 제주도의 지역적·역사적·인문적 특성을 살리고 자율과 책임, 창의성과 다양성을 바탕으로 고도의 자치권이 보장되는 제주특별자치도를 설치하여 실질적인 지방분권을 보장하고, 행정규제의 폭넓은 완화 및 국제적 기준의 적용 등을 통하여 국제자유도시를 조성함으로써 국가발전에 이바지함을 목적으로 한다.

제2조(정의) 이 법에서 "국제자유도시"라 함은 사람·상품·자본의 국제적 이동과 기업활동의 편의가 최대한 보장되도록 규제의 완화 및 국제적 기준이 적용되는 지역적 단위를 말한다.

제3조(적용범위) 이 법은 제주특별자치도의 관할구역에 한하여 적용한다.

제4조(국가의 책무) ① 국가는 제주특별자치도의 지방자치의 보장 및 국제자유도시의 실현에 필요한 관련 법령의 지속적인 정비 등 입법·행정상 조치를 하여야 한다.
② 국가는 제주특별자치도의 운영목표 및 그 목표달성도에 대한 평가 등을 통하여 제주특별자치도의 선진적인 지방분권의 실현과 국제자유도시의 조성을 위한 방안 및 시책을 마련하여야 한다.
③ 국가는 제주특별자치도의 자발적인 성과제고 노력을 유발하기 위하여 국세의 세목을 이양하거나 제주특별자치도에서 징수되는 국세를 이양하는 등 행정·재정적 우대 방안을 마련하여 조속히 시행하여야 한다.
④ 국가는 이 법의 시행으로 인하여 폐지되는 종전의 제주도가 누리던 행정·재정상의 이익을 제주특별자치도가 향유할 수 있도록 하여야 한다.

제5조(제주특별자치도의 책무) ① 제주특별자치도는 제주특별자치도에 대한 국가정책의 수립 및 시행에 적극 협력하여야 한다.
② 제주특별자치도는 이 법에 따라 조례로 정하도록 하거나 정할 수 있도록 한 사항에 대하여는 이 법의 취지에 맞게 제주특별자치도조례(이하 "도조례"라 한다)를 제정·개정하거나 폐지하는 조치를 하여야 한다.
③ 제주특별자치도는 국무총리와 제주특별자치도의 성과목표 및 평가에 관한 협약(자치경찰 및 교육자치에 관한 사항을 포함한다)을 체결하여야 한다. 이 경우 국무총리는 중앙행정기관의 권한 이양 및 규제완화 등의 결과가 제주특별자치도의 발전과 성장에 기여하고 있는지에 대한 평가와 그 평가결과에 따른 제도보완 등에 관하여 미리 관계중앙행정기관의 장과 협의하여야 한다.

제6조(다른 법률과의 관계 등) ① 이 법은 제주특별자치도의 조직·운영, 중앙행정기관의 권한 이양 및 규제완화 등에 있어서 다른 법률의 규정에 우선하여 적용한다. 다만, 다른 법률에서 제주특별자치도에 관하여 특별한 규정이 있는 경우에는 그러하지 아니하다.
② 이 법에 의하여 중앙행정기관의 장 등의 권한을 제주특별자치도지사의 권한으로 한 경우(이양되는 권한과 관련된 의무·원칙·기준 및 절차 등을 포함한다. 이하 같다) 제주특별자치도지사의 권한은 해당 법령에 규정된 중앙행정기관의 장 등의 권한으로 보아 해당법령을 적용한다. 중앙행정기관의 장 등에 해당하는 사항을 제주특별자치도지사에 해당하는 것으로 한 경우에도 또한 같다.

제10조(제주특별자치도의 설치 등) ① 정부의 직할하에 제주특별자치도(이하 "제주자치도"라 한다)를 설치한다.
② 제주자치도의 관할구역은 종전의 제주도의 관할구역으로 한다.
③ 제주자치도는 이 법이 정하는 범위 안에서 특수한 지위를 가진다.

제11조(제주자치도의 설치에 따른 법령 적용상의 특례) ① 다른 법령에서 지방자치단체, 도 또는 시·군을 인용하고 있는 경우에는 각각 제주자치도를 포함한 것으로 보아 당해 법령을 적용한다.
② 다른 법령에서 지방의회의원, 도의회의원 또는 시·군의회의원을 인용하고 있는 경우에는 각각 제주

○ **법 령**

특별자치도의회의원을 포함한 것으로 보아 당해 법령을 적용한다.
③ 다른 법령에서 지방자치단체의 장, 도지사 또는 시장·군수를 인용하고 있는 경우에는 각각 제주특별자치도지사를 포함한 것으로 보아 당해 법령을 적용한다.
④ 다른 법령에서 지방의회, 도의회 또는 시·군의회를 인용하고 있는 경우에는 각각 제주특별자치도의회를 포함한 것으로 보아 당해 법령을 적용한다.
⑤ 다른 법령에서 지방자치단체의 조례·규칙, 도의 조례·규칙 또는 시·군의 조례·규칙을 인용하고 있는 경우에는 각각 제주자치도의 조례·규칙을 포함한 것으로 보아 당해 법령을 적용한다.
⑥ 다른 법령에서 교육위원회 또는 교육의원을 인용하고 있는 경우에는 각각 제주자치도의 교육위원회 또는 교육의원을 포함한 것으로 보아 당해 법령을 적용한다. 〈개정 2006.12.20〉
⑦ 다른 법령에서 교육감을 인용하고 있는 경우에는 제주특별자치도교육감을 포함한 것으로 보아 당해 법령을 적용한다.
⑧ 다른 법령에서 지방자치단체인 시·군의 전부 또는 일부를 구역 또는 관할구역으로 하여 두고 있는 교육청, 경찰서 등 행정기관은 종전의 구역 또는 관할구역에 둔 것으로 보아 당해 법령을 적용한다.
⑨ 「지방세기본법」 그 밖의 다른 법령에서 지방세, 도세 또는 시·군세를 인용하고 있는 경우에는 제주특별자치도세를 포함한 것으로 보아 당해 법령을 적용한다. 〈개정 2010.3.31〉

제13조(지방의회 및 집행기관 구성의 특례) ① 「지방자치법」의 지방의회와 집행기관에 관한 규정에 불구하고 따로 법률이 정하는 바에 따라 제주자치도의 지방의회 및 집행기관의 구성을 달리 할 수 있다.
② 제1항의 규정에 의하여 제주자치도의 기관구성을 달리하고자 하는 경우에 도지사는 도의회의 동의를 받아 안전행정부장관에게 그에 관한 주민의견을 듣기 위한 주민투표의 실시를 요청할 수 있다. 〈개정 2008.2.29, 2013.3.23〉
③ 제2항의 규정에 의하여 요청을 받은 안전행정부장관은 이 법의 목적 및 취지 등을 고려하여 필요하다고 인정하는 때에는 제주자치도 관할구역 전체를 대상으로 도지사에게 주민투표의 실시를 요구할 수 있다. 이 경우 실시하는 주민투표는 「주민투표법」 제8조의 규정에 의한 국가정책에 관한 주민투표로 보고, 동법의 규정을 따른다. 〈개정 2008.2.29, 2013.3.23〉

제14조(자치조직권에 관한 특례) ① 「지방자치법」 제90조제3항, 제91조제2항(「지방공무원법」 제2조제2항제1호의 일반직공무원 중 대통령령으로 정하는 공무원은 제외한다), 제110조제1항·제2항 단서(정수에 한정한다)·제6항, 제112조제1항·제2항(직급기준은 제외한다), 제113조부터 제115조까지의 규정에도 불구하고 제주자치도의 의회사무처에 두는 사무직원의 임용 및 절차, 부지사의 정수 및 사무분장에 관한 사항, 행정기구의 설치·운영기준, 지방공무원의 정원기준, 직속기관·사업소·출장소의 설치요건 및 하부 행정기구의 설치 등에 관하여 필요한 사항은 도조례로 정할 수 있다. 〈개정 2007.5.11, 2012.12.11, 2013.7.16〉
② 제1항의 규정에 의하여 제주자치도에 두는 부지사 1인은 「지방자치법」 제110조제2항 본문의 규정에 의한 국가공무원으로 보한다. 〈개정 2007.5.11〉
③ 「지방자치단체에 두는 국가공무원의 정원에 관한 법률」 제2조 및 제3조의 규정에 불구하고 제2항의 규정에 의한 부지사 1인 외에는 제주자치도에 국가공무원을 두지 아니한다. 다만, 도지사가 필요하다고 인정하는 경우에는 안전행정부장관과 협의하여 「지방자치단체에 두는 국가공무원의 정원에 관한 법률」 제2조 (제1호의 국가공무원을 제외한다) 및 제3조의 규정에 의하여 국가공무원을 둘 수 있다. 〈개정 2008.2.29, 2013.3.23〉
④ 도지사는 행정기구의 설치·운영에 있어서 규모의 적정화와 운영의 합리화를 위하여 행정기구의 설치·운영에 관한 기준을 정하여 고시하여야 한다.

제주특별자치도 설치 및 국제자유도시 조성을 위한 특별법(발췌)

⑤ 「도서관법」 제30조제1항에도 불구하고 공립 공공도서관장의 직렬은 도조례로 정하되, 공립 공공도서관장은 해당 분야의 전문성을 갖춘 사람으로 한다. 〈신설 2011.5.23〉

제15조(지방자치단체가 아닌 시 및 읍·면·동의 설치) ① 제주자치도는 「지방자치법」 제2조제1항 및 제3조제2항의 규정에 불구하고 그 관할구역 안에 지방자치단체인 시와 군을 두지 아니한다.

② 제주자치도의 관할구역 안에 지방자치단체가 아닌 시(이하 "행정시"라 한다)를 두고, 행정시에는 도시의 형태를 갖춘 지역에는 동을, 그 밖의 지역에는 읍·면을 둔다.

③ 「지방자치법」의 규정 중 읍·면·동에 관한 사항은 행정시에 두는 읍·면·동에 대하여 적용한다. 다만, 행정시에 두는 읍·면·동의 폐치·분합은 「지방자치법」 제4조의2제1항에도 불구하고 안전행정부장관의 승인을 요하지 아니하되, 도지사는 그 결과를 안전행정부장관에게 보고하여야 한다. 〈개정 2008.2.29, 2009.4.1, 2013.3.23〉

④ 다른 법령에서 시를 인용하는 경우 해당 법령에 특별한 규정이 있는 경우를 제외하고는 행정시는 포함되지 아니한다. 〈신설 2009.3.25〉

제16조(행정시의 폐치·분합, 명칭 및 구역 등) ① 행정시의 폐치·분합, 명칭 및 구역은 도조례로 정한다. 이 경우 도지사는 그 결과를 안전행정부장관에게 보고하여야 한다. 〈개정 2008.2.29, 2013.3.23〉

② 행정시의 사무소 소재지는 도조례로 정하되, 제주특별자치도의회(이하 "도의회"라 한다) 재적의원 과반수의 찬성을 얻어야 한다.

제17조(행정시의 장) ① 행정시에 시장을 둔다.

② 행정시의 시장(이하 "행정시장"이라 한다)은 일반직 지방공무원으로 보하되, 도지사가 임명한다. 다만, 제18조제1항의 규정에 의하여 행정시장으로 예고한 자를 임명할 경우에는 정무직지방공무원으로 보한다. 〈개정 2012.12.11〉

③ 제2항 단서의 규정에 의하여 임명된 행정시장의 임기는 2년으로 하되, 연임할 수 있다.

④ 행정시장으로 임명할 자를 예고하지 아니하거나 행정시장으로 예고 또는 임명된 자가 사망, 사퇴 또는 퇴직하거나 임기가 만료되는 등으로 새로 행정시장을 임명하는 것이 필요한 때에는 일반직 지방공무원으로 보하되, 「지방공무원법」 제29조의4의 규정에 따라 개방형 직위로 운영한다. 〈개정 2012.12.11〉

⑤ 행정시장은 도지사의 지휘·감독을 받아 소관 국가사무 및 지방자치단체의 사무를 맡아 처리하고 소속직원을 지휘·감독한다.

⑥ 다른 법령에서 시장을 인용하는 경우 해당 법령에 특별한 규정이 있는 경우를 제외하고는 행정시장은 포함되지 아니한다. 〈신설 2009.3.25〉

제41조(도의회의원의 정수에 관한 특례) ① 도의회의원의 정수(제80조의 규정에 의한 교육의원 5인을 포함한다)는 「공직선거법」 제22조제1항·제3항 및 제4항의 규정에 불구하고 41인 이내에서 제43조의 규정에 의한 도의회의원선거구획정위원회가 정하는 바에 따라 도조례로 정한다.

② 도의회의 비례대표의원정수는 「공직선거법」 제22조제4항의 규정에 불구하고 제1항의 규정에 의한 의원정수(제80조의 규정에 의한 교육의원을 제외한다)의 100분의 20이상으로 하며, 제43조의 규정에 의한 도의회의원선거구획정위원회가 정하는 바에 따라 도조례로 정한다. 이 경우 단수는 0으로 본다.

제42조(도의회의원 지역선거구에 관한 특례) ① 도의회의원 지역선거구는 인구·행정구역·지세·교통 그 밖의 조건을 고려하여 획정하되, 그 도의회의원 지역선거구의 명칭과 관할구역은 「공직선거법」 제26조 및 별표 2의 규정에 불구하고 제43조의 규정에 의한 도의회의원선거구획정위원회가 정하는 바에 따라 도조례로 정한다.

② 제1항의 규정에 따라 도의회의원 지역선거구를 획정하는 경우 행정시의 관할구역의 일부를 분할하

○ **법 령**

거나 하나의 읍·면·동의 일부를 분할하여 다른 도의회의원 지역선거구에 속하게 할 수 없다.

제44조(인사청문회) ① 도지사는 「지방자치법」 제110조제2항 단서의 규정에 의한 별정직지방공무원으로 보하는 부지사에 대하여 관계법령의 규정에 불구하고 그 임용 전에 도의회에 인사청문의 실시를 요청하여야 한다. 〈개정 2007.5.11〉

② 도의회는 제1항의 규정에 의하여 도지사가 인사청문의 실시를 요청한 자에 대하여 그 인사청문을 실시하기 위하여 인사청문특별위원회를 둔다.

③ 도의회는 제66조제3항 단서의 규정에 의하여 감사위원회 위원장에 대한 임명동의안을 심사하기 위하여 인사청문특별위원회를 둔다.

④ 제2항 및 제3항의 규정에 의한 인사청문특별위원회는 도의회의 동의를 요하는 자에 대한 임명동의안 및 도지사로부터 요청된 인사청문요청안(이하 "임명동의안등"이라 한다)이 도의회에 제출된 때에 구성된 것으로 보며, 그 임명동의안등이 본회의에서 의결될 때 또는 인사청문경과가 본회의에 보고될 때까지 존속한다.

⑤ 인사청문특별위원회는 제2항 및 제3항의 규정에 의한 인사청문 또는 심사를 위하여 인사에 관한 청문회(이하 "인사청문회"라 한다)를 연다.

⑥ 제1항 내지 제5항에 규정된 사항 외에 인사청문회에 관하여는 「인사청문회법」 제4조제2항, 제5조 내지 제9조, 제10조제1항·제2항, 제11조 내지 제18조의 규정을 준용한다. 이 경우 "위원회"는 "인사청문특별위원회"로, "위원장"은 "인사청문특별위원회의 위원장"으로, "국회"는 "도의회"로, "임명권자(대통령당선인을 포함한다) 또는 지명권자" 및 "대통령 또는 대법원장"은 각각 "도지사"로, "의장"은 "도의회의 의장"으로, "헌법재판소재판관등" 및 "국회법 제65조의2제2항의 규정에 의한 공직후보자"는 각각 "인사청문대상자"로 본다.

⑦ 이 법에 규정된 사항을 제외하고 인사청문특별위원회의 구성·운영, 인사청문회의 운영, 임용예정자에 대한 답변 및 의견청취방식 등에 관하여 필요한 세부적인 사항은 도조례로 정한다.

제45조(정책자문위원) ① 도의회의 조례의 제정·개폐, 예산·결산심사, 행정사무감사 및 조사 등의 활동을 지원하고, 도의회의원 또는 상임위원회의 의정활동을 지원하기 위하여 「지방자치법」 제56조의 규정에 의한 상임위원회(제79조의 규정에 의한 교육위원회를 포함한다)별로 3인 이내의 정책자문위원을 둘 수 있다. 〈개정 2007.5.11〉

② 제1항의 규정에 의한 정책자문위원은 임기제 5급 지방공무원 또는 5급 상당의 별정직 지방공무원으로 보한다. 〈개정 2012.12.11〉

제46조(도의원의 의정활동비 등에 관한 특례) ① 「지방자치법」 제33조의 규정에 불구하고 도의원에게 지급하는 비용의 종류 및 그 지급기준은 도조례로 정한다. 〈개정 2007.5.11〉

② 제1항의 규정에 의한 비용의 종류 및 지급기준을 심의·의결하기 위하여 도지사 소속하에 의정활동비심의위원회를 둔다.

③ 의정활동비심의위원회의 구성 및 운영 등에 관하여 필요한 사항은 도조례로 정한다.

제48조의2(행정사무 감사 및 조사에 관한 특례) 「지방자치법」 제41조제7항에서 대통령령으로 정하도록 한 사항은 도조례로 정할 수 있다. [본조신설 2011.5.23.]

제52조(인건비성 예산총액에 의한 정원 등의 관리 배제) ① 「지방자치법」 제112조제2항의 규정에 불구하고 제주자치도의 행정기구의 설치와 소속공무원의 정원은 인건비성 총액 등을 기준으로 행정기구와 소속공무원의 정원을 관리하는 방식을 실시하지 아니한다. 〈개정 2007.5.11〉

② 도지사는 제주자치도의 행정기구의 설치와 소속공무원의 정원에 관한 제주자치도의 규칙의 제·개정 또는 폐지가 있는 때에는 지체 없이 그 전문을 붙여 도의회에 제출하여야 한다.

지방의회 관계법령집

세종특별자치시 설치 등에 관한 특별법

세종특별자치시 설치 등에 관한 특별법

[시행 2013.3.23] [법률 제11690호, 2013.3.23, 타법개정]

제1조(목적) 이 법은 세종특별자치시를 설치함으로써 수도권의 과도한 집중에 따른 부작용을 시정하고 지역개발 및 국가 균형발전과 국가경쟁력 강화에 이바지함을 목적으로 한다.

제2조(적용범위) 이 법은 세종특별자치시의 관할구역에 한하여 적용한다.

제3조(국가의 책무) ① 국가는 세종특별자치시의 지방자치 정착과 지역발전 실현에 필요한 관련 법령의 지속적인 정비 등 입법상·행정상 조치를 하여야 한다.
② 국가는 세종특별자치시와 인접 지역이 상생발전을 이룰 수 있는 시책과 지원방안을 마련하여야 한다.

제4조(다른 법률과의 관계) 이 법에 규정된 세종특별자치시의 조직 운영, 특례 등은 다른 법률의 규정에 우선하여 적용한다. 다만, 다른 법률에서 세종특별자치시에 관하여 특별한 규정이 있는 경우에는 그러하지 아니하다.

제5조(설치 등) ① 정부의 직할(直轄)로 세종특별자치시를 설치한다.
② 세종특별자치시의 관할구역에는 「지방자치법」 제2조제1항제2호의 지방자치단체를 두지 아니한다.
③ 「지방자치법」 제3조제3항에도 불구하고 세종특별자치시의 관할구역에 도시의 형태를 갖춘 지역에는 동을 두고, 그 밖의 지역에는 읍·면을 둔다.
④ 「지방자치법」의 읍·면·동에 관한 규정은 세종특별자치시에 두는 읍·면·동에 대하여도 적용한다.

제6조(관할구역) ① 충청남도의 연기군을 폐지한다.
② 세종특별자치시의 관할구역은 다음과 같다.

종전의 충청북도 청원군 부용면 산수리·행산리·갈산리·부강리·문곡리·금호리·등곡리·노호리 일원, 종전의 충청남도 공주시 의당면 태산리·용암리·송학리·용현리·송정리 일원, 장기면 송문리·평기리·대교리·하봉리·도계리·봉안리·제천리·은용리·산학리·당암리·금암리 일원, 반포면 원봉리·도남리·성강리·국곡리·봉암리 일원, 종전의 충청남도 연기군 일원

③ 충청북도 청원군과 충청남도 공주시의 관할구역에서 다음의 지역은 각각 제외한다.

종전 충청북도 청원군에서 제외되는 지역	종전의 충청북도 청원군 부용면 산수리·행산리·갈산리·부강리·문곡리·금호리·등곡리·노호리 일원
종전 충청북도 공주시에서 제외되는 지역	종전의 충청북도 공주시 의당면 태산리·용암리·송학리·용현리·송정리 일원, 장기면 송문리·평기리·대교리·하봉리·도계리·봉안리·제천리·은용리·산학리·당암리·금암리 일원, 반포면 원봉리·도남리·성강리·국곡리·봉암리 일원

제7조(세종특별자치시의 설치에 따른 법령 적용상의 특례) ① 다른 법령에서 지방자치단체, 시·도 또는 시·군·구를 인용하고 있는 경우에는 각각 세종특별자치시를 포함하는 것으로 보아 해당 법령을 적용한다.
② 다른 법령에서 지방의회의원, 시·도의회의원 또는 시·군·구의회의원을 인용하고 있는 경우에는 각각 세종특별자치시의회의원을 포함한 것으로 보아 해당 법령을 적용한다.

○ **법령**

③ 다른 법령에서 지방자치단체의 장, 시·도지사 또는 시장·군수·구청장을 인용하고 있는 경우에는 각각 세종특별자치시장을 포함한 것으로 보아 해당 법령을 적용한다.
④ 다른 법령에서 지방의회, 시·도의회 또는 시·군·구의회를 인용하고 있는 경우에는 각각 세종특별자치시의회를 포함한 것으로 보아 해당 법령을 적용한다.
⑤ 다른 법령에서 지방자치단체의 조례·규칙, 시·도의 조례·규칙 또는 시·군·구의 조례·규칙을 인용하고 있는 경우에는 각각 세종특별자치시의 조례·규칙을 포함한 것으로 보아 해당 법령을 적용한다.
⑥ 다른 법령에서 교육위원회 또는 교육의원을 인용하고 있는 경우에는 각각 세종특별자치시의 교육위원회 또는 교육의원을 포함한 것으로 보아 해당 법령을 적용한다.
⑦ 다른 법령에서 교육감을 인용하고 있는 경우에는 세종특별자치시교육감을 포함한 것으로 보아 해당 법령을 적용한다.
⑧ 「지방세기본법」, 그 밖의 다른 법령에서 지방세, 광역시세 또는 구세를 인용하고 있는 경우에는 세종특별자치시세를 포함한 것으로 보아 해당 법령을 적용한다.

제8조(세종특별자치시지원위원회의 설치) ① 세종특별자치시가 지역발전과 국토균형발전에 기여할 수 있도록 다음 각 호의 사항을 심의하기 위하여 국무총리 소속으로 세종특별자치시지원위원회(이하 "지원위원회"라 한다)를 둔다
1. 세종특별자치시의 중장기적 발전방안에 관한 사항
2. 세종특별자치시의 행정·재정 자주권 제고 및 사무처리 지원에 관한 사항
3. 공주시와 청원군 등 세종특별자치시에 관할구역의 일부가 편입되는 해당 지방자치단체의 행정적·재정적 지원과 공동화 방지 지원 대책에 관한 사항
4. 그 밖에 지원위원회의 위원장 또는 세종특별자치시장이 필요하다고 인정하여 지원위원회에 부의하는 사항

② 지원위원회는 위원장 1명을 포함하여 25명 이상 30명 이내의 위원으로 구성한다. 〈개정 2012.1.17〉
③ 지원위원회의 위원장은 국무총리가 되며, 위원은 관계 중앙행정기관의 장, 관계 지방자치단체의 장 및 도시개발과 지방자치에 관한 학식과 경험이 풍부한 자 중에서 국무총리가 임명하거나 위촉한다.
④ 지원위원회에서 심의할 안건에 대하여 검토하고, 지원위원회로부터 위임받은 사항을 처리하기 위하여 실무위원회를 둔다.
⑤ 지원위원회의 사무를 처리하고 지원하기 위하여 실무지원단을 설치할 수 있다.
⑥ 이 법에서 규정한 사항 외에 지원위원회 및 실무위원회의 구성과 운영, 실무지원단의 설치와 운영 등에 필요한 사항은 대통령령으로 정한다.

제9조(지원위원회 심의결과의 조치 등) 지원위원회는 제8조제1항 각 호의 사항에 대한 심의 결과를 관계 중앙행정기관의 장에게 통보하고, 통보를 받은 관계 중앙행정기관의 장은 필요한 조치를 하여야 한다.

제10조(세종특별자치시 사무의 위탁 특례) ① 세종특별자치시나 세종특별자치시장(세종특별자치시교육감을 포함한다)은 소관 사무와 법령에 따라 위임된 사무의 일부를 다른 지방자치단체나 그 장(교육감을 포함한다)에게 위탁하여 처리하게 할 수 있다.
② 사무위탁에 관하여 이 법에서 규정한 사항을 제외하고는 「지방자치법」 제151조의 사무의 위탁에 관한 규정을 준용한다.

제11조(세종특별자치시에 대한 특별지원) ① 중앙행정기관의 장은 세종특별자치시에 대하여 그 관할구역 안의 도시계획 등 각종 지역개발을 위하여 행정상·재정상의 특별한 지원을 할 수 있다.
② 중앙행정기관의 장은 각종 시책사업을 시행하는 경우에는 세종특별자치시를 우선적으로 지원할 수 있다.

세종특별자치시 설치 등에 관한 특별법

제12조(재정 특례) ① 세종특별자치시장은 「지방세기본법」 제8조제1항 및 제3항에도 불구하고 광역시세 및 구세 세목을 세종특별자치시세의 세목으로 부과·징수한다.
② 「지방교부세법」 제6조제1항에도 불구하고 안전행정부장관은 세종특별자치시 설치 후 최초 도래하는 회계연도부터 5년 동안 세종특별자치시에 교부하는 보통교부세는 대통령령으로 정하는 바에 따라 매년 같은 법 제7조에 따른 기준재정수요액과 같은 법 제8조에 따른 기준재정수입액의 차액과 그 차액의 100분의 25의 이내의 금액을 더한 규모로 산정되도록 기준재정수요액을 보정할 수 있다.
〈개정 2013.3.23〉
③ 「지방교육재정교부금법」 제5조제1항에도 불구하고 교육부장관은 세종특별자치시 설치 후 최초 도래하는 회계연도부터 5년 동안 세종특별자치시에 교부하는 보통교부금은 대통령령으로 정하는 바에 따라 매년 같은 법 제6조에 따른 기준재정수요액과 같은 법 제7조에 따른 기준재정수입액의 차액과 그 차액의 100분의 25의 이내의 금액을 더한 규모로 산정되도록 기준재정수요액을 보정할 수 있다.
〈신설 2012.1.17, 2013.3.23〉
④ 「지방교육재정교부금법」 제11조제2항제2호에도 불구하고 세종특별자치시장은 교육비특별회계로 전출하여야 하는 담배소비세의 100분의 45에 해당하는 금액을 전출하지 아니할 수 있다.
〈신설 2012.1.17〉
⑤ 「지방교육재정교부금법」 제11조제2항제3호에도 불구하고 세종특별자치시장이 교육비특별회계로 전출하여야 하는 전출금은 세종특별자치시세 총액(「지방세기본법」 제8조제2항제2호에 따른 목적세에 해당하는 금액은 제외한다)의 1천분의 36으로 한다. 〈신설 2012.1.17〉

제13조(조직 특례) 「지방자치법」 제112조에도 불구하고 세종특별자치시에 두는 행정기구의 설치와 지방공무원의 정원은 인구규모·면적·도시발전단계 등 행정수요를 감안하여 대통령령으로 정하는 바에 따라 시조례로 정할 수 있다.

제14조(불이익배제의 원칙) 세종특별자치시 설치로 인하여 세종특별자치시의 구역으로 편입된 종전의 지방자치단체 또는 특정 지역이 누리던 행정상·재정상의 이익이 상실되거나 그 지역주민에게 새로운 부담이 추가되어서는 아니 된다.

제15조(공무원에 대한 공정한 처우 보장) 세종특별자치시장은 종전의 지방자치단체 소속 공무원에 대하여 인사상 동등하게 처우하여야 한다.

제16조(공직선거 특례) ① 이 법에 따른 세종특별자치시장 및 시의회의원 선거에 관한 사항은 이 법과 「공직선거법」에서 따로 규정한 것을 제외하고는 「공직선거법」에 따른 시·도지사선거와 시·도의회의원선거에 관한 규정을, 세종특별자치시교육감선거에 관한 사항은 이 법과 「지방교육자치에 관한 법률」에서 따로 규정한 것을 제외하고는 「지방교육자치에 관한 법률」에 따른 교육감선거에 관한 규정을 각각 준용한다.
② 지역구시의원의 정수는 「공직선거법」 제22조제1항 및 제3항에도 불구하고 11인으로 한다.
③ 시의회의 비례대표의원정수는 「공직선거법」 제22조제4항에도 불구하고 같은 조 제1항에 따른 지역구시의원정수의 100분의 10으로 한다. 이 경우 단수는 1로 본다.
④ 시의회의원 지역선거구의 공정한 획정을 위하여 세종특별자치시에 시의회의원선거구획정위원회를 두며, 「공직선거법」 제24조에 따른 자치구·시·군의원선거구획정위원회의 규정은 시의회의원선거구획정위원회에 관한 사항에 대하여 이를 준용한다.
⑤ 시의회의원 지역선거구는 인구·면적·구역·교통, 그 밖의 조건을 고려하여 획정하되, 시의회의원 지역선거구의 명칭과 관할구역은 「공직선거법」 제26조 및 같은 법 별표 2에도 불구하고 시의회의원선거

◎ 법 령

구획정위원회가 정하는 바에 따라 시조례로 정한다.
⑥ 제5항에 따라 시의회의원 지역선거구를 획정하는 경우 하나의 읍·면·동의 일부를 분할하여 다른 시의회의원 지역선거구에 속하게 할 수 없다.
⑦ 제1항에 따라 「공직선거법」에 따른 시·도지사선거에 관한 규정을 준용(세종특별자치시교육감선거는 「지방교육자치에 관한 법률」에 따라 준용하는 경우를 말한다)하는 경우 다음 각 호에 따른다.
〈신설 2012.1.17〉
1. 「공직선거법」 제48조제2항에 따른 선거권자의 추천은 300명 이상 500명 이하로 한다.
2. 「공직선거법」 제61조제1항에 따른 선거운동기구는 세종특별자치시에 편입되는 다음 구역(이하 "세종특별자치시의 관할구역"이라 한다) 안에 선거사무소 1개소를 둘 수 있다.

> 종전의 충청북도 청원군 부용면 산수리·행산리·갈산리·부강리·문곡리·금호리·등곡리·노호리 일원, 종전의 충청남도 공주시 의당면 태산리·용암리·송학리·용현리·송정리 일원, 장기면 송문리·평기리·대교리·하봉리·도계리·봉안리·제천리·은용리·산학리·당암리·금암리 일원, 반포면 원봉리·도남리·성강리·국곡리·봉암리 일원, 종전의 충청남도 연기군 일원

3. 「공직선거법」 제61조의2제1항에 따른 정당선거사무소는 세종특별자치시의 관할구역 안에 1개소를 둘 수 있다.
4. 「공직선거법」 제62조제2항에 따른 선거사무소에 둘 수 있는 선거사무원 수는 세종특별자치시의 관할구역 안의 읍·면·동수의 3배수에 5를 더한 수 이내로 한다.
5. 「공직선거법」 제71조제2항에 따른 지역방송시설에는 세종특별자치시의 관할구역을 방송권역으로 하는 인접한 시·도 안에 있는 방송시설을 포함한다.
6. 「공직선거법」 제121조제1항에 따른 선거비용제한액은 2억원+(인구수×300원)으로 한다.

제17조(세종특별자치시 출범준비단의 설치) ① 세종특별자치시 설치에 필요한 사항을 처리·지원하기 위하여 출범준비단을 둔다.
② 출범준비단의 업무와 설치·운영 등 필요한 사항은 대통령령으로 정한다.
[법률 제10419호(2010.12.27) 부칙 제2조의 규정에 의하여 이 조는 2012년 12월 31일까지 유효함]

부 칙

〈제11690호, 2013.3.23〉 (정부조직법)

제1조(시행일) ① 이 법은 공포한 날부터 시행한다.
② 생략
제2조부터 **제7조**까지 생략

지방의회 관계법령집

지방공무원법

지방공무원법

[시행 2014.2.7] [법률 제11997호, 2013.8.6, 일부개정]

제1장 총 칙
〈개정 2008.12.31〉

제1조(목적) 이 법은 지방자치단체의 공무원에게 적용할 인사행정의 근본 기준을 확립하여 지방자치행정의 민주적이며 능률적인 운영을 도모함을 목적으로 한다. [전문개정 2008.12.31]

제2조(공무원의 구분) ① 지방자치단체의 공무원(지방자치단체가 경비를 부담하는 지방공무원을 말하며, 이하 "공무원"이라 한다)은 경력직공무원과 특수경력직공무원으로 구분한다.

② "경력직공무원"이란 실적과 자격에 따라 임용되고 그 신분이 보장되며 평생 동안(근무기간을 정하여 임용하는 공무원의 경우에는 그 기간 동안을 말한다) 공무원으로 근무할 것이 예정되는 공무원을 말하며, 그 종류는 다음 각 호와 같다. 〈개정 2012.12.11〉
1. 일반직공무원: 기술·연구 또는 행정 일반에 대한 업무를 담당하는 공무원
2. 특정직공무원: 공립 대학 및 전문대학에 근무하는 교육공무원, 교육감 소속의 교육전문직원, 자치경찰공무원 및 지방소방공무원과 그 밖에 특수 분야의 업무를 담당하는 공무원으로서 다른 법률에서 특정직공무원으로 지정하는 공무원
3. 삭제 〈2012.12.11〉

③ "특수경력직공무원"이란 경력직공무원 외의 공무원을 말하며, 그 종류는 다음 각 호와 같다. 〈개정 2012.12.11〉
1. 정무직공무원
   가. 선거로 취임하거나 임명할 때 지방의회의 동의가 필요한 공무원
   나. 고도의 정책결정업무를 담당하거나 이러한 업무를 보조하는 공무원으로서 법령 또는 조례에서 정무직으로 지정하는 공무원
2. 별정직공무원: 비서관·비서 등 보좌업무 등을 수행하거나 특정한 업무 수행을 위하여 법령에서 별정직으로 지정하는 공무원
3. 삭제 〈2012.12.11〉
4. 삭제 〈2011.5.23〉

④ 제3항에 따른 별정직공무원의 임용조건, 임용절차, 근무 상한연령, 그 밖에 필요한 사항은 대통령령 또는 조례로 정한다. 〈개정 2011.5.23, 2012.12.11〉 [전문개정 2008.12.31]

제3조(적용범위) ① 특수경력직공무원에 대하여는 이 법 또는 다른 법률에 특별한 규정이 없으면 제31조, 제41조제1항, 제42조부터 제46조까지, 제46조의2, 제46조의3, 제47조부터 제51조까지, 제51조의2, 제52조부터 제59조까지, 제61조, 제74조부터 제79조까지 및 제82조에 한정하여 이 법을 적용한다.

② 제1항에도 불구하고 정무직공무원에 대하여는 제31조 및 제61조를 적용하지 아니하고, 대통령령으로 정하는 특수경력직공무원에 대하여는 제57조 및 제58조를 적용하지 아니한다.

③ 제25조의2는 대통령령으로, 제25조의3은 대통령령 또는 조례로 정하는 공무원에게만 적용한다.

④ 제25조의5에 따라 근무기간을 정하여 임용하는 공무원에 대하여는 이 법 또는 다른 법률에 특별한 규정이 없으면 제29조의2, 제29조의3, 제30조의2, 제30조의4, 제38조, 제39조, 제39조의2, 제39조의3, 제65조의4, 제66조 및 제66조의2를 적용하지 아니한다. [전문개정 2012.12.11]

○ 법 령

제3조의2 삭제 〈1981.4.20〉
제4조(일반직공무원의 계급구분 등) ① 일반직공무원은 1급부터 9급까지의 계급으로 구분하며, 직군(職群)과 직렬(職列)별로 분류한다. 〈개정 2010.6.8, 2011.5.23, 2012.12.11〉
② 다음 각 호의 공무원에 대하여는 대통령령으로 정하는 바에 따라 제1항에 따른 계급 구분이나 직군 및 직렬의 분류를 적용하지 아니할 수 있다. 〈개정 2012.12.11〉
  1. 특수 업무 분야에 종사하는 공무원
  2. 연구 또는 특수기술 직렬 공무원
③ 삭제 〈2010.6.8〉
④ 제1항 및 제2항에 따른 각 계급의 직무의 종류별 명칭은 대통령령으로 정한다. 〈개정 2010.6.8〉
[전문개정 2008.12.31] [제목개정 2012.12.11]
제5조(정의) 이 법에서 사용하는 용어의 뜻은 다음과 같다.
  1. "직위(職位)"란 1명의 공무원에게 부여할 수 있는 직무와 책임을 말한다.
  2. "직급(職級)"이란 직무의 종류·곤란성과 책임도가 상당히 유사한 직위의 군(群)을 말하며, 같은 직급에 속하는 직위에 대하여는 임용자격·시험, 그 밖의 인사행정에서 동일한 취급을 한다.
  3. "정급(定級)"이란 직위를 직급에 배정하는 것을 말한다.
  4. "강임(降任)"이란 같은 직렬 내에서 하위 직급에 임명하거나 하위 직급이 없어 다른 직렬의 하위 직급에 임명하는 것을 말한다.
  5. "전직(轉職)"이란 직렬을 달리하여 임명하는 것을 말한다.
  6. "전보(轉補)"란 같은 직급 내에서의 보직변경을 말한다.
  7. "직군(職群)"이란 직무의 성질이 유사한 직렬의 군을 말한다.
  8. "직렬(職列)"이란 직무의 종류가 유사하고, 그 책임과 곤란성의 정도가 다른 직급의 군을 말한다.
  9. "직류(職類)"란 같은 직렬 내에서 담당 분야가 같은 직무의 군을 말한다.
  10. "직무등급"이란 직무의 곤란성과 책임도가 상당히 유사한 직위의 군을 말한다. [전문개정 2008.12.31]

제2장 인사기관
〈개정 2008.12.31〉

제6조(임용권자) ① 지방자치단체의 장(특별시·광역시·도 또는 특별자치도의 교육감을 포함한다. 이하 같다)은 이 법에서 정하는 바에 따라 그 소속 공무원의 임명·휴직·면직과 징계를 하는 권한(이하 "임용권"이라 한다)을 가진다.
② 제1항에 따라 임용권을 가지는 자는 그 권한의 일부를 그 지방자치단체의 조례로 정하는 바에 따라 보조기관, 그 소속 기관의 장, 지방의회의 사무처장·사무국장·사무과장 또는 교육위원회의 의사국장에게 위임할 수 있다.
③ 임용권자(임용권의 위임을 받은 자를 포함한다. 이하 같다)는 대통령령으로 정하는 바에 따라 소속 공무원의 인사기록을 작성·보관하여야 한다. [전문개정 2008.12.31]
제6조의2(인사관리의 전자화) ① 안전행정부장관 또는 지방자치단체의 장은 공무원의 인사관리를 과학화하기 위하여 공무원의 인사기록을 데이터베이스화하여 관리하고 인사 업무를 전자적으로 처리할 수 있는 시스템을 구축하여 운영할 수 있다. 〈개정 2013.3.23〉
② 제1항에 따른 시스템의 구축·운영 등에 필요한 사항은 대통령령으로 정한다. [전문개정 2008.12.31]
제7조(인사위원회의 설치) ① 지방자치단체에 임용권자(임용권을 위임받은 자는 제외하되, 그중 시의 구청

장과 지방자치단체의 장이 필요하다고 인정하는 소속 기관의 장을 포함한다)별로 인사위원회를 두되, 특별시·광역시·도 또는 특별자치도(이하 "시·도"라 한다)에는 필요하면 제1인사위원회와 제2인사위원회를 둘 수 있다.
② 인사위원회는 16명 이상 20명 이하의 위원으로 구성한다. 다만, 임용권을 위임받은 기관에 두는 인사위원회와 해당 지방자치단체의 인구 수, 위원 선정의 어려움 등을 고려하여 대통령령으로 정하는 지방자치단체에 두는 인사위원회는 7명 이상 9명 이하의 위원으로 구성할 수 있다. 〈개정 2012.3.21〉
③ 제2항에 따라 인사위원회를 구성할 경우에는 제5항 각 호에 따라 위촉되는 위원이 전체 위원의 2분의 1 이상이어야 한다. 〈신설 2012.3.21〉
④ 제1항에 따라 시·도에 복수의 인사위원회를 두는 경우 제1인사위원회의 위원과 제2인사위원회의 위원은 겸직할 수 없다. 다만, 인사를 담당하는 국 또는 이에 상당하는 보조기관의 장의 경우에는 그러하지 아니하다. 〈신설 2012.3.21〉
⑤ 위원은 해당 지방자치단체의 공무원(국가공무원을 포함한다) 및 다음 각 호에 해당하는 사람으로서 인사행정에 관한 학식과 경험이 풍부한 사람 중에서 지방자치단체의 장이 임명하거나 위촉하되, 위원의 자격요건에 관하여 필요한 사항은 대통령령으로 정한다. 다만, 시험위원은 시험실시기관의 장이 따로 위촉할 수 있다. 〈개정 2012.3.21〉
1. 법관·검사 또는 변호사 자격이 있는 사람
2. 대학에서 조교수 이상으로 재직하거나 초등학교·중학교·고등학교 교장 또는 교감으로 재직하는 사람
3. 공무원(국가공무원을 포함한다)으로서 20년 이상 근속하고 퇴직한 사람
4. 「비영리민간단체 지원법」에 따른 비영리민간단체에서 10년 이상 활동하고 있는 지역단위 조직의 장
5. 상장법인의 임원 또는 「공공기관의 운영에 관한 법률」 제5조에 따라 지정된 공기업의 지역단위 조직의 장으로 근무하고 있는 사람
⑥ 다음 각 호의 어느 하나에 해당하는 사람은 위원으로 위촉될 수 없다. 〈개정 2012.3.21〉
1. 제31조 각 호의 어느 하나에 해당하는 사람
2. 「정당법」에 따른 정당의 당원
3. 지방의회의원
⑦ 제5항에 따라 위촉되는 위원의 임기는 3년으로 하되, 한 번만 연임할 수 있다. 〈개정 2012.3.21〉
⑧ 지방자치단체는 조례로 정하는 바에 따라 인사위원회의 회의에 참석하는 위원에게 실비보상을 할 수 있다. 〈개정 2012.3.21〉
⑨ 위원은 그 직무에 관하여 알게 된 비밀을 누설하여서는 아니 된다. 〈개정 2012.3.21〉
⑩ 위원 중 공무원이 아닌 위원은 그 직무상 행위와 관련하여 「형법」이나 그 밖의 법률에 따른 벌칙을 적용할 때 공무원으로 본다. 〈개정 2012.3.21〉
⑪ 제1항부터 제10항까지에서 규정한 사항 외에 인사위원회의 구성에 필요한 사항은 대통령령으로 정한다. 〈신설 2012.3.21〉 [전문개정 2008.12.31]

제8조(인사위원회의 기능 등) ① 인사위원회는 다음 각 호의 사무를 관장한다. 〈개정 2010.3.22〉
1. 공무원 충원계획의 사전심의 및 각종 임용시험의 실시
2. 임용권자의 요구에 따른 보직관리 기준 및 승진·전보임용 기준의 사전의결
3. 승진임용의 사전심의
4. 임용권자의 요구에 따른 공무원의 징계 의결 또는 제69조의2에 따른 징계부가금(이하 "징계부가금"이라 한다) 부과 의결(이하 "징계의결등"이라 한다)

◎ 법 령

  5. 지방자치단체의 장이 지방의회에 제출하는 공무원의 임용·교육훈련·보수 등 인사와 관련된 조례안 및 규칙안의 사전심의
  6. 임용권자의 인사운영에 대한 개선 권고
  7. 그 밖에 법령 또는 조례에 따라 인사위원회 관장에 속하는 사항
② 인사위원회는 제1항의 기능 수행에 필요하다고 인정하면 임용권자에게 관계 서류의 제출을 요구할 수 있고, 제1항제4호의 사무처리를 위하여 사실 조사를 하거나 증인의 증언을 요구할 수 있다.
③ 제1항제2호에 따른 사전의결 대상 및 제7조제1항에 따라 복수의 인사위원회가 설치된 경우 각 인사위원회의 사무분장에 필요한 사항은 대통령령으로 정한다.
④ 인사위원회의 징계의결등에 관한 절차는 따로 대통령령으로 정한다. 〈개정 2010.3.22〉
[전문개정 2008.12.31]

제9조(인사위원회의 기관) ① 인사위원회에 위원장·부위원장 각 1명을 두며, 위원장은 시·도의 국가공무원으로 임명하는 부시장·부지사·부교육감, 시·군·구(자치구를 말한다. 이하 같다)의 부시장·부군수·부구청장이 되고, 부위원장은 해당 인사위원회에서 호선(互選)한다. 다만, 임용권을 위임받은 기관에 두는 인사위원회의 위원장과 부위원장은 해당 인사위원회에서 호선한다.
② 제7조제1항에 따라 시·도에 복수의 인사위원회를 두는 경우 제1인사위원회의 위원장은 제1항 본문에 따르고, 제2인사위원회의 위원장은 부시장·부지사(「지방자치법」 제110조제6항 후단에 따라 특정지역의 사무를 담당하는 부시장·부지사를 말한다) 또는 인사를 담당하는 국장이 된다.
③ 위원장은 인사위원회를 대표하며, 인사위원회의 사무를 총괄한다.
④ 부위원장은 위원장을 보좌하며, 위원장이 부득이한 사유로 직무를 수행할 수 없을 때에는 그 직무를 대행한다. [전문개정 2008.12.31]

제9조의2(위원의 신분보장) ① 인사위원회의 위원장, 부위원장 및 위원(공무원인 위원장, 부위원장 및 위원은 제외한다. 이하 이 조에서 같다)은 제7조제5항 각 호에 따른 자격요건이 상실되거나 제7조제6항 각 호의 어느 하나에 해당할 때에는 그 직을 당연히 퇴직한다. 〈개정 2012.3.21〉
② 인사위원회의 위원장, 부위원장 및 위원은 장기의 심신쇠약으로 직무를 수행할 수 없게 된 경우 외에는 본인의 의사에 반하여 그 직에서 면직되지 아니한다. [전문개정 2008.12.31]

제10조(인사위원회의 회의) ① 인사위원회의 회의는 위원장이 필요하다고 인정할 때에 소집하고 위원장은 그 의장이 된다.
② 인사위원회의 회의는 위원장과 위원장이 회의마다 지정(임용권을 위임받은 기관에 두는 인사위원회의 경우에는 그 기관의 장이 지정한다)하는 8명의 위원으로 구성하되, 제7조제5항 각 호에 따라 위촉된 위원이 전체 구성원의 2분의 1 이상이어야 한다. 다만, 제7조제2항 단서에 따라 인사위원회를 7명 이상 9명 이하의 위원으로 구성한 경우 그 인사위원회의 회의는 위원 전원으로 구성한다. 〈신설 2012.3.21〉
③ 인사위원회의 회의는 제2항에 따른 구성원 3분의 2 이상의 출석과 출석위원 과반수의 찬성으로 의결한다. 다만, 대통령령으로 정하는 경미한 사항에 대하여는 서면으로 심의·의결할 수 있다.
〈개정 2012.3.21〉
④ 그 밖에 인사위원회의 운영에 필요한 사항은 대통령령으로 정한다. [전문개정 2008.12.31]

제10조의2(인사위원회 위원의 제척·기피·회피) ① 인사위원회의 위원은 다음 각 호의 어느 하나에 해당하는 경우에는 제8조제1항제3호 및 제4호의 심의·의결에서 제척(除斥)된다.
  1. 위원 본인 또는 그 배우자나 배우자였던 사람이 해당 심의·의결의 대상자인 경우
  2. 위원 본인과 친족 관계에 있거나 친족 관계에 있었던 사람이 해당 심의·의결의 대상자인 경우

지방공무원법

② 제8조제1항제3호 및 제4호의 심의·의결 대상자는 다음 각 호의 어느 하나에 해당하는 경우에는 그 이유를 구체적으로 밝혀 그 위원에 대한 기피를 신청할 수 있고, 인사위원회는 해당 위원의 기피 여부를 결정하여야 한다. 이 경우 기피 신청을 받은 위원은 그 기피 여부에 대한 결정에 참여할 수 없다.
1. 인사위원회의 위원에게 제1항 각 호의 어느 하나에 해당하는 사항이 있는 경우
2. 그 밖에 심의·의결의 공정을 기대하기 어려운 사정이 있는 경우
③ 인사위원회의 위원은 제1항 또는 제2항에 따른 제척사유 또는 기피사유에 해당하는 것을 알게 되었을 때에는 스스로 제8조제1항제3호 및 제4호의 심의·의결에서 회피할 수 있다. 이 경우 회피하려는 위원은 위원장에게 그 사유를 소명하여야 한다. [본조신설 2012.3.21]

제10조의3(임시위원의 임명) ① 지방자치단체의 장은 제10조의2에 따른 인사위원회 위원의 제척·기피·회피 등으로 심의·의결에 참여할 수 있는 위원 수가 제10조제2항에 따른 인사위원회 회의 구성원 수의 3분의 2에 미달하는 때에는 그 구성원 수의 3분의 2가 될 때까지 임시위원을 임명 또는 위촉하여 해당 심의·의결에 참여하도록 하여야 한다.
② 임시위원의 자격, 실비보상, 비밀누설 금지 등에 관하여는 제7조제5항·제8항부터 제10항까지를 준용하고, 결격사유에 관하여는 같은 조 제6항을 준용한다. [본조신설 2012.3.21]

제11조(인사위원회의 사무직원) ① 인사위원회에 간사와 서기를 둔다.
② 간사와 서기는 해당 기관의 장이 그 소속 공무원 중에서 임명한다.
③ 간사는 위원장의 명을 받아 인사위원회의 사무를 처리하며 서기는 간사를 보조한다.
[전문개정 2008.12.31]

제12조 삭제 〈1991.5.31〉

제13조(소청심사위원회의 설치) 공무원의 징계, 그 밖에 그 의사에 반하는 불리한 처분이나 부작위(不作爲)에 대한 소청을 심사·결정하기 위하여 시·도에 제6조에 따른 임용권자별로(임용권을 위임받은 자는 제외한다) 지방소청심사위원회 및 교육소청심사위원회(이하 "심사위원회"라 한다)를 둔다.
[전문개정 2008.12.31]

제14조(심사위원회의 위원) ① 심사위원회는 16명 이상 20명 이하의 위원으로 구성한다. 이 경우 제2항제1호 및 제2호에 따라 위촉되는 위원이 전체 위원의 2분의 1 이상이어야 한다. 〈개정 2012.3.21〉
② 위원은 다음 각 호의 어느 하나에 해당하는 사람 중에서 특별시장·광역시장·도지사 또는 특별자치도지사(이하 "시·도지사"라 한다) 또는 교육감이 임명하거나 위촉한다. 다만, 인사위원회위원, 「정당법」에 따른 당원, 지방의회의원 및 제31조 각 호의 어느 하나에 해당하는 사람은 심사위원회의 위원이 될 수 없다.
1. 법관·검사 또는 변호사로 재직하는 사람
2. 대학에서 법률학을 담당하는 부교수 이상으로 재직하는 사람
3. 소속 국장급 이상의 공무원
③ 제2항에 따라 위촉되는 위원의 임기는 2년으로 하되, 연임할 수 있다.
④ 심사위원회의 회의는 위원장과 시·도지사 또는 교육감이 회의마다 지정하는 6명의 위원으로 구성한다. 이 경우 제2항제1호 및 제2호에 따라 위촉된 위원이 5명 이상이어야 한다. 〈신설 2012.3.21〉
⑤ 회의에 참석하는 위원에게는 해당 지방자치단체의 조례로 정하는 바에 따라 실비보상을 할 수 있다. 〈개정 2012.3.21〉
⑥ 위원 중 공무원이 아닌 위원은 그 직무상 행위와 관련하여 「형법」이나 그 밖의 법률에 따른 벌칙을 적용할 때 공무원으로 본다. 〈개정 2012.3.21〉
⑦ 제1항부터 제6항까지에서 규정된 사항 외에 심사위원회의 구성·운영 등에 필요한 사항은 대통령령

○ **법 령**

으로 정한다. 〈개정 2012.3.21〉 [전문개정 2008.12.31]

제15조(심사위원회의 위원장) ① 심사위원회에 위원장 1명을 두며, 위원장은 심사위원회에서 제14조제2항제1호 또는 제2호에 해당하는 심사위원회 위촉위원 중에서 호선한다.
② 위원장은 심사위원회를 대표하고, 심사위원회의 사무를 총괄한다.
③ 위원장이 부득이한 사유로 직무를 수행할 수 없을 때에는 위원장이 미리 지정한 위원이 그 직무를 대행한다. [전문개정 2008.12.31]

제15조의2(위원의 신분보장) ① 심사위원회의 위촉위원은 금고 이상의 형벌이나 장기의 심신쇠약으로 직무를 수행할 수 없게 된 경우 외에는 본인의 의사에 반하여 그 직에서 면직되지 아니한다.
② 심사위원회의 위원이 제14조제2항 단서의 결격사유 중 어느 하나에 해당할 때에는 그 직을 당연히 퇴직한다. [본조신설 2008.12.31]

제16조(심사위원회의 사무직원) ① 심사위원회에 간사 및 서기를 둔다.
② 간사와 서기는 시·도지사 또는 교육감이 그 소속 공무원 중에서 임명한다.
③ 간사는 위원장의 명을 받아 심사위원회의 사무를 처리하고, 서기는 간사를 보조한다.
[전문개정 2008.12.31]

제17조(심사위원회의 심사) ① 심사위원회는 이 법에 따른 소청을 접수하면 지체 없이 심사하여야 한다.
② 심사위원회는 제1항의 심사를 할 때 필요하다고 인정하면 사실 조사를 하거나 증인을 소환하여 질문을 하거나 관계 서류를 제출하도록 명할 수 있다.
③ 심사위원회가 소청사건을 심사하기 위하여 징계 요구 기관이나 관계 기관의 소속 공무원을 증인으로 소환하면 해당 기관의 장은 이에 따라야 한다.
④ 심사위원회는 필요하다고 인정하면 특별한 학식·경험이 있는 자에게 검증(檢證)이나 감정(鑑定)을 의뢰할 수 있다.
⑤ 심사위원회가 공무원이 아닌 사람을 증인으로 소환하여 질문할 때에는 대통령령으로 정하는 바에 따라 실비보상을 하여야 한다. [전문개정 2008.12.31]

제18조(소청인의 진술권) ① 심사위원회가 소청사건을 심사할 때에는 대통령령으로 정하는 바에 따라 소청인 또는 그 대리인에게 진술 기회를 주어야 한다.
② 제1항의 진술 기회를 주지 아니한 결정은 무효로 한다. [전문개정 2008.12.31]

제19조(심사위원회의 결정) ① 심사위원회의 결정은 제14조제4항에 따른 구성원 3분의 2 이상의 출석과 출석위원 과반수의 합의에 따르되, 의견이 나뉜 경우에는 출석위원 과반수에 이를 때까지 소청인에게 가장 불리한 의견에 차례로 유리한 의견을 더하여 그 중에서 가장 유리한 의견을 합의된 의견으로 본다. 〈개정 2012.3.21〉
② 심사위원회의 위원은 위원회에 계류(繫留)된 소청사건의 증인이 될 수 없으며, 다음 사항에 관한 소청사건의 심사·결정에서 제척된다. 〈개정 2011.5.23〉
1. 위원 본인과 관계있는 사항
2. 위원 본인과 친족이거나 친족이었던 사람과 관계있는 사항
③ 소청 사건의 당사자는 다음 각 호의 어느 하나에 해당하는 때에는 그 이유를 구체적으로 밝혀 그 위원에 대한 기피를 신청할 수 있고, 심사위원회는 해당 위원의 기피 여부를 결정하여야 한다. 이 경우 기피신청을 받은 위원은 그 기피 여부에 대한 결정에 참여할 수 없다. 〈신설 2011.5.23〉
1. 심사위원회의 위원에게 제2항 각 호의 사항이 있는 경우
2. 심사·결정의 공정을 기대하기 어려운 사정이 있는 경우

④ 심사위원회 위원은 제3항 각 호의 어느 하나에 해당하는 때에는 스스로 그 사건의 심사·결정에서 회피할 수 있다. 〈신설 2011.5.23〉
⑤ 심사위원회의 결정은 다음 각 호와 같이 구분한다. 〈개정 2011.5.23〉
 1. 심사청구가 이 법 또는 다른 법률에 적합하지 아니하면 그 청구를 각하한다.
 2. 심사청구가 이유 없다고 인정되면 그 청구를 기각한다.
 3. 처분의 취소 또는 변경을 구하는 심사청구가 이유 있다고 인정되면 처분을 취소 또는 변경하거나 처분행정청에 취소 또는 변경할 것을 명한다.
 4. 처분의 효력 유무 또는 존재 여부에 대한 확인을 구하는 심사청구가 이유 있다고 인정되면 처분의 효력 유무 또는 존재 여부를 확인한다.
 5. 위법 또는 부당한 거부처분이나 부작위에 대하여 의무이행을 구하는 심사청구가 이유 있다고 인정되면 지체 없이 청구에 따른 처분을 하거나 처분을 할 것을 명한다.
⑥ 심사위원회의 취소명령 또는 변경명령 결정은 그에 따른 징계나 그 밖의 처분이 있을 때까지는 종전에 행한 징계처분 또는 징계부가금 부과처분(이하 "징계처분등"이라 한다)에 영향을 미치지 아니한다. 〈개정 2010.3.22, 2011.5.23〉
⑦ 심사위원회가 징계처분등을 받은 자의 청구에 따라 소청을 심사할 경우에는 원징계처분보다 무거운 징계 또는 원징계부가금 부과처분보다 무거운 징계부가금을 부과하는 결정을 하지 못한다. 〈개정 2010.3.22, 2011.5.23〉
⑧ 심사위원회의 결정은 그 이유를 구체적으로 밝힌 결정서로 하여야 한다. 〈개정 2011.5.23〉
[전문개정 2008.12.31]

제19조의2(임시위원의 임명) ① 제19조제2항부터 제4항까지의 규정에 따른 심사위원회 위원의 제척·기피 또는 회피 등으로 심사·결정에 참여할 수 있는 위원 수가 3명 미만이 된 경우에는 3명이 될 때까지 시·도지사 또는 교육감은 임시위원을 임명하여 해당 사건의 심사·결정에 참여하도록 하여야 한다.
② 임시위원의 자격, 실비보상 등에 관하여는 제14조제2항 각 호 및 같은 조 제5항·제6항을, 결격사유에 관하여는 제14조제2항 단서를 준용한다. 〈개정 2012.3.21〉 [본조신설 2011.5.23]

제20조(결정의 효력) 제19조에 따른 심사위원회의 결정은 처분행정청을 기속(羈束)한다.
[전문개정 2008.12.31]

제20조의2(행정소송과의 관계) 제67조에 따른 처분, 그 밖에 본인의 의사에 반한 불리한 처분이나 부작위에 관한 행정소송은 심사위원회의 심사·결정을 거치지 아니하면 제기할 수 없다. [전문개정 2008.12.31]

제21조(소청 절차) 소청의 제기, 심사 및 결정, 그 밖에 소청 절차에 관하여 필요한 사항은 대통령령으로 정한다. [전문개정 2008.12.31]

제3장 직위분류제
〈개정 2008.12.31〉

제22조(직위분류제의 확립) ① 직위분류제에 관하여 이 법에 규정된 것 외에는 대통령령으로 정한다.
② 제1항의 직위분류제에서는 모든 대상 직위를 직무의 종류와 곤란성 및 책임도에 따라 직군·직렬·직급 또는 직무등급별로 분류하되, 같은 직급이나 같은 직무등급에 속하는 직위에 대하여는 같은 자격요건을 필요로 하고 동일하거나 유사한 보수가 지급되도록 분류하여야 한다. [전문개정 2008.12.31]

제22조의2(직무분석) ① 임용권자는 합리적인 인사관리를 위하여 필요하면 직무분석을 할 수 있다.
② 제1항에 따른 직무분석 및 그 결과의 활용 등에 필요한 사항은 대통령령으로 정한다.
[전문개정 2008.12.31]

◎ 법 령

제23조(직위의 정급) ① 지방자치단체의 장은 대통령령으로 정하는 바에 따라 직위분류제의 적용을 받는 모든 직위를 어느 하나의 직급 또는 직무등급에 배정하여야 한다.
② 지방자치단체의 장은 대통령령으로 정하는 바에 따라 제1항에 규정된 정급(定級)을 재심사하고, 필요하다고 인정하면 이를 개정하여야 한다. [전문개정 2008.12.31]

제24조(직위분류제의 실시) 일반직을 대상으로 하는 직위분류제는 대통령령으로 정하는 바에 따라 실시하기 쉬운 것부터 단계적으로 실시할 수 있다. [전문개정 2008.12.31]

제4장 임용과 시험
〈개정 2008.12.31〉

제25조(임용의 기준) 공무원의 임용은 시험성적, 근무성적, 경력평정, 그 밖의 능력의 실증(實證)에 따라 한다. 다만, 지방자치단체의 장은 대통령령으로 정하는 바에 따라 장애인, 이공계 전공자, 저소득층 등에 대한 임용·승진·전보 등 인사관리상의 우대와 실질적 양성평등을 실현하기 위한 적극적인 정책을 실시할 수 있다. [전문개정 2008.12.31]

제25조의2(외국인과 복수국적자의 임용) ① 지방자치단체의 장은 국가안보 및 보안·기밀에 관계되는 분야를 제외한 분야에서 대통령령으로 정하는 바에 따라 외국인을 공무원으로 임용할 수 있다.
〈개정 2011.5.23〉
② 지방자치단체의 장은 다음 각 호의 어느 하나에 해당하는 분야로서 대통령령으로 정하는 분야에는 복수국적자(대한민국 국적과 외국 국적을 함께 가진 사람을 말한다. 이하 같다)의 임용을 제한할 수 있다.
〈신설 2011.5.23〉
1. 국가의 존립과 헌법 기본질서의 유지를 위한 국가안보 분야
2. 내용이 누설되는 경우 국가 또는 지방자치단체의 이익을 해하게 되는 보안·기밀 분야
3. 외교, 국가 간 이해관계와 관련된 정책 결정 및 집행 등 복수국적자의 임용이 부적합한 분야
[전문개정 2008.12.31] [제목개정 2011.5.23]

제25조의3(근무시간의 단축 임용) 지방자치단체의 장은 업무의 특성 또는 기관의 사정 등을 고려하여 신규임용되는 공무원 또는 소속 공무원을 대통령령 또는 조례로 정하는 바에 따라 통상적인 근무시간보다 짧게 근무하는 공무원으로 임용할 수 있다. 〈개정 2011.5.23〉 [전문개정 2008.12.31]

제25조의4(기술분야 우수 인재의 추천 채용 및 견습근무) ① 임용권자는 우수한 인재를 공직에 유치하기 위하여 학업 성적 등이 뛰어난 고등학교 이상 졸업자나 졸업 예정자를 추천·선발하여 3년의 범위에서 견습으로 근무하게 하고, 그 근무기간 동안 근무성적과 자질이 우수하다고 인정되는 사람은 기술분야의 일반직공무원으로 임용할 수 있다. 〈개정 2012.12.11〉
② 제1항에 따라 견습으로 근무하는 사람은 직무상 행위를 하거나 「형법」, 그 밖의 법률에 따른 벌칙을 적용할 때 공무원으로 본다.
③ 제1항에 따른 추천·선발 방법, 견습근무 기간, 임용 직급 등에 관한 사항은 대통령령으로 정한다
[본조신설 2012.3.21] [제목개정 2012.12.11]

제25조의5(근무기간을 정하여 임용하는 공무원) ① 지방자치단체의 장은 전문지식·기술이 요구되거나 임용관리에 특수성이 요구되는 업무를 담당하게 하기 위하여 경력직공무원을 임용할 때에 일정기간을 정하여 근무하는 공무원(이하 "임기제공무원"이라 한다)을 임용할 수 있다.
② 임기제공무원의 임용조건, 임용절차, 근무상한연령 및 그 밖에 필요한 사항은 대통령령으로 정한다.
[본조신설 2012.12.11]

제26조(결원 보충 방법) 임용권자는 공무원의 결원을 신규임용·승진임용·강임·전직 또는 전보의 방법으로 보충한다. [전문개정 2008.12.31]

제27조(신규임용) ① 공무원의 신규임용은 공개경쟁임용시험으로 한다. 〈개정 2011.5.23〉

② 제1항에도 불구하고 다음 각 호의 어느 하나에 해당하는 경우에는 경력 등 응시요건을 정하여 같은 사유에 해당하는 다수인을 대상으로 경쟁의 방법으로 임용하는 시험(이하 "경력경쟁임용시험"이라 한다)으로 공무원을 임용할 수 있다. 다만, 제1호, 제3호, 제4호, 제5호, 제7호, 제10호의 어느 하나에 해당하는 경우 중 다수인을 대상으로 시험을 실시하는 것이 적당하지 아니하여 대통령령으로 정하는 경우에는 다수인을 대상으로 하지 아니한 시험으로 공무원을 임용할 수 있다. 〈개정 2011.5.23, 2012.3.21, 2012.12.11, 2013.3.23〉

1. 제62조제1항제1호의 사유로 퇴직하거나 제63조제1항제1호의 휴직기간 만료로 퇴직한 경력직공무원을 퇴직한 날부터 3년(「공무원연금법」에 따른 공무상 질병 또는 부상으로 인한 휴직의 경우는 5년) 이내에 퇴직 시에 재직한 직급의 경력직공무원으로 재임용하는 경우 또는 경력직공무원으로 재직하던 중 특수경력직공무원이나 다른 종류의 경력직공무원이 되기 위하여 퇴직한 사람을 퇴직 시에 재직한 직급의 경력직공무원으로 재임용하는 경우
2. 공개경쟁임용시험으로 임용하는 것이 부적당한 경우에 임용예정 직무에 관한 자격증 소지자를 임용하는 경우
3. 임용예정 직급·직위와 같은 직급·직위에서의 근무경력 또는 임용예정 직급·직위에 상응하는 근무기간이나 연구 경력이 대통령령으로 정하는 기간 이상인 사람을 임용하는 경우
4. 임용예정직에 관련된 특수목적을 위하여 설립된 학교(대학원을 포함한다) 중 대통령령으로 정하는 학교의 졸업자로서 국가기관 또는 지방자치단체에서 실무수습을 마친 사람을 임용하는 경우
5. 1급 공무원을 임용하는 경우
6. 공개경쟁임용시험으로 결원을 보충하기 곤란한 특수한 직무분야나 직무환경 또는 섬, 외딴 곳 등 특수한 지역에 근무할 사람을 임용하는 경우
7. 국가공무원을 그 직급·직위(고위공무원단에 속하는 공무원의 경우 해당 직위와 곤란성 및 책임도가 유사한 직위를 말한다)에 해당하는 지방공무원으로 임용하는 경우
8. 임용예정직에 관련된 실업계·예능계 및 사학계(史學系)의 고등학교·전문대학 및 대학(대학원을 포함한다)의 학과 중 대통령령으로 정하는 학과 졸업자로서 교육부장관 또는 안전행정부장관이 정하는 바에 따라 해당 학교장의 추천을 받은 사람을 연구 또는 기술직렬 공무원으로 임용하는 경우
9. 대통령령으로 정하는 임용예정직에 관련된 과학기술 분야 및 이에 준하는 특수 전문 분야의 연구경력이나 근무경력이 있는 사람을 임용하는 경우
10. 제25조의4에 따라 견습근무를 마친 사람과 제41조의4에 따라 재학 중 장학금을 받고 졸업한 사람을 임용하는 경우
11. 외국어에 능통하고 국제적 소양과 전문지식을 지닌 사람을 임용하는 경우
12. 연고지나 그 밖에 지역적 특수성을 고려하여 일정한 지역에 거주하는 사람을 그 지역에 소재하는 기관에 임용하는 경우
13. 「국적법」제4조 및 제8조에 따른 귀화허가를 받아 대한민국 국적을 취득한 사람 또는 「북한이탈주민의 보호 및 정착지원에 관한 법률」제2조제1호에 따른 북한이탈주민을 임용하는 경우

③ 삭제 〈2011.5.23〉

④ 제2항에 따른 경력경쟁임용시험의 경우에는 제62조제1항제1호의 사유로 퇴직한 사람을 우선하여 임

○ **법 령**

용하여야 하며, 제2항에 따른 시험으로 임용할 수 있는 공무원의 직급 또는 직위, 직급별 또는 직위별 응시 자격 및 시험 등에 필요한 사항은 대통령령으로 정한다. 〈개정 2011.5.23, 2012.12.11〉

⑤ 제2항제6호·제11호·제12호 또는 제13호에 따라 경력경쟁임용시험으로 임용된 사람은 5년간 전직 및 해당 기관 외의 기관으로 전보되거나 다른 지방자치단체로 전출될 수 없고, 5년 이내에 퇴직하면 그 근무경력은 제2항제3호의 경력경쟁임용시험응시에 필요한 근무 또는 연구실적에 포함하지 아니한다. 다만, 다음 각 호의 어느 하나에 해당하는 경우로서 직위가 없어지거나 과원(過員)이 되어 전직·전보 또는 전출되거나 제62조제1항제1호에 따라 직권면직된 경우에는 그러하지 아니하다. 〈개정 2011.5.23, 2012.3.21〉

1. 지방자치단체를 폐지하거나 설치하거나 나누거나 합친 경우
2. 직제와 정원이 개정되거나 폐지된 경우
3. 예산이 감소된 경우

⑥ 지방자치단체의 장이 제2항제7호에 따라 국가기관 또는 다른 지방자치단체에 근무하는 국가공무원을 해당 지방자치단체의 공무원으로 경력경쟁임용하려면 제29조의3을 준용하여 동의를 받아야 한다. 〈개정 2011.5.23〉 [전문개정 2008.12.31]

제28조(시보임용) ① 5급 공무원(제4조제2항에 따라 같은 조 제1항의 계급 구분이나 직군 및 직렬의 분류를 적용하지 아니하는 공무원 중 5급에 상당하는 공무원을 포함한다. 이하 같다)을 신규임용하는 경우에는 1년, 6급 이하 공무원(제4조제2항에 따라 같은 조 제1항의 계급 구분이나 직군 및 직렬의 분류를 적용하지 아니하는 공무원 중 6급 이하에 상당하는 공무원을 포함한다. 이하 같다)을 신규임용하는 경우에는 6개월간 시보로 임용하고, 그 기간에 근무성적이 좋으면 정규 공무원으로 임용한다. 다만, 대통령령으로 정하는 경우에는 시보임용을 면제하거나 그 기간을 단축할 수 있다. 〈개정 2012.12.11〉

② 휴직 기간, 직위해제 기간 및 징계에 따른 정직 또는 감봉처분을 받은 기간은 제1항의 시보임용 기간에 산입(算入)하지 아니한다.

③ 시보임용 기간 중의 공무원이 근무성적 또는 교육훈련성적이 나쁜 경우에는 제60조와 제62조에도 불구하고 면직할 수 있다. [전문개정 2008.12.31]

제29조 삭제 〈1981.4.20〉

제29조의2(전직) 공무원이 전직할 때에는 전직시험을 거쳐야 한다. 다만, 대통령령으로 정하는 전직의 경우는 예외로 한다. [전문개정 2008.12.31]

제29조의3(전입) 지방자치단체의 장은 다른 지방자치단체의 장의 동의를 받아 그 소속 공무원을 전입하도록 할 수 있다. [전문개정 2008.12.31]

제29조의4(개방형직위) ① 임용권자는 해당 기관의 직위 중 전문성이 특히 요구되거나 효율적인 정책 수립을 위하여 필요하다고 판단되어 공직 내부나 외부에서 적격자를 임용할 필요가 있는 직위를 개방형직위로 지정하여 운영할 수 있다. 이 경우, 「지방자치법」 등 지방자치단체의 조직 관계 법령이나 조례·규칙에 따라 시·도는 5급 이상, 시·군·구는 6급 이상 공무원 또는 이에 상당하는 공무원으로 임명할 수 있는 직위 중 임기제공무원으로도 보할 수 있는 직위는 개방형직위로 본다. 〈개정 2012.12.11〉

② 임용권자는 제1항에 따른 개방형직위에 대하여는 대통령령으로 정하는 바에 따라 직위별로 직무의 내용·특성 등을 고려하여 직무수행 요건을 설정하고 그 요건을 갖춘 사람을 임용하여야 한다.

③ 임용권자는 개방형직위를 지정·변경하거나 직위별 직무수행 요건을 설정·변경하려면 미리 해당 인사위원회의 심의·의결을 거쳐야 한다.

④ 개방형직위의 임용후보자 선발시험은 제32조제3항 및 제4항에도 불구하고 해당 지방자치단체의 인

사위원회에서 실시한다.
⑤ 그 밖에 개방형직위의 운영 등에 필요한 사항은 대통령령으로 정한다. [전문개정 2008.12.31]

제29조의5(공모직위) ① 임용권자는 해당 기관의 직위 중 업무의 효율적인 처리를 위하여 해당 기관 내부 또는 외부의 공무원(국가공무원을 포함한다) 중에서 적격자를 임용할 필요가 있는 직위를 공모직위(公募職位)로 지정하여 운영할 수 있다.
② 임용권자는 제1항에 따른 공모직위에 대하여는 직위별로 직무의 내용·특성 등을 고려하여 직무수행 요건을 설정하고 그 요건을 갖춘 사람을 임용하여야 한다.
③ 공모직위의 운영 등에 필요한 사항은 대통령령으로 정한다. [전문개정 2008.12.31]

제30조(공개경쟁시험 합격자의 우선임용 및 결원 보충의 조정) ① 결원을 보충할 때에는 공개경쟁임용시험 합격자와 공개경쟁승진시험 합격자를 우선하여 임용하여야 한다.
② 교육부장관 또는 안전행정부장관은 지방자치단체의 5급 이상 공무원의 결원을 보충할 때 공개경쟁임용시험 합격자, 공개경쟁승진시험 합격자 및 일반승진시험 합격자의 보충임용이 적절한 균형을 유지하도록 조정할 수 있다. 〈개정 2013.3.23〉 [전문개정 2008.12.31]

제30조의2(인사교류) ① 교육부장관 또는 안전행정부장관은 인력의 균형 있는 배치와 지방자치단체의 행정 발전을 위하여 교육부 또는 안전행정부와 지방자치단체 간에 인사교류가 필요하다고 인정하면 교육부 또는 안전행정부에 두는 인사교류협의회가 정한 인사교류 기준에 따라 인사교류안을 작성하여 해당 지방자치단체의 장에게 인사교류를 권고할 수 있다. 이 경우 해당 지방자치단체의 장은 정당한 사유가 없으면 인사교류를 하여야 한다. 〈개정 2013.3.23〉
② 시·도지사는 해당 지방자치단체 및 관할 구역의 지방자치단체 간에 인사교류가 필요하다고 인정하면 해당 시·도에 두는 인사교류협의회에서 정한 인사교류 기준에 따라 인사교류안을 작성하여 관할 구역의 지방자치단체의 장에게 인사교류를 권고할 수 있다. 이 경우 해당 지방자치단체의 장은 정당한 사유가 없으면 인사교류를 하여야 한다.
③ 제1항 및 제2항에 따른 인사교류의 대상에 관하여는 대통령령으로 정하고, 인사교류협의회의 구성 및 운영, 인사교류의 절차, 그 밖에 인사교류에 필요한 사항은 교육부령, 안전행정부령 또는 시·도 규칙으로 정한다. 〈개정 2013.3.23〉 [전문개정 2008.12.31]

제30조의3(겸임) 직위와 직무내용이 유사하고 담당 직무 수행에 지장이 없다고 인정되면 대통령령으로 정하는 바에 따라 일반직공무원을 특정직공무원, 특수 전문 분야의 일반직공무원, 대학교수 등 교육공무원 또는 대통령령으로 정하는 관련 교육·연구기관이나 그 밖의 기관·단체의 임직원과 서로 겸임하게 할 수 있다. 〈개정 2012.12.11〉 [전문개정 2008.12.31]

제30조의4(파견근무) ① 임용권자는 그 업무수행과 관련된 행정 지원이나 연수, 그 밖에 능력개발 등을 위하여 필요하면 소속 공무원을 지방자치단체의 다른 기관, 다른 지방자치단체, 국가기관, 공공단체, 「공공기관의 운영에 관한 법률」 제4조제1항 각 호에 해당하는 기관(「지방공기업법」에 따른 지방직영기업, 지방공사 및 지방공단을 포함한다), 국내외의 교육기관·연구기관, 그 밖의 기관에 일정 기간 파견근무하게 할 수 있으며, 전문성이 특히 요구되는 특수업무의 효율적 수행 등을 위하여 필요하면 인사위원회의 의결을 거쳐 지방자치단체 외의 기관·단체의 임직원을 파견받아 근무하게 할 수 있다.
② 파견권자는 파견 사유가 소멸되거나 파견 목적이 달성될 가망이 없으면 그 공무원을 지체 없이 원래의 소속 기관에 복귀시켜야 한다.
③ 제1항에 따라 지방자치단체 외의 기관·단체에서 파견된 임직원은 직무상 행위를 할 때에는 공무원으로 본다. 「형법」이나 그 밖의 법률에 따른 벌칙을 적용할 때에도 또한 같다.

○ 법 령

④ 공무원을 파견근무하게 하거나 지방자치단체 외의 기관·단체의 임직원을 파견받아 근무하게 하는 경우 파견 사유·기간·절차와 파견기간 중의 복무, 그 밖에 필요한 사항은 대통령령으로 정한다.
[전문개정 2008.12.31]

제30조의5(보직관리의 원칙) ① 임용권자는 법령에서 따로 정하는 경우 외에는 소속 공무원의 직급과 직종을 고려하여 그 직급에 상응하는 일정한 직위를 부여하여야 한다. 다만, 제4조제2항제1호에 따라 계급 구분 및 직군·직렬의 분류가 적용되지 아니하는 공무원에 대하여는 자격·경력 등을 고려하여 그에 상응하는 일정한 직위를 부여하여야 한다. 〈개정 2012.12.11〉
② 소속 공무원을 보직할 때에는 해당 공무원의 전공분야·훈련·근무경력·전문성 및 적성 등을 고려하여 적격한 직위에 임용하여야 한다. 이 경우 보직관리 기준에 관하여 필요한 사항은 대통령령으로 정한다. [전문개정 2008.12.31]

제31조(결격사유) 다음 각 호의 어느 하나에 해당하는 사람은 공무원이 될 수 없다.
〈개정 2010.3.22, 2013.8.6〉
1. 피성년후견인 또는 피한정후견인
2. 파산선고를 받고 복권되지 아니한 사람
3. 금고 이상의 형을 선고받고 그 집행이 끝나거나 집행을 받지 아니하기로 확정된 후 5년이 지나지 아니한 사람
4. 금고 이상의 형을 선고받고 그 집행유예기간이 끝난 날부터 2년이 지나지 아니한 사람
5. 금고 이상의 형의 선고유예를 선고받고 그 선고유예기간 중에 있는 사람
6. 법원의 판결 또는 다른 법률에 따라 자격이 상실되거나 정지된 사람
6의2. 공무원으로 재직기간 중 직무와 관련하여 「형법」 제355조및 제356조에 규정된 죄를 범한 사람으로서 300만원 이상의 벌금형을 선고받고 그 형이 확정된 후 2년이 지나지 아니한 사람
7. 징계로 파면처분을 받은 날부터 5년이 지나지 아니한 사람
8. 징계로 해임처분을 받은 날부터 3년이 지나지 아니한 사람 [전문개정 2008.12.31]

제32조(시험의 실시) ① 6급·7급 공무원 및 제4조제2항제1호에 따라 계급 구분 및 직군·직렬의 분류가 적용되지 아니하는 공무원의 신규임용시험은 시·도 단위로 해당 시·도인사위원회에서 실시한다. 다만, 농촌진흥사업에 종사하는 연구 및 지도직공무원에 대한 신규임용시험은 따로 대통령령으로 정하는 기관에서 실시한다. 〈개정 2012.12.11〉
② 8급 및 9급 공무원의 신규임용시험과 6·7·8급 공무원에의 승진시험, 6·7·8·9급 공무원의 전직시험은 해당 지방자치단체의 인사위원회에서 실시한다. 〈개정 2012.12.11〉
③ 5급 이상 공무원의 각종 임용시험은 대통령령으로 정하는 기관에서 실시한다.
④ 임용예정직과 관련이 있는 자격증 소지자의 경력경쟁임용시험은 제3항에도 불구하고 시·도인사위원회에서 실시한다. 〈개정 2011.5.23〉
⑤ 임용권자는 제36조 및 제39조에 따른 신규임용후보자 또는 승진후보자가 없거나 인사행정 운영상 특히 필요하다고 인정되면 그 직위의 신규임용 또는 승진시험에 상응하는 국가 또는 다른 지방자치단체의 시험에 합격한 사람을 그 직위의 신규임용 및 승진시험에 합격한 사람으로 보아 임용할 수 있다.
⑥ 시장·군수·구청장(자치구의 구청장을 말한다. 이하 같다)은 우수 인력의 확보 또는 시험관리상 필요하다고 인정하면 제2항에도 불구하고 시·도인사위원회에 시험의 실시를 위탁할 수 있다.
[전문개정 2008.12.31]

제33조(평등의 원칙) 공개경쟁에 따른 임용시험은 같은 자격을 가진 모든 국민에게 평등하게 공개하여야

하며, 시험의 시기와 장소는 응시자의 편의를 고려하여 결정하여야 한다. [전문개정 2008.12.31]
제34조(수험자격) 각종 시험의 수험자격은 대통령령으로 정한다. [전문개정 2008.12.31]
제34조의2(신규임용시험의 가점) 「국가기술자격법」이나 그 밖의 법령에 따른 자격을 취득한 사람이 공무원 신규임용시험에 응시하면 대통령령으로 정하는 바에 따라 일정한 점수를 가산할 수 있다.
[전문개정 2008.12.31]
제35조(시험의 공고) ① 공개경쟁신규임용시험, 공개경쟁승진시험 또는 경력경쟁임용시험을 실시할 때에는 임용예정 직급·직위, 응시자격, 선발예정 인원, 시험의 방법·시기·장소 등에 관하여 필요한 사항을 대통령령으로 정하는 바에 따라 공고하여야 한다. 다만, 제27조제2항 단서에 따라 다수인을 대상으로 하지 아니한 시험의 경우에는 공고하지 아니할 수 있다. 〈개정 2011.5.23, 2012.12.11〉
② 결원 보충을 원활히 하기 위하여 필요하면 근무예정지역 또는 근무예정기관을 미리 정하여 공개경쟁 신규임용시험을 실시할 수 있다. 이 경우 그 시험에 따라 임용된 공무원은 대통령령으로 정하는 기간 동안 해당 근무지역 또는 근무기관에 근무하여야 한다. [전문개정 2008.12.31]
제36조(신규임용후보자 명부) ① 지방자치단체의 장은 해당 지방자치단체의 인사위원회에서 실시한 신규임용시험에 합격한 사람을 대통령령으로 정하는 바에 따라 신규임용후보자 명부에 등재(登載)하여야 한다.
② 제32조제3항에 따라 대통령령으로 정하는 기관이 5급 공무원의 신규임용시험을 실시한 경우에는 대통령령으로 정하는 바에 따라 시·도지사 및 교육감은 그 합격자를 신규임용후보자 명부에 등재하여야 한다.
③ 신규임용후보자 명부는 누구든지 열람할 수 있다.
④ 5급 공무원 공개경쟁임용시험에 합격한 사람의 임용후보자 명부의 유효기간은 5년으로 하고, 그 밖의 신규임용후보자 명부의 유효기간은 2년의 범위에서 대통령령으로 정한다. 다만, 시험실시기관의 장은 필요하면 1년의 범위에서 그 기간을 연장할 수 있다.
⑤ 공개경쟁임용시험 합격자가 임용후보자등록을 마친 후 그 명부의 유효기간 내에 「병역법」에 따른 병역복무를 위하여 군에 입대한 경우(대학생 군사훈련과정이수자를 포함한다)의 의무복무기간과 대통령령으로 정하는 사유로 임용되지 못한 기간은 제4항의 기간에 포함하지 아니한다.
⑥ 제4항 단서에 따라 신규임용후보자 명부의 유효기간을 연장하는 경우에는 지방자치단체의 장은 지체 없이 이를 공고하여야 한다.
⑦ 신규임용후보자 명부에 등재되어 실무수습 중인 사람은 그 직무상 행위를 하거나 「형법」이나 그 밖의 법률에 따른 벌칙을 적용할 때 공무원으로 본다. 〈신설 2010.3.22〉 [전문개정 2008.12.31]
제37조(신규임용 방법) ① 제36조제1항 또는 제2항에 따라 신규임용후보자 명부를 작성한 지방자치단체의 장이 그 명부에 등재된 자 중에서 공무원을 신규임용할 때에는 신규임용후보자 명부의 최고순위자부터 3배수의 범위에서 임명하여야 한다.
② 시장·군수·구청장 및 제6조제2항에 따라 임용권의 위임을 받은 자가 공무원을 신규임용할 때에는 제36조제1항 또는 제2항에 따라 신규임용후보자 명부를 작성한 지방자치단체의 장에게 임용후보자의 추천을 요청하여야 한다.
③ 제2항에 따른 요청을 받은 자는 지체 없이 신규임용후보자 명부에 등재된 사람 중에서 그 순위에 따라 직위별로 3배수의 범위에 해당하는 임용후보자를 추천하여야 한다.
④ 임용권자는 제3항에 따라 임용후보자를 추천받으면 요청한 인원을 선택하여 임용하고, 그 결과를 임명후보자의 추천을 받은 날부터 7일 이내에 그 추천을 한 자에게 알려야 한다.
⑤ 임용후보자가 임용 또는 훈련에 응하지 아니하거나 훈련성적이 규칙으로 정하는 기준 이하일 때에는 임용후보자로서의 자격을 상실한다. [전문개정 2008.12.31]

◉ **법 령**

제38조(승진) ① 계급 간의 승진임용은 근무성적평정, 경력평정, 그 밖의 능력의 실증에 따라 한다. 다만, 1급부터 3급까지의 공무원으로의 승진임용은 능력과 경력 등을 고려하여 임용하며, 5급 공무원으로의 승진임용은 승진시험을 거치도록 하되, 필요하다고 인정하면 대통령령으로 정하는 바에 따라 인사위원회의 의결을 거쳐 임용할 수 있다.
② 6급 이하 공무원으로의 승진임용의 경우 필요하다고 인정하면 대통령령으로 정하는 바에 따라 승진시험을 병용(竝用)할 수 있다.
③ 승진에 필요한 계급별 최저근무연수, 승진의 제한, 그 밖에 승진에 필요한 사항은 대통령령으로 정한다. [전문개정 2008.12.31]

제39조(승진임용의 방법) ① 1급 공무원으로의 승진은 바로 하급 공무원 중에서, 2급 및 3급 공무원으로의 승진은 같은 직군 내의 바로 하급 공무원 중에서 각각 임용한다.
② 승진시험에 따른 승진은 승진시험 합격자 중에서 대통령령으로 정하는 승진임용 순위에 따라 임용한다. 다만, 다음 각 호의 어느 하나에 해당하는 시험에 합격하여 승진후보자 명부에 등재된 사람의 임용방법에 관하여는 제37조제1항부터 제4항까지의 규정을 준용한다. 〈개정 2012.3.21〉
1. 공개경쟁승진시험
2. 시·도 단위 또는 제6항에 따른 권역별로 실시한 기술직렬 5급 이하 공무원 및 제4조제2항에 따른 연구 또는 특수기술직렬의 공무원 중 5급 이하 공무원에 상당하는 공무원으로의 일반승진시험
③ 제1항 및 제2항 외의 승진은 같은 직렬의 바로 하급 공무원 중에서 임용하되, 임용하려는 결원에 대하여 승진후보자 명부의 높은 순위에 있는 사람부터 차례로 대통령령으로 정하는 범위에서 임용하여야 한다.
④ 제1항 및 제3항에 따라 승진임용할 때에는 해당 인사위원회의 사전심의를 거쳐야 한다. 이 경우 시·군·구의 부시장·부군수·부구청장으로 승진임용하기 위한 인사위원회의 사전심의를 할 때에는 제9조제1항에도 불구하고 인사위원회위원장의 직무는 위촉위원 중에서 호선하는 사람이 수행한다.
⑤ 임용권자는 대통령령으로 정하는 바에 따라 근무성적평정, 경력평정, 그 밖의 능력의 실증에 의한 순위에 따라 직급별로 승진후보자 명부를 작성한다. 다만, 우수 인력의 확보와 승진기회의 균형 유지를 위하여 시·도지사는 시장·군수·구청장과 협의하여 해당 시·도 및 시·군·구 소속 기술직렬 6급 이하 공무원 및 제4조제2항에 따른 연구 또는 특수기술직렬의 공무원 중 6급 이하 공무원에 상당하는 공무원에 대하여 시장·군수·구청장이 작성한 승진후보자 명부를 기초로 대통령령으로 정하는 바에 따라 시·도 단위별로 승진후보자 명부를 통합하여 작성할 수 있다. 〈개정 2012.3.21〉
⑥ 도지사는 제5항 단서에도 불구하고 해당 도의 생활권, 지리적 범위 등을 고려하여 필요하다고 인정하는 때에는 해당 시장·군수와 협의하여 해당 도의 관할구역에서 권역별로 승진후보자 명부를 통합하여 작성할 수 있다. 〈신설 2012.3.21〉
⑦ 다음 각 호의 어느 하나에 해당하는 승진후보자 명부는 시·도지사 및 교육감이 작성한다.
〈개정 2012.3.21〉
1. 5급 공무원 공개경쟁승진시험에 합격한 사람의 승진후보자 명부
2. 시·도 단위 또는 제6항에 따른 권역별로 실시한 기술직렬 5급 이하 공무원 및 제4조제2항에 따른 연구 또는 특수기술직렬의 공무원 중 5급 이하 공무원에 상당하는 공무원으로의 일반승진시험에 합격한 사람의 승진후보자 명부 [전문개정 2008.12.31]

제39조의2(승진시험의 방법) ① 승진시험은 일반승진시험과 공개경쟁승진시험으로 구분한다.
② 일반승진시험은 승진후보자 명부(제39조제5항 단서 또는 같은 조 제6항에 따른 시·도 및 시·군·구

소속 기술직렬 6급 이하 공무원 및 제4조제2항에 따른 연구 또는 특수기술직렬의 공무원 중 6급 이하 공무원에 상당하는 공무원의 일반승진시험의 경우에는 시·도 단위 또는 권역별로 작성된 승진후보자 명부를 말한다. 이하 같다)의 높은 순위에 있는 사람부터 차례로 임용하려는 결원 또는 결원과 예상결원을 합한 총결원의 2배수 이상 5배수 이하 범위의 사람에 대하여 실시하며, 시험성적 점수와 승진후보자 명부에 의한 평정점수를 합산한 종합성적으로 합격자를 결정한다. 〈개정 2012.3.21〉

③ 공개경쟁승진시험은 5급 공무원으로의 승진에 한정하되, 지방자치단체 간 승진 기회의 균형을 유지하고 유능한 공무원을 발탁하기 위하여 필요한 경우에 실시하며, 시험성적으로 합격자를 결정한다.

④ 제2항 및 제3항에 따른 승진시험의 응시대상자, 시험방법, 합격자 결정 방법, 합격의 효력, 그 밖에 승진시험에 필요한 사항은 대통령령으로 정한다. [전문개정 2008.12.31]

제39조의3(우수 공무원 등의 특별승진) ① 공무원이 다음 각 호의 어느 하나에 해당할 때에는 제38조 및 제39조제1항부터 제3항까지의 규정에도 불구하고 특별승진임용할 수 있다. 다만, 6급 공무원에 대하여는 승진시험에 우선 응시하게 하거나 인사위원회의 승진 의결 대상자로 할 수 있다.
  1. 청렴하고 투철한 봉사정신으로 직무에 모든 힘을 다하여 공무집행의 공정성을 유지하고 깨끗한 공직사회를 구현하는 데에 다른 공무원의 귀감이 되는 사람
  2. 직무수행능력이 탁월하여 행정발전에 큰 공헌을 한 사람
  3. 제78조에 따른 제안을 채택하고 시행함으로써 국가 또는 지방자치단체 예산을 절감하는 등 행정운영 발전에 뚜렷한 실적이 있는 사람
  4. 재직 중 공적이 특히 뚜렷한 사람이 제66조의2에 따라 명예퇴직할 때
  5. 재직 중 공적이 특히 뚜렷한 사람이 공무로 사망하였을 때
② 특별승진임용의 요건과 그 밖에 필요한 사항은 대통령령으로 정한다. [전문개정 2008.12.31]

제40조(국가유공자의 우선 임용) 공무원을 임용할 때 법령에서 정하는 바에 따라 국가유공자를 우선 임용하여야 한다. [전문개정 2008.12.31]

제41조(휴직자·장기훈련자 등의 결원 보충) ① 공무원이 제63조제1항제1호·제2호·제4호·제5호, 제63조제2항 또는 제65조의2에 따라 6개월 이상 휴직한 경우에는 휴직일부터 그 휴직자의 직급·직위 또는 상당 계급에 해당하는 정원이 따로 있는 것으로 보고 결원을 보충할 수 있다. 다만, 제63조제2항제4호에 따라 휴직할 때에는 대통령령 또는 지방자치단체의 조례로 정하는 경우에는 3개월 이상 휴직하더라도 결원을 보충할 수 있고, 출산휴가와 육아휴직을 연속하여 사용하는 경우에는 출산휴가일부터 후임자를 보충할 수 있다. 〈개정 2011.5.23, 2012.12.11〉
② 공무원이 제30조의4에 따라 파견된 경우에는 대통령령으로 정하는 바에 따라 파견기간 중 그 파견자의 직급에 해당하는 정원이 따로 있는 것으로 보고 결원을 보충하거나 파견된 사람의 승진임용을 할 수 있다. 다만, 남은 파견기간이 2개월 이하인 경우에는 그러하지 아니하다.
③ 공무원에게 한 파면처분·해임처분·면직처분 또는 강등처분에 대하여 심사위원회 또는 법원에서 무효나 취소의 결정 또는 판결을 한 경우에는 그 파면처분·해임처분·면직처분 또는 강등처분에 의하여 결원을 보충하였던 때부터 파면처분·해임처분·면직처분·강등처분을 받은 사람의 처분 전 직급·직위에 해당하는 정원이 따로 있는 것으로 본다. 〈개정 2011.5.23, 2012.12.11〉
④ 제1항부터 제3항까지의 규정에 따른 정원은 다음 각 호의 어느 하나에 해당하는 사유가 발생한 이후 해당 직급·직위에 최초로 결원이 발생한 때에 각각 소멸된 것으로 본다. 다만, 제1항에 따른 특수경력직공무원의 정원은 제1호의 사유가 발생한 때에 소멸된 것으로 본다. 〈개정 2011.5.23, 2012.12.11〉
  1. 휴직자의 복직

◉ 법 령

2. 파견된 사람의 복귀
3. 파면·해임·면직된 사람의 복귀 또는 강등된 사람의 처분 전 직급 회복 [전문개정 2008.12.31]

제41조의2 삭제 〈1981.4.20〉
제41조의3 삭제 〈1981.4.20〉
제41조의4(장학금 지급) ① 지방자치단체의 장은 우수한 공무원을 확보하기 위하여 필요하면 「초·중등교육법」, 「고등교육법」, 그 밖의 법률에 따라 설치된 각급학교(기능대학과 학위과정이 설치된 교육기관을 포함한다)의 재학생으로서 공무원으로 임용되기를 원하는 사람에게 장학금을 지급하고 졸업 후 일정한 의무복무 기간을 부과하여 공무원으로 근무하게 할 수 있다.
② 제1항에 따라 장학금을 받은 사람이 본인에게 책임이 있는 사유로 장학금 지급이 중단되거나 공무원으로 임용되지 아니한 경우 또는 의무복무 기간을 마치지 아니하고 퇴직한 경우에는 본인이나 연대보증인에게 지급한 장학금의 전부 또는 일부의 반납을 명할 수 있으며, 이를 이행하지 아니하면 지방세 체납처분의 예에 따라 징수할 수 있다. 다만, 대통령령으로 정하는 불가피한 사유가 있을 때에는 그러하지 아니하다.
③ 장학금으로 지급될 학비의 범위, 지급 대상, 채용방법, 의무복무 기간, 의무 불이행 시 환수할 금액, 그 밖에 필요한 사항은 대통령령으로 정한다. 이 경우 의무복무 기간은 장학금을 받은 기간의 2배 이내에서 정하여야 한다. [전문개정 2008.12.31]

제41조의5 삭제 〈1981.4.20〉
제42조(시험 또는 임용 방해행위의 금지) 누구든지 시험 또는 임용에 관하여 고의로 방해하거나 부당한 영향을 미치는 행위를 하여서는 아니 된다. [전문개정 2008.12.31]
제43조(인사에 관한 부정행위의 금지) 누구든지 임용시험·승진·임용, 그 밖에 인사기록에 관하여 거짓이나 부정하게 진술·기재·증명·채점 또는 보고를 하여서는 아니 된다. [전문개정 2008.12.31]

제5장 보 수
〈개정 2008.12.31〉

제44조(보수결정의 원칙) ① 공무원의 보수는 직무의 곤란성과 책임의 정도에 맞도록 계급별·직위별 또는 직무등급별로 정한다. 다만, 다음 각 호의 어느 하나에 해당하는 공무원의 보수는 따로 정할 수 있다. 〈개정 2012.12.11〉
1. 직무의 곤란성과 책임도가 매우 특수하거나 결원을 보충하기 어려운 직무에 종사하는 공무원
2. 제4조제2항에 따라 같은 조 제1항의 계급 구분이나 직군 및 직렬의 분류를 적용하지 아니하는 공무원
3. 임기제공무원
② 공무원의 보수는 일반의 표준생계비, 물가수준, 그 밖의 사정을 고려하여 정하되, 민간 부문의 임금수준과 적절한 균형을 유지하도록 노력하여야 한다.
③ 경력직공무원 간, 경력직공무원과 특수경력직공무원 간에 보수의 균형을 도모하여야 한다.
④ 이 법이나 그 밖의 법령에서 정한 보수에 관한 규정에 따르지 아니하고는 어떠한 금전이나 유가물(有價物)도 공무원의 보수로 지급될 수 없다. [전문개정 2008.12.31]

제45조(보수에 관한 규정) ① 공무원의 보수에 관한 다음 각 호의 사항은 대통령령으로 정한다.
1. 봉급·호봉 및 승급에 관한 사항
2. 수당에 관한 사항
3. 보수 지급 방법, 보수 계산, 그 밖에 보수 지급에 관한 사항

② 제1항에도 불구하고 특수수당과 제76조제2항에 따른 상여금의 지급 또는 특별승급에 관한 사항은 대통령령으로 정한다.
③ 제1항에 따른 보수를 거짓이나 그 밖의 부정한 방법으로 수령한 경우에는 수령한 금액의 2배의 범위에서 가산하여 징수할 수 있다.
④ 제3항에 따라 가산하여 징수할 수 있는 보수의 종류, 가산금액 등에 관한 사항은 대통령령으로 정한다. 〈개정 2012.12.11〉 [전문개정 2008.12.31]

제46조(실비보상 등) ① 공무원은 보수 외에 해당 지방자치단체의 조례로 정하는 바에 따라 직무 수행에 필요한 실비보상을 받을 수 있다.
② 공무원은 소속 기관의 장의 허가를 받아 본래의 업무수행에 지장이 없는 범위에서 담당 직무 외의 특수한 연구과제를 위탁받아 처리한 경우에는 그 보상을 받을 수 있다.
③ 제1항 및 제2항에 따른 실비보상 등을 거짓이나 그 밖의 부정한 방법으로 수령한 경우에는 수령한 금액의 2배의 범위에서 가산하여 징수할 수 있다. 〈신설 2012.12.11〉
④ 제3항에 따라 가산하여 징수할 수 있는 실비보상 등의 종류, 가산금액 등에 관한 사항은 대통령령으로 정한다. 〈신설 2012.12.11〉 [전문개정 2008.12.31]

제46조의2(별정직공무원의 자진퇴직에 따른 수당) 별정직공무원(비서관·비서는 제외한다)이 다음 각 호의 어느 하나에 해당하는 경우로서 직위가 없어지거나 과원이 되어 근무상한연령에 도달하기 1년 전에 스스로 퇴직하는 경우에는 다른 법률에 특별한 규정이 있는 경우가 아니면 대통령령으로 정하는 바에 따라 예산의 범위에서 수당을 지급할 수 있다. 〈개정 2011.5.23〉
1. 지방자치단체를 폐지하거나 설치하거나 나누거나 합친 경우
2. 직제와 정원이 개정되거나 폐지된 경우
3. 예산이 감소된 경우 [전문개정 2008.12.31] [제목개정 2011.5.23]

제46조의3(지방자치단체 외의 기관 등에서 파견된 사람의 보수) 제30조의4제1항에 따라 지방자치단체 외의 기관·단체에서 파견된 임직원의 보수는 파견한 기관에서 지급하며 파견받은 기관은 제46조를 준용하여 실비보상 등을 할 수 있다. 다만, 특히 필요한 경우에는 대통령령으로 정하는 바에 따라 파견받은 기관은 파견기관과 협의하여 보수를 지급할 수 있다. [전문개정 2008.12.31]

제6장 복 무
〈개정 2008.12.31〉

제47조(복무 선서) 공무원은 취임할 때에 소속 기관장 앞에서 조례로 정하는 바에 따라 선서를 하여야 한다. 다만, 불가피한 사유가 있을 때에는 취임 후에 선서하게 할 수 있다. [전문개정 2008.12.31]

제48조(성실의 의무) 모든 공무원은 법규를 준수하며 성실히 그 직무를 수행하여야 한다. [전문개정 2008.12.31]

제49조(복종의 의무) 공무원은 직무를 수행할 때 소속 상사의 직무상 명령에 복종하여야 한다. 다만, 이에 대한 의견을 진술할 수 있다. [전문개정 2008.12.31]

제50조(직장이탈 금지) ① 공무원은 소속 상사의 허가 없이 또는 정당한 이유 없이 직장을 이탈하지 못한다.
② 수사기관이 공무원을 구속하려면 소속 기관의 장에게 미리 통보하여야 한다. 다만, 현행범은 그러하지 아니하다. [전문개정 2008.12.31]

제51조(친절·공정의 의무) 공무원은 주민 전체의 봉사자로서 친절하고 공정하게 직무를 수행하여야 한다. [전문개정 2008.12.31]

◉ 법 령

제51조의2(종교중립의 의무) ① 공무원은 종교에 따른 차별 없이 직무를 수행하여야 한다.
② 공무원은 소속 상관이 제1항에 위배되는 직무상 명령을 한 경우에는 이에 따르지 아니할 수 있다.
[본조신설 2009.2.6]
제52조(비밀 엄수의 의무) 공무원은 직무상 알게 된 비밀을 엄수하여야 한다. [전문개정 2008.12.31]
제53조(청렴의 의무) ① 공무원은 직무와 관련하여 직접적이든 간접적이든 사례(謝禮)·증여 또는 향응을 주거나 받을 수 없다.
② 공무원은 직무상 관계가 있든 없든 그 소속 상사에게 증여하거나 소속 공무원으로부터 증여를 받아서는 아니 된다. [전문개정 2008.12.31]
제54조(외국정부의 영예 등을 받을 경우) 공무원은 외국정부로부터 영예 또는 증여를 받을 경우에는 대통령의 허가를 받아야 한다. [전문개정 2008.12.31]
제55조(품위 유지의 의무) 공무원은 품위를 손상하는 행위를 하여서는 아니 된다. [전문개정 2008.12.31]
제56조(영리 업무 및 겸직 금지) ① 공무원은 공무 외에 영리를 목적으로 하는 업무에 종사하지 못하며, 소속 기관의 장의 허가 없이 다른 직무를 겸할 수 없다.
② 제1항에 따른 영리를 목적으로 하는 업무의 한계는 대통령령으로 정한다. [전문개정 2008.12.31]
제57조(정치운동의 금지) ① 공무원은 정당이나 그 밖의 정치단체의 결성에 관여하거나 가입할 수 없다.
② 공무원은 선거에서 특정정당 또는 특정인을 지지하거나 반대하기 위하여 다음 각 호의 어느 하나에 해당하는 행위를 하여서는 아니 된다.
 1. 투표를 하거나 하지 아니하도록 권유하는 것
 2. 서명운동을 기획·주재하거나 권유하는 것
 3. 문서 또는 도화(圖畵)를 공공시설 등에 게시하거나 게시하게 하는 것
 4. 기부금품을 모집하거나 모집하게 하는 행위 또는 공공자금을 이용하거나 이용하게 하는 것
 5. 타인에게 정당이나 그 밖의 정치단체에 가입하게 하거나 가입하지 아니하도록 권유하는 것
③ 공무원은 다른 공무원에게 제1항과 제2항에 위배되는 행위를 하도록 요구하거나 정치적 행위에 대한 보상 또는 보복으로 이익 또는 불이익을 약속하여서는 아니 된다.
④ 제1항부터 제3항까지에서 규정한 사항 외에 공무원의 정치적 행위의 금지에 관한 한계는 대통령령으로 정한다. 〈신설 2011.5.23〉 [전문개정 2008.12.31]
제58조(집단행위의 금지) ① 공무원은 노동운동이나 그 밖에 공무 외의 일을 위한 집단행위를 하여서는 아니 된다. 다만, 사실상 노무에 종사하는 공무원은 예외로 한다.
② 제1항 단서에 규정된 사실상 노무에 종사하는 공무원의 범위는 조례로 정한다.
③ 제1항 단서에 규정된 사실상 노무에 종사하는 공무원으로서 노동조합에 가입한 사람이 조합업무를 전임(專任)으로 하려면 소속 지방자치단체의 장의 허가를 받아야 한다.
④ 제3항에 따른 허가에는 필요한 조건을 붙일 수 있다. [전문개정 2008.12.31]
제59조(위임규정) 공무원의 복무에 필요한 사항은 이 법에서 규정하는 것 외에는 대통령령 또는 해당 지방자치단체의 조례로 정한다. [전문개정 2008.12.31]

제7장 신분보장
〈개정 2008.12.31〉

제60조(신분보장의 원칙) 공무원은 형의 선고·징계 또는 이 법에서 정하는 사유가 아니면 본인의 의사에 반하여 휴직·강임 또는 면직을 당하지 아니한다. 다만, 1급 공무원은 그러하지 아니하다.
[전문개정 2008.12.31]

제61조(당연퇴직) 공무원이 다음 각 호의 어느 하나에 해당할 때에는 당연히 퇴직한다.
1. 제31조 각 호의 어느 하나에 해당하는 경우. 다만, 제31조제5호는 「형법」 제129조부터 제132조까지 및 직무와 관련하여 같은 법 제355조 또는 제356조에 규정된 죄를 범한 사람으로서 금고 이상의 형의 선고유예를 받은 경우만 해당한다.
2. 임기제공무원의 근무기간이 만료된 경우 [전문개정 2012.12.11]

제62조(직권면직) ① 임용권자는 공무원이 다음 각 호의 어느 하나에 해당할 때에는 직권으로 면직시킬 수 있다. 〈개정 2012.12.11〉
1. 다음 각 목의 어느 하나에 해당하는 경우로서 직위가 없어지거나 과원이 된 때
  가. 지방자치단체를 폐지하거나 설치하거나 나누거나 합친 경우
  나. 직제와 정원이 개정되거나 폐지된 경우
  다. 예산이 감소된 경우
2. 휴직기간이 끝나거나 휴직사유가 소멸된 후에도 직무에 복귀하지 아니하거나 직무를 감당할 수 없을 때
3. 전직시험에서 3회 이상 불합격한 사람으로서 직무수행 능력이 부족하다고 인정될 때
4. 징병검사·입영 또는 소집 명령을 받고 정당한 이유 없이 이를 기피하거나 군복무를 위하여 휴직 중인 사람이 군복무 중 군무(軍務)를 이탈하였을 때
5. 제65조의3제3항에 따라 대기명령을 받은 사람이 그 기간 중 능력 또는 근무성적의 향상을 기대하기 어렵다고 인정될 때
6. 해당 직급·직위에서 직무를 수행하는 데 필요한 자격증의 효력이 없어지거나 면허가 취소되어 담당 직무를 수행할 수 없게 되었을 때
② 임용권자는 제1항에 따라 면직시킬 경우에는 미리 인사위원회의 의견을 들어야 한다. 다만, 제1항제5호에 따라 면직시킬 경우에는 해당 인사위원회의 동의를 받아야 하며, 시·군·구의 5급 이상 공무원은 시·도인사위원회의 동의를 받아야 한다.
③ 임용권자는 제1항제1호에 따라 소속 공무원을 면직시킬 때에는 임용형태, 업무실적, 직무수행능력, 징계처분 사실 등을 고려하여 면직 기준을 정하여야 한다.
④ 제3항의 면직 기준을 정하거나 제1항제1호에 따라 면직 대상자를 결정할 때에는 미리 해당 인사위원회의 의결을 거쳐야 한다.
⑤ 제1항제2호에 따른 직권면직일은 휴직기간이 끝난 날 또는 휴직사유가 소멸된 날로 한다.
[전문개정 2008.12.31]

제63조(휴직) ① 공무원이 다음 각 호의 어느 하나에 해당하면 임용권자는 본인의 의사에도 불구하고 휴직을 명하여야 한다.
1. 신체·정신상의 장애로 장기요양이 필요할 때
2. 「병역법」에 따른 병역의무를 마치기 위하여 징집되거나 소집되었을 때
3. 천재지변 또는 전시·사변이나 그 밖의 사유로 생사(生死) 또는 소재(所在)가 불명확하게 되었을 때
4. 「공무원의 노동조합 설립 및 운영 등에 관한 법률」 제7조에 따라 노동조합 전임자로 종사하게 되었을 때
5. 그 밖에 법률에 따른 의무를 수행하기 위하여 직무를 이탈하게 되었을 때
② 공무원이 다음 각 호의 어느 하나에 해당하는 사유로 휴직을 원하면 임용권자는 휴직을 명할 수 있다. 다만, 제4호의 경우에는 대통령령으로 정하는 특별한 사정이 없으면 휴직을 명하여야 한다.
〈개정 2011.5.23, 2013.3.23, 2013.8.6〉
1. 국제기구·외국기관, 국내외의 대학·연구기관, 다른 국가기관 또는 대통령령으로 정하는 민간기업,

○ **법 령**

　그 밖의 기관에 임시로 채용될 때
2. 해외유학을 하게 되었을 때
3. 교육부장관 또는 안전행정부장관이 지정하는 연구기관이나 교육기관 등에서 연수하게 되었을 때
4. 만 8세 이하(취학 중인 경우에는 초등학교 2학년 이하를 말한다)의 자녀를 양육하기 위하여 필요하거나 여성공무원이 임신 또는 출산하게 되었을 때
5. 사고나 질병 등으로 장기간 요양이 필요한 조부모, 부모(배우자의 부모를 포함한다), 배우자, 자녀 또는 손자녀의 간호를 위하여 필요할 때. 다만, 조부모나 손자녀의 간호를 위하여 휴직할 수 있는 경우는 본인 외에는 간호할 수 있는 사람이 없는 등 대통령령으로 정하는 요건을 갖춘 경우로 한정한다.
6. 외국에서 근무·유학 또는 연수하게 되는 배우자를 동반할 때
③ 임기제공무원에 대하여는 제1항제1호·제2호 및 제2항제4호에 한정하여 제1항 및 제2항을 적용한다. 이 경우 제2항제4호는 휴직을 시작하려는 날부터 남은 근무기간이 6개월 이상인 경우로 한정한다.
〈신설 2012.12.11〉
④ 임용권자는 제2항제4호에 따른 휴직을 이유로 불리한 처우를 하여서는 아니 된다.
⑤ 제1항부터 제4항까지의 규정에 따른 휴직제도 운영에 필요한 사항은 대통령령으로 정한다.
〈개정 2012.12.11〉[전문개정 2008.12.31]

제64조(휴직기간) 휴직기간은 다음 각 호와 같다. 〈개정 2011.5.23, 2013.8.6〉
1. 제63조제1항제1호에 따른 휴직기간은 1년 이내로 하되, 부득이한 경우 1년의 범위에서 연장할 수 있다. 다만, 「공무원연금법」에 따른 공무상 질병 또는 부상으로 인한 휴직기간은 3년 이내로 한다.
2. 제63조제1항제2호 및 제5호에 따른 휴직기간은 복무기간이 끝날 때까지로 한다.
3. 제63조제1항제3호에 따른 휴직기간은 3개월 이내로 한다.
4. 제63조제1항제4호에 따른 휴직기간은 그 전임기간으로 한다.
5. 제63조제2항제1호에 따른 휴직기간은 그 채용기간으로 한다. 다만, 민간기업이나 그 밖의 기관에 채용되는 경우에는 3년 이내로 한다.
6. 제63조제2항제2호 및 제6호에 따른 휴직기간은 3년 이내로 하되, 부득이한 경우에는 2년의 범위에서 연장할 수 있다.
7. 제63조제2항제3호에 따른 휴직기간은 2년 이내로 한다.
8. 제63조제2항제4호에 따른 휴직기간은 자녀 1명에 대하여 1년(여성공무원은 3년) 이내로 한다.
9. 제63조제2항제5호에 따른 휴직기간은 1년 이내로 하되, 재직기간 중 총 3년을 초과할 수 없다.
[전문개정 2008.12.31]

제65조(휴직의 효력) ① 휴직 중인 공무원은 공무원의 신분은 보유하나 직무에 종사하지 못한다.
② 휴직 중인 공무원은 휴직기간 중 그 사유가 소멸되면 30일 이내에 임용권자에게 신고하여야 하며, 임용권자는 지체 없이 복직을 명하여야 한다.
③ 휴직기간이 끝난 공무원이 30일 이내에 복귀신고를 하면 당연히 복직된다. [전문개정 2008.12.31]

제65조의2(특수경력직공무원의 휴직) ① 정무직공무원에 대하여는 제63조제1항제2호, 같은 조 제2항제4호, 같은 조 제4항, 제64조제2호·제8호 및 제65조를 준용한다.
② 별정직공무원에 대하여는 제63조제1항제1호부터 제3호까지, 같은 조 제2항제4호·제5호, 같은 조 제4항, 제64조제1호부터 제3호까지, 같은 조 제8호·제9호 및 제65조를 준용한다.
③ 삭제 〈2012.12.11〉
④ 특수경력직공무원의 휴직에 대하여 다른 법률에 특별한 규정이 있는 경우에는 그 규정에 따른다.
[전문개정 2011.5.23]

지방공무원법

제65조의3(직위해제) ① 임용권자는 다음 각 호의 어느 하나에 해당하는 사람에 대하여는 직위를 부여하지 아니할 수 있다. 〈개정 2010.3.22〉
1. 직무수행 능력이 부족하거나 근무성적이 극히 나쁜 사람
2. 파면·해임·강등·정직에 해당하는 징계의결이 요구되고 있는 사람
3. 형사사건으로 기소된 사람(약식명령이 청구된 사람은 제외한다)

② 임용권자는 제1항에 따라 직위를 주지 아니한 경우에 그 사유가 소멸되면 지체 없이 직위를 부여하여야 한다.
③ 임용권자는 제1항제1호에 따라 직위를 주지 아니할 때에는 미리 해당 인사위원회의 의견을 들어야 하며, 직위해제된 사람에게는 3개월의 범위에서 대기를 명한다.
④ 임용권자는 제3항에 따라 대기명령을 받은 사람에게 능력 회복이나 근무성적의 향상을 위한 교육훈련 또는 특별한 연구과제의 부여 등 필요한 조치를 하여야 한다.
⑤ 공무원에 대하여 제1항제1호와 제2호 또는 제3호의 직위해제사유가 경합(競合)할 때에는 같은 항 제2호 또는 제3호의 직위해제 처분을 하여야 한다. [전문개정 2008.12.31]

제65조의4(강임) ① 임용권자는 직제 또는 정원의 변경이나 예산의 감소 등으로 직위가 없어지거나 하위의 직위로 변경되어 과원이 되었을 때 또는 본인이 동의한 경우에는 소속 공무원을 강임할 수 있다. 〈개정 2010.3.22〉
② 제1항에 따라 강임된 공무원은 상위 직급에 결원이 생기면 제38조, 제39조 및 제39조의2에도 불구하고 우선 임용된다. 다만, 본인이 동의하여 강임된 공무원은 본인의 경력과 해당 기관의 인력 사정 등을 고려하여 우선 임용될 수 있다. [전문개정 2008.12.31]

제66조(정년) ① 공무원의 정년은 다른 법률에 특별한 규정이 있는 경우를 제외하고는 60세로 한다.
② 제1항에 따른 정년을 적용할 때 공무원은 그 정년에 이른 날이 1월에서 6월 사이에 있으면 6월 30일에, 7월에서 12월 사이에 있으면 12월 31일에 각각 당연히 퇴직한다. [전문개정 2008.12.31]

제66조의2(명예퇴직 등) ① 공무원으로 20년 이상 근속(勤續)한 사람이 정년 전에 스스로 퇴직하는 경우(임기제공무원이 아닌 경력직공무원이 임기제공무원으로 임용되어 퇴직하는 경우로서 대통령령으로 정하는 경우를 포함한다)에는 예산의 범위에서 명예퇴직수당을 지급할 수 있다. 〈개정 2012.12.11〉
② 다음 각 호의 어느 하나에 해당하는 경우로서 직위가 없어지거나 과원이 되었을 때 20년 미만 근속한 사람이 정년 전에 스스로 퇴직하는 경우에는 예산의 범위에서 수당을 지급할 수 있다.
1. 지방자치단체를 폐지하거나 설치하거나 나누거나 합친 경우
2. 직제와 정원이 개정되거나 폐지된 경우
3. 예산이 감소된 경우

③ 제1항에 따라 명예퇴직수당을 받은 사람이 다음 각 호의 어느 하나에 해당하는 경우에는 명예퇴직수당을 지급한 지방자치단체의 장이 그 명예퇴직수당을 환수하여야 한다. 다만, 제2호에 해당하는 경우로서 지방공무원으로 재임용된 경우에는 재임용한 지방자치단체의 장이 환수하여야 한다. 〈개정 2012.12.11〉
1. 재직 중의 사유로 금고 이상의 형을 선고받은 경우
1의2. 재직 중에 「형법」 제129조부터 제132조까지에 규정된 죄를 범하여 금고 이상의 형의 선고유예를 받은 경우
1의3. 재직 중에 직무와 관련하여 「형법」 제355조 또는 제356조에 규정된 죄를 범하여 300만원 이상의 벌금형을 선고받고 그 형이 확정되거나 금고 이상의 형의 선고유예를 받은 경우

● 법 령

2. 경력직공무원, 그 밖에 대통령령으로 정하는 공무원으로 재임용되는 경우
3. 명예퇴직수당을 초과하여 받거나 그 밖에 명예퇴직수당 지급 대상이 아닌 사람이 지급받은 경우
④ 제3항에 따라 환수금을 내야 할 사람이 기한 내에 내지 아니하면 지방세 체납처분의 예에 따라 환수금을 징수할 수 있다. 〈신설 2012.12.11〉
⑤ 제1항의 명예퇴직수당 및 제2항의 수당 지급 대상 범위, 지급액, 지급절차와 제3항 및 제4항에 따른 명예퇴직수당의 환수액, 환수 절차 등에 관하여 필요한 사항은 대통령령으로 정한다. 〈개정 2012.12.11〉
[전문개정 2008.12.31]

제8장 권익의 보장

〈개정 2008.12.31〉

제67조(처분사유 설명서의 교부 및 심사의 청구) ① 임용권자가 공무원에 대하여 징계처분등을 할 때와 강임·휴직·직위해제 또는 면직처분을 할 때에는 그 공무원에게 처분의 사유를 적은 설명서를 교부하여야 한다. 다만, 본인의 원(願)에 따른 강임·휴직 또는 면직처분의 경우에는 그러하지 아니하다. 〈개정 2010.3.22〉
② 제1항에 따른 설명서를 받은 공무원이 그 처분에 불복할 때에는 설명서를 받은 날부터 30일 이내 또는 공무원이 제1항에서 정한 처분 외에 본인의 의사에 반하는 불이익처분을 받았을 때에는 그 처분이 있은 것을 안 날부터 30일 이내에 심사위원회에 그 처분에 대한 심사를 청구할 수 있다. 이 경우 변호사를 대리인으로 선임할 수 있다.
③ 본인의 의사에 반하여 파면 또는 해임이나 제62조제1항제5호에 따른 면직처분을 하였을 때에는 그 처분을 한 날부터 40일 이내에는 후임자를 보충발령하지 못한다. 다만, 인력 관리상 후임자를 보충하여야 할 불가피한 사유가 있는 경우(제4항에 따른 임시결정을 한 경우는 제외한다)에는 해당 인사위원회의 의결을 거쳐 후임자를 보충발령할 수 있다.
④ 제2항에 따른 심사청구가 파면 또는 해임이나 제62조제1항제5호에 따른 면직처분으로 인한 경우에는 심사위원회는 그 청구를 접수한 날부터 5일 이내에 해당 사건의 최종결정이 있을 때까지 후임자의 보충발령을 유예하게 하는 임시결정을 할 수 있다.
⑤ 제4항에 따라 심사위원회가 임시결정을 한 경우에는 임시결정을 한 날부터 20일 이내에 최종결정을 하여야 하며, 임용권자는 그 최종결정이 있을 때까지 후임자를 보충발령하지 못한다.
⑥ 심사위원회는 제4항에 따른 임시결정을 한 경우 외에는 소청심사청구를 접수한 날부터 60일 이내에 이에 대한 결정을 하여야 한다. 다만, 불가피하다고 인정되면 심사위원회의 의결로 30일을 연장할 수 있다.
⑦ 공무원은 제2항의 심사청구를 이유로 불이익한 처분이나 대우를 받지 아니한다.
[전문개정 2008.12.31]

제67조의2(고충처리) ① 공무원은 누구나 인사·조직·처우 등 각종 근무조건과 그 밖의 신상문제에 대하여 인사상담이나 고충의 심사를 청구할 수 있으며, 임용권자는 이를 이유로 불이익을 주는 처분이나 대우를 하여서는 아니 된다.
② 제1항에 따라 인사상담 또는 고충심사청구를 받은 임용권자는 이를 인사위원회 회의에 부쳐 심사하게 하거나 소속 공무원과 상담하게 하고 그 결과에 따라 고충의 해소 등 공정한 처리를 위하여 노력하여야 한다.
③ 인사위원회는 임용권자로부터 인사상담이나 고충심사의 요구를 받으면 지체 없이 이를 심사하고 임용권자에게 보고하거나 알려야 한다.

지방공무원법

④ 제3항에 따라 인사상담이나 고충심사 결과에 대한 보고 또는 통지를 받은 임용권자는 심사결과를 청구인에게 알릴 뿐 아니라 직접 고충 해소를 위한 조치를 하거나 관계 기관의 장에게 시정요청을 할 수 있으며, 요청을 받은 관계 기관의 장은 특별한 사유가 없으면 이를 이행하고 그 처리 결과를 임용권자에게 알려야 한다. 다만, 부득이한 사유로 이행하지 못할 경우에는 그 사유를 알려야 한다.
⑤ 인사상담이나 고충심사의 절차, 그 밖에 필요한 사항은 대통령령으로 정한다.
[전문개정 2008.12.31]

제67조의3(특수경력직공무원의 고충처리) 다른 법률에 특별한 규정이 있는 경우 외에는 대통령령으로 정하는 바에 따라 특수경력직공무원에 대하여도 제67조의2를 준용할 수 있다. [전문개정 2008.12.31]

제68조(사회보장) ① 공무원이 질병·부상·장애·분만·퇴직·사망 또는 재해를 입은 경우에는 본인이나 유족에게 법률에서 정하는 바에 따라 적절한 급여를 지급한다.
② 지방자치단체는 법률에서 정하는 바에 따라 공무원의 복지와 이익을 적절·공정하게 보호하기 위하여 그 대책을 수립·실시하여야 한다. [전문개정 2008.12.31]

제9장 징 계
〈개정 2008.12.31〉

제69조(징계사유) ① 공무원이 다음 각 호의 어느 하나에 해당하면 징계의결을 요구하여야 하고, 징계의결의 결과에 따라 징계처분을 하여야 한다.
 1. 이 법 또는 이 법에 따른 명령이나 지방자치단체의 조례 또는 규칙을 위반하였을 때
 2. 직무상의 의무(다른 법령에서 공무원의 신분으로 인하여 부과된 의무를 포함한다)를 위반하거나 직무를 태만히 하였을 때
 3. 공무원의 품위를 손상하는 행위를 하였을 때
② 징계에 관하여 다른 법률의 적용을 받는 공무원(국가공무원을 포함한다)이 이 법에 따른 징계에 관한 규정을 적용받은 공무원으로 임용된 경우에 임용 이전의 다른 법률에 따른 징계사유는 그 사유가 발생한 날부터 이 법에 따른 징계사유가 발생한 것으로 본다. 다만, 같은 사유로 이미 징계처분을 받은 경우에는 그러하지 아니하다.
③ 특수경력직공무원이 경력직공무원으로 임용된 경우에 임용 전의 해당 특수경력직공무원의 징계를 규율하는 법령상의 징계사유는 그 사유가 발생한 날부터 이 장의 규정에 따른 징계사유가 발생한 것으로 본다.
④ 경력직공무원이 특수경력직공무원으로 임용된 경우에 임용 전의 해당 경력직공무원의 징계를 규율하는 법령상의 징계사유는 그 사유가 발생한 날부터 특수경력직공무원의 징계를 규율하는 법령상의 징계사유가 발생한 것으로 본다. [전문개정 2008.12.31]

제69조의2(징계부가금) ① 제69조에 따라 공무원의 징계 의결을 요구하는 경우 그 징계 사유가 금품 및 향응 수수(授受), 공금의 횡령(橫領)·유용(流用)인 경우에는 해당 징계 외에 금품 및 향응 수수액, 공금의 횡령액·유용액의 5배 내의 징계부가금 부과 의결을 인사위원회에 요구하여야 한다.
② 인사위원회에서 징계부가금 부과 의결을 하기 전에 금품 및 향응 수수, 공금의 횡령·유용으로 다른 법률에 따라 형사처벌을 받거나 변상책임 등을 이행한 경우(몰수나 추징을 당한 경우를 포함한다)에는 인사위원회는 대통령령으로 정하는 바에 따라 조정된 범위에서 징계부가금 부과를 의결하여야 하며, 징계부가금 부과 의결을 한 후에 형사처벌을 받거나 변상책임 등을 이행한 경우(몰수나 추징을 당한 경우를 포함한다)에는 인사위원회는 대통령령으로 정하는 바에 따라 징계부가금의 감면 등의 조치를 하여야 한다.

○ 법 령

③ 제1항에 따라 징계부가금 부과처분을 받은 사람이 납부기간 내에 그 부가금을 납부하지 아니한 때에는 처분권자는 지방세 체납처분의 예에 따라 징수할 수 있다. [본조신설 2010.3.22]
[종전 제69조의2는 제69조의3으로 이동 〈2010.3.22〉]

제69조의3(재징계의결 등의 요구) ① 처분권자는 다음 각 호에 해당하는 사유로 심사위원회 또는 법원에서 징계처분등의 무효 또는 취소(취소명령 포함)의 결정이나 판결을 받은 경우에는 다시 징계의결등을 요구하여야 한다. 다만, 제3호의 사유로 무효 또는 취소(취소명령포함)의 결정이나 판결을 받은 감봉·견책처분에 대하여는 징계의결을 요구하지 아니할 수 있다. 〈개정 2010.3.22〉
1. 법령의 적용, 증거 및 사실 조사에 명백한 흠이 있는 경우
2. 인사위원회의 구성 또는 징계의결등, 그 밖에 절차상의 흠이 있는 경우
3. 징계양정 또는 징계부가금이 과다(過多)한 경우

② 처분권자는 제1항에 따른 징계의결등을 요구하는 경우에는 심사위원회의 결정 또는 법원의 판결이 확정된 날부터 3개월 이내에 관할 인사위원회에 징계의결등을 요구하여야 하며, 관할 인사위원회에서는 다른 징계사건에 우선하여 징계의결등을 하여야 한다. 〈개정 2010.3.22〉 [본조신설 2008.12.31]
[제목개정 2010.3.22]
[제69조의2에서 이동 〈2010.3.22〉]

제70조(징계의 종류) 징계는 파면·해임·강등·정직·감봉 및 견책으로 구분한다. [전문개정 2008.12.31]

제71조(징계의 효력) ① 강등은 1계급 아래로 직급을 내리고(연구관 및 지도관은 연구사 및 지도사로 한다) 공무원신분은 보유하나 3개월간 직무에 종사하지 못하며 그 기간 중 보수의 3분의 2를 감한다. 다만, 교육감 소속의 교육전문직원의 강등은 「교육공무원법」 제2조제10항에 따라 같은 종류의 직무에서 하위의 직위에 임명하고, 공무원의 신분은 보유하게 하나 3개월간 직무에 종사하지 못하게 하며 그 기간 중 보수의 3분의 2를 감하고, 「고등교육법」 제14조에 해당하는 교원 및 조교에 대하여는 강등을 적용하지 아니한다. 〈개정 2012.12.11〉
② 정직은 1개월 이상 3개월 이하의 기간으로 하고, 정직처분을 받은 사람은 그 기간 중 공무원의 신분은 보유하나 직무에 종사하지 못하며 보수의 3분의 2를 삭감한다.
③ 감봉은 1개월 이상 3개월 이하의 기간 보수의 3분의 1을 삭감한다.
④ 견책은 전과(前過)에 대하여 훈계하고 뉘우치게 한다.
⑤ 징계처분을 받은 공무원은 그 처분을 받은 날 또는 그 집행이 끝난 날부터 대통령령으로 정하는 기간 동안 승진임용 또는 승급을 할 수 없다. 다만, 징계처분을 받은 후 직무수행의 공적으로 포상 등을 받은 공무원에 대하여는 대통령령으로 정하는 바에 따라 승진임용이나 승급의 제한기간을 단축하거나 면제할 수 있다.
⑥ 징계에 관하여 다른 법률의 적용을 받는 공무원이 이 법의 징계에 관한 규정을 적용받는 공무원이 된 경우에는 다른 법률에 따라 받은 징계처분은 그 처분일부터 이 법에 따른 징계처분을 받은 것으로 본다. 다만, 제70조에서 정한 징계의 종류 외의 징계처분의 효력에 관하여는 대통령령으로 정한다.
⑦ 특수경력직공무원이 경력직공무원으로 임용된 경우에 해당 특수경력직공무원의 징계를 규율하는 법령에 따라 받은 징계처분은 그 처분일부터 이 법에 따른 징계처분을 받은 것으로 본다. 다만, 제70조에서 정한 징계의 종류 외의 징계처분의 효력에 관하여는 대통령령으로 정한다.
⑧ 경력직공무원이 특수경력직공무원으로 임용된 경우에는 해당 경력직공무원의 징계를 규율하는 법령에 따라 받은 징계처분은 그 처분일부터 특수경력직공무원의 징계를 규율하는 법령상의 징계처분을 받은 것으로 본다. [전문개정 2008.12.31]

제72조(징계 등 절차) ① 징계처분등은 인사위원회의 의결을 거쳐 임용권자가 한다. 다만, 5급 이상 공무원 또는 이와 관련된 하위직공무원의 징계처분등과 소속 기관(시·도와 구·시·군, 구·시·군)을 달리하는 동일사건에 관련된 사람의 징계처분등은 시·도의 인사위원회의 의결로 한다. 〈개정 2010.3.22〉
② 징계의결등을 요구한 기관의 장은 인사위원회의 의결이 가볍다고 인정하면 그 처분을 하기 전에 직근 상급기관에 설치된 인사위원회(시·도인사위원회의 의결에 대하여는 그 인사위원회, 시·도에 복수의 인사위원회를 두는 경우 제1인사위원회의 의결에 대하여는 그 인사위원회, 제2인사위원회의 의결에 대하여는 제1인사위원회)에 심사 또는 재심사를 청구할 수 있다. 이 경우 소속 공무원을 대리인으로 지정할 수 있다. 〈개정 2010.3.22〉 [전문개정 2008.12.31] [제목개정 2010.3.22]

제73조(징계의 관리) ① 감사원에서 조사 중인 사건이나 각 행정기관에서 대통령령으로 정하는 바에 따라 조사 중인 사건에 대하여는 제3항에 따른 조사개시 통보를 받은 날부터 징계의결 요구나 그 밖의 징계절차를 진행하지 못한다. 〈개정 2010.3.22〉
② 검찰·경찰, 그 밖의 수사기관에서 수사 중인 사건에 대하여는 제3항에 따른 수사개시 통보를 받은 날부터 징계의결 요구나 그 밖의 징계절차를 진행하지 아니할 수 있다.
③ 감사원과 검찰·경찰, 그 밖의 수사기관 및 제1항에 따른 행정기관은 조사나 수사를 시작하였을 때와 마쳤을 때에는 10일 이내에 소속 기관의 장에게 해당 사실을 알려야 한다. 〈개정 2010.3.22〉
[전문개정 2008.12.31]

제73조의2(징계 및 징계부가금 부과 사유의 시효) ① 징계의결등의 요구는 징계 등의 사유가 발생한 날부터 3년(금품 및 향응 수수, 공금의 횡령·유용의 경우에는 5년)이 지나면 하지 못한다. 〈개정 2010.3.22, 2012.3.21〉
② 제73조제1항 및 제2항에 따라 징계절차를 진행하지 못하여 제1항의 기간이 지나거나 그 남은 기간이 1개월 미만인 경우에는 제1항의 기간은 제73조제3항에 따른 조사나 수사의 종료 통보를 받은 날(조사 결과에 대하여 이의가 제기된 경우에는 이의를 제기한 사람이 이의에 대한 결정을 통보받은 날을 말한다)부터 1개월이 지난 날에 끝나는 것으로 본다. 〈개정 2010.3.22〉
③ 인사위원회의 구성, 징계의결등, 그 밖의 절차상의 흠이나 징계양정 및 징계부가금의 과다를 이유로 심사위원회 또는 법원에서 징계처분등의 무효 또는 취소의 결정이나 판결을 한 경우에는 제1항의 기간이 지나거나 그 남은 기간이 3개월 미만이더라도 그 결정 또는 판결이 확정된 날부터 3개월 이내에는 다시 징계의결등을 요구할 수 있다. 〈개정 2010.3.22〉 [전문개정 2008.12.31] [제목개정 2010.3.22]

제73조의3(특수경력직공무원의 징계) 다른 법률에 특별한 규정이 있는 경우 외에는 대통령령으로 정하는 바에 따라 특수경력직공무원에 대하여도 이 장의 규정을 준용할 수 있다. [전문개정 2008.12.31]

제10장 능 률
〈개정 2008.12.31〉

제74조(훈련) ① 모든 공무원과 시보공무원이 될 사람은 담당 직무와 관련된 학식·기술 및 응용 능력을 배양하기 위하여 법령에서 정하는 바에 따라 훈련을 받아야 한다.
② 교육부장관 또는 안전행정부장관은 공무원 훈련에 관한 종합적인 기획·조정 및 감독을 한다. 〈개정 2013.3.23〉
③ 지방자치단체의 장과 감독 직위에 있는 공무원은 일상 업무를 통하여 계속적으로 부하직원을 훈련시킬 책임을 진다.
④ 훈련성적은 인사관리에 반영하여야 한다. [전문개정 2008.12.31]

◉ 법 령

제75조(훈련기관) 교육부, 안전행정부와 지방자치단체에 공무원의 훈련기관을 둘 수 있다.
〈개정 2013.3.23〉[전문개정 2008.12.31]

제76조(근무성적의 평정) ① 임용권자는 정기 또는 수시로 소속 공무원의 근무성적을 객관적이고 엄정하게 평정하여 인사관리에 반영하여야 한다.
② 제1항에 따른 근무성적 평정결과 근무성적이 우수한 사람에 대하여는 상여금을 지급하거나 특별승급시킬 수 있다.
③ 제1항의 근무성적 평정에 관한 사항은 대통령령으로 정한다. [전문개정 2008.12.31]

제77조(능률 증진을 위한 사항) 지방자치단체의 장은 공무원의 근무 능률을 높이기 위하여 보건·휴양·안전·후생, 그 밖에 필요한 사항에 대한 기준을 설정하고, 이를 실시하여야 한다. [전문개정 2008.12.31]

제78조(제안제도) ① 행정운영의 능률화와 경제화를 위한 공무원의 창의적인 의견이나 고안을 계발하고 이를 채택하여 행정운영 개선에 반영하기 위하여 제안제도를 둔다.
② 제안이 채택되고 시행되어 국가 또는 지방자치단체 예산을 절약하는 등 행정운영 발전에 뚜렷한 실적이 있는 사람에게는 상여금을 지급할 수 있으며 특별승진 또는 특별승급시킬 수 있다.
③ 제2항에 따른 상여금, 특별승진 또는 특별승급에 관하여는 대통령령으로 정하고, 그 밖에 제안제도의 운영에 필요한 사항은 규칙으로 정한다. [전문개정 2008.12.31]

제79조(표창) 지방자치단체의 장은 공무원으로서 직무에 특히 성실하거나 사회에 공헌한 공적이 뚜렷한 사람에게는 조례로 정하는 바에 따라 표창을 행한다. [전문개정 2008.12.31]

제11장 보 칙
〈개정 2008.12.31〉

제80조(국가공무원과의 교류) ① 이 법에 따라 임용된 공무원은 그 직에 상응한 국가공무원에 임용될 수 있다.
② 제1항에 따라 공무원을 국가공무원으로 임용하려면 「국가공무원법」에 따른 경력경쟁채용시험을 거쳐야 한다. 다만, 제32조제3항에 따라 신규임용 및 승진시험을 거친 5급 이상 공무원에 대하여는 이를 면제한다. 〈개정 2011.5.23〉
③ 공무원이 국가공무원에 임용될 경우 경력계산을 할 때 공무원으로 재직한 기간은 국가공무원으로 재직한 기간으로 본다. [전문개정 2008.12.31]

제81조(지방자치단체의 인사행정에 관한 지도·감독) 교육부장관 또는 안전행정부장관은 시·도의 인사행정이 이 법에 따라 운영되도록 지도·감독하고, 시·도지사는 해당 시·도의 관할 구역 시·군·구의 인사행정이 이 법에 따라 운영되도록 지도·감독한다. 〈개정 2013.3.23〉[전문개정 2008.12.31]

제12장 벌 칙
〈개정 2008.12.31〉

제82조(벌칙) 제42조·제43조·제57조 또는 제58조를 위반한 자는 다른 법률에 특별히 규정된 경우 외에는 1년 이하의 징역 또는 500만원 이하의 벌금에 처한다. 〈개정 2010.3.22〉[전문개정 2008.12.31]

부 칙
〈제11997호, 2013.8.6〉

제1조(시행일) 이 법은 공포 후 6개월이 경과한 날부터 시행한다. 다만, 제31조제1호의 개정규정 및 부칙

제3조는 공포한 날부터 시행한다.

제2조(질병 등으로 인한 휴직기간에 관한 적용례) 제64조제1호 본문의 개정규정은 이 법 시행 당시 제63조제1항제1호에 따라 휴직 중인 공무원에 대해서도 적용한다.

제3조(금치산자 등에 대한 경과조치) 제31조제1호의 개정규정에도 불구하고 같은 개정규정 시행 당시 이미 금치산 또는 한정치산의 선고를 받고 법률 제10429호 민법 일부개정법률 부칙 제2조에 따라 금치산 또는 한정치산 선고의 효력이 유지되는 사람에 대해서는 종전의 규정에 따른다.

지방의회 관계법령집

지방공기업법(발췌)

‖ 지방공기업법 ‖

[시행 2013.6.4] [법률 제11852호, 2013.6.4, 일부개정]

제1장 총 칙
〈개정 2011.8.4〉

제1조(목적) 이 법은 지방자치단체가 직접 설치·경영하거나, 법인을 설립하여 경영하는 기업의 운영에 필요한 사항을 정하여 그 경영을 합리화함으로써 지방자치의 발전과 주민복리의 증진에 이바지함을 목적으로 한다. [전문개정 2011.8.4]

제2조(적용 범위) ① 이 법은 다음 각 호의 어느 하나에 해당하는 사업(그에 부대되는 사업을 포함한다. 이하 같다) 중 제5조에 따라 지방자치단체가 직접 설치·경영하는 사업으로서 대통령령으로 정하는 기준 이상의 사업(이하 "지방직영기업"이라 한다)과 제3장 및 제4장에 따라 설립된 지방공사와 지방공단이 경영하는 사업에 대하여 각각 적용한다.
1. 수도사업(마을상수도사업은 제외한다)
2. 공업용수도사업
3. 궤도사업(도시철도사업을 포함한다)
4. 자동차운송사업
5. 지방도로사업(유료도로사업만 해당한다)
6. 하수도사업
7. 주택사업
8. 토지개발사업

② 지방자치단체는 다음 각 호의 어느 하나에 해당하는 사업 중 경상경비의 50퍼센트 이상을 경상수입으로 충당할 수 있는 사업을 지방직영기업, 지방공사 또는 지방공단이 경영하는 경우에는 조례로 정하는 바에 따라 이 법을 적용할 수 있다.
1. 민간인의 경영 참여가 어려운 사업으로서 주민복리의 증진에 이바지할 수 있고, 지역경제의 활성화나 지역개발의 촉진에 이바지할 수 있다고 인정되는 사업
2. 제1항 각 호의 어느 하나에 해당하는 사업 중 같은 항 각 호 외의 부분에 따라 대통령령으로 정하는 기준에 미달하는 사업
3. 「체육시설의 설치·이용에 관한 법률」에 따른 체육시설업
4. 「관광진흥법」에 따른 관광사업(여행업 및 카지노업은 제외한다)

③ 지방자치단체의 장은 제1항 각 호의 어느 하나에 해당하는 사업 중 같은 항 각 호 외의 부분에 따라 대통령령으로 정하는 기준에 미달하는 사업에 대하여 대통령령으로 정하는 바에 따라 제22조를 준용할 수 있다. [전문개정 2011.8.4]

제3조(경영의 기본원칙) ① 지방직영기업, 지방공사 및 지방공단(이하 "지방공기업"이라 한다)은 항상 기업의 경제성과 공공복리를 증대하도록 운영하여야 한다.
② 지방자치단체는 지방공기업을 설치·설립 또는 경영할 때에 민간경제를 위축시키거나, 공정하고 자유로운 경제질서를 해치거나, 환경을 훼손시키지 아니하도록 노력하여야 한다. [전문개정 2011.8.4]

제4조(지방공기업에 관한 법령 등의 제정 및 시행) 지방공기업에 관한 법령, 조례, 규칙, 그 밖의 규정은 제3조에 따른 기본원칙에 따라야 한다. [전문개정 2011.8.4]

○ 법 령

제2장 지방직영기업
〈개정 2011.8.4〉

제1절 통 칙
〈개정 2011.8.4〉

제5조(지방직영기업의 설치) 지방자치단체는 지방직영기업을 설치·경영하려는 경우에는 그 설치·운영의 기본사항을 조례로 정하여야 한다. [전문개정 2011.8.4]

제6조(「지방자치법」 등의 적용) 지방직영기업에 대하여는 이 법에서 규정한 사항을 제외하고는 「지방자치법」, 「지방재정법」, 그 밖의 관계 법령을 적용한다. [전문개정 2011.8.4]

제3장 지방공사
〈개정 2011.8.4〉

제1절 설 립
〈개정 2011.8.4〉

제49조(설립) ① 지방자치단체는 제2조에 따른 사업을 효율적으로 수행하기 위하여 필요한 경우에는 지방공사(이하 "공사"라 한다)를 설립할 수 있다. 이 경우 공사를 설립하기 전에 특별시장, 광역시장, 특별자치시장, 도지사 및 특별자치도지사(이하 "시·도지사"라 한다)는 안전행정부장관과, 시장·군수·구청장(자치구의 구청장을 말한다)은 관할 특별시장·광역시장 및 도지사와 협의하여야 한다. 〈개정 2013.6.4〉
② 지방자치단체는 공사를 설립하는 경우 그 설립, 업무 및 운영에 관한 기본적인 사항을 조례로 정하여야 한다.
③ 지방자치단체는 공사를 설립하는 경우 대통령령으로 정하는 바에 따라 주민복리 및 지역경제에 미치는 효과, 사업성 등 지방공기업으로서의 타당성을 미리 검토하고 그 결과를 공개하여야 한다. 〈개정 2013.6.4〉 [전문개정 2011.8.4] [시행일 : 2013.12.5]

제50조(공동설립) ① 지방자치단체는 상호 규약을 정하여 다른 지방자치단체와 공동으로 공사를 설립할 수 있다. 〈개정 2011.8.4〉
② 삭제 〈1999.1.29〉
③ 제1항의 규약에는 다음 각 호의 사항이 포함되어야 한다. 〈개정 2011.8.4〉
1. 공사의 명칭
2. 사무소의 위치
3. 설립 지방자치단체
4. 사업 내용
5. 공동 처리 사항
6. 의결기관 대표자의 선임 방법
7. 출자 방법
8. 그 밖에 필요한 사항 [본조신설 1980·1·4] [제목개정 2011.8.4]

제51조(법인격) 공사는 법인으로 한다. [전문개정 2011.8.4]

제52조(사무소) ① 공사의 주된 사무소의 위치는 정관으로 정한다.

지방공기업법(발췌)

② 공사는 지방자치단체의 장의 승인을 받아 필요한 곳에 지사(支社) 또는 출장소를 둘 수 있다. [전문개정 2011.8.4]

제53조(출자) ① 공사의 자본금은 그 전액을 지방자치단체가 현금 또는 현물로 출자한다.
② 제1항에도 불구하고 공사의 운영을 위하여 필요한 경우에는 자본금의 2분의 1을 넘지 아니하는 범위에서 지방자치단체 외의 자(외국인 및 외국법인을 포함한다)로 하여금 공사에 출자하게 할 수 있다. 증자(增資)의 경우에도 또한 같다.
③ 제2항의 경우에는 공사의 자본금은 주식으로 분할하여 발행한다. 이 경우에 발행하는 주식의 종류, 1주의 금액, 주식 발행의 시기, 발행 주식의 총수와 주금(株金)의 납입시기 및 납입방법은 조례로 정한다.
④ 공사가 제2항에 따라 해당 지방자치단체가 설립한 다른 공사로부터 출자를 받거나 제54조에 따라 해당 지방자치단체가 설립한 다른 공사에 출자하는 경우에는 이를 해당 지방자치단체가 출자한 것으로 본다. [전문개정 2011.8.4]

제54조(다른 법인에 대한 출자) ①공사는 공사의 사업과 관계되는 사업을 효율적으로 수행하기 위하여 지방자치단체의 장의 승인을 받아 지방자치단체 외의 다른 법인에 출자할 수 있다. 〈개정 2013.6.4〉
② 제1항에 따른 출자를 하기 위하여 공사의 사장은 대통령령으로 정하는 방법 및 절차에 따라 출자의 필요성 및 타당성을 검토하여 지방자치단체의 장에게 보고하고 의회의 의결을 받아야 한다. 〈신설 2013.6.4〉
③ 제1항에 따른 출자의 한도는 대통령령으로 정한다. 〈신설 2013.6.4〉 [전문개정 2011.8.4]
[시행일 : 2013.12.5]

제55조(지방자치단체의 주주권 행사) 지방자치단체가 소유하는 주식에 대한 주주권은 지방자치단체의 장 또는 지방자치단체의 장이 지정하는 소속 공무원이 행사한다. [전문개정 2011.8.4]

제56조(정관) ① 공사의 정관에는 다음 각 호의 사항이 포함되어야 한다.
1. 목적
2. 명칭
3. 사무소의 소재지
4. 사업에 관한 사항
5. 임직원에 관한 사항
6. 이사회에 관한 사항
7. 재무회계에 관한 사항
8. 공고에 관한 사항
9. 자본금에 관한 사항
10. 사채 발행에 관한 사항
11. 정관 변경에 관한 사항
12. 그 밖에 대통령령으로 정하는 사항

② 제53조제2항에 따른 공사의 정관에는 제1항 각 호의 사항 외에 다음 각 호의 사항이 포함되어야 한다.
1. 주식 발행에 관한 사항
2. 주주총회에 관한 사항

③ 공사는 정관을 변경하려는 경우 지방자치단체의 장의 인가를 받아야 한다. 다만, 제50조제1항에 따라 설립된 공사의 경우에는 지방자치단체 간의 규약으로 정하는 바에 따른다. [전문개정 2011.8.4]

제57조(등기) ① 공사는 그 주된 사무소의 소재지에서 설립등기를 함으로써 성립한다.

◎ 법 령

② 공사의 설립등기 및 그 밖의 등기에 필요한 사항은 대통령령으로 정한다. [전문개정 2011.8.4]

제2절 임원 및 직원
〈개정 2011.8.4〉

제58조(임원의 임면 등) ① 공사의 임원은 사장을 포함한 이사(상임이사와 비상임이사로 구분한다) 및 감사로 하며, 그 수는 정관으로 정한다.
② 사장과 감사는 대통령령으로 정하는 바에 따라 지방공기업의 경영에 관한 전문적인 식견과 능력이 있는 사람 중에서 지방자치단체의 장이 임면(任免)한다. 다만, 제50조제1항에 따라 설립된 공사의 경우에는 지방자치단체 간의 규약으로 정하는 바에 따른다.
③ 지방자치단체의 장은 제2항에 따라 사장과 감사(조례 또는 정관으로 정하는 바에 따라 당연히 감사로 선임되는 사람은 제외한다)를 임명할 경우 대통령령으로 정하는 임원추천위원회(이하 이 조에서 "임원추천위원회"라 한다)가 추천한 사람 중에서 임명하여야 한다. 다만, 제4항에 따라 사장을 연임시키려는 경우에는 임원추천위원회의 심의를 거쳐야 한다.
④ 지방자치단체의 장은 사장의 경영성과에 따라 임기 중에 해임하거나 임기가 끝나더라도 연임시킬 수 있다. 이 경우 다음 각 호의 사항을 고려하여야 한다. 〈개정 2013.6.4〉
1. 제58조의2에 따른 경영성과계약의 이행실적
2. 제78조제1항 및 제2항에 따른 경영평가의 결과
3. 제78조제4항에 따른 사장의 업무성과 평가 결과
⑤ 제4항에 따른 사장의 연임 또는 해임의 기준 등에 관하여 필요한 사항은 대통령령으로 정한다.
⑥ 이사(조례 또는 정관으로 정하는 바에 따라 당연히 이사로 선임되는 사람은 제외한다)는 임원추천위원회가 추천한 사람 중에서 임명하되, 상임이사는 사장이 임면하고 비상임이사는 지방자치단체의 장이 임면한다. 이 경우 이사의 임면에 필요한 사항은 대통령령으로 정한다.
⑦ 임원추천위원회는 임원후보자를 추천하려는 경우 대통령령으로 정하는 바에 따라 후보자를 공개모집하여야 한다. [전문개정 2011.8.4]

제58조의2(사장과의 경영성과계약) ① 지방자치단체의 장은 사장을 임명하는 경우 사장과 경영성과계약을 체결하여야 한다.
② 제1항에 따른 경영성과계약에는 임기 중 사장이 수행하여야 할 경영목표, 권한과 성과에 따른 보상 및 책임이 포함되어야 한다.
③ 제1항과 제2항에 따른 경영성과계약의 방법 및 절차 등에 관하여 필요한 사항은 안전행정부령으로 정한다. 〈개정 2013.3.23〉 [전문개정 2011.8.4]

제59조(임기 및 직무) ① 공사의 사장, 이사 및 감사의 임기는 3년으로 한다. 이 경우 지방자치단체의 장은 대통령령으로 정하는 바에 따라 임기가 만료된 임원으로 하여금 그 후임자가 임명될 때까지 직무를 수행하게 할 수 있다.
② 공사의 사장, 이사 및 감사는 1년 단위로 연임될 수 있다.
③ 공사의 사장, 이사 및 감사의 직무는 정관으로 정한다. [전문개정 2011.8.4]

제60조(임원의 결격사유) ① 다음 각 호의 어느 하나에 해당하는 사람은 공사의 임원이 될 수 없다.
1. 대한민국 국민이 아닌 사람
2. 미성년자, 금치산자 또는 한정치산자
3. 파산선고를 받고 복권되지 아니한 사람

지방공기업법(발췌)

4. 금고 이상의 실형을 선고받고 그 집행이 끝나거나(집행이 끝난 것으로 보는 경우를 포함한다) 집행이 면제된 날부터 2년이 지나지 아니한 사람
5. 이 법을 위반하여 벌금형을 선고받고 2년이 지나지 아니한 사람
6. 법원의 판결에 따라 자격이 정지 또는 상실된 사람

② 공사의 임원이 제1항 각 호의 어느 하나에 해당하게 되거나 임명 당시 그에 해당하였음이 판명되었을 때에는 당연히 퇴직한다.
③ 제2항에 따라 퇴직한 임원이 퇴직 전에 관여한 행위는 그 효력을 잃지 아니한다.
[전문개정 2011.8.4]

제61조(임직원의 겸직 제한) ① 공사의 임원 및 직원은 그 직무 외에 영리를 목적으로 하는 업무에 종사하지 못하며, 임원은 지방자치단체의 장의 허가 없이, 직원은 사장의 허가 없이 다른 직무를 겸할 수 없다. 다만, 상근(常勤)이 아닌 임원은 그러하지 아니하다. 〈개정 2013.6.4〉
② 제1항에서 "영리를 목적으로 하는 업무"란 해당 업무에 종사함으로써 직무에 부당한 영향을 끼치거나 직무능률을 떨어뜨릴 우려가 있는 업무 등으로서 대통령령으로 정하는 업무를 말한다. 〈신설 2013.6.4〉 [전문개정 2011.8.4] [시행일 : 2013.12.5]

제62조(이사회) ① 공사의 업무에 관한 중요 사항을 의결하기 위하여 공사에 이사회를 둔다.
② 이사회는 사장을 포함한 이사로 구성한다.
③ 이사회의 권한과 운영에 필요한 사항은 정관으로 정한다. [전문개정 2011.8.4]

제63조(직원의 임면) ① 공사의 직원은 정관으로 정하는 바에 따라 사장이 임면한다.
② 공사의 직원은 시험성적, 근무성적, 그 밖의 능력의 실증(實證)에 따라 임용되어야 한다.
[전문개정 2011.8.4]

제63조의2(임직원에 대한 교육훈련) 공사의 사장은 임직원에 대하여 제3조에 따른 경영의 기본원칙을 달성하기 위하여 필요한 교육훈련을 실시하여야 한다. [전문개정 2011.8.4]

제63조의3(임직원의 보수) 공사의 임직원의 보수기준은 공사의 경영성과가 반영될 수 있도록 하여야 한다. [전문개정 2011.8.4]

제63조의4(권리행사와 대리인의 선임) 공사의 사장이 정관으로 정하는 바에 따라 지명하는 임직원은 공사의 업무수행에 필요한 재판상 또는 재판 외의 모든 행위를 할 수 있다. [전문개정 2011.8.4]

제3절 재무회계
〈개정 2011.8.4〉

제64조(사업연도) 공사의 사업연도는 지방자치단체의 일반회계의 회계연도에 따른다.
[전문개정 2011.8.4]

제64조의2(회계처리의 원칙 등) ① 공사는 경영 성과 및 재무 상태를 명확히 하기 위하여 회계거래를 발생 사실에 따라 기업회계기준에 따라 회계처리한다.
② 공사는 사업 분야별로 구분하여 회계처리할 수 있다.
③ 공사가 계약을 체결하려는 경우에는 일반경쟁의 방식으로 하여야 한다. 다만, 계약의 목적·성질 및 규모 등을 고려하여 참가자의 자격을 제한하거나 참가자를 지명하여 경쟁에 부치거나 수의계약으로 할 수 있다. 〈신설 2013.6.4〉
④ 공사는 계약을 체결하는 경우 공정한 경쟁 또는 계약의 적정한 이행을 해칠 것이 명백하다고 판단되는 자에 대하여는 2년 이내의 범위에서 입찰참가자격을 제한할 수 있다. 〈개정 2013.6.4〉

◎ 법 령

⑤ 공사는 제4항에 따라 입찰참가자격을 제한받은 자와 수의계약을 체결하여서는 아니 된다. 다만, 제4항에 따라 입찰참가자격을 제한받은 자 외에는 적합한 시공자·제조자가 존재하지 아니하는 등 부득이한 사유가 있는 경우에는 그러하지 아니하다. 〈개정 2013.6.4〉
⑥ 제1항부터 제5항까지의 규정에 따른 회계처리, 계약의 기준 및 절차, 입찰참가자격의 제한 등에 관하여 필요한 사항은 대통령령으로 정한다. 〈개정 2013.3.23, 2013.6.4〉 [전문개정 2011.8.4]
[시행일 : 2013.12.5]

제64조의3(중장기재무관리계획의 수립 등) ① 자산·부채규모 등을 고려하여 대통령령으로 정하는 기준에 해당하는 공사의 사장은 매년 해당 연도를 포함한 5회계연도 이상의 중장기재무관리계획(이하 "중장기재무관리계획"이라 한다)을 수립하고, 이사회의 의결을 거쳐 확정한 후 대통령령으로 정하는 기한까지 지방자치단체의 장과 의회에 제출하여야 한다.
② 중장기재무관리계획에는 다음 각 호의 사항이 포함되어야 한다.
1. 5회계연도 이상의 중장기 경영목표
2. 사업계획 및 투자방향
3. 재무 전망과 그 근거 및 관리계획
4. 부채의 증감에 대한 전망과 그 근거 및 관리계획 등이 포함된 부채관리계획
5. 전년도 중장기재무관리계획 대비 변동사항, 변동요인 및 관리계획 등에 대한 평가·분석
[본조신설 2013.6.4] [시행일 : 2013.12.5]

제65조(예산) ① 공사의 사장은 매 사업연도의 사업계획 및 예산을 해당 사업연도가 시작되기 전까지 편성하여야 한다.
② 제1항에 따라 편성된 예산은 이사회의 의결로 확정된다. 예산이 확정된 후에 생긴 불가피한 사유로 예산을 변경하는 경우에도 또한 같다.
③ 공사의 사장은 제2항에 따라 예산이 성립되거나 변경되었을 때에는 지체 없이 지방자치단체의 장에게 보고하여야 한다. [전문개정 2011.8.4]

제65조의2(예산 불성립 시의 예산집행) ① 공사는 부득이한 사유로 회계연도가 시작되기 전까지 예산이 확정되지 못한 경우에는 전년도 예산에 준하여 예산을 집행하여야 한다.
② 제1항에 따라 집행된 예산은 해당 연도의 예산이 성립되면 그 성립된 예산에 따라 집행된 것으로 본다. [전문개정 2011.8.4]

제65조의3(신규 투자사업의 타당성 검토) 공사의 사장은 대통령령으로 정하는 규모 이상의 신규 투자사업을 하려면 대통령령으로 정하는 방법 및 절차에 따라 사업의 필요성과 사업계획의 타당성 등을 검토하여 지방자치단체의 장에게 보고하고 의회의 의결을 받아야 한다. [본조신설 2013.6.4]
[시행일 : 2013.12.5]

제66조(결산) ① 공사는 매 사업연도의 결산을 해당 사업연도가 끝난 후 2개월 이내에 완료하여야 한다.
② 공사는 결산 완료 후 결산서를 작성하여 대통령령으로 정하는 서류 및 지방자치단체의 장이 지정하는 공인회계사의 회계감사보고서를 첨부하여 지체 없이 지방자치단체의 장에게 보고하여 승인을 받아야 한다. [전문개정 2011.8.4]

제66조의2(예산·결산에 관한 공통기준) ① 안전행정부장관은 공사의 예산 및 결산에 공통적으로 적용하여야 할 사항에 관한 기준을 작성하여 통보할 수 있다. 〈개정 2013.3.23〉
② 공사의 예산 및 결산의 제출 및 운영에 필요한 사항은 제1항의 공통기준의 범위에서 지방자치단체의 장이 정한다. [전문개정 2011.8.4]

제67조(손익금의 처리) ① 공사는 결산 결과 이익이 생긴 경우에는 그 이익금을 다음 각 호의 순서에 따라 처리한다.
1. 전 사업연도로부터 이월된 결손금이 있으면 결손금을 보전
2. 대통령령으로 정하는 바에 따라 이익준비금으로 적립
3. 대통령령으로 정하는 바에 따라 감채적립금으로 적립
4. 이익을 배당하거나 정관으로 정하는 바에 따라 적립

② 제1항제3호의 감채적립금은 공사의 사채를 상환하는 목적 외에는 사용할 수 없다.
③ 공사는 결산 결과 손실이 생긴 경우에 그 결손금을 제1항제4호의 적립금으로 보전하고, 그 적립금으로도 보전하지 못한 결손금은 제1항제2호의 이익준비금으로 보전하거나 이월한다.
[전문개정 2013.6.4] [시행일 : 2013.12.5]

제68조(사채 발행 및 차관) ① 공사는 지방자치단체의 장의 승인을 받아 사채를 발행하거나 외국차관을 할 수 있다. 이 경우 사채 발행의 한도는 대통령령으로 정한다. 〈개정 2011.8.4〉
② 삭제 〈2002.3.25〉
③ 지방자치단체의 장은 제1항에 따라 발행되는 사채가 대통령령으로 정하는 기준을 초과하는 경우에는 제1항에 따른 승인을 하기 전에 미리 안전행정부장관의 승인을 받아야 한다. 이 경우 대통령령으로 정하는 기준은 공사의 부채비율, 경영성과 등을 고려하여야 한다. 〈개정 2011.8.4, 2013.3.23〉
④ 지방자치단체는 사채의 상환을 보증할 수 있다. 〈개정 2011.8.4〉
⑤ 삭제 〈2002.3.25〉
⑥ 사채의 발행, 매각 및 상환에 필요한 사항은 조례로 정한다. 〈개정 2011.8.4〉
⑦ 도시철도의 건설 및 운영 또는 주택건설사업 등을 목적으로 설립된 공사가 제1항부터 제6항까지의 규정에 따라 발행하는 채권에 대하여 「증권거래법」을 적용할 때에는 같은 법 제2조제1항제3호에 따른 채권으로 본다. 〈개정 2011.8.4〉 [본조신설 1980.1.4] [제목개정 2011.8.4]

제69조(여유금의 운용) 공사는 다음 각 호의 방법 외에는 여유금을 운용하지 못한다.
1. 국채 또는 지방채의 취득
2. 「한국은행법」에 따른 한국은행 또는 그 밖의 금융회사등에의 예입 [전문개정 2011.8.4]

제70조 삭제 〈1996·12·30〉

제71조(대행사업의 비용 부담) ① 공사는 국가 또는 지방자치단체의 사업을 대행할 수 있으며, 이 경우에 필요한 비용은 국가 또는 지방자치단체가 부담한다.
② 제1항에 따른 비용의 부담에 필요한 사항은 대통령령으로 정하는 사항을 제외하고는 조례로 정한다. [전문개정 2011.8.4]

제71조의2(재정 지원) 지방자치단체는 사업의 운영을 위하여 필요하다고 인정하는 경우에는 공사에 보조금을 교부하거나 장기대부를 할 수 있다. [전문개정 2011.8.4]

제71조의3(물품 구매 및 공사계약의 위탁) 공사는 필요하다고 인정하는 경우에는 물품의 구매나 시설공사 계약의 체결을 조달청장에게 위탁할 수 있다. [전문개정 2011.8.4]

제71조의4(물품 관리) 공사는 소관 물품을 적정하게 관리하기 위하여 해당 공사에서 사용하는 물품을 표준화하고, 사용 및 처분의 목적에 따라 분류하여야 하며, 물품수급계획을 포함한 물품관리계획을 수립하여야 한다. [전문개정 2011.8.4]

제72조(선수금) 공사의 재산 분양, 시설 이용 및 용역 제공에 대한 선수금에 관하여는 제20조의2를 준용한다. [전문개정 2011.8.4]

○ 법 령

제4절 감 독
〈개정 2011.8.4〉

제73조(감독) 지방자치단체의 장은 공사의 업무를 감독한다. [전문개정 2011.8.4]

제74조(보고 및 검사 등) 안전행정부장관 및 지방자치단체의 장은 공사의 업무, 회계 및 재산에 관한 사항을 검사할 수 있으며, 공사에 필요한 보고를 명할 수 있다. 〈개정 2013.3.23〉 [전문개정 2011.8.4]

제5절 보 칙
〈개정 2011.8.4〉

제75조(「상법」의 준용) 공사에 관하여는 이 법에서 규정한 사항을 제외하고는 그 성질에 반하지 아니하는 범위에서 「상법」 중 주식회사에 관한 규정을 준용한다. 다만, 「상법」 제292조는 준용하지 아니한다. [전문개정 2011.8.4]

제75조의2(업무 상황의 공표 등) 공사의 업무 상황의 공표 등에 관하여는 제46조를 준용한다. 이 경우 "관리자"는 "사장"으로 본다. [전문개정 2011.8.4]

제75조의3(공무원의 파견·겸임) 지방자치단체의 장은 공사가 수행하는 사업을 지원하기 위하여 필요한 경우에는 그 소속 공무원을 공사에 파견하거나 겸임하게 할 수 있다. [전문개정 2011.8.4]

제75조의4(권한의 위탁) 이 법에 따른 지방자치단체의 장의 권한은 공사의 목적을 수행하기 위하여 필요한 경우에는 조례로 정하는 바에 따라 그 일부를 공사의 사장에게 위탁할 수 있다. [전문개정 2011.8.4]

제75조의5(민영화된 공사의 주식회사로의 등기) 제53조제2항 및 제3항에 따른 공사가 매각되는 경우 「상법」에 따른 청산 절차를 거치지 아니하여도 매수인은 주식회사로의 설립등기를 신청할 수 있다. 이 경우 주식회사의 상호에 "공사"라는 명칭은 사용할 수 없다. [전문개정 2011.8.4]

제75조의6(공사와 공공기관의 합병) ① 공사는 「공공기관의 운영에 관한 법률」 제14조제1항에 따른 계획에 따라 민영화 대상으로 지정된 공공기관(같은 계획에 따라 공공기관 지정이 해제된 기관을 포함한다)과 「상법」에 따른 청산절차를 거치지 아니하고도 합병할 수 있다.
② 공사가 제1항에 따른 합병을 하려면 기획재정부장관과 협의를 거쳐 합병 등기 전까지 지방자치단체의 장의 승인을 받아야 한다. 다만, 공공기관 지정이 해제된 기관과 합병할 경우에는 협의절차를 생략할 수 있다. [본조신설 2013.6.4]

제4장 지방공단
〈개정 2011.8.4〉

제76조(설립·운영) ① 지방자치단체는 제2조의 사업을 효율적으로 수행하기 위하여 필요한 경우에는 지방공단(이하 "공단"이라 한다)을 설립할 수 있다.
② 공단의 설립·운영에 관하여는 제49조부터 제52조까지, 제53조제1항, 제56조제1항 및 제3항, 제57조, 제58조, 제58조의2, 제59조부터 제63조까지, 제63조의2부터 제63조의4까지, 제64조, 제64조의2, 제65조, 제65조의2, 제66조, 제66조의2, 제68조, 제69조, 제71조, 제71조의2부터 제71조의4까지, 제72조부터 제74조까지, 제75조의2부터 제75조의4까지의 규정을 준용한다. 이 경우 "공사"는 "공단"으로, "사장"은 "이사장"으로, "사채"는 "공단채"로 본다. [전문개정 2011.8.4]

제77조(비용 부담) 공단은 지방자치단체의 장의 승인을 받아 해당 사업의 수익자로 하여금 사업에 필요한 비용을 부담하게 할 수 있다. [전문개정 2011.8.4]

지방공기업법(발췌)

제77조의2(해산) ① 공단은 다음 각 호의 어느 하나에 해당하는 사유로 해산한다.
1. 설립 목적의 달성, 존립기간의 만료, 그 밖에 정관으로 정한 사유의 발생
2. 합병
3. 파산
4. 법원의 명령 또는 판결
5. 이사회의 결의
② 공단의 해산에 관하여는 「상법」 중 주식회사의 해산에 관한 규정을 준용한다. [전문개정 2011.8.4]

제4장의2 지방공사 및 지방공단 외의 출자법인 등
〈개정 2011.8.4〉

제77조의3(설립) ① 지방자치단체는 제2조제2항 각 호의 어느 하나에 해당하는 사업을 효율적으로 수행하기 위하여 자본금 또는 재산의 10분의 1 이상 2분의 1 미만을 출자 또는 출연하여 지방자치단체 외의 자(외국인 및 외국법인을 포함한다)와 공동으로 「상법」에 따른 주식회사 또는 「민법」에 따른 재단법인을 설립·운영할 수 있다. 〈개정 2013.6.4〉
② 제1항에 따라 주식회사 또는 재단법인을 설립하는 경우(추가로 출자 또는 출연하는 경우를 포함한다)에는 대통령령으로 정하는 바에 따라 주민복리 및 지역경제에 미치는 효과, 사업성, 출자·출연의 타당성 등을 미리 검토하고 그 결과를 공개하여야 한다. 〈개정 2013.6.4〉
③ 제1항에 따라 지방자치단체가 출자·출연하는 비율을 산정할 때에 그 지방자치단체가 설립한 공사가 출자 또는 출연한 경우에는 그 지방자치단체가 출자 또는 출연한 것으로 본다. [전문개정 2011.8.4]
[시행일 : 2013.12.5]

제77조의4(출자법인 등에 대한 지도 등) ①지방자치단체의 장은 제77조의3에 따라 설립된 주식회사(이하 "출자법인"이라 한다) 또는 재단법인(이하 "출연법인"이라 한다) 중 지방자치단체가 자본금 또는 재산의 4분의 1 이상을 출자 또는 출연한 출자법인 또는 출연법인에 대하여 경영 상황에 관한 보고 및 서류의 제출을 요구하거나 그 지방자치단체의 출자 또는 출연과 관련된 업무, 회계 또는 재산에 대한 검사를 할 수 있으며, 출자법인 또는 출연법인에 대한 경영평가를 할 수 있다. 〈개정 2013.6.4〉
② 제1항에 따른 경영평가의 대상, 방법 및 절차 등은 해당 지방자치단체의 조례로 정한다.
〈신설 2013.6.4〉
③ 지방자치단체의 장은 제1항에 따른 검사 및 경영평가 결과에 따라 출자법인 또는 출연법인에 대하여 경영개선을 위한 지도, 조언 또는 권고를 할 수 있다. 〈신설 2013.6.4〉
④ 지방자치단체의 장이 다음 각 호의 법인에 대한 지분율을 4분의 1 미만으로 변동하는 행위를 하려면 의회의 의결을 받아야 한다. 〈신설 2013.6.4〉
1. 지방자치단체가 자본금 또는 재산의 4분의 1 이상을 출자한 출자법인
2. 지방자치단체가 자본금 또는 재산의 4분의 1 이상을 출연한 출연법인
[전문개정 2011.8.4] [시행일 : 2013.12.5]

제77조의5(사채 발행 및 상환 보증) 출자법인이 사채를 발행하거나 금융회사등으로부터 자금을 차입(외국차관을 포함한다)하는 경우 지방자치단체는 사채 및 차입의 상환을 보증할 수 있다. 이 경우 지방자치단체는 재해의 복구를 위한 경우 또는 그 밖에 대통령령으로 정하는 사유가 있는 경우를 제외하고는 해당 지방자치단체의 출자금액을 초과하여 보증할 수 없다. 〈개정 2013.6.4〉 [전문개정 2011.8.4]

제77조의6(출자법인의 해산 등) ① 출자법인의 경영이 부실하게 되어 자기 주식을 취득하여 소각하거나

◎ **법 령**

지방자치단체가 다른 사람의 주식을 인수하는 등의 사유로 해당 지방자치단체의 출자액이 자본금의 2분의 1을 초과하게 되었을 때에는 지방자치단체는 지체 없이 소유한 주식을 처분하거나 출자법인을 해산하는 등 필요한 조치를 하여야 한다. 〈개정 2013.6.4〉
② 출자법인이 다른 회사를 합병하거나 지방자치단체가 소유한 주식을 매각하는 등의 사유로 해당 지방자치단체의 출자액이 자본금의 10분의 1 미만이 되었을 때에는 지방자치단체는 지체 없이 소유한 주식을 전부 처분하거나 다른 사람의 주식을 인수하는 등 필요한 조치를 하여야 한다. 〈신설 2013.6.4〉
③ 지방자치단체의 장은 제77조의4에 따른 검사 결과 출자법인이 다음 각 호의 어느 하나에 해당된다고 인정하는 경우에는 주식의 양도, 해산 청구 등 필요한 조치를 할 수 있다. 〈개정 2013.6.4〉
1. 설립 후 3년이 지날 때까지 영업을 시작하지 못한 경우
2. 5년 이상 계속하여 당기 순손실이 발생한 경우
3. 특별한 사유 없이 2년 이상 계속하여 영업수입이 현저하게 감소한 경우
[전문개정 2011.8.4] [시행일 : 2013.12.5]

제77조의7(준용규정) ① 출자법인 또는 출연법인의 경영공시 및 통합공시 등에 관하여는 제46조제2항부터 제6항까지의 규정을 준용한다.
② 지방자치단체가 자본금 또는 재산의 4분의 1 이상을 출자 또는 출연한 출자법인 또는 출연법인에 대한 지방자치단체의 주주권 행사, 공무원의 파견, 권한의 위탁 등에 관하여는 제55조, 제64조, 제71조, 제75조의3 및 제75조의4를 준용한다. [전문개정 2013.6.4]

지방의회 관계법령집

지방재정법

지방재정법

[시행 2013.10.17] [법률 제11900호, 2013.7.16, 일부개정]

제1장 총 칙

제1조(목적) 이 법은 지방자치단체의 재정 및 회계에 관한 기본원칙을 정함으로써 지방재정의 건전하고 투명한 운용과 자율성을 보장함을 목적으로 한다.

제2조(정의) 이 법에서 사용하는 용어의 뜻은 다음과 같다.
1. "지방재정"이란 지방자치단체의 수입·지출 활동과 지방자치단체의 자산 및 부채를 관리·처분하는 모든 활동을 말한다.
2. "세입"(歲入)이란 한 회계연도의 모든 수입을 말한다.
3. "세출"(歲出)이란 한 회계연도의 모든 지출을 말한다.
4. "채권"이란 금전의 지급을 목적으로 하는 지방자치단체의 권리를 말한다.
5. "채무"란 금전의 지급을 목적으로 하는 지방자치단체의 의무를 말한다.

[전문개정 2011.8.4]

제3조(지방재정 운용의 기본원칙) ① 지방자치단체는 주민의 복리 증진을 위하여 그 재정을 건전하고 효율적으로 운용하여야 하며, 국가의 정책에 반하거나 국가 또는 다른 지방자치단체의 재정에 부당한 영향을 미치게 하여서는 아니 된다.
② 지방자치단체는 예산이 여성과 남성에게 미치는 효과를 평가하고, 그 결과를 지방자치단체의 예산에 반영하기 위하여 노력하여야 한다. [전문개정 2011.8.4]

제4조(지방재정제도의 연구·개발 등) 안전행정부장관은 이 법의 목적을 달성하기 위하여 다음 각 호의 사항을 연구·개발하여 시행하여야 한다. 〈개정 2013.3.23〉
1. 지방재정 조정제도와 지방세제도 간의 조화로운 발전방안
2. 합리적·효율적인 예산 편성·관리 기법 및 지방재정 운용 상황의 측정기법
3. 지방재정의 건전성 확보를 위한 지방채무 관리 방안
4. 지방재정 운용의 자율성 보장을 위한 제도 개선 방안
5. 지방재정 운용의 효율성·투명성 증대를 위한 전산정보처리장치의 개발·보급 방안
6. 국가의 실효성 있는 지방재정 지원 방안
7. 그 밖에 지방재정 발전을 위하여 필요한 사항 [전문개정 2011.8.4]

제5조(성과 중심의 지방재정 운용) ① 지방자치단체의 장은 지방재정을 운용할 때 지출 성과의 극대화를 위하여 노력하여야 한다.
② 안전행정부장관은 성과 중심의 지방재정 운용을 위하여 필요한 사항을 정하여 지방자치단체의 장에게 통보할 수 있다. 〈개정 2013.3.23〉 [전문개정 2011.8.4]

제6조(회계연도) ① 지방자치단체의 회계연도는 매년 1월 1일에 시작하여 12월 31일에 끝난다.
② 세입과 세출의 회계연도 소속 구분은 대통령령으로 정한다. [전문개정 2011.8.4]

제7조(회계연도 독립의 원칙) ① 각 회계연도의 경비는 해당 연도의 세입으로 충당하여야 한다.
② 해당 회계연도의 수입으로 경비를 충당하기에 부족하면 다음 연도의 수입을 앞당겨 충당·사용할 수 있다. 이 경우 앞당겨 충당·사용한 금액은 다음 연도의 세입·세출예산에 편입하여야 한다.
③ 지방자치단체의 장은 제2항에 따라 다음 연도의 수입을 앞당겨 충당·사용하려면 미리 지방의회의

◎ 법 령

의결을 얻어야 하며, 다음 연도의 수입을 앞당겨 충당·사용하였을 때에는 시·군 및 자치구의 경우 특별시장·광역시장 및 도지사(이하 "시·도지사"라 한다)에게, 특별시·광역시·도·특별자치도(이하 "시·도"라 한다)의 경우 안전행정부장관에게 즉시 보고하여야 한다. 〈개정 2013.3.23〉 [전문개정 2011.8.4]

제8조(출납폐쇄 기한) 지방자치단체의 출납은 회계연도가 끝난 후 2월로 폐쇄한다. [전문개정 2011.8.4]

제9조(회계의 구분) ① 지방자치단체의 회계는 일반회계와 특별회계로 구분한다.
② 특별회계는 「지방공기업법」에 따른 지방직영기업이나 그 밖의 특정사업을 운영할 때 또는 특정자금이나 특정세입·세출로서 일반세입·세출과 구분하여 회계처리할 필요가 있을 때에만 법률이나 조례로 설치할 수 있다. [전문개정 2011.8.4]

제10조(교육·과학 및 체육 등에 관한 사항의 적용) 이 법에서 교육·과학 및 체육에 관한 사항 또는 교육비 특별회계에 관하여는 "지방자치단체의 장"이나 "시·도지사"는 "교육감"으로, "안전행정부장관"은 "교육부장관"으로, "안전행정부"는 "교육부"로, "지방재정"은 "지방교육재정"으로 각각 본다. 〈개정 2013.3.23〉 [전문개정 2011.8.4]

제11조(지방채의 발행) ① 지방자치단체의 장은 그 지방자치단체에 항구적 이익이 되거나 긴급한 재난복구 등의 필요가 있을 때에는 지방채를 발행할 수 있다.
② 지방자치단체의 장은 제1항에 따라 지방채를 발행하려면 재정 상황 및 채무 규모 등을 고려하여 대통령령으로 정하는 지방채 발행 한도액의 범위에서 지방의회의 의결을 얻어야 한다. 다만, 지방채 발행 한도액 범위더라도 외채를 발행하는 경우에는 지방의회의 의결을 거치기 전에 안전행정부장관의 승인을 받아야 한다. 〈개정 2013.3.23〉
③ 지방자치단체의 장은 제2항에도 불구하고 해당 지방자치단체의 발전과 관계있는 사업을 위한 경우 등 대통령령으로 정하는 사유가 발생하는 경우에는 안전행정부장관의 승인을 받은 범위에서 지방의회의 의결을 얻어 제2항에 따른 지방채 발행 한도액의 범위를 초과하여 지방채를 발행할 수 있다. 〈개정 2013.3.23〉
④ 「지방자치법」 제159조에 따른 지방자치단체조합(이하 "조합"이라 한다)의 장은 그 조합에 항구적 이익이 되거나 긴급한 재난복구 등의 필요가 있을 때 또는 지방자치단체에 대부할 필요가 있을 때에는 지방채를 발행할 수 있다. 이 경우 안전행정부장관의 승인을 받은 범위에서 조합의 구성원인 각 지방자치단체 지방의회의 의결을 얻어야 한다. 〈개정 2013.3.23〉
⑤ 제4항에 따라 발행한 지방채에 대하여는 조합과 그 구성원인 지방자치단체가 그 상환과 이자의 지급에 관하여 연대책임을 진다. [전문개정 2011.8.4]

제12조(지방채 발행의 절차) ① 제11조에 따른 지방채의 발행, 원금의 상환, 이자의 지급, 증권에 관한 사무절차 및 사무 취급기관은 대통령령으로 정한다.
② 제11조제1항 및 제4항에 따른 지방채 중 증권 발행의 방법에 의한 지방채(이하 "지방채증권"이라 한다)의 발행에 관하여는 「상법」 제479조, 제484조, 제485조 및 제487조를 준용한다. 이 경우 「상법」의 규정 중 "사채"는 "지방채증권"으로, "사채권자"는 "지방채권자"로, "채권"은 "증권"으로 보고, 제479조 중 "기명사채"는 "기명지방채증권"으로, "사채원부"는 "지방채증권원부"로, "회사"는 "지방자치단체"로 본다. [전문개정 2011.8.4]

제13조(보증채무부담행위) ① 「지방자치법」 제124조제3항에 따라 채무의 이행에 대한 지방자치단체의 보증을 받으려는 자는 대통령령으로 정하는 바에 따라 사업의 내용과 보증을 받으려는 채무의 범위(이하 "주채무"라 한다) 등을 명시하여 지방자치단체의 장에게 미리 채무보증 신청을 하여야 한다.
② 제1항에 따른 채무보증 신청을 받은 지방자치단체의 장은 지방자치단체가 그 주채무를 보증할 필요가

있다고 인정하면 지방의회의 의결을 얻어 대통령령으로 정하는 바에 따라 그 주채무의 이행을 지방자치단체가 보증한다는 뜻을 신청인에게 서면으로 알려야 한다.
③ 채권자나 채무자는 사업의 내용 또는 보증받은 내용을 변경하려면 지방자치단체의 장의 승인을 받아야 한다. 이 경우 지방자치단체의 장은 그 변경사항이 주채무의 범위 등 그 계약의 중요 부분에 관한 것일 때에는 미리 지방의회의 의결을 얻어야 한다.
④ 지방자치단체의 장은 보증채무의 관리에 관한 사항을 매년 세입·세출결산과 함께 지방의회에 보고하여야 한다. [전문개정 2011.8.4]

제14조(일시차입금) ① 지방자치단체의 장은 예산에 계상(計上)된 범위의 지출을 위하여 일시차입금이 필요할 때에는 그 한도액에 대하여 회계연도마다 회계별로 미리 지방의회의 의결을 얻어야 한다.
② 일시차입금은 해당 회계연도의 수입으로 상환하여야 한다. [전문개정 2011.8.4]

제15조(수입의 직접 사용 금지) 지방자치단체의 장, 그 보조기관 및 소속 행정기관은 그 관할 지방자치단체의 모든 수입을 지정된 수납기관에 내야 하며, 이 법 또는 다른 법률에서 달리 정하고 있는 경우를 제외하고는 직접 사용하여서는 아니 된다. [전문개정 2011.8.4]

제16조(수입 대체 경비의 직접 사용) ① 용역이나 시설을 제공하여 발생하는 수입과 관련되는 경비로서 대통령령으로 정하는 경비(이하 "수입대체경비"라 한다)에 있어서는 지방자치단체의 장 및 소속 행정기관은 제15조 및 제63조에도 불구하고 그 수입이 확보되는 범위에서 직접 지출할 수 있다. 다만, 수입이 예산을 초과하거나 초과할 것으로 예상되는 경우에는 그 초과수입을 대통령령으로 정하는 바에 따라 그 초과수입에 직접 관련되는 경비와 이에 수반되는 경비에 초과 지출할 수 있다.
② 지방자치단체의 장은 제1항에 따른 수입대체경비의 별도 회계처리를 위하여 수입대체 경비출납원을 따로 임명할 수 있다. [전문개정 2011.8.4]

제17조(기부·보조 또는 출연의 제한) ① 지방자치단체는 개인 또는 단체에 대한 기부·보조·출연, 그 밖의 공금 지출을 할 수 없다. 다만, 지방자치단체의 소관에 속하는 사무와 관련하여 다음 각 호의 어느 하나에 해당하는 경우와 공공기관에 지출하는 경우에는 그러하지 아니하다.
1. 법률에 규정이 있는 경우
2. 국고 보조 재원(財源)에 의한 것으로서 국가가 지정한 경우
3. 용도를 지정한 기부금의 경우
4. 보조금을 지출하지 아니하면 사업을 수행할 수 없는 경우로서 지방자치단체가 권장하는 사업을 위하여 필요하다고 인정되는 경우
② 제1항 단서에 따른 "공공기관"이란 해당 지방자치단체의 소관에 속하는 사무와 관련하여 지방자치단체가 권장하는 사업을 하는 다음 각 호의 어느 하나에 해당하는 기관을 말한다.
1. 그 목적과 설립이 법령 또는 그 지방자치단체의 조례에 정하여진 기관
2. 지방자치단체를 회원으로 하는 공익법인
③ 삭제 〈2013.7.16〉 [전문개정 2011.8.4]

제17조의2(보조사업의 취소 및 보조금의 반환 등) ① 지방자치단체의 장은 제17조제1항에 따른 보조금을 교부받아 보조사업을 수행하는 자(이하 이 조에서 "보조사업자"라 한다)가 다음 각 호의 어느 하나에 해당하는 경우에는 보조금 교부결정의 전부 또는 일부를 취소할 수 있다.
1. 보조금을 다른 용도에 사용한 경우
2. 법령, 보조금 교부결정의 내용 또는 법령에 따른 지방자치단체의 장의 처분을 위반한 경우
3. 거짓 신청이나 그 밖의 부정한 방법으로 보조금을 교부받은 경우

○ 법 령

② 지방자치단체의 장은 보조금의 교부결정을 취소한 경우에 그 취소된 부분의 보조사업에 대하여 이미 보조금이 교부되었을 때에는 기한을 정하여 그 취소된 부분에 해당하는 보조금과 이로 인하여 발생한 이자의 반환을 명하여야 한다.
③ 지방자치단체의 장은 보조사업자에게 교부하여야 할 보조금의 금액을 대통령령으로 정하는 바에 따라 확정한 결과, 이미 교부된 보조금과 이로 인하여 발생한 이자를 더한 금액이 그 확정된 금액을 초과한 경우에는 기한을 정하여 그 초과액의 반환을 명하여야 한다.
④ 지방자치단체의 장은 제2항 또는 제3항에 따라 보조사업자가 반환하여야 할 보조금을 지방세 징수의 예에 따라 징수할 수 있다. 이 경우 반환금 징수는 국세와 지방세를 제외하고는 다른 공과금에 우선한다.
⑤ 그 밖에 보조사업의 사후평가 등 보조금 지출을 건전하고 효율적으로 운용하기 위하여 필요한 사항은 대통령령으로 정한다. [본조신설 2013.7.16]
제18조(출자의 제한) ① 지방자치단체는 법령에 따라 출자(出資)할 수 있도록 정하여진 단체, 「지방공기업법」에 따른 지방공사·지방공단 외의 단체에는 출자를 할 수 없다. 다만, 지방자치단체가 「지방공기업법」 제2조에 따른 사업을 지방자치단체가 아닌 자와 공동으로 하려는 경우에는 그러하지 아니하다.
② 지방자치단체가 제1항에 따라 출자를 하려면 미리 해당 지방의회의 의결을 얻어야 한다.
[전문개정 2011.8.4]
제19조(지방재정 운용에 대한 자문) ① 안전행정부장관은 지방재정 운용 업무를 효과적으로 수행하기 위하여 필요한 경우 분야별 자문기구를 둘 수 있다. 〈개정 2013.3.23〉
② 제1항에 따른 자문기구의 구성 및 운영 등에 필요한 사항은 대통령령으로 정한다. [전문개정 2011.8.4]

제2장 경비의 부담

제20조(자치사무에 관한 경비) 지방자치단체의 관할구역 자치사무에 필요한 경비는 그 지방자치단체가 전액을 부담한다. [전문개정 2011.8.4]
제21조(부담금과 교부금) ① 지방자치단체나 그 기관이 법령에 따라 처리하여야 할 사무로서 국가와 지방자치단체 간에 이해관계가 있는 경우에는 원활한 사무처리를 위하여 국가에서 부담하지 아니하면 아니되는 경비는 국가가 그 전부 또는 일부를 부담한다.
② 국가가 스스로 하여야 할 사무를 지방자치단체나 그 기관에 위임하여 수행하는 경우 그 경비는 국가가 전부를 그 지방자치단체에 교부하여야 한다. [전문개정 2011.8.4]
제22조(경비 부담의 비율 등) ① 제21조제1항에 따라 국가와 지방자치단체가 부담할 경비 중 지방자치단체가 부담할 경비의 종목 및 부담 비율에 관하여는 대통령령으로 정한다.
② 지방자치단체의 장은 제1항에 따른 지방비 부담액을 다른 사업보다 우선하여 그 회계연도의 예산에 계상하여야 한다. [전문개정 2011.8.4]
제23조(보조금의 교부) ① 국가는 정책상 필요하다고 인정할 때 또는 지방자치단체의 재정 사정상 특히 필요하다고 인정할 때에는 예산의 범위에서 지방자치단체에 보조금을 교부할 수 있다.
② 시·도는 정책상 필요하다고 인정할 때 또는 시·군 및 자치구의 재정 사정상 특히 필요하다고 인정할 때에는 예산의 범위에서 시·군 및 자치구에 보조금을 교부할 수 있다.
③ 제1항 및 제2항에 따라 지방자치단체에 보조금을 교부할 때에는 법령이나 조례에서 정하는 경우와 국가 정책상 부득이한 경우 외에는 재원 부담 지시를 할 수 없다. [전문개정 2011.8.4]
제24조(보조금의 신청 등) 지방자치단체의 장이 「보조금의 예산 및 관리에 관한 법률」에 따라 중앙행정기

지방재정법

관의 장에게 보조금의 예산 계상을 신청하였을 때에는 그 내용을 해당 회계연도의 전년도 5월 31일까지 안전행정부장관에게 보고하여야 한다. 이 경우 시장·군수 및 자치구의 구청장은 시·도지사를 거쳐 안전행정부장관에게 보고하여야 한다. 〈개정 2013.3.23〉 [전문개정 2011.8.4]

제25조(지방자치단체의 부담을 수반하는 법령안) 「정부조직법」 제2조에 따른 중앙행정기관의 장(이하 "중앙행정기관의 장"이라 한다)은 그 소관 사무로서 지방자치단체의 경비부담을 수반하는 사무에 관한 법령을 제정하거나 개정하려면 미리 안전행정부장관의 의견을 들어야 한다. 〈개정 2013.3.23〉 [전문개정 2011.8.4]

제26조(지방자치단체의 부담을 수반하는 경비) 중앙행정기관의 장은 그 소관에 속하는 세입·세출 및 국고채무 부담행위의 요구안 중 지방자치단체의 부담을 수반하는 사항에 대하여는 「국가재정법」 제31조에 따른 서류 또는 같은 법 제51조제2항에 따른 명세서를 기획재정부장관에게 제출하기 전에 안전행정부장관과 협의하여야 한다. 〈개정 2013.3.23〉 [전문개정 2011.8.4]

제27조(지방자치단체의 부담을 수반하는 국고 보조) 중앙행정기관의 장은 그 소관에 속하는 세출예산 중에서 지방자치단체의 재정적 부담을 수반하는 보조금 등을 지방자치단체에 교부하기로 결정·통지하였을 때에는 즉시 기획재정부장관과 안전행정부장관에게 통지하여야 한다. 다만, 보조금 등의 교부결정에 있어서 제26조에 따라 안전행정부장관과 협의를 거치지 아니한 부분에 대하여는 그 교부결정을 통지하기 전에 미리 안전행정부장관과 협의하여야 한다. 〈개정 2013.3.23〉 [전문개정 2011.8.4]

제27조의2(지방재정부담심의위원회) ① 다음 각 호의 지방재정 부담에 관한 사항 중 주요 안건을 심의하기 위하여 국무총리 소속으로 지방재정부담심의위원회(이하 "위원회"라 한다)를 둔다. 〈개정 2013.3.23, 2013.7.16〉
1. 제26조에 따른 지방자치단체의 부담을 수반하는 주요 경비에 관한 사항
1의2. 국가와 지방자치단체 간 세목 조정 중 지방재정상 부담이 되는 중요 사항
2. 국고보조사업의 국가와 지방자치단체 간, 시·도와 시·군·자치구 간 재원분담 비율 조정에 관한 사항
3. 지방자치단체 재원분담에 관련된 법령 또는 정책 입안 사항 중 안전행정부장관의 요청에 따라 국무총리가 부의하는 사항
4. 지방세 특례 및 세율조정 등 지방세 수입에 중대한 영향을 미치는 지방세 관계 법령의 제정·개정에 관한 사항 중 안전행정부장관의 요청에 따라 국무총리가 부의하는 사항
5. 그 밖에 지방자치단체의 재원분담에 관한 사항으로 안전행정부장관의 요청에 따라 국무총리가 필요하다고 인정하여 부의하는 사항
② 위원회는 위원장·부위원장을 포함한 15명 이내의 위원으로 구성한다. 〈개정 2013.7.16〉
③ 위원회의 위원장은 국무총리가 되고, 부위원장은 안전행정부장관과 민간위원으로 하되, 민간위원인 부위원장은 위원회에서 호선하여 선정한다. 〈신설 2013.7.16〉
④ 위원회의 위원은 다음 각 호의 사람이 된다. 〈신설 2013.7.16〉
1. 기획재정부장관, 대통령령으로 정하는 관계 중앙행정기관의 장
2. 전국시도지사협의회·전국시장군수구청장협의회·전국시도의회의장협의회·전국시군구의회의장협의회에서 추천하는 각 1명
3. 그 밖에 지방재정에 대한 학식과 전문지식이 있는 사람으로서 안전행정부장관의 제청으로 국무총리가 위촉하는 사람
⑤ 위원회의 회의는 연 1회 이상 개최하고, 위원장이 소집한다. 다만, 다음 각 호의 경우에는 추가로 개최할 수 있다. 〈신설 2013.7.16〉

◉ 법 령

1. 위원장이 필요하다고 인정하는 때
2. 지방자치단체협의회의 소집요구가 있는 때

⑥ 위원회를 효율적으로 운영하고 위원회의 심의사항을 전문적으로 검토하기 위하여 위원회에 실무위원회를 두며, 실무위원회 위원장은 안전행정부차관이 된다. 〈신설 2013.7.16〉
⑦ 그 밖에 위원회 및 실무위원회의 구성과 운영에 필요한 사항은 대통령령으로 정한다. 〈개정 2013.7.16〉
[본조신설 2011.8.4] [시행일 : 2014.1.17]

제27조의3(국고보조사업에 대한 예산편성) ① 국고보조금에 의한 사업 중 지방자치단체의 재정적 부담을 수반하는 경우 지방자치단체의 예산편성은 제26조 및 「보조금의 예산 및 관리에 관한 법률」 제7조에 따라 중앙행정기관의 장과 안전행정부장관이 협의한 보조사업계획에 의한다. 〈개정 2013.3.23〉
② 안전행정부장관은 제1항에 따른 보조사업계획을 해당 회계연도의 전년도 10월 15일까지 각 부처 및 지방자치단체의 장에게 통보한다. 〈개정 2013.3.23〉 [본조신설 2011.8.4]

제27조의4(국고보조금의 관리) ① 중앙행정기관의 장은 지방자치단체에 지원한 국고보조금의 교부실적과 해당 지방자치단체의 보조금 집행실적을 대통령령으로 정하는 기한까지 안전행정부장관에게 통보하여야 한다.
② 안전행정부장관은 제1항에 따라 통보된 결과를 공표하여야 하고, 공표의 방법 및 내용 등에 필요한 사항은 대통령령으로 정한다. [본조신설 2013.7.16]

제28조(시·도의 사무위임에 수반하는 경비 부담) 시·도나 시·도지사가 시·군 및 자치구 또는 시장·군수·자치구의 구청장에게 그 사무를 집행하게 할 때에는 시·도는 그 사무 집행에 드는 경비를 부담하여야 한다. [전문개정 2011.8.4]

제28조의2(지방세 감면의 제한 등) ① 안전행정부장관은 대통령령으로 정하는 해당 연도의 지방세 징수결산액과 지방세 비과세·감면액을 합한 금액에서 지방세 비과세·감면액이 차지하는 비율이 대통령령으로 정하는 비율 이하가 되도록 노력하여야 한다. 〈개정 2013.3.23〉
② 각 중앙행정기관의 장은 그 소관 사무로서 새로운 지방세 감면을 요청할 때에는 그 감면액을 보충하기 위한 대책으로 다음 각 호의 어느 하나에 해당하는 사항을 「지방세특례제한법」 제97조제1항에 따른 지방세 감면건의서에 포함하여 안전행정부장관에게 제출하여야 한다. 〈개정 2013.3.23〉
1. 기존 지방세 감면의 축소 또는 폐지
2. 국고보조사업의 국고 부담비율 상향조정
3. 지방자치단체 예산지원 등 그 밖에 지방재정 보전을 위하여 필요한 사항 [본조신설 2011.8.4]

제29조(시·도가 시·군에 하는 재정보전 등) ① 시·도지사(특별시장은 제외한다. 이하 이 조에서 같다)는 다음 각 호의 금액의 27퍼센트(인구 50만 이상의 시와 자치구가 아닌 구가 설치되어 있는 시의 경우에는 47퍼센트)에 해당하는 금액을 시·군에 대한 재정보전금의 재원으로 확보하여야 한다.
1. 시·군에서 징수하는 광역시세·도세(화력발전·원자력발전에 대한 지역자원시설세, 특정부동산에 대한 지역자원시설세 및 지방교육세는 제외한다)의 총액
2. 해당 시·도(특별시는 제외한다. 이하 이 조에서 같다)의 지방소비세액을 전년도 말의 해당 시·도의 인구로 나눈 금액에 전년도 말의 시·군의 인구를 곱한 금액
② 시·도지사는 제1항에 따른 재정보전금의 재원을 인구, 징수실적(지방소비세는 제외한다), 해당 시·군의 재정사정, 그 밖에 대통령령으로 정하는 기준에 따라 해당 시·도의 관할구역의 시·군에 배분한다.
③ 시·도지사는 화력발전·원자력발전에 대한 각각의 지역자원시설세의 100분의 65에 해당하는 금액(「지방세기본법」 제67조제2항에 따른 징수교부금을 교부한 경우에는 그 금액을 뺀 금액을 말한다)을 화력발전소·원자력발전소가 있는 시·군에 각각 배분하여야 한다. [전문개정 2011.8.4] [시행일 : 2014.1.1]

제30조(시·도가 시행하는 토목, 그 밖의 건설사업에 대한 시·군 및 자치구의 부담) ① 시·도가 시행하는 토목이나 그 밖의 건설사업 중 그 구역의 시·군 및 자치구에 이익이 되는 사업에 대하여는 시·도는 그 건설사업으로 얻는 수익의 한도에서 그 시·군 및 자치구에 대하여 건설사업에 드는 경비의 일부를 부담시킬 수 있다.
② 제1항에 따라 시·군 및 자치구가 부담하여야 하는 금액은 그 시·군 및 자치구가 동의한 범위에서 정하여야 한다.
③ 시·군 및 자치구가 시행할 토목공사나 그 밖의 건설공사를 국가기관, 다른 지방자치단체 또는 공공단체에 위탁하여 시행하는 경우에 시·군 및 자치구는 필요경비를 수탁기관에 내고 수탁기관은 공사 집행 후 남은 금액이 있으면 그 시·군 및 자치구에 정산하여 돌려주어야 한다. [전문개정 2011.8.4]

제31조(국가의 공공시설에 관한 사용료) ① 지방자치단체나 그 지방자치단체의 장이 관리하는 국가의 공공시설 중 지방자치단체가 그 관리에 드는 경비를 부담하는 공공시설에 대하여는 법령에 특별한 규정이 있는 경우를 제외하고는 그 지방자치단체나 지방자치단체의 장은 조례나 규칙으로 정하는 바에 따라 그 공공시설의 사용료를 징수할 수 있다.
② 제1항에 따라 징수한 사용료는 그 지방자치단체의 수입으로 한다. [전문개정 2011.8.4]

제32조(사무 위임에 따른 과태료 등 수입의 귀속) 지방자치단체가 국가나 다른 지방자치단체의 위임사무에 대하여 법령에서 정하는 바에 따라 과태료 또는 과징금을 부과·징수한 경우 그 수입은 사무위임을 받은 지방자치단체의 수입으로 한다. 다만, 다른 법령에 특별한 규정이 있거나 「비송사건절차법」에서 정하는 바에 따라 부과·징수한 과태료의 경우에는 그러하지 아니하다. [전문개정 2011.8.4]

제3장 예 산

제33조(중기지방재정계획의 수립 등) ① 지방자치단체의 장은 재정을 계획성 있게 운용하기 위하여 매년 중기지방재정계획을 수립하여 지방의회에 보고하고, 안전행정부장관에게 제출하여야 한다.
〈개정 2013.3.23〉
② 지방자치단체의 장은 중기지방재정계획을 수립할 때에는 안전행정부장관이 정하는 계획수립 절차 등에 따라 그 중기지방재정계획이 관계 법령에 따른 국가계획 및 지역계획과 연계되도록 하여야 한다.
〈개정 2013.3.23〉
③ 안전행정부장관은 제1항에 따른 각 지방자치단체의 중기지방재정계획을 기초로 관계 중앙행정기관의 장과 협의하여 매년 종합적인 중기지방재정계획을 수립하고, 국무회의에 보고하여야 한다. 이 경우 안전행정부장관은 지방자치단체의 의견을 최대한 반영하도록 노력하여야 한다. 〈개정 2013.3.23, 2013.7.16〉
④ 중기지방재정계획을 변경하는 경우에는 제1항부터 제3항까지의 규정을 준용한다.
⑤ 중기지방재정계획의 수립에 관한 지방자치단체의 장의 자문에 응하도록 하기 위하여 각 지방자치단체에 지방재정계획심의위원회를 둔다.
⑥ 제5항에 따른 지방재정계획심의위원회의 구성 및 운영 등에 필요한 사항은 해당 지방자치단체의 조례로 정한다. [전문개정 2011.8.4]

제34조(예산총계주의의 원칙) ① 한 회계연도의 모든 수입을 세입으로 하고 모든 지출을 세출로 한다.
② 세입과 세출은 모두 예산에 편입하여야 한다.
③ 지방자치단체가 현물로 출자하는 경우와 「지방자치법」 제142조제1항 및 「지방자치단체 기금관리기본법」에 따라 설치된 기금을 운용하는 경우 또는 그 밖에 대통령령으로 정하는 사유로 보관할 의무가 있는 현금이나 유가증권이 있는 경우에는 제2항에도 불구하고 이를 세입·세출예산 외로 처리할 수 있다. [전문개정 2011.8.4]

◎ 법 령

제35조(세출의 재원) 지방자치단체의 세출은 지방채 외의 세입을 그 재원으로 하여야 한다. 다만, 부득이한 경우에는 제11조에 따른 지방채로 충당할 수 있다. [전문개정 2011.8.4]

제36조(예산의 편성) ① 지방자치단체는 법령 및 조례로 정하는 범위에서 합리적인 기준에 따라 그 경비를 산정하여 예산에 계상하여야 한다.
② 지방자치단체는 모든 자료에 의하여 엄정하게 그 재원을 포착하고 경제 현실에 맞도록 그 수입을 산정하여 예산에 계상하여야 한다.
③ 지방자치단체의 장이 예산을 편성할 때에는 제33조에 따른 중기지방재정계획과 제37조에 따른 재정투·융자사업에 대한 심사 결과를 기초로 하여야 한다. [전문개정 2011.8.4]

제36조의2(성인지 예산서의 작성·제출) ① 지방자치단체의 장은 예산이 여성과 남성에게 미칠 영향을 미리 분석한 보고서[이하 "성인지 예산서"(性認知 豫算書)라 한다]를 작성하여야 한다.
② 「지방자치법」 제127조에 따른 예산안에는 성인지 예산서가 첨부되어야 한다.
③ 그 밖에 성인지 예산서의 작성에 관한 구체적인 사항은 대통령령으로 정한다.
[본조신설 2011.3.8]

제37조(재정투·융자사업에 대한 심사) 지방자치단체의 장은 재정투·융자사업에 관한 예산을 편성하려면 대통령령으로 정하는 바에 따라 그 사업의 필요성과 사업계획의 타당성 등에 대한 심사를 하여야 한다. [전문개정 2011.8.4]

제38조(지방자치단체 재정운용 업무편람 등) ① 안전행정부장관은 국가 및 지방 재정의 운용 여건, 지방재정제도의 개요 등 지방자치단체의 재정운용에 필요한 정보로 구성된 회계연도별 지방자치단체 재정운용 업무편람을 작성하여 지방자치단체에 보급할 수 있다. 〈개정 2013.3.23〉
② 지방재정의 건전한 운용과 지방자치단체 간 재정운용의 균형을 확보하기 위하여 필요한 회계연도별 지방자치단체 예산편성기준은 안전행정부령으로 정한다. 〈개정 2013.3.23〉 [전문개정 2011.8.4]

제39조(지방예산 편성 과정의 주민 참여) ① 지방자치단체의 장은 대통령령으로 정하는 바에 따라 지방예산 편성 과정에 주민이 참여할 수 있는 절차를 마련하여 시행하여야 한다.
② 지방자치단체의 장은 제1항에 따라 예산 편성 과정에 참여한 주민의 의견을 수렴하여 그 의견서를 지방의회에 제출하는 예산안에 첨부할 수 있다. [전문개정 2011.8.4]

제40조(예산의 내용) ① 예산은 예산총칙, 세입·세출예산, 계속비, 채무부담행위 및 명시이월비(明示移越費)를 총칭한다.
② 예산총칙에는 세입·세출예산, 계속비, 채무부담행위 및 명시이월비에 관한 총괄적 규정과 지방채 및 일시차입금의 한도액, 그 밖에 예산 집행에 필요한 사항을 정하여야 한다. [전문개정 2011.8.4]

제41조(예산의 과목 구분) ① 지방자치단체의 세입예산은 그 내용의 성질과 기능을 고려하여 장(章)·관(款)·항(項)으로 구분한다.
② 지방자치단체의 세출예산은 그 내용의 기능별·사업별 또는 성질별로 주요항목 및 세부항목으로 구분한다. 이 경우 주요항목은 분야·부문·정책사업으로 구분하고, 세부항목은 단위사업·세부사업·목으로 구분한다.
③ 제1항 및 제2항에 따른 각 과목의 구분과 설정 등 지방자치단체의 예산 과목 운용에 필요한 사항은 대통령령으로 정한다. [전문개정 2011.8.4]

제42조(계속비 등) ① 지방자치단체의 장은 공사나 제조, 그 밖의 사업으로서 그 완성에 수년을 요하는 것은 필요한 경비의 총액과 연도별 금액에 대하여 지방의회의 의결을 얻어 계속비로서 여러 해에 걸쳐 지출할 수 있다.

② 제1항에 따라 계속비로 지출할 수 있는 연한(年限)은 그 회계연도부터 5년 이내로 한다. 다만, 필요하다고 인정될 때에는 지방의회의 의결을 거쳐 다시 그 연한을 연장할 수 있다.
③ 지방자치단체는 완성하기까지 여러 해가 걸리는 공사 중 다음 각 호의 어느 하나에 해당하는 사업의 예산은 가능한 한 계속비로 편성되도록 노력하여야 한다.
1. 시급하게 추진하여야 하는 사업으로서 「재난 및 안전관리 기본법」 제3조제1호의 재난(이하 "재난"이라 한다) 복구사업
2. 중단 없이 이행하여야 하는 사업 [전문개정 2011.8.4]

제43조(예비비) 지방자치단체는 예측할 수 없는 예산 외의 지출 또는 예산 초과 지출에 충당하기 위하여 예비비로서 상당하다고 인정되는 금액을 예산에 계상하여야 한다. 다만, 특별회계(교육비특별회계는 제외한다)의 경우에는 예비비를 계상하지 아니할 수 있다. [전문개정 2011.8.4]

제44조(채무부담행위) ① 지방자치단체의 장은 다음 각 호의 어느 하나에 해당하는 것을 제외하고는 지방자치단체에 채무부담의 원인이 될 계약의 체결이나 그 밖의 행위를 할 때에는 미리 예산으로 지방의회의 의결을 얻어야 한다. 이 경우 제11조제2항에 따른 지방채 발행 한도액 산정 시에는 채무부담행위에 의한 채무가 포함되어야 한다.
1. 법령이나 조례에 따른 것
2. 세출예산·명시이월비 또는 계속비 총액 범위의 것
② 지방자치단체의 장은 제1항에도 불구하고 지방의회를 소집할 시간적 여유가 없을 때에는 재난 복구를 위하여 시급히 추진할 필요가 있는 사업으로서 지방자치단체의 채무부담의 원인이 될 계약 중 총사업비가 10억원 이하의 범위에서 조례로 정하는 금액 이하인 계약을 지방의회의 의결을 거치지 아니하고 체결할 수 있다.
③ 지방자치단체의 장은 제2항에 따라 지방의회의 의결을 거치지 아니하고 계약을 체결하였을 때에는 즉시 지방의회에 보고하여야 한다.
④ 제1항부터 제3항까지의 규정에 따라 채무부담이 되는 행위를 하였을 때에는 상환하는 회계연도 세출예산에 반드시 계상하여야 한다.
⑤ 제1항부터 제3항까지의 규정에 따른 채무부담행위의 경우에는 해당 회계연도와 다음 회계연도에 걸쳐 지출하여야 할 지출원인행위를 할 수 있다. [전문개정 2011.8.4]

제45조(추가경정예산의 편성 등) 지방자치단체의 장은 이미 성립된 예산을 변경할 필요가 있을 때에는 추가경정예산(追加更正豫算)을 편성할 수 있다. 다만, 다음 각 호의 경비는 추가경정예산의 성립 전에 사용할 수 있으며, 이는 같은 회계연도의 차기 추가경정예산에 계상하여야 한다.
1. 시·도의 경우 국가로부터, 시·군 및 자치구의 경우 국가 또는 시·도로부터 그 용도가 지정되고 소요 전액이 교부된 경비
2. 시·도의 경우 국가로부터, 시·군 및 자치구의 경우 국가 또는 시·도로부터 재난구호 및 복구와 관련하여 복구계획이 확정·통보된 경우 그 소요 경비 [전문개정 2011.8.4]

제46조(예산 불성립 시의 예산 집행) ① 지방의회에서 부득이한 사유로 회계연도가 시작될 때까지 예산안이 의결되지 못하였을 때에는 지방자치단체의 장은 「지방자치법」 제131조에 따라 예산을 집행하여야 한다.
② 제1항에 따라 집행된 예산은 해당 회계연도의 예산이 성립되면 그 성립된 예산에 의하여 집행된 것으로 본다. [전문개정 2011.8.4]

제47조(예산의 목적 외 사용금지와 예산 이체) ① 지방자치단체의 장은 세출예산에서 정한 목적 외의 용도로 경비를 사용하거나 세출예산에서 정한 각 정책사업 간에 서로 이용할 수 없다. 다만, 예산 집행에

◉ **법 령**

필요하여 미리 예산으로서 지방의회의 의결을 얻었을 때에는 이용할 수 있다.
② 지방자치단체의 기구·직제 또는 정원에 관한 법령이나 조례의 제정·개정 또는 폐지로 인하여 관계 기관 사이에 직무권한이나 그 밖의 사항이 변동되었을 때에는 그 예산을 상호 이체(移替)할 수 있다.
[전문개정 2011.8.4]

제48조(예산 절약에 따른 성과금의 지급 등) ① 지방자치단체의 장은 예산의 집행 방법이나 제도의 개선 등으로 예산이 절약되거나 수입이 늘어난 경우에는 절약한 예산 또는 늘어난 수입의 일부를 이에 기여한 자에게 성과금으로 지급하거나 다른 사업에 사용할 수 있다.
② 지방자치단체의 장은 제1항에 따른 성과금을 지급하거나 다른 사업에 사용하려면 예산성과금 심사위원회의 심사를 거쳐야 한다.
③ 제1항에 따른 성과금의 지급과 다른 사업에의 사용, 제2항에 따른 예산성과금 심사위원회의 구성 및 운영 등에 필요한 사항은 대통령령으로 정한다. [전문개정 2011.8.4]

제48조의2(예산·기금의 불법지출·낭비에 대한 주민감시) ① 지방자치단체의 예산 또는 기금을 집행하는 자, 재정지원을 받는 자, 지방자치단체의 장 또는 기금관리주체(법령 또는 조례에 따라 기금을 관리·운영하는 자를 말한다. 다만, 「국가재정법」 제8조에 따른 기금관리주체는 제외한다. 이하 같다)와 계약 또는 그 밖의 거래를 하는 자가 법령을 위반함으로써 지방자치단체에 손해를 가하였음이 명백한 때에는 누구든지 집행에 책임이 있는 지방자치단체의 장 또는 기금관리주체에게 불법지출에 대한 증거를 제출하고 시정을 요구할 수 있다.
② 지방자치단체의 예산절약 또는 수입증대와 관련한 의견이 있는 자는 해당 지방자치단체의 장 또는 기금관리주체에게 그 의견을 제안할 수 있다.
③ 제1항 및 제2항에 따라 시정요구 또는 제안을 받은 지방자치단체의 장 또는 기금관리주체는 대통령령으로 정하는 바에 따라 그 처리결과를 안전행정부장관에게 제출하고 시정요구 또는 제안을 한 자에게 통지하여야 한다. 〈개정 2013.3.23〉
④ 지방자치단체의 장 또는 기금관리주체는 제1항의 시정요구에 대한 처리결과에 따라 수입이 증대되거나 지출이 절약된 때에는 시정요구를 한 자에게 제48조에 따른 성과금을 지급할 수 있다.
[본조신설 2011.3.8]

제49조(예산의 전용) ① 지방자치단체의 장은 대통령령으로 정하는 바에 따라 각 정책사업 내의 예산액 범위에서 각 단위사업 또는 목의 금액을 전용(轉用)할 수 있다.
② 제1항에 따라 전용한 경비의 금액은 세입·세출결산서에 명시하고, 그 이유를 적어야 한다.
[전문개정 2011.8.4]

제50조(세출예산의 이월) ① 세출예산 중 경비의 성질상 그 회계연도에 그 지출을 마치지 못할 것으로 예상되어 명시이월비로서 세입·세출예산에 그 취지를 분명하게 밝혀 미리 지방의회의 의결을 얻은 금액은 다음 회계연도에 이월하여 사용할 수 있다.
② 세출예산 중 다음 각 호의 어느 하나에 해당하는 경비의 금액은 사고이월비(事故移越費)로서 다음 회계연도에 이월하여 사용할 수 있다.
 1. 회계연도 내에 지출원인행위를 하고 불가피한 사유로 회계연도 내에 지출하지 못한 경비와 지출하지 아니한 그 부대 경비
 2. 지출원인행위를 위하여 입찰공고를 한 경비 중 입찰공고 후 지출원인행위를 할 때까지 오랜 기간이 걸리는 경우로서 대통령령으로 정하는 경비
 3. 공익·공공 사업의 시행에 필요한 손실보상비로서 대통령령으로 정하는 경비

4. 경상적 성격의 경비로서 대통령령으로 정하는 경비
  ③ 계속비의 회계연도별 필요경비 중 해당 회계연도에 지출하지 못한 금액은 그 계속비의 사업완성 연도까지 차례로 이월하여 사용할 수 있다.
  ④ 제1항부터 제3항까지의 규정에 따라 예산을 이월할 때에는 그 이월하는 과목별 금액은 이월 예산으로 배정된 것으로 본다. [전문개정 2011.8.4]

제4장 결 산

제51조(예산회계의 결산) 세입·세출의 결산은 세입·세출의 예산과 같은 구분에 따라 작성하며, 다음 각 호의 사항을 명백히 하여야 한다.
  1. 세입
     가. 세입예산액
     나. 징수결정액
     다. 수납액
     라. 불납결손액(不納缺損額)
     마. 미수납액(未收納額)
  2. 세출
     가. 세출예산액
     나. 전년도 이월액
     다. 예비비 사용액
     라. 전용 등 증감액
     마. 제16조제1항 단서에 따른 초과 지출액
     바. 예산현액(豫算現額)
     사. 지출액
     아. 다음 회계연도 이월액
     자. 불용액(不用額) [전문개정 2011.8.4]

제52조(결산상 잉여금의 처리) 지방자치단체는 회계연도마다 세입·세출결산상 잉여금(剩餘金)이 있을 때에는 다음 각 호의 어느 하나에 해당하는 금액을 뺀 잉여금은 그 잉여금이 생긴 회계연도의 다음 회계연도까지 세출예산에 관계없이 지방채의 원리금 상환에 사용할 수 있다.
  1. 다른 법률에 따른 금액
  2. 제50조에 따른 이월금 [전문개정 2011.8.4]

제53조(재무회계의 결산) ① 지방자치단체의 장은 그 지방자치단체의 재정상태 및 운용결과를 명백히 하기 위하여 발생주의와 복식부기 회계원리를 기초로 하여 안전행정부장관이 정하는 회계기준에 따라 거래 사실과 경제적 실질을 반영하여 회계처리하고 재무보고서를 작성하여야 한다. 〈개정 2013.3.23〉
  ② 지방자치단체의 장은 「지방자치법」 제134조제1항에 따른 검사위원에게 결산검사에 필요한 서류를 제출할 때에는 제1항에 따른 재무보고서에 「공인회계사법」에 따른 공인회계사의 검토의견을 첨부하여야 한다.
  ③ 제1항 및 제2항에 따른 재무보고서의 작성 및 제출 등에 필요한 사항은 대통령령으로 정한다.
  [전문개정 2011.8.4]

제53조의2(성인지 결산서의 작성·제출) ① 지방자치단체의 장은 여성과 남성이 동등하게 예산의 수혜를

◦ **법 령**

받고 예산이 성차별을 개선하는 방향으로 집행되었는지를 평가하는 보고서(이하 "성인지 결산서"라 한다)를 작성하여야 한다.
② 「지방자치법」 제134조제1항에 따른 결산서에는 성인지 결산서가 첨부되어야 한다.
③ 그 밖에 성인지 결산서의 작성에 관한 구체적인 사항은 대통령령으로 정한다. [본조신설 2011.3.8]

제5장 재정분석 및 공개

제54조(재정 운용에 관한 보고 등) 지방자치단체의 장은 대통령령으로 정하는 바에 따라 재정보고서를 안전행정부장관에게 제출하여야 한다. 이 경우 시·군 및 자치구는 시·도지사를 거쳐 안전행정부장관에게 제출하여야 한다. 〈개정 2013.3.23〉[전문개정 2011.8.4]

제55조(재정분석 및 재정진단 등) ① 안전행정부장관은 대통령령으로 정하는 바에 따라 제54조에 따른 재정보고서의 내용을 분석하여야 한다. 〈개정 2013.3.23〉
② 안전행정부장관은 제1항에 따른 재정분석 결과 재정의 건전성과 효율성 등이 현저히 떨어지는 지방자치단체에 대하여는 대통령령으로 정하는 바에 따라 재정진단을 실시하여야 한다. 〈개정 2013.3.23〉
③ 안전행정부장관은 제2항에 따른 재정진단 결과를 토대로 해당 지방자치단체에 재정건전화계획의 수립 및 이행을 권고하거나 재정 건전화를 위하여 필요한 사항을 지도할 수 있다. 〈개정 2013.3.23〉
④ 안전행정부장관은 제1항이나 제2항에 따른 재정분석 및 재정진단 결과를 공개할 수 있으며, 재정분석 및 재정진단 결과의 중요 사항에 대하여는 매년 재정분석·진단 실시 후 3개월 이내에 국회 소관 상임위원회 및 국무회의에 보고하여야 한다. 〈개정 2013.3.23〉[전문개정 2011.8.4]

제55조의2(재정위기단체의 지정) ① 안전행정부장관은 제55조제1항 및 제2항에 따른 재정분석 및 재정진단 결과 등을 토대로 재정위험 수준이 심각하다고 판단되는 지방자치단체를 재정위기단체로 지정할 수 있다. 〈개정 2013.3.23〉
② 재정위기단체의 지정을 위한 기준 및 절차 등은 대통령령으로 정한다. [본조신설 2011.3.8]

제55조의3(재정위기단체의 의무 등) ① 재정위기단체로 지정된 지방자치단체의 장(이하 "재정위기단체의 장"이라 한다)은 제55조제3항에 따른 재정건전화계획을 수립하여 안전행정부장관의 승인을 받아야 한다. 이 경우 시장·군수 및 자치구의 구청장은 시·도지사를 경유하여야 한다. 〈개정 2013.3.23〉
② 재정위기단체의 장은 제1항에 따른 재정건전화계획에 대하여 지방의회의 의결을 얻어야 한다.
③ 재정위기단체의 장이 예산을 편성할 때에는 제2항에 따른 재정건전화계획을 기초로 하여야 한다.
④ 재정위기단체의 장은 재정건전화계획의 이행상황을 지방의회 및 안전행정부장관에게 보고하여야 한다. 이 경우 시장·군수 및 자치구의 구청장은 시·도지사를 경유하여야 한다. 〈개정 2013.3.23〉
⑤ 안전행정부장관은 재정위기단체의 재정건전화계획 수립 및 이행상황에 대하여 필요한 사항을 권고하거나 지도할 수 있다. 〈개정 2013.3.23〉
⑥ 재정위기단체의 장은 특별한 사유가 없는 한 제5항의 권고 또는 지도에 따라야 한다.
⑦ 재정위기단체의 장은 재정건전화계획 및 이행상황을 매년 2회 이상 주민에게 공개하여야 한다.
[본조신설 2011.3.8]

제55조의4(재정위기단체의 지방채 발행 제한 등) ① 재정위기단체의 장은 제11조부터 제14조까지 및 제44조에도 불구하고 안전행정부장관의 승인과 지방의회의 의결을 얻은 재정건전화계획에 의하지 아니하고는 지방채의 발행, 채무의 보증, 일시차입, 채무부담행위를 할 수 없다. 〈개정 2013.3.23〉
② 재정위기단체의 장은 제37조에도 불구하고 안전행정부장관의 승인과 지방의회의 의결을 얻은 재정건전화계획에 의하지 아니하고는 대통령령으로 정하는 규모 이상의 재정투·융자사업에 관한 예산을 편

성할 수 없다. 〈개정 2013.3.23〉 [본조신설 2011.3.8]

제55조의5(재정건전화 이행 부진 지방자치단체에 대한 불이익 부여) ① 안전행정부장관은 재정위기단체의 재정건전화계획 수립 및 이행 결과가 현저히 부진하다고 판단하는 경우에는 교부세를 감액하거나 그 밖의 재정상의 불이익을 부여할 수 있다. 〈개정 2013.3.23〉
② 안전행정부장관은 제1항의 목적을 달성하기 위하여 필요한 경우에는 관계 중앙행정기관의 장 및 시·도지사에게 필요한 조치 등을 취하도록 협조를 요청할 수 있다. 〈개정 2013.3.23〉
③ 제2항에 따라 협조를 요청받은 관계 중앙행정기관의 장 및 시·도지사는 특별한 사유가 없는 한 협조하여야 한다. [본조신설 2011.3.8]

제56조(지방재정위기관리위원회 설치 및 운영) ① 안전행정부장관은 제54조, 제55조 및 제55조의2부터 제55조의5까지의 규정에 따른 지방재정위기관리 등에 관한 사항을 심의하기 위하여 지방재정에 관한 전문가 등으로 구성되는 지방재정위기관리위원회를 설치·운영할 수 있다. 〈개정 2013.3.23〉
② 제1항에 따른 지방재정위기관리위원회의 구성 및 운영 등에 필요한 사항은 대통령령으로 정한다. [전문개정 2011.8.4]

제57조(지방재정분석 또는 진단 결과에 따른 조치 등) 안전행정부장관은 제55조제1항에 따른 재정분석 결과 건전성과 효율성 등이 우수한 지방자치단체와 같은 조 제3항에 따른 권고 및 지도사항의 이행 결과가 우수한 지방자치단체에 대하여는 「지방교부세법」 제9조에 따른 특별교부세를 별도로 교부할 수 있다. 〈개정 2013.3.23〉 [전문개정 2011.8.4]

제58조(지방재정에 대한 특별지원 등) 안전행정부장관은 현저하게 낙후된 지역의 개발이나 각종 재난으로 인하여 특별한 재정수요가 있다고 판단되는 지방자치단체 또는 전국에 걸쳐 시행하는 국가시책사업과 밀접한 이해관계가 있는 지방자치단체에 대하여 따로 재정지원계획을 수립하여 시행할 수 있다. 〈개정 2008.2.29, 2013.3.23〉

제59조(통합재정정보의 제공) ① 지방자치단체의 장은 회계연도마다 일반회계·특별회계 및 기금 등을 포함한 그 지방자치단체의 재정 운용상황을 통합적으로 분석한 정보(이하 "통합재정정보"라 한다)를 안전행정부장관에게 제출하여야 한다. 〈개정 2013.3.23〉
② 안전행정부장관은 제1항에 따른 통합재정정보의 작성에 필요한 기준 등을 정한 지방자치단체 통합재정분석 업무편람을 작성하여 지방자치단체에 통보할 수 있다. 〈개정 2013.3.23〉 [전문개정 2011.8.4]

제60조(재정 운용상황의 공시 등) ① 지방자치단체의 장은 회계연도마다 한 번 이상 다음 각 호의 사항을 주민에게 공시하여야 한다.
1. 세입·세출예산의 집행상황
2. 발생주의와 복식부기에 의한 재무보고서
3. 지방채·일시차입금 등 채무의 현재액
4. 채권관리 현황
5. 기금운용 현황
6. 공유재산의 증감 및 현재액
7. 제55조제3항에 따른 재정건전화계획 및 이행현황
8. 제59조에 따른 통합재정정보
9. 그 밖에 대통령령으로 정하는 재정 운용에 관한 중요 사항
② 제1항에 따른 재정 운용상황의 공시 방법, 시기 등에 관하여 필요한 사항은 대통령령으로 정한다. [전문개정 2011.8.4]

◉ 법 령

제6장 수 입

제61조(세입의 징수와 수납) 지방세와 그 밖의 세입은 법령과 조례 또는 규칙에서 정하는 바에 따라 징수하거나 수납하여야 한다. [전문개정 2011.8.4]

제62조(세입의 징수기관과 징수의 방법) ① 지방세와 그 밖의 세입의 징수는 지방자치단체의 장이 하되, 소속 공무원에게 위임하여 징수하게 할 수 있다.
② 지방자치단체의 장이나 그 위임을 받은 공무원(이하 "징수관"이라 한다)이 지방세와 그 밖의 세입을 징수할 때에는 징수 원인과 징수 금액을 조사·결정한 후 납부의무자에게 납입 고지를 하여야 한다.
[전문개정 2011.8.4]

제63조(수납기관) ① 지방세와 그 밖의 세입은 이를 수납하는 출납공무원(이하 "수입금출납원"이라 한다)이 아니면 수납할 수 없다. 다만, 지방자치단체에서 설치한 금고(교육비특별회계금고를 포함한다. 이하 같다) 또는 체신관서에 수납사무를 위탁하는 경우에는 그러하지 아니하다.
② 수입금출납원이 지방세와 그 밖의 세입을 직접 수납할 때에는 지체 없이 그 수납금을 해당 지방자치단체의 금고에 납입하여야 한다. [전문개정 2011.8.4]

제64조(징수기관과 수납기관의 분리) 징수관은 현금출납의 직무를 겸할 수 없다. 다만, 특별한 사유가 있는 경우에는 대통령령으로 따로 정할 수 있다. [전문개정 2011.8.4]

제65조(지난 회계연도 수입과 지출금의 반납) 출납이 완결된 회계연도에 속하는 수입 또는 예산 외의 수입은 모두 현 회계연도의 세입에 편입하여야 한다. 다만, 세출로서 지출된 금액은 제8조에 따른 출납폐쇄 기한이 지나지 아니하였을 때에는 각각 지출한 세출의 해당 과목에 반납할 수 있다.
[전문개정 2011.8.4]

제66조(과오납금의 반환) ① 과오납금은 반환할 회계연도의 수입금 중에서 반환한다. 다만, 과오납(過誤納)된 회계연도의 출납폐쇄 기한이 지나지 아니하였을 때에는 과오납된 회계연도의 수입금 중에서 반환한다.
② 제1항에 따라 과오납금을 반환하여야 하는 경우에는 대통령령으로 정하는 바에 따라 이자를 지급하여야 한다. 다만, 다른 법률에 과오납금에 대한 이자의 지급에 관하여 특별한 규정이 있는 경우에는 그 법률에서 정하는 바에 따른다. [전문개정 2011.8.4]

제7장 지 출

제67조(지출원인행위) ① 지방자치단체의 지출 원인이 되는 계약이나 그 밖의 행위(이하 "지출원인행위"라 한다)는 지방자치단체의 장이 하되, 소속 공무원에게 위임하여 지출원인행위를 하게 할 수 있다.
② 지방자치단체의 장이나 그 위임을 받은 공무원(이하 "경리관"이라 한다)이 지출원인행위를 할 때에는 법령·조례 및 규칙으로 정하는 바에 따라 배정된 예산의 범위에서 하여야 한다. 다만, 다른 법률에 별도의 규정이 있는 경우에는 그러하지 아니하다. [전문개정 2011.8.4]

제68조(명시이월비의 다음 회계연도에 걸친 지출원인행위) 경리관은 명시이월비에 대하여 예산 집행상 부득이한 사유가 있을 때에는 해당 회계연도와 다음 회계연도에 걸쳐 지출하여야 할 지출원인행위를 할 수 있다. [전문개정 2011.8.4]

제69조(지출의 절차) 경리관이 그 소관에 속하는 세출예산에 의하여 지출원인행위를 하였을 때에는 지방자치단체의 장이 임명한 공무원(이하 "지출원"이라 한다)에게 지출원인행위 관계 서류를 보내야 한다.
[전문개정 2011.8.4]

제70조(지급명령) 지출원이 지출원인행위에 의하여 지출을 할 때에는 현금의 지급을 갈음하여 그 지방자치단체의 금고(金庫)에 대하여 지급명령을 하여야 한다. [전문개정 2011.8.4]

제71조(지급명령의 제한) 지출원은 법령, 조례, 규칙 또는 계약이나 그 밖의 정당한 사유로 그 지방자치단체에 대하여 채권을 가진 자에게 지급하기 위한 목적 외에는 지급명령을 할 수 없다. 다만, 출납원이나 그 지방자치단체의 금고에 대하여 자금을 교부하는 경우에는 그러하지 아니하다.
[전문개정 2011.8.4]

제72조(관서의 일상경비 등의 지급) ① 지방자치단체의 장은 관서 운영에 드는 경비 또는 일상경비(이하 "일상경비"라 한다)를 그 성질상 출납원이 현금으로 지급하지 아니하면 사무 수행에 지장을 줄 우려가 있다고 인정하는 경우에는 일상경비 출납원이 현금을 지급할 수 있도록 필요한 자금을 지출원으로 하여금 지급하게 할 수 있다.
② 지방자치단체의 장은 제1항에 따른 일상경비에 대하여만 특히 필요하다고 인정하는 경우에는 회계연도가 시작되기 전에 지출원이 일상경비 출납원에게 그 자금을 지급하게 할 수 있다.
③ 지방자치단체의 장은 지방채 원리금의 지급 사무를 취급하게 하기 위하여 필요한 자금을 지출원으로 하여금 그 지방자치단체의 금고에 지급하게 할 수 있다.
④ 일상경비의 범위와 지급절차 등은 대통령령으로 정한다. [전문개정 2011.8.4]

제73조(선금급과 개산급) 지출원은 운임, 용선료(傭船料), 여비(旅費), 그 밖에 대통령령으로 정하는 경비로서 그 성질상 선금급(先金給)이나 개산급(槪算給)으로서 지급하지 아니하면 사무 또는 사업에 지장을 줄 우려가 있는 경우에는 선금급이나 개산급으로 지급할 수 있다. [전문개정 2011.8.4]

제74조(도급경비) 지출원은 읍·면·동의 출장소나 그 밖에 특수한 경리를 필요로 하는 기관의 경비로서 특히 필요하다고 인정하는 것에 대하여는 대통령령으로 정하는 바에 따라 사무비의 전부 또는 일부를 도급경비(都給經費)로 지급할 수 있다. [전문개정 2011.8.4]

제75조(지출기관과 출납기관의 분리) 경리관·지출원 및 현금출납의 직무는 서로 겸할 수 없다. 다만, 대통령령으로 따로 정하는 경우에는 그러하지 아니한다. [전문개정 2011.8.4]

제76조(지난 회계연도 지출) 지난 회계연도에 속하는 채무확정액으로서 지출하지 아니한 경비는 현 회계연도의 세출예산에서 지출할 수 있으며, 그 지출액은 그 경비가 속한 회계연도의 각 정책사업의 금액 중 불용금액을 초과하지 못한다. 다만, 경비의 성질상 따로 대통령령으로 정하는 보충적 용도에 속하는 것은 그러하지 아니하다. [전문개정 2011.8.4]

제8장 현금과 유가증권

제77조(금고의 설치) ① 지방자치단체의 장은 「은행법」에 따른 은행으로 하여금 소관 현금과 그의 소유나 보관에 속하는 유가증권의 출납, 보관 및 그 밖의 금고 업무를 취급하게 하기 위하여 금고를 지정하여야 한다. 다만, 다음 각 호의 어느 하나에 해당하는 금융기관이 대통령령으로 정하는 안정성 기준에 적합할 경우에는 특별회계 및 기금에 한하여 금고로 지정할 수 있다.
1. 「농업협동조합법」 제2조제1호의 조합 중 신용사업을 영위하는 조합
2. 「수산업협동조합법」 제2조제4호의 조합 중 신용사업을 영위하는 조합
3. 「산림조합법」 제2조제1호의 조합 중 신용사업을 영위하는 조합
4. 「새마을금고법」 제2조제1항의 새마을금고
5. 「신용협동조합법」 제2조제1호의 신용협동조합
② 제1항에 따라 금고를 지정하거나 지정한 금고를 변경하였을 때에는 그 사실을 공고하고, 시·도의 경우 안전행정부장관에게, 시·군 및 자치구의 경우 시·도지사에게 즉시 보고하여야 한다. 〈개정 2013.3.23〉
③ 금고의 지정기준 등에 관하여 필요한 사항은 대통령령으로 정한다. [전문개정 2011.8.4]

◎ 법 령

제78조(세계현금의 전용) 지방자치단체는 회계처리를 할 때 세계현금(歲計現金)이 부족한 경우 같은 회계연도에서만 다른 회계로부터 자금을 전용할 수 있으며, 전용한 자금은 그 회계연도의 수입으로 변제(辨濟)하여야 한다. 이 경우 전용자금에 대하여는 이자를 붙이지 아니할 수 있다. [전문개정 2011.8.4]

제79조(금고에 대한 검사) 지방자치단체의 장은 금고가 취급하는 지방자치단체 소관 현금 및 유가증권의 출납·보관에 관하여 검사를 할 수 있다. [전문개정 2011.8.4]

제80조(금고의 배상책임) 금고가 지방자치단체를 위하여 취급하는 현금이나 유가증권의 출납·보관에 관하여 지방자치단체에 손해를 끼친 경우 금고의 배상책임에 관하여는 「민법」 및 「상법」을 적용한다. [전문개정 2011.8.4]

제81조(공금 취급의 제한) 지방자치단체의 장은 공금의 징수, 수납, 보관, 관리 또는 지출에 관한 사무를 법령에서 정한 자 또는 법령에 따라 위임받은 자 외의 자에게 취급하게 할 수 없다. [전문개정 2011.8.4]

제9장 시 효

제82조(금전채권과 채무의 소멸시효) ① 금전의 지급을 목적으로 하는 지방자치단체의 권리는 시효에 관하여 다른 법률에 특별한 규정이 있는 경우를 제외하고는 5년간 행사하지 아니하면 소멸시효가 완성한다.
② 금전의 지급을 목적으로 하는 지방자치단체에 대한 권리도 제1항과 같다. [전문개정 2011.8.4]

제83조(소멸시효의 중단과 정지) ① 금전의 지급을 목적으로 하는 지방자치단체의 권리에 관하여는 다른 법률에 특별한 규정이 있는 경우를 제외하고는 「민법」 중 소멸시효의 중단과 정지에 관한 규정을 준용한다.
② 금전의 지급을 목적으로 하는 지방자치단체에 대한 권리도 제1항과 같다. [전문개정 2011.8.4]

제84조(납입 고지의 효력) 법령이나 조례에 따라 지방자치단체가 하는 납입 고지는 시효 중단의 효력이 있다. [전문개정 2011.8.4]

제10장 채권과 채무

제85조(채권·채무의 관리와 그 사무의 위임) ① 지방자치단체의 장은 대통령령으로 정하는 바에 따라 그 소관의 채권과 채무를 관리하되, 소속 공무원에게 위임하여 관리하게 할 수 있다.
② 제1항에 따라 위임받은 공무원을 각각 "채권관리관" 및 "채무관리관"이라 한다.
③ 채권관리관은 현금 수납의 직무를 겸할 수 없으며, 채무관리관은 현금 출납의 직무를 겸할 수 없다. 다만, 정원이 지나치게 적어 동일인이 그 직무를 겸하여야 할 부득이한 사유가 있는 경우에는 그러하지 아니하다. [전문개정 2011.8.4]

제86조(채권의 보전) 지방자치단체는 법령이나 조례에 따르지 아니하고는 채권의 전부 또는 일부를 면제하거나 그 지방자치단체에 불리하게 효력을 변경할 수 없다. [전문개정 2011.8.4]

제87조(관리의 방법 등) ① 채권 관리에 관한 사무는 채권의 발생 원인이나 채권의 내용에 따라 지방자치단체의 이익에 가장 부합하도록 처리하여야 한다.
② 지방자치단체의 장은 그 소관에 속하는 채권이 생겼을 때에는 지체 없이 채무자, 채권금액 및 이행기한, 그 밖에 관련되는 모든 사실을 확인하여 장부에 적고, 관리를 철저히 하여야 한다.
③ 채무의 관리에 관하여는 제1항 및 제2항을 준용한다.
④ 관리 대상이 되는 채권·채무의 범위, 채권의 보전 및 그 밖에 채권 관리에 필요한 사항은 대통령령으로 정한다. [전문개정 2011.8.4]

제87조의2(채무관리계획) 지방자치단체의 장은 매년 다음 각 호의 사항이 포함된 채무관리계획을 수립하

여 시행하여야 한다.
1. 전전년도 및 전년도 지방채 또는 차입금의 차입 및 상환실적
2. 해당 회계연도의 지방채 발행 또는 차입금에 대한 추정액
3. 해당 회계연도부터 5회계연도 이상의 기간에 대한 지방채 발행계획 또는 차입계획과 그에 따른 지방채 또는 차입금의 상환계획
4. 해당 회계연도부터 5회계연도 이상의 기간에 대한 채무의 증감 전망과 근거 및 관리계획
5. 그 밖에 대통령령으로 정하는 사항 [본조신설 2011.3.8]

제11장 복 권

제88조(복권기금으로부터의 전입금의 배분) 지방자치단체는 「지방자치법」 제152조에 따른 행정협의회를 구성하여 「복권 및 복권기금법」 제23조제1항에 따라 배분되는 복권수익금의 지방자치단체별 배분 비율을 정하고 이를 안전행정부장관의 승인을 받아 같은 법 제13조에 따른 복권위원회에 통보하여야 한다. 〈개정 2013.3.23〉 [전문개정 2011.8.4]

제12장 회계관계공무원

제89조(출납원) ① 출납원은 지방자치단체의 장이나 그 위임을 받은 공무원이 소속 공무원 중에서 임명한다.
② 출납원은 법령, 조례 및 규칙에서 정하는 바에 따라 현금 또는 물품을 출납·보관하여야 한다.
③ 출납원은 수입대체경비 출납원, 수입금 출납원, 일상경비 출납원, 세입세출외현금출납원 및 물품 출납원 등으로 구분한다. [전문개정 2011.8.4]

제90조(재정의 통합지출) ① 지방자치단체의 장은 재정자금의 효율적인 사용을 위하여 관서별 분산 지출을 통합하여 운용하도록 노력하여야 한다.
② 지방자치단체의 장은 재정지출의 통합적인 운용을 위하여 대통령령으로 정하는 바에 따라 통합지출관을 둘 수 있다. [전문개정 2011.8.4]

제91조(회계관계공무원의 임명 또는 위임) 징수관·경리관·재산관리관·물품관리관·채권관리관·채무관리관·지출원 또는 출납원과 그 대리인·분임자(分任者) 등(이하 "회계관계공무원"이라 한다)의 임명 또는 위임은 지방자치단체의 장이 소속 기관에 설치된 관직을 지정함으로써 갈음할 수 있다. [전문개정 2011.8.4]

제92조(회계관계공무원의 대리와 분임) 지방자치단체의 장이나 그 위임을 받은 공무원은 필요하다고 인정할 때에는 회계관계공무원의 사무 전부를 대리하거나 그 일부를 나누어 맡을 공무원을 임명하거나 위임할 수 있다. [전문개정 2011.8.4]

제93조(회계관계공무원의 임명 특례) ① 지방자치단체의 장은 사무 수행상 필요한 경우 국가기관이나 다른 지방자치단체의 공무원을 그 소속 기관의 장의 동의를 받아 회계관계공무원으로 임명할 수 있다.
② 제1항에 따른 회계관계공무원에 대하여는 이 법을 적용하며, 회계에 관한 법령 중 해당 사무의 취급에 관한 규정을 준용한다. [전문개정 2011.8.4]

제94조(회계관계공무원의 책임) ① 회계관계공무원이 그 직무를 수행할 때 고의 또는 중대한 과실로 그 지방자치단체에 손해를 끼쳤을 때에는 변상 책임을 진다.
② 출납원과 그 출납사무를 대리하거나 나누어 맡은 사람이 그 보관에 속하는 현금을 잃어버리거나 훼손한 경우 선량한 관리자의 주의 의무를 게을리하지 아니하였음을 증명하지 못하면 변상 책임을 진다. [전문개정 2011.8.4]

제95조(회계관계공무원의 재정보증) ① 회계관계공무원(「회계관계직원 등의 책임에 관한 법률」 제2조제2

◦ **법 령**

호나목에 해당하는 사람을 포함한다)은 재정보증이 없이는 그 직무를 담당할 수 없다.
② 제1항에 따른 재정보증의 한도는 대통령령으로 정한다. [전문개정 2011.8.4]

제13장 보 칙

제96조(장부의 비치와 보고 등) 회계관계공무원과 지방자치단체의 금고는 대통령령으로 정하는 바에 따라 장부를 갖추어 두고 필요한 사항을 적고, 지방자치단체의 장에게 소관 사무에 관하여 보고서를 제출하여야 한다. [전문개정 2011.8.4]

부 칙

〈제11900호, 2013.7.16〉

제1조(시행일) 이 법은 공포한 날부터 시행한다. 다만, 제17조제3항, 제17조의2의 개정규정은 공포 후 3개월이 경과한 날부터 시행하고, 제27조의2의 개정규정은 공포 후 6개월이 경과한 날부터 시행한다.
제2조(보조금의 반환에 관한 적용례) ① 제17조의2제2항의 개정규정은 같은 개정규정 시행 후 최초로 교부결정이 취소되는 보조금부터 적용한다.
② 제17조의2제3항의 개정규정은 같은 개정규정 시행 후 최초로 금액을 확정하는 보조금부터 적용한다.
제3조(국고보조금의 관리에 관한 적용례) 제27조의4의 개정규정은 2013회계연도 예산부터 적용한다.

지방의회 관계법령집

공유재산 및 물품 관리법 및 같은 법 시행령(발췌)

공유재산 및 물품 관리법 및 같은 법 시행령(발췌)

공유재산 및 물품관리법	공유재산 및 물품관리법 시행령
[시행 2013.3.23] [법률 제11690호, 2013.3.23, 타법개정]	[시행 2013.6.21.] [대통령령 제24631호, 2013.6.21., 일부개정]
제10조(공유재산의 관리계획) ① 지방자치단체의 장은 예산을 지방의회에서 의결하기 전에 매년 공유재산의 취득과 처분에 관한 계획(이하 "관리계획"이라 한다)을 세워 그 지방의회의 의결을 받아야 한다. 관리계획을 변경할 때에도 또한 같다. 〈개정 2010.2.4〉 ② 관리계획에 포함하여야 할 공유재산의 범위, 관리계획의 작성기준 및 변경기준은 대통령령으로 정한다. ③ 관리계획에 관하여 지방의회의 의결을 받았을 때에는 「지방자치법」 제39조제1항제6호에 따른 중요 재산의 취득·처분에 관한 지방의회의 의결을 받은 것으로 본다. [전문개정 2008.12.26]	제7조(공유재산의 관리계획) ① 법 제10조제1항에 따른 공유재산의 취득과 처분에 관한 관리계획(이하 "관리계획"이라 한다)에 포함하여야 할 사항은 다음 각 호의 어느 하나에 해당하는 중요 재산의 취득[매입, 기부채납, 무상 양수, 환지(換地), 무상 귀속, 교환, 건물의 신축·증축 및 공작물의 설치, 출자 및 그 밖의 취득을 말한다. 이하 이 조에서 같다] 및 처분(매각, 양여, 교환, 무상 귀속, 건물의 멸실, 출자 및 그 밖의 처분을 말한다. 이하 이 조에서 같다)으로 한다. 1. 1건당 기준가격이 다음 각 목의 구분에 따른 금액 이상인 재산. 이 경우 기준가격은 토지에 대해서는 「부동산 가격공시 및 감정평가에 관한 법률」에 따른 개별공시지가[해당 토지의 개별공시지가가 없는 경우에는 같은 법 제9조에 따른 표준지공시지가를 기준으로 하여 산정(算定)한 금액을 말한다. 이하 "개별공시지가"라 한다]로 하고, 건물과 그 밖의 재산에 대해서는 「지방세법」에 따른 시가표준액으로 하되, 건물의 신축·증축 및 공작물의 설치의 경우에는 토지보상비 등 토지를 취득하는 데 드는 비용을 제외한 건축비 및 시설비 등 사업비로 한다. 　가. 취득의 경우: 20억원(시·군·자치구의 경우에는 10억원) 　나. 처분의 경우: 10억원(서울특별시와 경기도의 경우에는 20억원) 2. 토지의 경우 1건당 토지 면적이 다음 각 목의 구분에 따른 면적 이상인 재산 　가. 취득의 경우: 1건당 6천제곱미터(시·군·자치구의 경우에는 1천제곱미터) 　나. 처분의 경우: 1건당 5천제곱미터(시·군·자치구의 경우에는 2천제곱미터)

○ 법 령

공유재산 및 물품관리법	공유재산 및 물품관리법 시행령
	② 제1항의 경우 다음 각 호의 어느 하나에 해당하는 취득·처분은 관리계획에 포함하지 아니한다. 1. 「공유재산 및 물품 관리법」이 아닌 다른 법률에 따른 무상 귀속 2. 「도시개발법」에 따른 환지 3. 법원의 판결에 따른 소유권 등의 취득 또는 상실 4. 「공익사업을 위한 토지 등의 취득 및 보상에 관한 법률」에 따른 취득(「국토의 계획 및 이용에 관한 법률」 제2조제6호가목·나목 또는 마목의 기반시설을 설치·정비 또는 개량하는 경우만 해당한다)·처분 5. 「도시 및 주거환경정비법」 제68조에 따른 무상양여 6. 「기업활동 규제완화에 관한 특별조치법」 제14조에 따른 중소기업자에 대한 공장용지 매각 7. 지방의회의 의결을 받은 재산의 취득·처분 8. 다른 법률에 따라 지방의회의 의결 또는 동의를 받은 재산의 취득·처분 9. 「지방세법」에 따른 물납 10. 다른 법률에 따라 관리계획의 적용이 배제된 재산의 취득·처분 11. 다른 법률에 따라 해당 지방자치단체의 취득·처분이 의무화된 재산의 취득·처분 12. 다른 법률에 따라 인가·허가 또는 사업승인 시 조건에 의하여 주된 사업대상물에 딸린 공공시설로 취득하거나 수의계약으로 매각하기 위하여 미리 재산관리관과 협의한 재산의 취득·처분 13. 이미 보유 중인 부동산의 종물(從物) 또는 공작물의 대체 설치 ③ 제1항제1호 각 목 외의 부분 및 같은 항 제2호 각 목 외의 부분에서 "1건"이란 다음 각 호의 어느 하나에 해당하는 경우를 말한다. 1. 같은 취득·처분방법으로 동시에 회계절차

공유재산 및 물품관리법	공유재산 및 물품관리법 시행령
	를 이행하는 경우 2. 매수 상대방이나 매각 상대방이 같은 사람인 경우 3. 건물과 그 부지인 토지를 함께 취득·처분하는 경우 4. 해당 재산에 인접(隣接)하거나 부대시설로 되어 있어 해당 재산과 불가분의 관계에 있는 재산을 함께 취득·처분하는 경우 5. 분필(分筆)되어 있거나 분산되어 있는 재산이라도 같은 목적으로 관리·운영되고 있는 재산을 함께 취득·처분하는 경우 6. 사회통념상'또는 해당 재산의 구체적 여건에 따라 1건으로 하여 취득 승인이나 처분 승인을 받을 필요가 있다고 인정되는 경우 ④ 지방자치단체의 장은 관리계획에 대하여 지방의회의 의결을 받은 후 취득·처분의 목적이 변경되거나, 해당 토지 또는 시설물의 면적이나 기준가격이 30퍼센트를 초과하여 증감된 경우의 취득·처분에 대해서는 변경계획을 수립한다. 다만, 공사 중 물가 변동으로 인하여 계약금액이 변경된 경우에는 그러하지 아니하다. ⑤ 법 제10조제2항에 따른 관리계획의 작성기준은 안전행정부장관이 정하여 전년도 7월 31일까지 각 지방자치단체에 알려야 한다. 〈개정 2013.3.23〉 [전문개정 2009.4.24]

지방의회 관계법령집

개인정보보호법(발췌)

개인정보보호법

[시행 2014.8.7] [법률 제11990호, 2013.8.6, 일부개정]

제1조(목적) 이 법은 개인정보의 수집·유출·오용·남용으로부터 사생활의 비밀 등을 보호함으로써 국민의 권리와 이익을 증진하고, 나아가 개인의 존엄과 가치를 구현하기 위하여 개인정보 처리에 관한 사항을 규정함을 목적으로 한다.

제2조(정의) 이 법에서 사용하는 용어의 뜻은 다음과 같다.
1. "개인정보"란 살아 있는 개인에 관한 정보로서 성명, 주민등록번호 및 영상 등을 통하여 개인을 알아볼 수 있는 정보(해당 정보만으로는 특정 개인을 알아볼 수 없더라도 다른 정보와 쉽게 결합하여 알아볼 수 있는 것을 포함한다)를 말한다.
2. "처리"란 개인정보의 수집, 생성, 기록, 저장, 보유, 가공, 편집, 검색, 출력, 정정(訂正), 복구, 이용, 제공, 공개, 파기(破棄), 그 밖에 이와 유사한 행위를 말한다.
3. "정보주체"란 처리되는 정보에 의하여 알아볼 수 있는 사람으로서 그 정보의 주체가 되는 사람을 말한다.
4. "개인정보파일"이란 개인정보를 쉽게 검색할 수 있도록 일정한 규칙에 따라 체계적으로 배열하거나 구성한 개인정보의 집합물(集合物)을 말한다.
5. "개인정보처리자"란 업무를 목적으로 개인정보파일을 운용하기 위하여 스스로 또는 다른 사람을 통하여 개인정보를 처리하는 공공기관, 법인, 단체 및 개인 등을 말한다.
6. "공공기관"이란 다음 각 목의 기관을 말한다.
   가. 국회, 법원, 헌법재판소, 중앙선거관리위원회의 행정사무를 처리하는 기관, 중앙행정기관(대통령 소속 기관과 국무총리 소속 기관을 포함한다) 및 그 소속 기관, 지방자치단체
   나. 그 밖의 국가기관 및 공공단체 중 대통령령으로 정하는 기관
7. "영상정보처리기기"란 일정한 공간에 지속적으로 설치되어 사람 또는 사물의 영상 등을 촬영하거나 이를 유·무선망을 통하여 전송하는 장치로서 대통령령으로 정하는 장치를 말한다.

제17조(개인정보의 제공) ① 개인정보처리자는 다음 각 호의 어느 하나에 해당되는 경우에는 정보주체의 개인정보를 제3자에게 제공(공유를 포함한다. 이하 같다)할 수 있다.
1. 정보주체의 동의를 받은 경우
2. 제15조제1항제2호·제3호 및 제5호에 따라 개인정보를 수집한 목적 범위에서 개인정보를 제공하는 경우

② 개인정보처리자는 제1항제1호에 따른 동의를 받을 때에는 다음 각 호의 사항을 정보주체에게 알려야 한다. 다음 각 호의 어느 하나의 사항을 변경하는 경우에도 이를 알리고 동의를 받아야 한다.
1. 개인정보를 제공받는 자
2. 개인정보를 제공받는 자의 개인정보 이용 목적
3. 제공하는 개인정보의 항목
4. 개인정보를 제공받는 자의 개인정보 보유 및 이용 기간
5. 동의를 거부할 권리가 있다는 사실 및 동의 거부에 따른 불이익이 있는 경우에는 그 불이익의 내용

③ 개인정보처리자가 개인정보를 국외의 제3자에게 제공할 때에는 제2항 각 호에 따른 사항을 정보주체에게 알리고 동의를 받아야 하며, 이 법을 위반하는 내용으로 개인정보의 국외 이전에 관한 계약을 체결하여서는 아니 된다.

제18조(개인정보의 목적 외 이용·제공 제한) ① 개인정보처리자는 개인정보를 제15조제1항에 따른 범위를

○ 법 령

초과하여 이용하거나 제17조제1항 및 제3항에 따른 범위를 초과하여 제3자에게 제공하여서는 아니 된다.
② 제1항에도 불구하고 개인정보처리자는 다음 각 호의 어느 하나에 해당하는 경우에는 정보주체 또는 제3자의 이익을 부당하게 침해할 우려가 있을 때를 제외하고는 개인정보를 목적 외의 용도로 이용하거나 이를 제3자에게 제공할 수 있다. 다만, 제5호부터 제9호까지의 경우는 공공기관의 경우로 한정한다.
1. 정보주체로부터 별도의 동의를 받은 경우
2. 다른 법률에 특별한 규정이 있는 경우
3. 정보주체 또는 그 법정대리인이 의사표시를 할 수 없는 상태에 있거나 주소불명 등으로 사전 동의를 받을 수 없는 경우로서 명백히 정보주체 또는 제3자의 급박한 생명, 신체, 재산의 이익을 위하여 필요하다고 인정되는 경우
4. 통계작성 및 학술연구 등의 목적을 위하여 필요한 경우로서 특정 개인을 알아볼 수 없는 형태로 개인정보를 제공하는 경우
5. 개인정보를 목적 외의 용도로 이용하거나 이를 제3자에게 제공하지 아니하면 다른 법률에서 정하는 소관 업무를 수행할 수 없는 경우로서 보호위원회의 심의·의결을 거친 경우
6. 조약, 그 밖의 국제협정의 이행을 위하여 외국정부 또는 국제기구에 제공하기 위하여 필요한 경우
7. 범죄의 수사와 공소의 제기 및 유지를 위하여 필요한 경우
8. 법원의 재판업무 수행을 위하여 필요한 경우
9. 형(刑) 및 감호, 보호처분의 집행을 위하여 필요한 경우
③ 개인정보처리자는 제2항제1호에 따른 동의를 받을 때에는 다음 각 호의 사항을 정보주체에게 알려야 한다. 다음 각 호의 어느 하나의 사항을 변경하는 경우에도 이를 알리고 동의를 받아야 한다.
1. 개인정보를 제공받는 자
2. 개인정보의 이용 목적(제공 시에는 제공받는 자의 이용 목적을 말한다)
3. 이용 또는 제공하는 개인정보의 항목
4. 개인정보의 보유 및 이용 기간(제공 시에는 제공받는 자의 보유 및 이용 기간을 말한다)
5. 동의를 거부할 권리가 있다는 사실 및 동의 거부에 따른 불이익이 있는 경우에는 그 불이익의 내용
④ 공공기관은 제2항제2호부터 제6호까지, 제8호 및 제9호에 따라 개인정보를 목적 외의 용도로 이용하거나 이를 제3자에게 제공하는 경우에는 그 이용 또는 제공의 법적 근거, 목적 및 범위 등에 관하여 필요한 사항을 안전행정부령으로 정하는 바에 따라 관보 또는 인터넷 홈페이지 등에 게재하여야 한다.
〈개정 2013.3.23〉
⑤ 개인정보처리자는 제2항 각 호의 어느 하나의 경우에 해당하여 개인정보를 목적 외의 용도로 제3자에게 제공하는 경우에는 개인정보를 제공받는 자에게 이용 목적, 이용 방법, 그 밖에 필요한 사항에 대하여 제한을 하거나, 개인정보의 안전성 확보를 위하여 필요한 조치를 마련하도록 요청하여야 한다. 이 경우 요청을 받은 자는 개인정보의 안전성 확보를 위하여 필요한 조치를 하여야 한다.
[제목개정 2013.8.6]

제19조(개인정보를 제공받은 자의 이용·제공 제한) 개인정보처리자로부터 개인정보를 제공받은 자는 다음 각 호의 어느 하나에 해당하는 경우를 제외하고는 개인정보를 제공받은 목적 외의 용도로 이용하거나 이를 제3자에게 제공하여서는 아니 된다.
1. 정보주체로부터 별도의 동의를 받은 경우
2. 다른 법률에 특별한 규정이 있는 경우

조례·규칙 표준안

지방의회 관계법령집

지방의회 회의규칙 표준안

‖ 지방의회 회의규칙 표준안 ‖

[참고] ☐ 안은 상임위가 미설치된 시·군 및 자치구의회에 한함

시·도의회 회의규칙	시·군·자치구의회 회의규칙
제1장 총 칙 **제1조(목적)** 이 규칙은 지방자치법 제63조 등의 규정에 의하여 ○○시(도)의회(이하 "의회"라 한다)의 회의진행과 내부규율 등에 관하여 필요한 사항을 규정함으로써 의회의 민주적이고 능률적인 운영에 기여함을 목적으로 한다. **제2조(등록)** 의회의원(이하 "의원"이라 한다)은 임기초에 당선증서를 의회사무처에 제시하고 등록하여야 한다. **제3조(의석배정)** ① 의원의 의석은 의장이 의회운영위원회와 협의하여 이를 정한다. 다만, 협의가 이루어지지 않을 때에는 의장이 잠정적으로 이를 정한다. ② 총선거후 의장이 선출되기전의 의석은 사무처장이 지역선거구 순서에 따라 임시로 정한다. **제4조(개회식)** 의회는 집회일에 개회식을 행한다. 다만, 총선거후 최초의 임시회에 있어서는 의장과 부의장의 선거후에 개회식을 행한다. **제5조(선서)** 의원은 임기초에 의회에서 다음의 선서를 한다. "나는 법령을 준수하고 주민의 권익신장과 복리증진 및 지역사회의 발전을 위하여 의원의 직무를 양심에 따라 성실히 수행할 것을 주민 앞에 엄숙히 선서합니다." **제6조(의회의 개폐선포)** 의회의 개회와 폐회는 의장이 선포한다. **제7조(청가 및 결석)** ① 의원이 사고로 인하여	**제1장 총 칙** **제1조(목적)** ------○○시(도)○○구(시·군)의회------ ------------. **제2조(등록)** ------------의회사무국(사무과)------ ------------. **제3조(의석배정)** ① 좌 동 **제3조(의석배정)** 의원의 의석은 의장이 일정한 기준에 따라 이를 정한다. 다만, 총선거후 의장이 선출되기 전의 의석은 사무국장(사무과장)이 지역선거구 순서에 따라 임시로 정한다. ②------------사무국(과)장이------ --------. **제4조(개회식)** 좌 동 **제5조(선서)** 좌 동 **제6조(의회의 개폐선포)** 좌 동 **제7조(청가 및 결석)** 좌 동

◎ 조례·규칙 표준안

시·도의회 회의규칙	시·군·자치구의회 회의규칙
의회에 출석하지 못할 때에는 그 이유와 기간을 기재한 청가서를 미리 의장에게 제출하여야 한다. ② 의원이 청가는 5일이내의 것은 의장이 허가하고 5일을 초과하는 것은 의회에서 이를 허가한다. ③ 의원이 청가의 기간이 경과되어도 의회에 출석할 수 없을 때에는 다시 청가서를 제출하여야 하고 청가의 기간내에 의회에 출석한 때에는 그날이후의 청가는 그 효력을 상실한다. ④ 의원이 사고로 인하여 의회에 출석하지 못한 때에는 그 이유와 기간을 기재한 결석계를 의장에게 제출하여야 한다. ⑤ 의원이 정당한 이유없이 본회의 또는 위원회에 계속하여 2일이상 결석하였을 때에는 의장 또는 위원장은 해당의원의 출석을 요구하여야 한다. ⑥ 제5항의 출석요구는 문서로 하되, 긴급을 요할때에는 구두로 할 수 있다.	
제2장 의장과 부의장 **제8조(의장·부의장의 선거)** ① 의장과 부의장은 의회에서 무기명투표로 선거하되, 재적의원 과반수의 출석과 출석의원 과반수의 득표로 당선된다. ② 투표에도 제1항의 득표자가 없을 때에는 최고득표자가 1인이면 최고득표자와 차점자에 대하여 최고득표자가 2인이상이면 최고득표자에 대하여 결선투표를 함으로써 다수득표자를 당선으로 한다. ③ 제2항의 결선투표결과 득표수가 같은 때에는 연장자를 당선자로 한다. ④ 의장과 부의장을 동시에 선거할 경우에는 의장의 선거가 끝난후 전 각항의 방법으로 부의장을 각각 선거한다.	**제2장 의장과 부의장** **제8조(의장·부의장의 선거)** 좌 동
제9조(의장·부의장의 임기) ① 의장선거일이 부의장 선거일보다 먼저인 경우의 부의장의 임	**제9조(의장·부의장의 임기)** 좌 동

시·도의회 회의규칙	시·군·자치구의회 회의규칙
기는 의장의 임기와 같이 종료한다. ② 의원 총선거후 처음 선출된 의장 또는 부의장의 임기가 폐회중에 만료된 때에는 그 의장 또는 부의장은 다음 회기에서 의장 또는 부의장을 선출한 날의 전일까지 재임한다. **제10조(부의장의 의장직무대리)** 의장이 사고가 있을 때에는 의장이 지정하는 부의장이 그 직무를 대리한다. **제11조(임시의장의 선거)** 임시의장의 선거는 의장, 부의장의 선거에 준한다. **제12조(의장·부의장의 사임)** ① 의장과 부의장은 의회의 동의를 얻어 그 직을 사임할 수 있다. ② 사임에 대한 동의 여부는 토론을 하지 아니하고 표결한다.	**제10조(임시의장의 선거)** 좌 동 **제11조(의장·부의장의 사임)** 좌 동
제3장 회 의 **제1절 회의의 개폐** **제13조(회기)** ① 의회의 회기는 의결로 이를 정하되, 의결로 연장할 수 있다. ② 의회의 회기는 집회 후 즉시 이를 정하여야 한다. ③ 회기는 집회한 날로부터 기산한다. ④ 회의에 부의된 안건을 모두 처리하였을 때에는 회기중에도 의결로써 폐회할 수 있다. **제14조(개의)** 본회의는 본회의 의결 또는 의장이 의회운영위원회와 협의하여 그 개의시를 정한다. 이를 변경할 때도 또한 같다. **제15조(회의에 관한 선포)** ① 개의·정회·산회 및 유회는 의장이 선포한다. ② 의장은 제14조의 규정에 의한 개의시로부터 1시간이 경과할 때까지 지방자치법(이하 "법"이라 한다) 제55조 제1항의 정족수에 달하지 못할 때에는 유회를 선포할 수 있다. ③ 의장이 개의를 선포하기 전이나 정회·산회 및 유회를 선포한 후에는 의사에 관한 발언을 할 수 없다.	**제3장 회 의** **제1절 회의의 개폐** **제12조(회기)** 좌 동 **제13조(개의)** 본회의는 본회의 의결 또는 의장이 그 개의시를 정한다. 이를 변경할 때도 또한 같다. **제14조(회의에 관한 선포)** ① 좌 동 ② ------- 제13조 ------- . ③ 좌 동

◎ 조례·규칙 표준안

시·도의회 회의규칙	시·군·자치구의회 회의규칙
제16조(휴회) ① 의회는 의결로 기간을 정하여 휴회할 수 있다. ② 휴회중이라도 시장(도지사)의 요구가 있거나 의장이 긴급한 필요가 있다고 인정할 때 또는 재적의원 3분의 1이상의 요구가 있을 때에는 회의를 재개한다.	제15조(휴회) ① 좌 동 ② ·············· 시장(군수·구청장)············· ·············· ·············· ··············.
제2절 의사일정	제2절 의사일정
제17조(의사일정의 작성) ① 의장은 개의일시·부의안건과 그 순서를 기재한 의사일정을 작성하여 미리 의원에게 배부한다. 그러나 재개할 때는 그러하지 아니한다. ② 의사일정의 작성에 있어서는 의회운영위원회와 협의하되, 협의가 이루어지지 아니할 때는 의장이 일시만을 의원에게 통지하고 개의할 수 있다. ③ 의장은 특히 긴급을 요한다고 인정할 때에는 회의의 일시만을 의원에게 통지하고 개의할 수 있다.	제16조(의사일정의 작성) ① 좌 동 ② 좌 동 ③ 좌 동
제18조(의사일정의 변경) 재적의원 5분의 1이상 또는 의원 10인 이상의 연서에 의한 동의로 본회의의 의결이 있거나 의장이 의회운영위원회와 협의하여 필요하다고 인정할 때에는 의장은 의사일정의 순서를 변경하거나 다른 안건을 의사일정에 추가할 수 있다. 이 경우 의원의 동의에는 이유서를 첨부하여야 하며, 그 동의에 대하여는 토론을 하지 아니하고 표결한다.	제17조(의사일정의 변경) ·············· [또는 의원 10인 이상] ·············· ··············의장이 필요하다고 인정할 때에는 ·············· ·············· ·············· ·············· ·············· ·············· ·············· ··············.
제19조(의사일정의 미료안건) 의장은 의사일정에 올린 안건에 대하여 회의를 열지 못하였거나 회의를 마치지 못한 때에는 다시 그 일정을 정한다.	제18조(의사일정의 미료안건) 좌 동
제3절 의안 및 동의	제3절 의안 및 동의
제20조(의안의 제출·발의) ① 회의에서 의결할 의안은 시장(도지사)·교육감·위원회 또는 의원이	제19조(의안의 제출·발의) 의회에서 의결할 의안은 시장(군수·구청장)이나 위원회 또는 의원이

시·도의회 회의규칙	시·군·자치구의회 회의규칙
제출하거나 발의한다. 다만, 의원은 재적의원 5분의 1이상 또는 의원 10인이상의 연서로 발의한다. **제21조(상임위원회 회부)** ① 의장은 의안이 발의 또는 제출된 때에는 이를 인쇄하여 의원에게 배부하고 본회의에 보고하며, 소관상임위원회에 회부하여 그 심사가 끝난 후 본회의에 부의한다. 다만, 폐회 또는 휴회중에는 본회의 보고를 생략하고 회부할 수 있다.	제출하거나 발의한다. 다만, 의원은 재적의원 5분의 1이상의 연서로 발의하며, 위원회의 의안제출은 그 소관에 속하는 사항에 한한다. **제20조(상임위원회 회부)** ① 좌 동 **제20조(의안의 회부)** ① 의장은 의안의 발의 또는 제출된 때에는 이를 인쇄하여 의원에게 배부하고 본회의에 보고한 후 본회의에서 심사·의결함을 원칙으로 한다. 그러나 의원의 동의가 있거나 의장이 필요하다고 인정하는 안건에 대하여는 본회의의 의결로 특별위원회(이하 "위원회"라 한다)를 구성하여 심사토록 한다. ② 의장은 위원회에 회부된 안건에 관련이 있는 다른 안건을 그 위원회에 회부할 수 있다. ③ 위원회에서 제출한 의안은 그 위원회에 회부하지 아니한다. 다만, 의장은 꼭 필요하다고 인정하는 경우 이를 다른 위원회에 회부할 수 있다. ④ 제1항과 제2항 및 제3항의 경우 의장은 심사기간을 정할 수 있으며, 위원회가 이유 없이 그 기간내에 심사를 마치지 아니한 때에는 의장은 중간보고를 들은 후 다른 위원회에 회부하거나 바로 본회의에 부의할 수 있다. ⑤ 본회의는 위원장의 심사보고를 받은 후 필요하다고 인정할 때에는 의결로 다시 그 안건을 같은 위원회에 재회부하거나 다른 위원회에 회부할 수 있다.
② 의장은 안건이 어느 상임위원회의 소관에 속하는지 명백하지 아니한 때에는 의회운영위원회와 협의하여 상임위원회에 회부하되, 협의가 이루어지지 아니할 때에는 의장이 소관상임위원회를 결정한다. **제22조(특별위원회 회부)** ① 의원의 동의가 있거나 의장이 필요하다고 인정하는 안건에 대하	② 좌 동 **제20조의2(특별위원회 회부)** ① 좌 동

시·도의회 회의규칙	시·군·자치구의회 회의규칙
여는 본회의의 의결을 얻어 이를 특별위원회에 회부한다. ② 의장은 특별위원회에 회부된 안건과 관련이 있는 다른 안건을 그 특별위원회에 회부할 수 있다. 제23조(심사기간) ① 의장은 심사기간을 정하여 안건을 위원회에 회부할 수 있다. ② 제1항의 경우 위원회가 이유없이 그 기간 내에 심사를 마치지 아니한 때에는 의장은 중간보고를 들은 후 다른 위원회에 회부하거나 바로 본회의에 부의할 수 있다. 제24조(위원회의 제출의안) 위원회가 제출한 의안은 그 위원회에 회부하지 아니한다. 다만, 의장은 의회운영위원회와 협의하여 이를 다른 위원회에 회부할 수 있다. 제25조(동의의 의제성립) 이 규칙에 다른 규정이 있는 경우를 제외하고 동의는 동의자외 1인이상의 찬성으로 의제가 된다. 제26조(수정동의) ① 의안에 대한 수정동의는 그 안을 갖추고 이유를 붙여 재적의원 4분의 1이상 또는 의원 13인이상의 찬성자가 연서하여 미리 의장에게 제출하여야 한다. ② 위원회에서 심사보고한 수정안은 찬성없이 의제가 된다. ③ 위원회는 소관사항외의 안건에 대하여는 수정안을 제출할 수 없다. ④ 의안에 대한 대안은 위원회에서 그 원안을 심사하는 동안에 제출하여야 하며, 의장은 이를 그 위원회에 회부한다. 제27조(의안·동의의 철회) ① 의원이 발의한 의안을 철회하고자 할 때는 발의자 전원, 동의를 철회하고자 할 때는 동의한 자가 청구하여야 한다. 다만, 본회의에서 의제가 된 후에는 본회의의, 위원회에서 의제가 된 후에는 위원회의 동의를 얻어야 한다.	② 좌 동 * 본조는 상임위가 미설치된 의회에는 적용이 안되는 규정임 제20조의3(심사기간) ① 좌 동 ② 좌 동 * 본조는 상임위가 미설치된 의회에는 적용이 안되는 규정임 제20조의4(위원회의 제출의안) 좌 동 * 본조는 상임위가 미설치된 의회에는 적용이 안되는 규정임 제21조(동의의 의제성립) 좌 동 제22조(수정동의) ① 좌 동 ① 의안에 대한 수정동의는 그 안을 갖추고 이유를 붙여 재적의원 4분의 1이상의 찬성자가 연서하여 미리 의장에게 제출하여야 한다. ② 좌 동 ③ 좌 동 ④ 좌 동 제23조(의안·동의의 철회) ① 좌 동

시·도의회 회의규칙	시·군·자치구의회 회의규칙
② 시장(도지사)이 본회의 또는 위원회에서 의제가된 시장(도지사) 제출의 의안을 수정 또는 철회하고자 할 때에는 본회의 또는 위원회의 동의를 얻어야 한다. **제28조(번안)** 번안동의는 본회의에서는 의안을 발의한 의원이 그 의안을 발의할 때의 찬성자 3분의 2이상의 동의로, 위원회에 있어서는 위원의 동의로 발의한다. 그러나 본회의에 있어서는 안건이 시장(도지사)에게 이송된 후에는 번안할 수 없으며, 위원회에 있어서는 본회의에 의제가 된 후에는 번안할 수 없다. **제29조(안건심의)** ① 본회의는 안건을 심의함에 있어서 그 안건을 심사한 위원장의 심사보고를 듣고 질의·토론을 거쳐 표결한다. 다만, 위원회의 심사를 거치지 아니한 안건에 대하여는 제안자가 그 취지를 설명하여야 하고 위원회의 심사를 거친 안건에 대하여는 의결로 질의와 토론 또는 그 중의 하나를 생략할 수 있다. ② 제1항의 제안자가 시장(도지사) 또는 교육감일 경우 취지설명의 충실을 위하여 필요한 때에는 관계 공무원으로 하여금 대리하여 설명할 수 있다. ③ 의장은 필요하다고 인정할 경우에는 2건이상의 안건을 일괄해서 의제로 할 수 있다. **제30조(재회부)** 본회의는 위원장의 심사보고를 받은 후 필요하다고 인정할 때에는 의결로 다시 그 안건을 같은 위원회에 재회부하거나 다른 위원회에 회부할 수 있다. **제31조(의안의 정리)** 본회의는 의안의 의결이 있은 후 서로 저촉되는 조항·문구·숫자 기타의 정리를 필요로 할 때에는 이를 의장 또는 위원회에 위임할 수 있다. **제32조(의안의 이송)** 의회에서 의결된 의안은 의장이 이를 시장(도지사) 또는 교육감에게 이송한다.	② 시장(군수·구청장)이 ----------------- 시장(군수·구청장) 제출의 --- ---------------------------------------. **제24조(번안)** ----------------------------- --- --- --- ----------------------------시장(군수·구청장) --- ---------------------------------------. **제25조(안건심의)** ① 본회의는 안건을 심의함에 있어서 제안자의 취지설명을 듣고 질의·토론을 거쳐 표결한다. 다만, 위원회의 심사를 거친 안건에 대하여는 위원장의 심사보고를 듣고 질의·토론을 거쳐 표결하되, 의결로 질의와 토론 또는 그 중의 하나를 생략할 수 있다. ② 제1항의 제안자가 시장(군수·구청장)일 경우 --- --- -----------------. ③ 좌 동 **제25조의2(재회부)** 좌 동 * 본조는 상임위가 미설치된 의회에는 적용이 안되는 규정임 **제26조(의안의 정리)** 좌 동 **제27조(의안의 이송)** --------------------- ----------------------시장(군수·구청장) 에게 이송한다.
제4절 발 언 **제33조(발언의 허가)** ① 의원이 발언하려고 할	**제4절 발 언** **제28조(발언의 허가)** 좌 동

시·도의회 회의규칙	시·군·자치구의회 회의규칙
때에는 미리 의장에게 통지하여 허가를 받아야 한다. ② 발언통지를 하지 아니한 의원은 통지를 한 의원의 발언이 끝난 다음 의장의 허가를 받아 발언할 수 있다. ③ 의사진행에 대한 발언은 발언요지를 의장에게 미리 통지하여야 하며, 의장은 의제에 직접관계가 있거나 긴급히 처리할 필요가 있다고 인정되는 것은 즉시 허가하고 그 외의 것은 의장이 그 허가의 시기를 정한다.	
제34조(발언의 장소) ① 발언은 등단하여 하되, 극히 간단한 사항이나 토론 또는 의장이 허가한 때에는 의석에서 발언할 수 있다. ② 의장은 필요한 때에는 의석에서 발언하는 의원을 등단하도록 할 수 있다.	제29조(발언의 장소) 좌 동
제35조(발언의 계속) 발언은 그 도중에 다른 의원의 발언에 의하여 정지되지 아니하며 산회 또는 회의의 중지로 발언을 마치지 못한 때에는 다시 그 의사가 개시되면 의장은 먼저 그 발언을 계속하게 한다.	제30조(발언의 계속) 좌 동
제36조(의제와 발언의 금지) ① 모든 발언은 의제외에 미치거나 허가받은 발언의 성질에 반하여서는 아니된다. ② 의장은 의원의 발언이 제1항의 규정에 위반된다고 인정할 때에는 그 의원에 대하여 주의를 주거나 발언을 금지시킬 수 있다.	제31조(의제와 발언의 금지) 좌 동
제37조(발언회수의 제한) 의원은 같은 의제에 대하여 2회에 한하여 발언할 수 있다. 다만, 질의에 대하여 답변하거나 위원장, 발의자 또는 동의자가 그 취지를 설명할 때와 의장이 허가할 경우에는 그러하지 아니하다.	제32조(발언회수의 제한) 좌 동
제38조(발언시간의 제한) ① 의원의 발언시간은 20분을 초과할 수 없다. 다만, 질의·보충발언·의사진행발언 및 신상발언 시간은 10분을 초과할 수 없다. ② 의원이 시간제한으로 발언을 마치지 못한 부분에 대하여는 의장이 인정하는 범위안에서 이	제33조(발언시간의 제한) 좌 동

시·도의회 회의규칙	시·군·자치구의회 회의규칙
를 회의록에 게재할 수 있다. 제39조(보충보고) 의장은 위원장 또는 위원장이 지명한 소수의견자가 위원회의 보고를 보충하기 위하여 발언하려고 할때에는 다른 발언에 우선하여 발언하게 할 수 있다.	제34조(보충보고) 좌 동
제40조(토론의 통지) ① 의사일정에 올린 안건에 대하여 토론하고자 하는 의원은 미리 반대 또는 찬성의 뜻을 의장에게 통지하여야 한다. ② 의장은 제1항의 통지를 받은 순서를 고려하여 가급적 반대자와 찬성자를 교대로 발언하게 하되, 반대자에게 먼저 발언하게 한다.	제35조(토론의 통지) 좌 동
제41조(의장의 토론참가) ① 의장이 토론에 참가할 때에는 의장석에서 물러나야 하며, 그 안건에 대한 표결이 끝날 때까지 의장석에 돌아갈 수 없다. ② 제1항에 의해 의장이 의장석에서 물러날 때에는 부의장이 의장을 대리한다.	제36조(의장의 토론참가) 좌 동
제42조(질의 또는 토론의 종결) ① 질의 또는 토론이 끝났을 때에는 의장은 그 종결을 선포한다. ② 의원 2인이상의 발언이 있은 후에는 의회의 의결로 의장은 질의나 토론의 종결을 선포할 수 있다. 다만, 질의나 토론에 참가한 의원은 그 종결을 동의할 수 없다. ③ 제2항의 동의는 토론을 하지 아니하고 표결한다.	제37조(질의 또는 토론의 종결) 좌 동
제5절 표 결	제5절 표 결
제43조(표결의 선포) ① 표결할 때에는 의장이 표결할 안건의 제목을 선포하여야 한다. ② 의장이 표결을 선포한 때에는 누구든지 안건에 대하여 발언할 수 없다.	제38조(표결의 선포) 좌 동
제44조(표결의 참가) 표결할 때에는 회의장에 있지 아니한 의원은 표결에 참가할 수 없다. 그러나, 투표에 의하여 표결할 때에는 투표함이 폐쇄될 때까지 표결에 참가할 수 있다.	제39조(표결의 참가) 좌 동
제45조(의사변경의 금지) 의원은 표결에 있어서 표시한 의사를 변경할 수 없다.	제40조(의사변경의 금지) 좌 동

◎ 조례·규칙 표준안

시·도의회 회의규칙	시·군·자치구의회 회의규칙
제46조(표결방법) ① 표결할 때에는 의장이 의원으로 하여금 기립 또는 거수하게 하여 가부를 결정한다. ② 의장의 제의 또는 의원의 동의로 본회의의 의결이 있을 때에는 기명 또는 무기명 투표로 표결한다. ③ 의장은 안건에 대한 이의 유무를 물어서 이의가 없다고 인정한 때에는 가결되었음을 선포할 수 있다. 그러나, 이의가 있을 때에는 제1항 또는 제2항의 방법으로 표결하여야 한다. ④ 의회에서 실시하는 각종 선거는 법령에 특별한 규정이 없는 한 무기명 투표로 한다.	제41조(표결방법) 좌 동
제47조(투표절차) ① 투표할 때에는 각 의원은 먼저 명패를 명패함에 넣은 다음에 투표용지를 투표함에 투입한다. ② 투표할 때에는 의장은 의원중에서 약간인의 감표위원을 지명하고 그 위원의 참여하에 투·개표상황을 점검 계산하게 한다. ③ 투표의 수가 명패의 수보다 많은 때에는 재투표를 한다. 다만, 투표의 결과에 영향을 미치지 아니할 때에는 그러하지 아니한다. ④ 감표위원은 다른 의원 모두의 투표가 끝난 후에 투표한다.	제42조(투표절차) 좌 동
제48조(수정안의 표결순서) ① 동일의제에 대하여 수개의 수정안이 제출된 때에는 의장은 다음 각호에 의하여 표결의 순서를 정한다. 1. 최후로 제출된 수정안부터 먼저 표결한다. 2. 의원의 수정안은 위원회의 수정안보다 먼저 표결한다. 3. 의원의 수정안이 수개 있을 때에는 원안과 차이가 많은 것부터 먼저 표결한다. ② 수정안이 전부 부결된 때에는 원안을 표결한다.	제43조(수정안의 표결순서) 좌 동
제49조(표결결과 선포) 표결이 끝났을 때에는 의장은 그 결과를 선포한다.	제44조(표결결과 선포) 좌 동

시·도의회 회의규칙	시·군·자치구의회 회의규칙
제6절 회의록	제6절 회의록
제50조(회의록의 작성) ① 의회는 회의록을 작성하고 다음 사항을 기재한다. 1. 개회·폐회에 관한 사항 2. 개회·회의중지·산회의 일시 3. 의사일정 4. 출석의원의 성명 및 수 5. 출석공무원의 직과 성명 6. 의원의 이동과 의석의 배정·변동 7. 제반보고사항 8. 의안의 발의·제출·회부·환부·이송과 철회에 관한 사항 9. 부의안건과 그 내용 10. 의사 11. 표결 및 기명투표의 투표자 성명 12. 서면질문과 답변시 13. 의원의 발언 보충서 14. 기타 본회의 또는 의장이 필요하다고 인정하는 사항 ② 발언자의 발언에 관한 기록은 발언내용 전부를 그대로 기록한다.	제45조(회의록의 작성) 좌 동
제51조(회의록의 서명과 보존) ① 회의록에는 의장, 의장을 대리한 부의장, 임시의장과 의회에서 선출된 2인이상의 의원 및 사무처장이 서명·날인한다. 다만, 선출된 의원은 한 회기동안만 서명·날인한다. ② 회의록은 의회에 보존하고 보존연한은 영구로 한다.	제46조(회의록의 서명과 보존) ① -------- -------- 의원 및 사무국장(사무과장)이 서명 -------- --------. ② 좌 동
제52조(자구의 정정과 이의의 결정) ①발언한 의원과 공무원 기타 발언자는 회의록이 배분된 날의 다음날 오후 5시까지 그 자구의 정정을 의장에게 요구할 수 있다. 그러나, 그 발언의 취지를 변경할 수는 없다. ② 의원이 회의록에 기재한 사항과 회의록의 정정에 관하여 이의를 신청한 때에는 토론을 하지 아니하고 본회의의 의결로 이를 결정한다.	제47조(자구의 정정과 이의의 결정) 좌 동
제53조(회의록의 배부 및 공개) ① 회의록은 의	제48조(회의록의 배부 및 공개) ①

● 조례·규칙 표준안

시·도의회 회의규칙	시·군·자치구의회 회의규칙
원에게 배부하고 일반에게 공개한다. 그러나, 의장이 비밀을 요하거나 사회의 안녕질서유지를 위하여 필요하다고 인정한 부분에 관하여는 발언자 또는 의회운영위원회와 협의하여 이를 배부 및 공개되는 회의록에 게재하지 아니할 수 있다. ② 의원이 제1항의 규정에 의하여 게재하지 아니한 회의록 부분에 관하여 열람·복사 등을 신청한 때에는 정당한 사유가 없는 한 의장은 이를 거절하여서는 아니된다. ③ 제2항에 의하여 허가받은 의원은 타인에게 이를 열람하게 하거나 전재·복사하게 하여서는 아니된다. ④ 공개하지 아니한 회의의 내용은 공표되어서는 아니된다. 다만, 본회의 의결 또는 의장의 결정으로 제1항 단서의 사유가 소멸되었다고 판단되는 경우에는 배부 및 공개되는 회의록에 게재할 수 있다. ⑤ 공표할 수 있는 회의록은 일반에게 유상으로 배포할 수 있다.	발언자와 협의하여 ……………………………… ……………………………… ……………………………… ……………………………… ……………………… ② 좌 동 ③ 좌 동 ④ 좌 동 ⑤ 좌 동
제4장 위원회 제54조(의사일정과 개회일시) 위원회의 의사일정과 개회일시는 위원장이 간사와 협의하여 정한다. 제55조(본회의중 위원회 개회) 위원회는 본회의의 의결이 있거나 의장이 필요하다고 인정하여 의회운영위원회와 협의한 경우를 제외하고는 본회의 중에는 개회할 수 없다. 다만, 의회운영위원회는 그러하지 아니하다. 제56조(위원회에서의 동의) 위원회에서의 동의는 특별히 다수의 찬성자를 요하지 아니하며 동의자와 1인 이상의 찬성으로 의제가 된다. 제57조(위원회의 제안) ① 위원회는 그 소관에 속하는 사항에 관하여 조례안 기타 의안을 제출할 수 있다. ② 제1항의 의안은 위원장이 제출자가 된다.	**제4장 위원회** 제49조(의사일정과 개회일시) 좌 동 제50조(본회의중 위원회 개회) 위원회는 본회의의 의결이 있거나 의장이 필요하다고 인정한 경우를 제외하고는 본회의 중에는 개회할 수 없다. 제51조(위원회에서의 동의) 좌 동 제51조의2(위원회의 제안) ① 위원회는 그 소관에 속하는 사항에 관하여 조례안 기타 의안을 제출할 수 있다. ② 좌 동

시·도의회 회의규칙	시·군·자치구의회 회의규칙
제58조(위원회의 심사) ① 위원회는 안건을 심사함에 있어서 먼저 제안자의 취지설명과 전문위원(전문위원을 두는 경우)의 검토보고를 듣고 질의·토론·축조심사를 거쳐 표결한다. 다만, 위원회의 의결로 축조심사를 생략할 수 있다. ② 위원회는 심의하는 안건이 예산상의 조치를 수반하는 경우와 중요하다고 인정되는 조례안에 대하여는 시장(도지사)의 의견을 들어야 한다. ③ 제1항의 제안자가 시장(도지사) 또는 교육감일 경우나 제2항의 경우 설명의 충실을 위하여 필요한 때에는 관계공무원으로 하여금 대리하여 설명하게 할 수 있다.	**제52조(위원회의 심사)** ① 좌 동 ② ·· ··· 대하여는 시장(군수·구청장)의 ··························. ③ 제1항의 제안자가 시장(군수·구청장)일 경우나 ·· ··· ··· ·················.
제59조(위원의 발언) ① 위원은 위원회에서 동일 의제에 대하여 회수 및 시간 등에 제한없이 발언할 수 있다. 다만, 따로 발언의 방법을 의결할 때에는 그러하지 아니하다. ② 위원은 위원회에서의 질의를 1문 1답 방식으로 할 수 있다.	**제53조(위원의 발언)** ① 좌 동 ② 좌 동
제60조(위원 아닌 의원의 발언 청취) 위원회는 안건에 대하여 위원 아닌 의원의 발언을 들을 수 있다.	**제54조(위원 아닌 의원의 발언 청취)** 좌 동
제61조(위원회의 의사·의결정족수) ① 위원회는 재적위원 3분의 1이상의 출석으로 개회하고 재적위원 과반수의 출석과 출석위원 과반수의 찬성으로 의결한다. ② 위원장은 표결권을 가지며 가부동수일 때는 부결된 것으로 본다.	**제55조(위원회의 의사·의결정족수)** ① 좌 동 ② 좌 동
제62조(연석회의) ① 위원회는 다른 위원회와 협의하여 연석회의를 열고 의견을 교환할 수 있다. 그러나 표결은 할 수 없다. ② 연석회의를 열고자 하는 위원회는 위원장이 부의할 안건명과 이유를 서면으로 제시하여 다른 위원회의 위원장에게 요구하여야 한다. ③ 연석회의는 안건의 소관위원회의 회의로 한다.	**제55조의2(연석회의)** ① 좌 동 ② 좌 동 ③ 좌 동 * 본조는 상임위가 미설치된 의회에는 적용이 안되는 규정임.
제63조(공청회) ① 위원회는 중요한 안건 또는	**제56조(공청회)** ① 좌 동

시·도의회 회의규칙	시·군·자치구의회 회의규칙
전문지식을 요하는 안건을 심사하기 위하여 공청회를 열고 이해관계자 또는 학식·경험이 있는 자 등(이하 "진술인"이라 한다)으로부터 의견을 들을 수 있다. ② 위원회에서 공청회를 열 때에는 안건·일시·장소·진술인·경비 기타 참고사항을 기재한 문서로 의장의 승인을 얻어야 한다. ③ 진술인의 선정과 발언시간은 위원회에서 정하며 진술인의 발언은 그 의견을 듣고자 하는 안건의 범위를 넘어서는 아니된다. ④ 위원회가 주관하는 공청회는 그 위원회의 회의로 한다.	② 좌 동 ③ 좌 동 ④ 좌 동
제64조(심사보고서의 제출) ① 위원회는 안건의 심사를 마친 때에는 심사경과의 결과 기타 필요한 사항을 서면으로 의장에게 보고하여야 한다. ② 제1항의 보고서에는 소수의견의 요지를 기재하여야 한다. ③ 의장은 보고서가 제출된 때에는 본회의에서 의제가 되기전에 인쇄하여 의원에게 배부한다. 다만, 긴급을 요할 때에는 이를 생략할 수도 있다.	제57조(심사보고서의 제출) ① 좌 동 ② 좌 동 ③ 좌 동
제65조(위원장의 보고) ① 위원장은 소관위원회에서 심사를 마친 안건이 본회의에서 의제가 된 때에는 위원회의 심사경과와 결과를 본회의에 보고한다. ② 위원장은 다른 위원으로 하여금 제1항의 보고 또는 보충보고를 하게 할 수 있다. ③ 위원장이 제1항의 보고를 하는 때에는 자기의 의견을 가할 수 없다.	제58조(위원장의 보고) ① 좌 동 ② 좌 동 ③ 좌 동
제66조(위원회 회의록) ① 위원회는 위원회 회의록을 작성하고 다음 사항을 기재한다. 1. 개의·회의중지와 산회의 일시 2. 의사일정 3. 출석위원의 성명 4. 출석한 위원 아닌 의원의 성명 5. 출석한 공무원·진술인의 성명	제59조(위원회 회의록) ① 좌 동

시·도의회 회의규칙	시·군·자치구의회 회의규칙
6. 심사안건명 7. 의사 8. 표결수 9. 위원장의 보고 10. 위원회에서 종결되거나 본회의에 부의할 필요가 없다고 결정된 안건명과 그 내용 11. 기타 위원회 또는 위원장이 필요하다고 인정하는 사항 ② 위원회에서의 발언자의 발언에 관한 기록은 요약하여 기록할 수 있다. 이 경우 요약한 기록이 발언자의 발언취지를 벗어나거나 지나치게 요약되어서는 아니된다. ③ 위원회 회의록에는 위원장 또는 위원장을 대리한 간사가 서명·날인한다. 제67조(비공개 회의록 등의 열람과 대출금지) 위원장은 의원으로부터 비공개회의록 기타 비밀참고자료의 열람의 요구가 있을 때에는 심사·감사 또는 조사에 지장이 없는 한 이를 허용하여야 한다. 다만, 의회밖으로는 대출하지 못한다.	② 좌 동 ③ 좌 동 제60조(비공개 회의록 등의 열람과 대출금지) 좌 동
제5장 예산안과 결산심사	**제5장 예산안과 결산심사**
제68조(예산안 심의) ① 의회에 예산안이 제출된 때에는 시장(도지사)으로부터 예산안에 대한 제안설명을 들은 후 의장은 이를 소관상임위원회에 회부하고 소관상임위원회는 예비심사를 하여 그 결과를 의장에게 보고한다. ② 의장은 제1항의 보고서를 첨부하여 이를 예산결산특별위원회(이하 "예결위원회"라 한다)에 회부하고 그 심사가 끝난 후 본회의에 부의한다. ③ 의장은 예산을 소관상임위원회에 회부할 때는 심사기간을 정할 수 있으며 상임위원회가 이유없이 그 기간내에 심사를 마치지 아니한 때에는 이를 바로 예결위원회에 회부할 수 있다.	제61조(예산안 심의) ① ---------- ------시장(군수·구청장)으로 부터------ ② 좌 동 ③ 좌 동 제61조(예산안 심의) 의회에 예산안이 제출되는 때는 시장(군수·구청장)으로부터 예산안에 대한 제안설명을 들은 후 의장은 이의 심사기간을 정하여 예산결산특별위원회(이하 "예결위원회"라 한다)에 회부하고 그 심사가 끝난 후 본회의에 부의한다.

◎ 조례·규칙 표준안

시·도의회 회의규칙	시·군·자치구의회 회의규칙
제69조(예산안의 수정동의) 예결위원회의 심사를 거친 예산안의 수정동의는 재적의원 3분의 1 이상 또는 의원 17인이상의 찬성으로 의제가 된다.	제62조(예산안의 수정동의) 좌 동 제62조(예산안 심의) 예결위원회의 심사를 거친 예산안의 수정동의는 재적의원 3분의 1 이상의 찬성으로 의제가 된다.
제70조(예산안의 의결) ① 예산안의 심사보고가 있을 때에는 예산의 각 부문별로 회의에 부의 할 수 있다. ② 예산 각 부문의 의사가 끝나면 총액에 대하여 의결한다.	제63조(예산안의 의결) ① 좌 동 ② 좌 동
제71조(예산안의 재심요구) 예결위원회에서 다시 심사할 필요가 있는 사항이 발견된 때에는 의회의 의결로 그 사항에 한하여 기간을 정하여 예결위원회에 재심사를 요구할 수 있다.	제64조(예산안의 재심요구) 좌 동
제72조(결산의 심사) ① 의회에 결산이 제출된 때에는 의장은 이를 소관상임위원회에 회부하고 소관상임위원회는 예비심사결과를 의장에게 보고한다. ② 의장은 제1항의 보고서를 첨부하여 이를 예결위원회에 회부하여 종합심사하게 한 후 그 결과를 본회의에 부의하도록 한다. ③ 의장이 결산을 소관상임위원회에 회부할 때는 제68조제3항을 준용한다.	제65조(결산의 심사) ① 좌 동 제65조(결산의 심사) 의회에 결산이 제출된 때에는 의장은 지체없이 이를 예결위원회에 회부하고 예결위원회의 심사가 끝난 후 그 결과를 보고받아 본회의에 부의한다. ② 좌 동 ③ ·· ·········제61조제3항을 준용한다.
제6장 시장(도지사) 또는 관계공무원의 출석답변	**제6장 시장(도지사) 또는 관계공무원의 출석답변**
제73조(시장·도지사 등의 출석요구) ① 본회의는 그 의결로 시장(도지사) 또는 관계공무원의 출석을 요구할 수 있다. 이 경우 발의는 재적의원 5분의 1이상 또는 의원 10이상이 이유를 명시한 서면으로 하여야 한다. ② 위원회는 그 의결로 의장을 경유하여 시장(도지사) 또는 관계공무원의 출석을 요구할 수 있다. ③ 제1항 또는 제2항의 요구가 있을 때에는	제66조(시장·군수·구청장 등의 출석요구) ①······ ········ 시장(군수·구청장) 또는 ··············· ·· ········· 또는 의원 10인이상 ··············· ·· ② ·· 시장 (군수·구청장) 또는 ··············· ·········. ③ ··

시·도의회 회의규칙	시·군·자치구의회 회의규칙
시장(도지사) 또는 관계공무원은 출석답변하여야 하며, 시장(도지사)이 출석요구를 받은 경우 출석할 수 없는 사유가 있거나 답변의 충실을 위하여 관계공무원의 대리출석이 필요한 때에는 그 사유서를 의장에게 사전 제출한 후에 관계공무원으로 하여금 대리출석·답변하게 할 수 있다. ④ 제1항 또는 제2항의 규정에 의한 질문을 하고자 하는 의원은 미리 질문의 요지와 소요시간을 기재한 질문 요지서를 의장에게 제출하여야 하며, 의장은 늦어도 질문시간 24시간 전까지 시장(도지사)에게 도달되도록 송부하여야 한다. 제74조(시장·도지사에 대한 서면질문) ① 의원이 시장(도지사)에게 서면으로 질문하려고 할 때에는 질문서를 의장에게 제출하여야 하며, 의장은 지체없이 이를 시장(도지사)에게 이송한다. ② 시장(도지사)은 질문서를 받은 날로부터 10일이내에 서면으로 답변하여야 한다. 그 기간내에 답변하지 못할 때에는 그 이유와 답변할 수 있는 기한을 의회에 통지하여야 한다. ③ 제2항의 답변에 대하여 보충하여 질문하고자 하는 의원은 서면으로 다시 질문할 수 있다. 제75조(시장·도지사 등의 발언) 시장(도지사) 또는 관계공무원이 본회의나 위원회에서 발언하려고 할 때에는 미리 의장 또는 위원장의 허가를 받아야 한다.	시장(군수·구청장) 또는 ────── ────── 시장(군수·구청장) ────── ────── ────── ────── ────── ────── ────── ────── ────── ────── ────── ────── . ④ ────── ────── ────── ────── ────── ────── ────── ────── ────── ────── ────── ────── ────── ────── ────── ────── 시장(군수·구청장)에게 ────── ────── . 제67조(시장·도지사에 대한 서면질문) ① ────── 시장(군수·구청장)에게 ────── ────── ────── ────── 시장(군수·구청장)에게 ────── . ② 시장(군수·구청장)은 ────── ────── ────── ────── ────── ────── ────── . ③ 좌 동 제68조(시장·군수·구청장 등의 발언) 시장(군수·구청장)은 ────── ────── ────── ────── ────── .
제7장 사직과 자격심사 제76조(사직) ① 의원이 사직하고자 할 때에는 본인이 서명·날인한 사직서를 의장에게 제출하여야 한다. ② 사직의 허가여부는 토론없이 표결한다. 다만, 폐회중에는 의장이 이를 허가할 수 있다. ③ 의원은 제출한 사직서에 대하여 회의의 의결 또는 의장의 허가가 있기전까지 철회할 수 있다.	**제7장 사직과 자격심사** 제69조(사직) ① 좌 동 ② 좌 동 ③ 좌 동

◎ 조례·규칙 표준안

시·도의회 회의규칙	시·군·자치구의회 회의규칙
제77조(청구서의 위원회 회부와 답변서 제출) ① 의장은 법 제71조의 규정에 의거 의원의 자격심사청구가 있을 때에는 그 청구서를 징계자격특별위원회에 회부하고 그 부본을 피심의원에게 송달하여 기일을 정하여 답변서를 제출하게 한다. ② 피심의원이 천재지변 또는 질병 기타 사고에 의하여 기일내에 답변서를 제출하지 못함을 증명한 때에는 의장은 다시 기일을 정하여 답변서를 제출하게 할 수 있다.	**제70조(청구서의 위원회 회부와 답변서 제출)** ① 　좌 동 ② 좌 동
제78조(답변서의 위원회 심사 등) ① 의장이 답변서를 접수한 때에는 이를 징계자격특별위원회에 회부한다. ② 징계자격특별위원회는 청구서와 답변서에 의하여 심사한다. 다만, 기일내에 답변서를 제출하지 아니한 때에는 청구서만으로 심사를 할 수 있다. ③ 징계자격특별위원회는 심사보고서를 의장에게 제출한다. 이 때 의장은 이를 본회의에 부의하여야 한다. ④ 자격상실의 의결이 있은 때에는 의장은 그 결과를 청구의원과 피심의원에게 송부한다.	**제71조(답변서의 위원회 심사 등)** ① 좌 동 ② 좌 동 ③ 좌 동 ④ 좌 동
제79조(당사자의 심문과 발언) ① 징계자격특별위원회는 필요한 때에는 의장을 경유하여 청구의원과 피심의원을 출석하게 하여 심문할 수 있다. ② 청구의원과 피심의원은 징계자격특별위원회의 허가를 받아 이에 출석·발언할 수 있다. 이 경우 피심의원은 다른 의원으로 하여금 변명하게 할 수 있다. ③ 피심의원은 본회의에서 스스로 변명하거나 또는 다른 의원으로 하여금 변명하게 할 수 있다.	**제72조(당사자의 심문과 발언)** ① 좌 동 ② 좌 동 ③ 좌 동
제8장 질 서	**제8장 질 서**
제80조(경호) ① 의장은 의회의 경호를 위하여 필요한 때에는 의회운영위원회의 동의를 얻어	**제73조(경호)** ① 좌 동 (의회운영위원회의 동의를 얻어)

시·도의회 회의규칙	시·군·자치구의회 회의규칙
일정한 기간을 정하여 관할경찰서에 대하여 경찰관의 파견을 미리 요구할 수 있으며, 의회의 경호가 급히 필요한 경우에는 의장이 단독으로 사태가 해결될 때까지 경찰관의 파견을 즉시 요구할 수 있다. ② 제1항의 경찰관은 의장의 지휘를 받아 회의장밖에서 경호한다. 제81조(회의 질서유지) 의원은 본회의 또는 위원회의 회의장안에서 다음과 같은 행위를 하여서는 아니된다. 1. 국가 또는 지방자치단체의 기관이나 의회의 위신을 손상시키는 언동 2. 의사진행을 지연시키거나 방해할 목적으로 신문·잡지·간행물 기타 문서를 낭독하는 행위 3. 의장의 허가를 받지 아니한 자료문서 등의 인쇄물 배포 및 녹음·녹화·촬영행위 4. 음식물의 섭취와 끽연 5. 회의와 관계없는 물품의 휴대반입 6. 기타 폭력의 행사 등 회의장의 질서를 문란시키는 행위 제82조(회의장 출입의 제한) 회의장안에는 의원 관계공무원 기타 의안심의에 필요한 자와 의장이 허가한 자 외에는 출입할 수 없다. 제83조(방청의 허가) 의장은 방청권을 발행하여 방청을 허가한다. 제84조(방청석의 구분 및 방청권의 종별)① 방청석은 일반석과 기자석으로 구분한다. ② 방청권의 종별은 일반방청권, 단체방청권, 장기방청권으로 한다. 제85조(방청권의 교부 및 기재) ① 방청권은 의장의 지휘를 받아 사무처장이 그 수를 정하여 이를 교부한다. ② 단체방청권은 교육기관 기타 단체의 신청에 의하여 단체로 방청이 필요하다고 인정할 때에 그 대표 또는 책임자에게 교부한다. ③ 장기방청권은 보도기관 종사자나 업무상 방청이 특히 필요한 관서의 직원에게 교부하며,	(단독으로) ② 좌 동 제74조(회의의 질서유지) 좌 동 제75조(회의장 출입의 제한) 좌 동 제76조(방청의 허가) 좌 동 제77조(방청석의 구분 및 방청권의 종별) ① 좌 동 ② 좌 동 제78조(방청권의 교부 및 기재) ① ············· 사무국장(사무과장) ·················. ② 좌 동 ③ 좌 동

시·도의회 회의규칙	시·군·자치구의회 회의규칙
장기방청권을 교부받은 자는 그 회기를 통하여 방청할 수 있다. ④ 방청인은 방청권에 주소·성명·직업 및 연령 등 소정의 사항을 기재하여야 한다.	④ 좌 동
제86조(방청의 제한) ① 다음 각호의 1에 해당하는 자에 대하여는 방청을 허가하지 아니한다. 1. 흉기 또는 위험한 물품을 휴대한 자 2. 주기가 있는 자 3. 정신에 이상이 있는자 4. 기타 행동이 수상하다고 인정되거나 질서 유지에 방해가 될 우려가 있는자	제79조(방청의 제한) ① 좌 동
② 의장이 필요한 때에는 경찰관 또는 관계직원으로 하여금 방청인의 휴대품을 검사하게 할 수 있다.	② 좌 동
③ 의장은 질서를 유지하기 위하여 방청인 수를 제한할 필요가 있거나 방청석의 여유가 없을 때에는 방청권을 소지한 자에게 방청을 제한할 수 있다.	③ 좌 동
제87조(방청인의 준수사항) 방청인은 다음과 같은 행위를 할 수 없다. 1. 회의장안으로 진입하는 행위 2. 모자·외투를 착용하는 행위 3. 회의와 관계없는 물품을 휴대하거나 반입하는 행위 4. 음식물의 섭취나 끽연 행위 5. 신문 기타 서적류의 열독행위 6. 의장의 허가없는 녹음·녹화·촬영행위 7. 회의장내 발언에 대하여 공공연하게 가부를 표명하거나 박수를 치는 행위 8. 기타 소란 등 회의의 진행을 방해하는 행위	제80조(방청인의 준수사항) 좌 동
제88조(녹음·녹화 등) ① 회의를 공개하지 아니하기로 한 경우를 제외하고는 의장 또는 위원장은 의회에 등록된 기자에 한하여 회의장안(본회의장은 방청석에 한한다)에서의 녹음·녹화·촬영 및 중계방송을 허용할 수 있다.	제81조(녹음·녹화 등) ① 좌 동
② 제1항의 녹음 등을 하고자 하는 자는 매회기초에 허가신청서를 의장에게 제출하여 허가	② 좌 동

시·도의회 회의규칙	시·군·자치구의회 회의규칙
를 얻어야 한다. 다만, 위원회에 있어서는 허가를 얻고자 할 때마다 위원장에게 구두로 신청할 수 있다. ③ 사무직원의 기록보존 등의 업무와 관련된 회의장내에서의 녹음·녹화·촬영은 절차상 제한없이 할 수 있다. ④ 제1항, 제3항의 녹음 등을 하는 자는 회의장 질서를 문란하게 하여서는 아니된다.	③ 좌 동 ④ 좌 동
제9장 징 계 **제89조(징계의 요구와 회부)** ① 의장은 법 제78조에 해당하는 징계대상의원(이하 "징계대상자"라 한다)이 있을 때에는 이를 본회의에 보고하고 징계자격특별위원회에 회부한다. ② 위원장은 소속위원중에서 징계대상자가 있을 때에는 의장에게 이를 보고한다. 이 경우 의장은 제1항의 규정에 의하여 본회의에 보고하고 징계자격특별위원회에 회부한다. ③ 의원이 징계대상자에 대한 징계를 요구할 때에는 재적의원 5분의 1이상 또는 의원 10인 이상의 찬성으로 징계사유를 기재한 요구서를 의장에게 제출하여야 한다. 다만, 법 제75조의 규정에 의거 모욕을 당한 의원이 징계를 요구할 때에는 찬성의원을 요하지 아니하며, 징계사유를 기재한 청구서를 의장에게 제출한다. ④ 제3항의 징계요구가 있을 때에는 의장은 이를 본회의에 보고하고 징계자격특별위원회에 회부한다. ⑤ 제1항과 제2항 및 제4항의 규정에도 불구하고 의장은 징계대상행위가 지극히 경미하다고 인정되는 경우에는 이를 본회의에 바로 부의할 수 있다. **제90조(징계의 요구 또는 회부의 시한)** ① 제89조제1항과 제2항 및 제4항의 규정에 의한 징계회부는 의장이 징계사유가 발생한 날, 징계대상자가 있는 것을 알게 된 날, 위원장의 보고를 받은 날 또는 동조 제3항의 징계	**제9장 징 계** **제82조(징계의 요구와 회부)** ① 좌 동 ② 좌 동 ③ 좌 동 (또는 10인 이상) ④ 좌 동 ⑤ 좌 동 **제83조(징계의 요구 또는 회부의 시한)** ① 제82조제1항 ────── ────────────── ──────────────

● 조례·규칙 표준안

시·도의회 회의규칙	시·군·자치구의회 회의규칙
요구가 있은 날로부터 폐회 또는 휴회기간을 제외한 3일이내에 하여야 한다. 동조 제5항의 본회의 부의시한 또한 같다. ② 제89조제2항의 규정에 의한 위원장의 징계대상자 보고와 동조 제3항의 규정에 의한 징계요구는 징계사유가 발생한 날, 징계대상자가 있는 것을 알게된 날로부터 5일이내에 하여야 한다. 다만, 폐회기간중에 징계대상자가 있을 경우에는 차기의회의 집회일로부터 3일이내에 하여야 한다. **제91조(의사의 비공개)** 징계에 관한 회의는 공개하지 아니한다. **제92조(심문 및 변명)** ① 징계자격특별위원회는 의장을 경유하여 징계대상자와 관계의원을 출석하게 하여 심문할 수 있다. ② 의원은 자기의 징계안에 관한 본회의 또는 위원회에 출석할 수 없으나 의장 또는 위원장의 허가를 받아 스스로 변명하거나 다른 의원으로 하여금 변명하게 할 수 있다. **제93조(징계의 의결과 선포)** ① 의장은 징계자격특별위원회로부터 징계에 대한 심사보고서를 접수한 때에는 지체없이 본회의에 부의하여 이를 의결하여야 한다. ② 징계를 의결한 때에는 의장은 공개회의에서 이를 선포한다. 부　　칙	.... ② 제82조제2항의 .... **제84조(의사의 비공개)** 좌 동 **제85조(심문 및 변명)** ① 좌 동 ② 좌 동 **제86조(징계의 의결과 선포)** ① 좌 동 ② 좌 동 부　　칙

지방의회 관계법령집

지방의회 위원회 조례 표준안

지방의회 위원회 조례 표준안

[참고] ☐ 안은 상임위가 설치된 시·군·자치구의회에 한함

시·도의회 위원회 조례	시·군·자치구의회 위원회 조례

제1조(목적) 이 조례는 지방자치법 제54조의 규정에 의하여 ○○시(도)의회(이하 "의회"라 한다) 위원회의 구성과 운영에 관한 사항을 규정함을 목적으로 한다.
제2조(상임위원회의 설치) 의회에 두는 상임위원회와 그 위원정수는 다음과 같다.
  1. ○○위원회 ○○명
  2. ○○위원회 ○○명
  3. ○○위원회 ○○명
  4. 의회운영위원회 ○○명
	제1조(목적) ·············· ○○시(도) ○○구(시·군)의회 (이하 "의회"라 한다) ··············.
	제2조(위원회의 설치) ① 의회는 재해대책·청원심사·중요 조례안 심사 등 특정한 안건을 심사하기 위하여 필요한 때에는 본회의 의결로써 특별위원회(이하 "위원회"라 한다)를 둘 수 있다.
	② 의회는 예산안과 결산을 심사하기 위하여 예산결산특별위원회를 둔다.
	③ 위원회는 그 위원회에서 심사한 안건이 본회의에서 의결될 때까지 존속한다.
	제2조(상임위원회의 설치) 의회에 두는 상임위원회와 그 위원정수는 다음과 같다.
	  1. ○○위원회 ○○명
	  2. ○○위원회 ○○명
	  3. ○○위원회 ○○명
	  4. 의회운영위원회 ○○명

제3조(상임위원회의 직무와 그 소관) ① 상임위원회는 그 소관에 속하는 의안과 청원심사 등을 처리하는 직무를 행한다.
② 상임위원회의 소관은 다음과 같다.
  1. ○○위원회
    가. ○○국, ○○국 소관에 속하는 사항
    나. ○○사무에 관한 사항
  2. ○○위원회
  3. ○○위원회
  4. 의회운영위원회
    가. 의회운영에 관한 사항
    나. 의회사무처 소관에 속하는 사항
    다. 회의규칙 및 의회운영과 관련된 각종 규칙에 관한 사항
	제3조(상임위원회의 직무와 그 소관)
	① 좌 동
	
	② 좌 동
	  1. ○○위원회
	    가. ○○국, ○○국 소관에 속하는 사항
	    나. ··········
	  2~3. 좌 동
	  4. 의회운영위원회
	    가. ··········
	    나. 의회사무국(과) 소관에 속하는 사항
	    다. ··········
	       ··········

◎ 조례·규칙 표준안

시·도의회 위원회 조례	시·군·자치구의회 위원회 조례
제4조(상임위원회의 위원) ① 의원은 하나의 위원(이하 "상임위원"이라 한다)이 된다. 다만, 의회운영위원회 위원은 겸할 수 있다. ② 의장은 상임위원이 될 수 없다. 제5조(상임위원의 임기) ① 상임위원은 선임된 날로부터 2년간 재임한다. 다만, 총선후 처음 선임된 위원의 임기가 폐회기간중에 만료될 때에는 다음 회기에서 위원을 새로 선임한 전일까지 재임한다. ② 보임된 상임위원의 임기는 전임자의 잔임기간으로 한다. 제6조(상임위원장) ① 상임위원회에 위원장(이하 "상임위원장"이라고 한다) 1인을 둔다. ② 상임위원장은 상임위원중에서 의장선거의 예에 준하여 본회의에서 선거한다. ③ 상임위원장의 임기는 상임위원의 임기와 같다. ④ 상임위원장은 본회의의 동의를 얻어 그 직을 사임할 수 있다. 다만, 폐회중에는 의장의 허가를 받아 사임할 수 있다. 제7조(특별위원회) ① 의회는 특정한 안건을 심사하기 위하여 필요한 때에는 본회의의 의결로써 특별위원회를 둘 수 있다. ② 의회는 예산과 결산을 심사하기 위하여 예산결산 특별위원회를 둔다. ③ 특별위원회는 그 위원회에서 심사한 안건이 본회의에서 의결될 때까지 존속한다. 제8조(특별위원회의 위원장) ① 특별위원회에 위원장 1인을 두되 위원회에서 호선하고 본회의에 보고한다. ② 특별위원회의 위원장이 선임될 때 까지는 위원중 연장자가 그 직무를 대행한다. ③ 특별위원회의 위원장은 그 위원회의 동의를 얻어 그 직을 사임할 수 있다. 다만, 폐회중에는 의장의 허가를 받아 사임할 수 있다.	제4조(상임위원회의 위원) ① 좌 동 ② 좌 동 제5조(상임위원의 임기) ① 좌 동 ② 좌 동 제6조(상임위원장) ① 좌 동 ② 좌 동 ③ 좌 동 ④ 좌 동 제7조(특별위원회) ① 좌 동 ② 좌 동 ③ 좌 동 제8조(위원장) ① 위원회에 ⋯⋯⋯⋯⋯⋯⋯⋯⋯⋯⋯⋯⋯⋯⋯⋯⋯⋯⋯⋯⋯⋯. ② 위원장이 ⋯⋯⋯⋯⋯⋯⋯⋯⋯⋯⋯⋯⋯⋯⋯⋯⋯⋯⋯⋯. ③ 위원장은 ⋯⋯⋯⋯⋯⋯⋯⋯⋯⋯⋯⋯⋯⋯⋯⋯⋯⋯⋯⋯⋯⋯.

지방의회 위원회 조례 표준안

시·도의회 위원회 조례	시·군·자치구의회 위원회 조례
	제8조(특별위원회의 위원장) ①~③ 좌 동
제9조(위원의 선임) ① 상임위원의 선임은 의장이 추천하여 본회의의 의결로 선임한다. ② 특별위원회의 위원은 제1항의 규정에 따라 상임위원중에서 선임한다.	제4조(위원) 위원회의 위원은 의장이 추천하여 본회의의 의결로 선임한다. 제9조(위원의 선임) ① 좌 동 ② 좌 동
제10조(위원장의 직무) 위원장은 위원회를 대표하고 의사를 정리하며 질서를 유지하고 사무를 감독한다.	제5조 (위원장의 직무) 좌 동 제5조 → 제10조
제11조(간사) ① 위원회에는 간사 1인을 둔다. ② 간사는 위원회에서 호선하고 이를 본회의에 보고한다. ③ 위원장이 사고가 있을 때에는 간사가 위원장의 직무를 대리한다.	제6조(간사) ① 좌 동 ② 좌 동 ③ 좌 동 제6조 → 제11조
제12조(소위원회) ① 위원회는 효율적인 안건심사를 위해 필요한 때에는 소위원회를 둘 수 있다. ② 소위원회에서 심사를 마친 때에는 소위원회의 위원장은 그 심사경과와 결과를 위원회에 보고한다.	제7조(소위원회) ① 좌 동 ② 좌 동 제7조 → 제12조
제13조(준용규정) 이 조례에 규정한 사항외의 위원회의 회의의 운영·의사 등에 관하여 필요한 사항은 회의규칙을 준용한다.	제8조(준용규정) 좌 동 제8조 → 제13조
부 칙 〈'91.3.27〉 ① 이 조례는 의회의 최초 집회일부터 시행한다. ② 이 조례의 시행과 동시 시행전까지 있었던 ○○시(도)의회의 위원회에 관한 조례(규칙)는 이를 폐지한다.	부 칙 〈'91.3.27〉 ① 좌 동 ② ································ ○○시(도) ○○구(시·군)의회 ················ ···.

지방의회 관계법령집

행정사무감사 및 조사에 관한 조례 표준안

행정사무감사 및 조사에 관한 조례 표준안

[참고] ☐ 안은 상임위가 미설치된 시·군 및 자치구의회에 한함

시·도의회 행정사무감사 및 조사에 관한 조례	시·군·구의회 행정사무감사 및 조사에 관한 조례
제1조(목적) 이 조례는 지방자치법(이하 "법"이라 한다) 제 36조 및 동법 시행령 제19조의 규정에 의하여 ○○시(도)의회(이하 "의회"라 한다)가 행하는 행정사무감사(이하 "감사"라 한다)와 행정사무조사(이하 "조사"라 한다)에 관한 절차 기타 필요한 사항을 규정함을 목적으로 한다.	**제1조(목적)** ····························· ··· ·········· ○○시(도)○○시(시·군)의회··············· ··· ··· ·· .
제2조(감사) ① 의회는 ○○시(도)의 행정사무에 관하여 소관상임위원회별로 감사를 행한다. 다만, 본회의의 의결로 감사특별위원회를 구성하여 감사를 행할 수 있다. ② 제1항의 감사는 매년 정례회 기간중 14일 이내로 실시하되, 상임위원회 또는 감사특별위원회(이하 "감사위원회"라 한다)가 운영위원회와 협의하여 작성하고 본회의의 승인을 얻어 확정된 감사계획서에 의하여 행한다. ③ 감사계획서에는 감사일정, 감사위원회의 편성, 감사요령, 감사장소 등 감사에 필요한 사항을 기재 하여야 한다. ④ 본회의는 제3항의 감사계획서를 검토한 다음 의결로써 이를 승인하거나 반려한다. ⑤ 의회의장(이하 "의장"이라 한다)은 감사계획서가 본회의에서는 승인된 때에는 지체없이 시장(도지사)에게 이를 통지하여야 한다.	**제2조(감사)** ① 의회는 ○○시(군·구)의 행정사무에 관하여 소관상임위원회별로 감사를 행한다. 다만, 본회의의 의결로 감사특별위원회(이하 "감사위원회"라 한다)를 구성하여 감사를 행할 수 있다. ② 제1항의 감사는 매년 정례회 기간중 9일 이내로 실시하되, 상임위원회 또는 감사위원회가 운영위원회와 협의하여 작성하고 본회의의 승인을 얻어 확정된 감사계획서에 의하여 행한다. ③ 좌 동 ④ 좌 동 ⑤ ·· ··· ···························시장(군수·구청장)······························ .
제3조(조사) ① 의회는 재적의원 3분의 1이상 발의가 있는 경우 본회의 의결을 거쳐 시(도)의 행정사무중 특정사안에 관하여 조사를 행할 수 있다. ② 제1항의 조사의 발의는 조사의 목적, 조사할 사안의 범위와 조사를 시행할 위원회 등을 기재하여 발의의원이 연서한 서면으로 한다. ③ 의장은 제2항의 조사발의가 의결되면 지체없이 본회의의 의결로 조사를 시행할 특별위원회를 구성하거나 해당 상임위원회에 회부하	**제3조(조사)** ① ·· ··· ····························시(군·구) ··· ······· . ② 제1항의 조사의 발의는 조사의 범위와 조사를 시행할 위원회 등을 기재하여 발의의원이 연서한 서면으로 하여야 한다. ③ 좌 동

◉ 조례·규칙 표준안

시·도의회 행정사무감사 및 조사에 관한 조례	시·군·구의회 행정사무감사 및 조사에 관한 조례
여 조사를 시행할 위원회(이하 "조사위원회"라 한다)를 확정한다. ④ 의회과 폐회 또는 휴회중일 때에는 제2항의 조사발의에 의하여 의회의 집회 또는 재개의 요구가 있는 것으로 본다. ⑤ 조사위원회는 조사의 목적, 조사할 사안의 범위, 조사방법, 조사일정, 소요경비 등을 기재한 조사계획서를 본회의에 제출하여 승인을 얻어 조사를 실시한다. ⑥ 본회의는 제5항의 조사계획서를 검토한 다음 의결로써 이를 승인하거나 반려한다. ⑦ 의장은 조사계획서가 본회의에서 승인될 때에는 즉시 시장(도지사)에게 이를 통지하여야 한다.	④ 좌 동 ⑤ 좌 동 ⑥ 좌 동 ⑦ ·· ·············· 시장(군수·구청장) ··········· ·············· .
제4조(사무보조자) 의원이 감사 또는 조사를 함에 있어 사무보조가 필요한 때에는 사무직원의 보조를 받을 수 있다.	제4조(사무보조자) 좌 동
제5조(감사 또는 조사의 대상기관) ① 감사 또는 조사의 대상기관은 다음 각호와 같다. 1. 당해 지방자치단체 2. 법 제104조 내지 제107조의 규정에 의한 당해 지방자치단체의 소속행정기관과 법 제108조 및 제 111조의 규정에 의한 하부행정기관 3. 법 제112조의 규정에 의하여 설치된 교육·과학 및 체육에 관한 기간. 다만, 그 감사 또는 조사는 교육위원회가 실시하고 지방의회에의 보고로 갈음하되, 지방의회는 본회의의 의결이 있는 경우 특정사안에 대하여 감사 또는 조사를 할 수 있다. 4. 당해 지방자치단체가 설치한 법 제137조의 규정에 의한 지방공기업	제5조(감사 또는 조사의 대상기관) 좌 동 1. 좌 동 2. 좌 동 3. 당해 지방자치단체가 설치한 제137조의 규정에 의한 지방공기업 4. 법 제95조 제2항 또는 제3항의 규정에 의하여 위임 또는 위탁된 사무(지방자치단체에 위임 또는 위탁된 사무를 제외한다)를 처리하는 단체 또는 기관. 다만, 본회의가 특히 필요하다고 의결하는 경우에 한한다.

시·도의회 행정사무감사 및 조사에 관한 조례	시·군·구의회 행정사무감사 및 조사에 관한 조례
5. 법 제95조 제2항 또는 제3항의 규정에 의하여 위임 또는 위탁된 사무(지방자치단체에 위임 또는 위탁된 사무를 제외한다)를 처리하는 단체 또는 기관. 다만, 본회의가 특히 필요하다고 의결하는 경우에 한한다. 6. 지방공기업법 제79조의2의 규정에 의한 지방공사·공단외의 출자·출연법인중 지방자치단체가 4분의 1이상 출자 또는 출연하는 법인. 다만, 본회의가 특히 필요하다고 의결하는 경우에 지방자치단체의 출자 또는 출연에 관련된 업무·회계·재산에 한하여 실시한다. ② 의회는 제1항의 규정에 의한 감사 또는 조사의 대상기관의 사무가 다른 지방자치단체의 사무에도 해당하는 경우에는 이를 감사 또는 조사함에 있어서 그 지방자치단체의 의회와 상호 협의하여야 한다.	② 좌 동
제6조(감사 또는 조사의 대상사무) ① 감사 또는 조사는 법 제9조에 규정된 지방자치단체의 사무범위내의 사무에 대하여 실시한다. ② 제1항의 사무는 의회구성일 이후 처리되는 사무에 한한다.	제6조(감사 또는 조사의 대상사무) ① 좌 동 ② 좌 동
제7조(조사위원회의 활동기간) 본회의는 조사위원회의 중간보고가 있는 경우 이의 검토 후 의결로써 조사위원회의 활동기간을 연장 또는 단축할 수 있다.	제7조(조사위원회의 활동기간) 좌 동
제8조(감사 또는 조사의 한계) 감사 또는 조사는 개인의 사생활을 침해하거나 계속중인 재판 또는 수사중인 사건의 소추에 관여할 목적으로 행사되어서는 아니된다.	제8조(감사 또는 조사의 한계) 좌 동
제9조(감사 또는 조사의 방법) ① 감사 또는 조사위원회는 감사 또는 조사를 위하여 필요한 때에는 그 의결로 현지 확인을 하거나, 보고 또는 서류의 제출과 감사 또는 조사대상기관의 장이나 그 보조기관의 출석·증언·의견진술을 요구할 수 있다. 이 경우에 있어 현지 확인의 통보 및 보고 또는 서류의 제출, 관계인	제9조(감사 또는 조사의 방법) 좌 동

◎ 조례·규칙 표준안

시·도의회 행정사무감사 및 조사에 관한 조례	시·군·구의회 행정사무감사 및 조사에 관한 조례
의 출석·증언 등에 관한 요구는 의장을 경유하여 해야 하며, 늦어도 그 해당일의 3일전까지는 해당자 또는 해당기관에 도달되도록 하여야 한다. ② 제1항의 요구를 받은 관계인 또는 관계기관은 법령 또는 소속지방자치단체 조례에서 특별히 규정한 경우를 제외하고는 누구든지 이에 응하여야 하며 감사 또는 조사위원회의 활동에 협조 하여야 한다.	② 좌 동
제10조(감사 또는 조사의 장소) 감사 또는 조사는 감사 또는 조사위원회에서 정하는 바에 따라 의회 또는 감사·조사의 대상현장이나 기타의 장소에서 할 수 있다.	제10조(감사 또는 조사의 장소) 좌 동
제11조(공개의 원칙) 감사 또는 조사는 공개한다. 다만, 감사 또는 조사위원회의 의결로 공개하지 아니 할 수 있다.	제11조(공개의 원칙) 좌 동
제12조(제척과 회피) ① 의원은 직접 이해관계가 있거나 공정을 기할 수 없는 현저한 사유가 있는 경우에는 그 사안에 한하여 감사 또는 조사에 참여할 수 없다.	제12조(제척과 회피) ① 좌 동
② 본회의나 감사 또는 조사위원회는 의원이 제1항의 사유가 있다고 인정하는 때에는 그 의결로 당해 의원의 감사 또는 조사를 중지시키고 다른 의원으로 하여금 감사 또는 조사하게 하여야 한다.	② 좌 동
③ 제2항의 조치에 대하여 당해의원의 이의가 있는 때에는 본회의의 의결로 이를 결정한다.	③ 좌 동
④ 제1항의 사유가 있는 의원은 그 사안에 한하여 감사 또는 조사위원회의 허가를 받아 감사 또는 조사를 회피 할 수 있다.	④ 좌 동
제13조(주의의무) ① 감사 또는 조사를 할 때에는 그 대상기관의 기능과 활동이 현저히 저해되거나 기밀이 누설되지 아니하도록 주의하여야 한다.	제13조(주의의무) ① 좌 동
② 의원 및 사무보조자는 감사 또는 조사를 통하여 알게 된 비밀을 정당한 사유없이 누설하	② 좌 동

시·도의회 행정사무감사 및 조사에 관한 조례	시·군·구의회 행정사무감사 및 조사에 관한 조례
여서는 아니된다. 제14조(감사 또는 조사결과의 보고) ① 감사 또는 조사위원회가 감사 또는 조사를 완료한 때에는 감사 또는 조사위원회의 위원장은 의장에게 감사 또는 조사보고서를 지체없이 제출하고 본회의에 보고하여야 한다. ② 제1항의 보고서에는 감사 또는 조사의 경과와 결과 및 처리의견을 기재하고 그 중요근거서류를 첨부하여야 한다. ③ 의장은 위원장으로 하여금 감사 또는 조사에 관한 중간보고를 하게 할 수 있다. 제15조(감사 또는 조사보고에 대한 처리) ① 의회는 본 회의의 의결로 감사 또는 조사보고를 처리한다. ② 감사 또는 조사결과 시(도) 또는 해당 기관의 시정을 필요로 하는 사유가 있을 때에는 의회는 그 시정을 요구하고 시(도) 또는 해당 기관에서 직접 처리함이 타당하다고 인정되는 사항은 시(도) 또는 해당 기관에 이송한다. ③ 시(도) 또는 해당기관은 제2항의 규정에 의하여 시정요구를 받거나 이송받은 사항을 지체없이 처리하고 그 결과를 의회에 보고하여야 한다. 제16조(징계) 감사 또는 조사를 하는 의원이 제12조의 규정에 의한 제척사유가 있음을 알면서 이를 회피하지 아니하거나, 제13조의 규정에 의한 주의의무에 위반한 때에는 법 및 ○○시(도)의회위원회 조례와 ○○시(도)의회회의 규칙을 준용한다. 부 칙	제14조(감사 또는 조사결과의 보고) ① 좌 동 ② 좌 동 ③ 좌 동 제15조(감사 또는 조사보고에 대한 처리) ① 좌 동 ② ------------시(군·구)------------ ------------------------------------ -----------------시(군·구)----------- ------------------------------------ -----------시(군·구)----------------. ③ 시(군·구)----------------------- ------------------------------------ ------------------------------------ -----------. 제16조(징계) ---------------------- ------------------------------------ ------------------------------------ -----------------------시(군·구)---- ------------------------------------ -----------. 부 칙

예산편성 및 집행기준

지방의회 관계법령집

지방자치단체 예산편성 운영기준(발췌)

지방자치단체 예산편성 운영기준(발췌)

지방자치단체 예산편성 운영기준(의회비)

[안전행정부훈령 제12호, 2013.7.29, 개정]

그룹	편성목	설 정 (통 계 목 포 함)
200	205 의회비	1. 의회비는 의정활동에 필요한 소요경비를 다음 9가지 경비로 유형화하여 예산을 편성하도록 한 것이므로 다음 통계목의 범위 내에서 예산을 편성하여야 하며 의정운영과 관련한 새로운 비목을 설정할 수 없음 2. 의회비는 지방의회의원과 관련한 경비이므로 집행부 예산에는 이를 계상할 수 없음 3. 예산·결산특별위원회의『의정운영공통경비』및『의회운영업무추진비』집행은 지방자치법 제56조(위원회의설치) 및 동법시행령 제56조(특별위원회의설치)의 규정에 따라 본 회의의 의결로 설치되고 그 활동기간을 정한 범위 내에서 집행할 수 있음 4. 예산편성 : 관계법령 및 지방자치단체 예산편성기준에서 정한 금액
		01. 의정활동비 1. 지방자치법시행령 제33조 별표4 및 관련조례의 규정에 따라 매월 지급하는 경비
		02. 월정수당 1. 지방자치법시행령 제33조 및 관련조례의 규정에 의하여 지급하는 수당
		03. 의원국내여비 1. 지방자치법시행령 제33조 별표5 및 관련조례의 규정에 의하여 의원의 공무상 국내 출장시 지급하는 여비 2. 국내여비는 지방자치법 관련조례에서 정하는 기준에 따라 실소요액을 편성
		04. 의원국외여비 1. 지방자치법시행령 제33조 별표6 및 관련조례의 규정에 의하여 의원의 공무상 국외출장시 지급하는 경비 2. 편성기준 　가. 원칙 : 연간 예산금액은 인원비례로 산출 　　○ 편성기준 : 의원1인당 2,000천원 　　※ 다만, 해당 자치단체에서 예산편성시 차등의 필요성이 있다고 판단될 경우에는 종전의 기준을 적용할 수 있음 (의장·부의장 2,500천원, 의원 1,800천원) 　나. 예외 : 아래의 예외적인 사항을 감안하여 한도액의 30%범위 이내에서 추가 편성 가능 　　○ 국가공식행사 : 외국의 중앙정부차원의 공식행사에 지방의원이 자치단체 또는 지방의회의 대표로서 정식으로 초청된 경우

◎ 예산편성 및 집행기준

그룹	편성목	설 정 (통 계 목 포 함)

200	205 의회비	○ 국제회의 : 3개 국가이상의 중앙정부 또는 지방자치단체가 참여, 개최하는 국제회의에 지방의원이 자치단체 또는 지방의회를 대표하여 발표자·토론자 등으로 선정되어 정식 초청된 경우
		○ 자매결연 : 지방자치단체의 국외교류·협력차원에서 추진되는 자매결연 조인식 또는 사전단계인 의향서 체결단계와 자매결연 조인이후 공식적인 교류행사에 의회의장 또는 부의장이 지방의회를 대표하여 참가하는 경우 (필요시 의장 또는 부의장을 대리하여 참가가능)
		※ 지방의회의원 국외여행제도 개선방안 (행정자치부 운영 13130-920, 2000.11.21) 참고
		
		05. 의정운영공통경비
		
		1. 의회 또는 상임위원회 명의의 공적인 의정활동을 수행하는데 소요되는 경비로서「지방자치단체 예산편성 기준경비」로 정한 금액
		2. 의정활동 수행에 필요한 경우, 위로금, 격려금 및 소액경비는 관련 증빙서류 첨부 현금집행 가능
		3. 특별위원회의 원활한 활동과 전문분야별 연구활동 지원경비
		4. 집행할 수 없는 경비
		  가. 의원개인 명의의 의정활동 홍보물 제작비 등은 지급하지 않음
		  나. 의원 개인별 월간 또는 연간 집행 상한액을 정하여 월정액으로 집행할 수 없음
		  다. 지방의회운영과 관련한 경비는 지방자치법 제33조 및 관계 조례로 정한 경비와 지방자치단체 예산편성 기준경비로 정하는 의정운영공통경비 범위 내에서 편성·집행하여야 되므로 지방자치단체 예산편성 기준경비에서 정하지 않는 의원연구활동비 등을 별도로 편성·집행할 수 없음(단, 의정운영공통경비 범위 내에서 의장이 인정한 경우는 집행이 가능)
		
		06. 의회운영업무추진비
		
		1. 지방의회의장, 부의장, 상임위원장의 지방의회운영 및 업무의 유대를 위한 제 경비로서 지방자치단체 예산편성 기준경비로 정한 금액

지방자치단체 예산편성 운영기준(발췌)

그룹	편 성 목	설 정 (통 계 목 포 함)
200	205 의회비	2. 예결위위원장에 대한 의장단활동비는 예산의 심의·의결 등 의정활동 및 직무수행을 지원하기 위한 경비로서 본회의 의결로 특위가 구성되어 위원장이 선출된 경우에 한하여 활동비 지급이 가능하며, 특위 활동기간 중 지급 가능함 07. 의장단협의체부담금 1. 시·도의회, 시·군·자치구의회 의장단 협의체 부담금 08. 의원국민연금부담금 1. 국민연금법에 의한 지방의원에 대한 연금부담금 09. 의원국민건강부담금 1. 국민건강보험법에 의한 지방의원에 대한 건강보험료
	206 재료비	1. 교육기관의 외래강사 수송용 유류대 2. 제품 또는 생산에 소비되는 물적재화에 관한 비용(재료소비에 의한 주요 재료비, 보조재료비, 매입부분품비, 소모공기구비품비로 구분), 종자 및 자재운송에 따른 조작비 3. 광물 및 기타 특수한 물건의 구입비 4. 동물, 식물 및 식물종자 구입비와 사료 구입비 5. 소방관서 구급대 응급처치용 의약품 및 소모성 기자재 6. 방역에 필요한 약품 및 재료비 기타
	207 연구개발비	1. 시설과 재산취득에 직접 소요되는 부대경비는 시설비(401-01)에 계상 01. 연구용역비 1. 지방자치단체사업의 계속적인 연구 등을 위촉받는 자의 조사, 강연, 연구 등 용역에 대한 반대급부 02. 전산개발비 1. 정보화시스템 구축·운영을 위한 S/W개발비 2. 전산개발에 따른 감리비 - 전자정부법 제57조제5항에 따라서 안전행정부장관이 고시한 "정보시스템 감리기준"을 적용 03. 시험연구비 1. 사업용 및 시험연구, 실험·실습에 소요되는 소모성 기계·기구, 기재, 약품, 비료 및 종축 등의 구입비

지방의회 관계법령집

지방자치단체
세출예산 집행기준(발췌)

지방자치단체 세출예산 집행기준(발췌)

‖ 지방자치단체 세출예산 집행기준(의회비) ‖
[안전행정부예규 제7호, 2013.7.25, 개정, 시행]

6 의회비(205목)

❖ 의회비는 의정활동에 필요한 소요경비로 편성된 9가지 경비(통계목)에 한정하여 예산을 집행하여야 한다.
❖ 의회비는 지방의회의원의 의정활동 등과 관련하여 편성한 경비이므로 집행부 예산에서 지방의원과 관련된 경비(법정경비 제외)를 집행하여서는 아니된다.
❖ 예산·결산특별위원회의 「의정운영공통경비」 및 「기관운영업무추진비」 집행은 「지방자치법」 제56조(위원회의 설치) 및 동법시행령 제56조(특별위원회의 설치)의 규정에 따라 본회의의 의결로 설치되고 그 활동기간을 정한 범위내에서 집행할 수 있다.
  ※ 활동기간이라 함은 예산·결산(안)이 의회에 제출되어 심의·의결되기까지의 기간을 말함
❖ 지방의회의원의 임기가 개시된 날과 지방의회의원의 직을 상실하는 날이 속하는 월의 의정활동비 및 월정수당은 그 월의 재직일수에 해당하는 금액을 지급한다.

6-1. 의정활동비(205-01)
 ○ 「지방자치법」 시행령 제33조 별표 4 및 관련조례의 규정에 따라 매월 지급

6-2. 월정수당(205-02)
 ○ 「지방자치법」 시행령 제33조 별표 7 및 관련조례의 규정에 따라 매월 지급

6-3. 국내여비(205-03)
〈「지방자치법」 시행령 제33조 별표 5 및 관련조례의 규정에 따라 공무상 국내출장시 지급하는 여비 〉
 ○ 지급대상은 지방의회의원으로 한정(사무처 및 사무국 직원 지급 금지)
 ○ 「지방자치법」 및 관련 조례에서 정하는 기준에 따라 실소요액을 집행한다.

6-4. 국외여비(205-04)
〈「지방자치법」 시행령 제33조 별표 6 및 관련조례의 규정에 의하여 공무상 국외출장시 지급하는 여비 〉
 ○ 자치단체장 등 집행부와 함께 공무상 국외출장시 지방의원은 본 과목에서 집행한다.
 ○ 지방자치단체 예산편성기준에서 정하고 있는 예산편성 한도액을 초과하여 집행하거나 의정활동과 관련이 적은 관광여행은 금지
 ○ 예산편성 운영기준상 연간 편성예산의 범위 안에서 집행하되, 「지방자치법」 시행령 제33조 별표6에 따른 금액을 지급한다.
  - 다만, 국가공식행사, 국제회의, 자매결연과 관련하여 국외여행을 하는 경우에 연간 편성한도액의 30퍼센트까지 추가 편성된 예산의 범위 안에서 국외여비를 집행할 수 있다.

◎ 예산편성 및 집행기준

6-5. 업무추진비(205-05, 205-06)
- ○ 업무추진을 위한 접대성경비집행 또는 물품의 구입은 신용카드 또는 현금영수증 사용을 원칙으로 한다.
- ○ 현금지출은 격려금·축의금·조의금 등 현금지출이 불가피한 경우에 한하여 지출할 수 있다.
  - 격려금 지출은 현금성 지출인 점을 감안하여 의정활동 수행과 직접적 관련성이 있는 경우에 한하여 집행한다.
  - 개산급으로 전달자에게 현금을 지급할 경우 전달자와 최종수요자의 영수증을 모두 징구하여 회계 증빙서류에 첨부하여야 한다. 다만, 최종수요자가 1인이거나 전달자를 거치지 않고 직접 최종수요자에게 지급하는 경우에는 전달자의 영수증을 징구하지 아니한다.
  - 최종수요자에게 영수증을 받을 수 없거나 부적절한 경우에는 지급목적, 지급일시, 지급금액, 지급대상자, 전달자 등이 나타나는 집행내역서를 현금 전달자 등으로부터 징구하여 회계 증빙서류에 첨부하여야 한다.
- ○ 간담회 등 접대비는 1인 1회당 4만원 이하에서 집행한다. 다만, 불가피한 경우 증빙서류 등에 사유를 명시하고 4만원을 초과하여 집행할 수 있다.
- ○ 업무추진비로 물품을 구매할 경우에는 사용용도가 분명하게 명시되도록 물품명, 구입 및 지급일시, 수량, 수령자 등이 기재된 물품수불부를 작성하고 결재를 받아 비치하여야 한다.
- ○ 접대성경비를 집행하고자 하는 경우에는 집행품의서에 집행목적, 일시, 장소, 집행대상 등을 기재하여 사용용도를 명확히 하여야 하며 건당 50만원 이상의 경우에는 주된 상대방의 소속 또는 주소 및 성명을 증빙서류에 반드시 기재하여야 한다.
- ○ 업무추진비 집행 시 반드시 클린카드를 발급받아 등록 후 사용하며 유흥·퇴폐·향락·사행업소 등에서는 사용할 수 없다.
  ※ Ⅳ. 신용카드 및 현금영수증카드 사용요령 ② 신용카드 발급절차 중 의무적 제한업종 참고
- ○ 의정운영공통경비(205-05)는 의회 또는 상임위원회 명의의 공적인 의정활동 수행과 직접적 관련성이 있는 경우에 한해 집행하며 통상적 의정활동과 관련성이 적은 시간 및 장소에서 개인적으로 사용할 수 없다.
- ○ 의정운영공통경비(205-05)는 특별위원회의 원활한 활동과 전문분야별 연구활동을 위한 경비로 지원할 수 있다.

┤ 집행할 수 없는 경비 ├

- 의원 개인 명의의 의정활동 홍보물 제작비 등은 집행할 수 없음
- 의원 개인별 월간 또는 연간 집행 상한액을 정하여 월정액으로 집행할 수 없음
- 지방의회와 관련된 경비는 「지방자치법」제33조 및 관계조례로 정한 지방자치단체 예산편성기준경비로 정하는 의정운영공통경비 범위내에서 집행하여야 하므로 지방자치단체 예산편성기준경비에서 정하지 않는 의원연구활동비 등은 집행할 수 없음. 단, 지방의회의장이 인정하는 경우에는 의원연구활동비 등을 집행할 수 있음

지방자치단체 세출예산 집행기준(발췌)

○ 기관운영업무추진비(205-06)는 지방의회의장, 부의장, 상임위원장의 지방의회운영 및 업무의 유대를 위한 제 경비로서 사전에 연간 집행계획을 수립하여 선심·중복성 예산 집행이 되지 않도록 한다.

○ 기관운영업무추진비(205-06)중 예결위원장에 대한 의장단활동비는 예산의 심의·의결 등 의정활동 및 직무수행을 지원하기 위한 경비로서 본회의 의결로 특위가 구성되어 위원장이 선출된 경우에 한하여 활동비를 지급하여야 하며, 특위 활동기간 중 지급이 가능함

※ 활동기간이라 함은 예산·결산(안)이 의회에 제출되고 심의·의결되기까지의 기간을 말함